모택동과
그의 비서들

모택동과
그의 비서들

신중국을 만든 사람들

섭영렬 저
최재우 역

화 산 문 화

머리말

　모택동(毛澤東, 1893~1976)은 근세 중국대륙이 낳은 최대의 혁명가요, 역사가요, 전략가요, 정치가로서 1935년 준의회의에서부터 대장정, 공산정권수립, 문화대혁명의 과정을 거치기까지 여러 비서를 두었었다. 이 책은 모택동의 가장 측근에서 그의 정치의식, 행동방향, 연설에 이르기까지 가장 많은 영향력을 끼친 비서들의 관점에서 모택동을 쓴 것이다. 모택동과 오늘의 중국을 재조명, 바르게 이해(正視)하는 데 꼭 필요한 특수한 관점에서 정리한 책이라 하겠다. 이 책은 모택동의 의사결정에 가장 많은 영향을 미친 여섯 명의 비서들이 본 모택동의 이야기이다. 즉, 비서인 호교목(胡喬木), 진백달(陳伯達), 전가영(田家英), 강청(江青)을 비롯, 기요비서(機要秘書:부속실에서 기밀 및 의전관계 일을 맡은 비서)인 고지(高智), 나광록(羅光祿)에 관한 내용이다. 저자는 직접 진백달, 고지, 나광록을 취재한 외에 호교목의 부인 곡우, 전가영의 부인 동변, 그리고 강청을 잘아는 분들을 방문함으로써 적지 않은 상세하고도 생생한 자료를 수집할 수 있었다.

　이 책의 다른 중요한 부분은 모택동 신화를 만드는데 더 중요한 역할을 한 장요사(張耀祠), 노적(盧荻)을 취재하고 쓴 실록을 함께 실었다. 장요사는 중앙경위단 단장(우리나라 대통령경호실장)이었고, 노적은 원체 박식하고 책 읽는 것을 좋아한 모택동에게 시·경·사·문(詩·經·史·文)을 강독한 북경대학 교수였다. 모택동을 이해하고 오늘의 중국을 연구함에 있어 많은 흥미와 함께 중요한 참고자료가 될 것이다.

1994. 6. .
섭 영 렬

차례

머리말

호교목(胡喬木) : 한 점의 불꽃은 온 들판을 태울 수 있다 · 11

제 1 장 : 모택동과의 만남 ─────── 13

왕약비(王若飛)의 전언 ─────── 13
해방일보의 사설로 두각 ─────── 16
문화(文化)의 군대(軍隊) ─────── 19
연안정풍(延安整風) ─────── 24
모택동과 책 ─────── 27
1우3좌(一右三左)의 비판 ─────── 29

제 2 장 : 당대의 문필가 ─────── 37

국공회담과 중경담판 ─────── 37
호교목과 교관화(喬冠華) ─────── 40
장개석의 연설을 듣고 ─────── 43
한점의 불꽃은… ─────── 48
신화사 총편집 ─────── 52
북경해방 ─────── 56

제 3 장 : 신문·방송의 총책 ─────── 60

편지 한 장의 뜻 ─────── 60
중남해의 국향서옥(菊香書屋) ─────── 63
모택동의 정치비서 ─────── 66
주석과 단신(短信) ─────── 71
지도자의 주도면밀(周到綿密) ─────── 76

독자의 의견존중 ─── 79
쓰러진 비서와 주석 ─── 83

제 4 장 : 최고의 이론가요 집필가 ─── 88

모택동선집의 편찬 ─── 88
중국공산당의 30년의 작성 ─── 90
선전, 문화, 교육의 총책 ─── 94
중화인민공화국 헌법의 기초 ─── 99
등소평·양상곤과 함께 ─── 103
수정주의 비탄 ─── 107

제 5 장 : 대약진의 연대 ─── 111

심상치 않은 봄 ─── 111
중국의 후루시쵸프 ─── 116
대약진의 북소리 ─── 118
모택동의 비평 ─── 120
네에루 비판 ─── 126
인민일보의 성장 ─── 128

제 6 장 : 여산의 풍파 ─── 133

좌경시정 ─── 133
위기의 모면 ─── 136
시구(詩句)와 계급투쟁 ─── 141
모택동의 신변을 떠나 ─── 143
강청의 등장과 서생 ─── 146

제 7 장 : 문화대혁명 ─── 151

강청과의 숙명적 대결 ─── 151
해서파관과 호교목 ─── 152

모택동과의 마지막 면담 ──────── 155
　　중남해를 떠나다 ──────── 157
　　대자보(大字報) ──────── 159
　　홍위병(紅衛兵) ──────── 163
　　가택수색 ──────── 165
　　한풍 속에 겪은 수모 ──────── 161
　　주은래의 배려 ──────── 170
　　척본우의 비수 ──────── 173
　　모택동의 내방 ──────── 176
　　두문불출 ──────── 178
　　재등장 ──────── 181
　　재비판 ──────── 185

진백달(陳伯達) : '5·16통지'로 중국대지를 흔들다 · 189

제1장 : 새인생의 출발 ──────── 191

　　연안에 오다 ──────── 191
　　모택동의 주의 ──────── 193
　　공자(孔子), 노자(老子)에 대한 토론 ──────── 195
　　모택동의 비서로 ──────── 200
　　장개석 비판 ──────── 203

제2장 : 풍운(風雲)의 연속 ──────── 209

　　중남해의 생활 ──────── 209
　　스탈린 찬양 ──────── 210
　　모스크바의 실수 ──────── 212
　　모택동선집의 편찬 ──────── 214
　　정치국에 들어가다 ──────── 216

모택동의 비평 ──────── 219
　　팽덕회에 대한 공격 ──────── 223
　　인민공사 60조 ──────── 226
　　현대수정주의 비판 ──────── 228
　　4청운동의 23조 ──────── 230
　　"5·16 통지" ──────── 235

제 3 장 : 중국대지를 흔들다 ──────── 241

　　중앙문혁의 출범 ──────── 241
　　인민일보를 손안에 ──────── 243
　　강청과 함께 북경대학에 ──────── 246
　　임표(林彪)의 등장 ──────── 248
　　문화혁명의 "16조" ──────── 251
　　유소기·등소평 비판 ──────── 252
　　강청을 칭찬 ──────── 256
　　자살소동 ──────── 258
　　역사의 심판 ──────── 263

제 4 장 : 여산에서의 패전 ──────── 266

　　임표(林彪)와의 연계 ──────── 266
　　4인방과의 대결 ──────── 268
　　임표와의 밀담 ──────── 277
　　임표의 기습공격 ──────── 279
　　배우와 감독 ──────── 284
　　여산의 패배 ──────── 287
　　모택동의 엄한 문책 ──────── 291
　　모택동과의 마지막 대화 ──────── 295

전가영(田家英) : 잘못잡힌 항로, 여산의 풍파를 개탄하다 · 301

제 1 장 : 지취상합(志趣相合) ——— 303

5대비서의 한사람으로 ——— 303
절차탁마 ——— 308
숭배하는 역사인물 ——— 314
동 변과의 만남 ——— 318
동 변과의 결혼 ——— 323

제 2 장 : 유능한 비서 ——— 327

모안영의 가정교사 ——— 327
모택동의 비서로 ——— 333
모택동사상의 선전 ——— 337
조사연구 사업 ——— 340

제 3 장 : 불굴의 인간 ——— 344

잘못잡힌 항로 ——— 344
강청·진백달의 적수 ——— 349
전가영의 죄명 ——— 353
강청의 모함과 축출 ——— 357
비장한 최후 ——— 361
역사는 증언한다 ——— 364

강 청(江靑) : 끝없는 명예와 권력의 화신 · 369

제 1 장 : 3항 약장 ——— 371

모택동과의 만남 ——— 371
모택동의 신변으로 ——— 377

3항 약장 ——— 379
모택동과의 결혼 ——— 380
이눌(李訥)의 출생 ——— 385
교태와 교만 ——— 387
섬북에서 전전하던 나날 ——— 389
소련에 가다 ——— 392
중남해의 국향서옥 ——— 394

제 2 장 : 정치에 손을 대다 ——— 396

영화지도위원회 위원 ——— 396
무훈전 비판과 정치개입 ——— 400
제 2 차 소련행 ——— 405
홍루몽연구 비판 ——— 406
정치부부 ——— 411
정치스타 ——— 414

고지(高智) : 천하의 모주석도 2사람 반 밖에 관리하지 못한다고 실토 · 419

제 1 장 : 모택동의 유우머 ——— 421

홍도 연안으로 ——— 421
중남해로 가다 ——— 423
친절한 위인 ——— 426
거리의 식당에서 ——— 428

제 2 장 : 5대비서 외의 비서들 ——— 432

영민한 사람들 ——— 432
고향을 찾은 모택동 ——— 434
극장구경 ——— 439

모택동과의 작별 ──────── 441

나광록(羅光祿) : 그는 20세기 중국의 위인, 전략가요,
　　　　　　　　　사상가요, 문학가다 · 445

　제 1 장 : 긴장한 나날 ──────── 447

　　　엽검영의 지시 ──────── 447
　　　독서로 휴식 ──────── 449
　　　일은 항상 바쁘다 ──────── 451

　제 2 장 : 수영을 못하면 혁명은 어떻게? ──────── 454

　　　정신력이 더 중요 ──────── 454
　　　도청사건의 진상 ──────── 458
　　　민성에 기울인 귀 ──────── 459

장요사(張耀祠) : 모택동의 의 · 식 · 주 · 행(衣食住行)의
　　　　　　　　　총책 · 463

　제 1 장 : 지워지지 않는 이야기 ──────── 465

　　　짙은 안개 속에서 ──────── 465
　　　17세의 보초병 ──────── 467
　　　임표와 '9 · 13' 전야 ──────── 470
　　　등산과 수영 ──────── 473
　　　도서구입비 ──────── 475
　　　유우머와 해학적인 인간 ──────── 478
　　　주은래의 서거와 침묵 ──────── 480
　　　모택동의 연속작전 ──────── 482
　　　강청 체포의 내막 ──────── 486
　　　일대의 위인 ──────── 491

노적(蘆荻) : 모택동과 시(詩)·문(文)·사(史)의
　　　　　　강독과 토론·493

제 1장 : 수불석권(手不釋卷)의 위인 ──── 495

　　시문선생 초빙 ──── 495
　　갑작스런 고문강독 ──── 497
　　모택동과의 만남 ──── 499
　　모택동의 독서욕 ──── 504
　　노적의 경력 ──── 507
　　수호전 토론 ──── 511
　　요문원의 계교 ──── 516
　　모택동의 뜻을 왜곡전달 ──── 520
　　유언비어의 난무 ──── 524
　　침묵을 깨뜨리고 ──── 527

　후　　기 ──── 532

호교목

胡喬木

한점의 불꽃은 온 들판을 태울 수 있다

[제1장] 모택동과의 만남

왕약비(王若飛)의 전언

호교목에게 있어서 일생중의 가장 중요하고 기억에 남는 일은 모택동의 비서로 근무한 일이라 하겠다. 비서가 된 후에 호교목에 대한 모택동의 영향은 지대하였다. 후에 호교목이 중국 대륙에서 손꼽히는 문필가가 된 것도 그가 장기간에 걸쳐 모택동의 측근에서 일할 수 있었기 때문이다.

호교목이 어떤 경위로 모택동의 비서가 되었는지에 대하여 필자는 호교목의 부인 곡우 여사에게 물었다. 곡우는 옆에 앉은 그의 딸 목영을 가리키면서 말머리를 열었다.

"목영의 출생일이 1941년 1월 23일이니까 그 후로 반 달쯤 되었을까, 아마 2월 상순으로 기억해요. 당시 우리는 연안 대편구(大砭溝)의 한 요동(窰洞-토굴집)에서 살았습니다. 이 대편구라는 곳에 '택동(澤東)청년간부학교'가 있었고 중공 중앙의 선전부와 조직부도 있었지요. 당시 교목은 선전부에서 일하고 있었습니다. 하루는 뜻밖에 왕약비가 교목을 찾아 우리 집에 왔어요. 저도 집에 있었으니까 그들의 대화를 들었지요…"

왕약비는 당시 중공중앙당의 비서장이었다. 그는 아주 정중한 어조로 교목에게 말했다.

"모주석의 측근에서 일할 사람이 필요하오. 당신이 거기에서 비서일을 하기로 방금 결정이 내려졌소."

모택동이 1931년 11월 7일 서금(瑞金)에서 중화소비에트공화국 주석(중앙 집행위원회 주석임)으로 당선된 후, 사람들은 습관적으로 그를 모 주석이라고 부르게 되었다. 비록 그 후 직무의 명칭이 몇번이나 바뀌었지만, 모 주석이라는 일반 호칭은 그때부터 그대로 사용되었다.

1937년 8월에 있은 낙천(洛川)회의에서 모택동은 또 중공 중앙 군사위원회 주석을 맡게 되었는데, 원래는 이 직을 주석이 아니라 서기(書記)라 하였다.

호교목에 있어 왕약비의 전언은 실로 뜻밖이었다. 모택동이 자기를 비서로 쓰리라고는 전혀 상상할 수 없었기 때문이다. 심각한 표정으로 한참 생각하다가 호교목은 자기가 우려하는 바를 말하였다.

"모 주석의 비서라니… 그런 일은 감당할 수 없을 것 같습니다. 비서의 일은 전혀 경험이 없으니까요."

호교목의 걱정하는 마음을 풀어 주려고 왕약비는 모택동이 호교목을 지명하게 된 이유와 전후 사정을 말했다.

"당신이 잡지 『중국청년』에 5. 4운동 20주년을 기념하는 글을 쓰지 않았소. 그 글을 보고 진백달이 아주 잘 쓴 글이라고 하면서 모 주석에게 보였었지. 모 주석이 읽어 보고 하신 말씀이 '확실히 호교목은 인재'라는 것이요. 그러니까 모 주석은 이전부터 당신을 주시하고 계셨소. 모 주석의 주변에 최근에는 일손이 부족한 형편이라 그이께서 당신을 비서로 데려 오라고 하였소. 당신은 동시에 중공중앙 정치국의 비서도 겸하게 되오."

그 당시 모택동의 비서는 진백달이었는데, 진백달이 호교목과 아는 사이는 아니었다. 모택동이 호교목을 비서로 지명한 이상, 호교목은 수용할 수 밖에 없었다.

호교목은 대폄구를 떠나 당시 연안의 '중남해'(中南海, 중공권력의 중심지역으로 현재는 북경시 자금성 서북방향에 있는 호수 부근)였던 양가령(楊家嶺)을 찾아 갔다. 그 곳은 중앙의 수뇌급 인물들이 집중 거주하는 지역으로 연안성(延安城) 서북쪽 3킬로미터 가량 되는 곳에 위치해 있는 작은 산간마을이다. 명나라 때 태보(太保)를 지낸 적이 있는 양조(楊兆)의 무덤이 있는 곳이라 하여 원래는 지명을 양가능(楊家陵)이라 하였다고 한다. 1938년 11월 20일 연안에 대한 일본비행기의 첫 폭격이 있은 후, 중공중앙의 여러 기관들은 그날 밤으로 봉황산 기슭에 있는 이 산간마을로 피난하였다. 지명은 그 후 양가령으로 개칭되었다.

모택동은 작은 산비탈에 파 놓은 세 칸 짜리 토굴집에 거주하였다. 그 왼편에 유소기의 거처가 있었고 오른 편에 주덕(朱德), 주은래(周恩來)의 거처가 차례로 있었다.

호교목은 비서업무를 전혀 경험한 바 없는 사람이다. 후에는 정치비서가 되었지만, 처음 왔을 때는 먼저 문화비서를 맡았다. 물론 문화비서가 무슨 일을 해야 하는지도 알지 못하였다. 우선 모택동과의 간단한 면담이 한 번 있었다. 호교목으로서는 이 면담이 평생 처음으로 가진 모택동과의 대화였다. 당시 48세의 모택동은 29세의 젊은 호교목을 보자 몇 마디 경력을 간단히 묻고는 더 이상 다른 말이 없이 그냥 하던 일을 계속했다. 그 후에도 호교목은 무슨 일을 해야 할지 몰랐다. 사무실에 멍하니 앉아 있을 뿐, 그렇다고 모택동을 직접 찾아가 꼬치꼬치 물을 형편도 아니었다.

이렇게 시일을 허송하다니… 호교목은 불안하기만 하였다. 마침내 그는 큰 마음을 먹고 모택동의 사무실을 찾아갔다. '무슨 일을 해야 합니까' 하고 묻자는 것이었는데, 정작 가서 보니 모택동은 한창 정신없이 무슨 교정지를 보는 중이라 "제가 도와드릴까요?" 하고 자청하였다. 모택동은 웃으면서 "좋소" 하고 쾌히 승락하였다.

호교목은 교정지를 받아 쥐고 자기의 사무실로 돌아와 열심히 교정작업을 하였다. 이것이 그가 비서로서 한 첫 일이었다.

호교목이 본 교정지는 『6차 당대회 이후』라는 문헌집이었다. 이 책은 중공중앙 서기처(書記處)의 이름으로 편찬 인쇄한 문헌집으로 부피가 대단히 컸으며, 모택동은 편집에서 인쇄까지의 전반을 직접 장악하는 책임자였다. 이 책은 1941년 12월, 연안에서 상·하 두 권으로 인쇄되었다. 이 책에는 1928년 6월에 있은 중공 6차 당대회 이후, 1941년 11월까지의 기간에 작성된 당내 문건 557편이 실려 있다. 중공 고급간부들의 정풍(整風) 학습용으로, 또 6차 당대회 이후 10여년 간에 있은 당내 노선투쟁의 시비곡직을 밝히려는 것이 편찬의 취지였다. 큰 문헌집으로 편찬되기 전에는 제본되지 않은 채로 한편 한편씩 찍어 나누어 볼 수 있도록 되었다. 호교목이 본 교정지는 한 편 씩 따로따로 찍은 교정지였다.

호교목은 편집원을 지낸 일도 있고, 문장실력도 있는 사람이다. 그가 본 교정지에서는 더이상 잘못된 곳을 발견할 수가 없었다. 원본의 오식까지 일일이 바로잡는 정도였으니, 모택동은 이 젊은이의 실력에 아주 만족하였다.

『6차 당대회 이후』라는 책에 실린 500여편에 달하는 문건을 교정하는 가운데서 호교목은 처음으로 6차 당대회 이후 당내 고위층에 있는 투쟁의 내막을 체계적으로 파악하게 되었고, 역시 처음으로 모택동의 허다한 저작들을 열독할 수 있었다. 모택동을 도와『6차 당대회 이후』의 교정을 맡아 본 것이야말로 호교목이 모택동의 측근에서 받은 교육의 "제1과"였다.

해방일보의 사설로 두각

호교목이 모택동의 비서로 부임되어 온 지 얼마 안되는 1941년 5월 15일, 중공중앙에서는 '해방일보의 창간 문제에 대한 통지'를 하달하였다. 이 통지문은 다음과 같이 쓰고 있다.

"5월 16일부터 연안 신중화보와 금일신문을 합간하여 해방일보로 개명하여 내기로 한다. 신화통신사의 사업도 개선하여야 할 바가 있다. 통일된 하나의 위원회가 해방일보와 신화통신사 양자를 관리하도록 한다. 당의 모든 정책은 일후 해방일보와 신화통신사를 거쳐 전국에 전해질 것이다. 그리고 해방일보의 사설은 금후 중앙의 책임동지들이거나 중요직무에 있는 간부들이 집필하기로 한다."

이튿날, 참신한 면모의 해방일보가 연안에서 발행되었다. 이날부터 중공중앙의 대변지인 해방일보는 세인의 주목을 끌게 된다.

해방일보 초창기의 사장은 박고(博古)이고 책임주필은 양송(楊松)이다. 양송은 일명 오소일(吳紹鎰)이라 하는데 그가 병사한 후 육정일(陸定一)이 책임주필이 된다.

박고는 일명 진방헌(秦邦憲)이라 하는데, 그는 일찌기 중공중앙의 총서기로 4년간 있었다. 1935년 준의회의(遵義會議－당혁명군사협의회에서 모택동은 주석으로 선출되고 주덕은 야전군총사령으로 선임) 후 얼마 안되어 그 자리를 장문천에게 내주게 된다. 그러나 총서기는 이제 더 이상 당지도권을 행사하지 못하고 최고영도권은 모주석에게로 넘어갔다. 박고는 비록 중대한 오류를 범한 사람이기는 하지만 잘못을 철저히 인식하고 용감히 재출발하였으며, 모택동의 지도 아래에서 성심성의로 일하였다. 해방일보의 사장에 부임된 박고는 사업욕이 이만저만이 아니었다. 그는 매일 사설을 한 편 씩 내자고 하였다. 박고는 이렇게 말하였다.

"소련공산당 중앙의 기관지인 『프라우다』지를 보시오. 매일 사설을 한 편 씩 내고 있지 않습니까? 우리는 『대공보(大公報)』도 따라 배워야 합니다. 대공보의 책임자인 장계란, 호정지들이 간단한 의논이 있으면 이내 사설 한 편으로 정리하여 내놓습니다."

매일 사설 한 편이 나가야 하기 때문에 박고는 중공중앙의 여러 책임자들에게 사설의 집필을 의뢰하였다. 중앙의 통지문에서 명시 하였듯이 해방일보의 사설은 중앙의 책임동지들이거나 중요직무에 있는 간부들이 집필하도록 되어 있는 것이다.

호교목도 박고의 집필 의뢰자 중의 한 사람이었다. 모택동에게 의뢰한 것을 모택동이 다시 호교목에게 의뢰하는 경우도 있었고, 박고가 직접 호교목에게 의뢰하는 경우도 있었다.
　해방일보의 초창기에 호교목이 처음으로 집필한 사설은 '대후방(大後方)의 청년들을 구원하자'라는 제목을 단 것으로, 6월 8일자 해방일보에 게재되었다. 호교목은 비밀리에 중국 서남지역의 대후방을 다녀 온 경험도 있고, 또 다년간 청년사업에 종사했기 때문에 이런 주제의 사설을 쓸 수 있는 적합한 인재였다. 누구보다도 대후방 청년들의 사정을 잘 알고 있었기 때문이다. 이 사설에서 호교목은 다음과 같이 썼다.

　'뜻을 품은 젊은이들이 하는 일 없이 늦잠만 자다가 승리의 축배를 올릴 날을 가만히 기다리고 있어서는 절대 안된다. 최후의 승리를 앞당겨 맞이하기 위해서는 모든 청년들이 다 떨쳐 일어나 환경이나 여건이 허락하는 일, 항일전쟁에 도움이 될만한 여러가지 일들을 찾아 스스로 하여야 한다…'

　'청년들을 해하는 무기에는 눈에 보이는 총칼도 있거니와 눈에 보이지 않는 곳에서 날아 오는 화살도 있다. 청년들은 시퍼런 칼을 든 살기등등한 백정들을 식별할 뿐만 아니라, 만면에 웃음을 띠었으나 주머니 속에 몰래 비수를 쥐고 있는 그런 모사(謀士)들을 조심하여 방비해야 할 것이다. 이런 모사들은 달콤한 말로 사람들을 잘 얼려 넘긴다. 살인폭군을 구세주로 추켜 올리면서 한편으로는 무참히 학살당한 청년들에게 자장가를 불러준다.'

　호교목은 정론(政論) 집필 면에서의 실력을 충분히 과시하였다. 해방일보 편집부는 일단 이런 인재를 발견하자 연이어 그에게 다른 사설의 집필을 의뢰하여 왔다. 이 해 6월 만 해도 그는 여러편의 사설을 계속하여 집필, 게재하였다.
　호교목이 간간이 해방일보에 쓴 사설은 도합 58편이나 된다. 그런데 육정일이 책임주필로 되면서부터는 하루 한 편의 작법을 반대하였기 때문에 사설이 매일 나오지는 않게 되었고, 따라서 호교목에게 의뢰하는 횟수도 상대적으로 적게 되었다.

당시 해방일보의 사설은 중공중앙당의 목소리를 그대로 대표하는 것이었다. 호교목이 사설 집필의 주요 멤버에 들었다는 것은 그가 자신의 이론 수양과 집필 능력을 과시하여 인정받았다는 것을 말한다. 또 그가 중공중앙의 중요한 문필가의 한사람으로 되었음을 확인하는 것으로도 된다.

호교목은 이렇게 말한 적이 있다.

"내 개인을 놓고 볼 때, 모택동 동지의 지도와 가르침이 없었다면 내가 그런 사설들을 써낼 수 없었으리라는 것은 의심할 바 없는 사실이다."

그가 쓴 해방일보의 사설 중, 어떤 것은 모택동이 어떠어떠하게 쓰라고 알려 주어 쓴 것이고, 어떤 것은 모택동의 내부 연설의 취지를 바탕으로 하여 쓴 것이고, 어떤 것은 호교목이 문고(文稿)를 일단 집필한 후 모택동이 다시 세밀히 감수하고 수정을 가한 것이다.

호교목이 쓴 사설 중에는 중공중앙의 정책방침을 기술한 것도 있고, 변구(邊區)정치를 논한 것도 있으며, 국민당 장개석을 반박한 것도 있고, 국제정세를 평한 것도 있다. 실로 다방면에 걸쳐 거의 모든 문제와 관련되어 있다.

문화(文化)의 군대(軍隊)

분홍색 나는 얇은 광택지에 몇 행의 글자가 찍혀진 초청장이 한 장 있었다. 당시 연안에서는 아마 가장 호화로운 초청장이었을 것이다.

지금의 문예운동이 당면하고 있는 일련의 문제에 대한 의견을 나누기 위하여, 5월 2일 오후 한 시 반에 양가령 사무대청 1층 회의실에서 좌담회를 열고자 하오니 부디 출석하여 주시기를 바라마지 않습니다.

　　　　　　　　　　　　　　　　　　　　모택동(毛澤東)
　　　　　　　　　　　　　　　　　　　　개　풍(凱　豊)

　이 초청은 당시 연안에 있는 백 여명에 달하는 문예계 인사들에게 발송되었다. 1942년 5월 2일에 시작한 이 좌담회는 후일에 세상에 널리 알려진 이른바 연안문예좌담회이다. 모택동의 비서인 호교목은 개막회의부터 폐막회의까지의 전 과정에 모두 출석하였다.

　분홍색 청첩에 모택동과 같이 서명한 개풍(凱豊)은 본명이 하극전(何克全)으로, 당시 중공중앙선전부 부부장 겸 부장 서리(署理)였다.

　5월 2일 오후 한 시가 지나자 연안문예계의 스타들이 양가령 비행기청사의 아래층 남편 대청에 모여들었다. 주양, 정령, 애청, 진황매, 하기방, 임묵함, 유백우, 주립파, 화군무, 소군, 여기, 진파아 등이 모두 입장하였다.

　비행기청사는 그 당시 양가령이라는 산촌에서는 유명한 현대식 건축물이었다. 석재와 벽돌로 된 3층집인데 실은 가운데만 3층이고 양편은 단층이다. 산위에서 굽어 보면 흡사 두 날개를 펼친 비행기와 같다하여 '비행기청사'로 불리워진 것이다. 이 건물이 당시 중공중앙의 사무청사였다. 중앙기관에서 일하는 사무원들과 인근의 병사, 평민들의 노동으로 1941년에 낙성되었는데 이에 앞서 호교목도 건축공사의 노동에 참가한 적이 있었다. 아래층의 남편 대청은 중공중앙의 회의실이자 식당이기도 하다. 성대한 좌담회라 하여도 이날은 20여개의 긴 걸상을 늘여 놓고 정면에 테이블을 하나 놓았을 뿐이다. 이 테이블에 흰 천을 펴 놓았으니, 말하자면 여기가 주석단인 셈이다.

　사람들이 거의 다 모였을 때 모택동은 자기 집(역시 토굴집임)을 나와 비행기청사로 걸어 왔다. 불과 일분 가량 걸리는 거리였다. 개풍의 사회로 회의가 시작되자 먼저 모택동이 연설을 하였다. 그의 옆에 속기원이 앉아 기록을 하였다. 연설하는 모택동의 손에는 간단한 메모가 한 장 쥐여져 있을 뿐이다. 속기원이 연설을 기록하는 동안 호교목도 노트에 자세히 기록을 하였다.

　모택동의 연설에는 유우머적인 것이 많았다.

　"우리한테는 두 갈래의 군대가 있습니다. 하나는 주 총사령이 지휘하는 군대이고 다른 하나는 노 총사령이 지휘하는 군대입니다."

　주 총사령이란 누구나 다 아는 주덕(朱德) 총사령이지만, 또 노 총사령이라니 이건 처음 듣는 소리다. 모택동이 설명을 가해서야 청중들은 노 총사령이란 바로 노신(魯迅)을 지칭하는 것임을 알게 되었다. 모택동이 강조하려는 뜻은 총을 든 무장한 군대와 붓을 든 문화의 군대, 우리 공산당에는 이 두 갈래의 군대가 필요하다는 것이었다. 그는 이런 언어 표현으로 문화사업의 중요성을 이와 같이 지적하였다. 이날 연설에서 모택동은 문화, 예술분야에 관련되는 다섯개 문제를 제기하고 여러분이 잘 토론하여 보시라고 하였다. 다섯 문제란, 문예사업에 종사하는 사람들의 입장문제, 태도문제, 사업대상이 누구냐 하는 문제, 생활을 익숙히 알아야 하는 문제, 학습문제이다.

　모택동이 이런 제의를 한 후, 회의는 토론에 들어갔다. 5월 16일에 토론이 또 계속되었는데, 이날 좌담회는 꼬박 하루가 다 걸렸다. 하기방(何其芳)이 후일에 회상한 바에 의하면 이런 에피소드도 있었다.

　'중간 휴식을 할 때에 모택동이 회의실 문어귀에 서 있었다. 실외의 광선이 들어와 실내가 환했는데, 이 때 나는 모주석이 입은 잿빛 무명바지에 무심히 시선이 쏠렸다. 두 무릎마디에 남색 천조각으로 큼직하게 기운 자리가 하나씩 있었는데 아주 돋보였다.'

　임묵함(林默涵)도 이 좌담회 출석자 중의 한사람이다. 그가 필자에게 직접 말한 바에 의하면, 그날 회의에서 아주 과격한 어투로 남다른 발언을 한 작가가 있었다. 임묵함을 포함한 적지 않은 사람들이 그냥 듣고만 있을 수 없는 충동을 느끼기 시작한 때였다. 호교목이 불쑥 일어나 그

안하무인의 작가를 준절히 논박하는 것이었다. 참가자들의 시선이 일시에 호교목에게 쏠렸다.

임묵함이 기억한 바에 의하면, 이날 호교목의 발언은 아주 단도직입적이고 명쾌하고 줏대가 있는 발언이었다. 반박당하는 상대자가 유명한 작가라는 것은 문제가 되지 않았다. 평소에 호교목은 수다스레 말을 하는 편이 아니었다. 그러나 사안에 대한 관점에 있어서는 자기가 해야 할 말을 서슴없이 한다는 것을 이날 호교목의 발언을 들은 사람들은 다 알게 되었다. 호교목의 발언이 너무나 깊은 인상을 남겼기 때문이다.

여러 차례의 토론과 논쟁을 거친 후, 좌담회는 5월 23일에 막을 내리게 되었다. 이날 회의는 참석자들이 특별히 많았던 관계로 아예 청사 앞에 있는 광장에서 대회를 해야 할 형편이었다.

먼저 주덕의 연설이 있었고, 해질무렵에 참가자들은 청사 앞에 모여 기념사진을 찍었다. 저녁식사를 마친 후 모택동의 장편연설이 있었다. 광장에 친 가스등이 밝은 빛을 발하였다. 후에 호교목은 한 친우한테 이렇게 말한 적이 있다.

"주석은 이날 밤, 붓으로 쓴 간단한 메모를 들고 연설을 하였다. 즉흥적인 데가 많았고 우스개를 곧잘 하였지만 내용면에서는 심각한 것이었다. 이 연설에서 모택동은 그 당시까지 간단없이 논쟁되어 온 일련의 문제에 대하여 명확한 결론을 내렸다."

물론 속기원이 속기를 하는 한편, 모택동의 비서인 호교목도 가스등 아래에서 열심히 필기를 하였다.

모택동의 연설은 연안 문예계에 지대한 반향을 일으켰다. 사람들은 해방일보에 모택동의 연설을 게재할 것을 분분히 요구하였다.

저작이 풍부하기로 모택동은 거인임이 틀림없다. 그의 저작들은 거의 다 자기가 손수 집필한 것들이다. 그러나 이번만은 당자가 간단한 메모 밖에 쓰지 않았으므로 당장 신문에 게재할 수는 없었다. 그는 속기한 기록에 의하여 연설을 정리, 정서해 달라고 호교목에게 부탁하였다.

연설 정리작업은 이렇게 호교목이 책임지게 되었다. 정말 호교목은 이런 작업을 하는 데 적임자였다. 그는 속기원의 기록을 참조하는 동시에 자기가 쓴 메모도 효과적으로 이용하였다.

호교목이 정리, 정서한 연설문에 모택동이 다시 상세한 수정을 가하였다. 저술(著述)을 대하는 모택동의 태도는 아주 신중하여, 당장 발송해야 할 명령, 전보, 성명 같은 것을 제외하고는 중요한 문장이나 시간적으로 촉박하지 않은 저작에 대해서는 언제나 직접 여러 차례의 재고와 수정을 가하였다.

연안문예좌담회가 있은 날로부터 거의 일년 후인 1943년 3월 10일, 중공중앙문화위원회와 조직부의 주최로 50여명의 문예계 인사들이 참석한 회의가 소집되었다. 이 회의는 연안문예 좌담회에서 한 모택동의 연설취지에 따라, 대중 속으로 들어 갈 것과 대중들의 생활상을 잘 헤아릴 것을 회의 참가자들에게 호소하였다. 중앙선전부 부장서리인 개풍과 중앙조직부 부장인 진운(陳雲)이 연설을 하였다. 농촌으로 투입되는 행동조는 이렇게 연안의 문예계에서 파급되었던 것이다.

이런 사정에 맞추어 3월 13일자 해방일보는 연안문예좌담회 석상에서의 연설의 일부 내용을 모택동 본인의 동의하에 게재하였다. 연설내용이 신문지상에 발표된 것은 이것이 처음이다.

그 후 1943년 10월 19일, 노신의 7주기(周忌)를 기념하여 연설의 전문을 해방일보가 실었다. 물론 이 전문은 모택동이 일일이 수정을 가한 후의 것이었다.

이튿날, 중공중앙의 학습총위원회는 연안 문예좌담회 석상에서 한 모택동의 연설을 학습하는 데에 대한 통지를 하달하였다. 이 통지문에는 다음과 같은 구절이 적혀있다.

"10월 19일자 해방일보는 모택동 동지가 1942년 5월 연안 문예좌담회 석상에서 한 연설을 게재하였다. 이 연설은 사상, 이론 건설에서 중국공산당이 제시한 극히 중요한 문헌이며, 모택동 동지가 통속적인 언어로 집필한 마르크스-레닌주의 이론을 중국화(中國化)한 교과서이다…"

통지문은 또한 연설 전문을 될 수록 소책자로 인쇄하여 정풍(整風)의 필독문헌으로 삼아야 한다고 지적하였다. 시간의 흐름에 따라 연설의 영향력은 점점 더 커졌고, 이 문헌이 결국은 모택동의 주요 저작의 하나로 정착하게 된다. 대륙에서는 1992년 5월에 연설 발표 50주년을 맞아 성대한 기념행사를 거행하기도 하였다.

생전에 호교목은 자기가 이 연설의 정리자(整理者)였다는 말을 거의 입밖에 내지 않았다. 만년에 이르러서야 어느날 오랜 친구와 이야기를 하는 도중에 우연히 이와 같은 사실을 언급하기는 하였지만, 그나마 극히 짧은 몇 마디에 불과하였다.

연안정풍(延安整風)

10월 19일자 통지문을 하달한 '학습총위원회'란 그 전칭을 '중공중앙총학습위원회'라고 한다. 출범한 날짜는 1942년 6월 2일이다.

열흘 후, 6월 12일자 연안 해방일보는 아래와 같은 소식을 실었다.

'중앙에 총학습위원회(總學習委員會)가 최근에 생겼는데, 모택동 동지가 총책임자로, 강생(康生)이 부책임자로 지정되어 전 연안의 학습을 지도하게 된다. 총학습위원회는 매주 또는 격주 한 번씩 연안에 있는 고급간부들의 학습회를 열고 학습문제 전반에 걸친 의견교환을 하기로 하였다…'

그당시 연안은 한창 정풍운동을 하고 있을 때였다. 이 운동의 완전한 명칭은 '삼풍정돈 학습운동'이다. 총학습위원회는 말하자면 이 운동을 지도하는 최고기관이었다. 삼풍(三風)정돈이란 학풍(學風)정돈, 당풍(黨風)정돈, 문풍(文風)정돈을 말한다.

총학습위원회가 출범한 후 모택동은 강생을 보고 "실지 사무는 자네가 많이 돌봐줘야겠소."라고 말한 적이 있다.

강생은 우선 중공중앙 정치국위원들의 비서를 조수로 청해야겠다고 주장하였고 정치국은 이 요구를 승낙하였다. 강생을 협조하여 학습위원회의 일상 사무에 관여한 비서들의 이름은 다음과 같다.

모택동의 비서 호교목

주덕의 비서 황화(黃華)

왕명(王明)의 비서 요로언(寥魯言)

임필시(任弼時)의 비서 사철(師哲)

진운의 비서 왕학수(王鶴壽)

왕가상(王稼祥)의 비서 도주(陶鑄)

강생의 비서 광아명(匡亞明)

총학습위원회의 제1차 회의에서는 학습과정에 제기되는 여러가지 문제에 해답을 주기 위하여 전문소조를 하나 만들기로 결의하였다. 이 소조의 총책임을 개풍이 맡기로 하고 구체적인 사무는 육정일, 호교목, 왕약비, 진백달 등이 보기로 하였다.

이렇게 호교목은 총학습위원회의 사업에 관여하게 되었다. 정풍운동을 벌이기 위하여 모택동은 연안에서 세차례의 중요한 보고를 하였다. 보고의 제목은 '우리의 학습을 개조하자', '당의 작풍을 정돈하자', '당팔고(黨八股:명대에 확립된 과거의 답안 작성 양식을 당의 문서형식의 8원칙으로 적용)를 반대하자'이다.

이 시기에 호교목은 해방일보에 여러 편의 사설을 썼는데 어느 것이나 다 정풍운동의 중요성을 강조한 것이었고 정풍운동에 대한 중앙의 정책정신을 표명한 것이었다.

호교목이 집필한 이 사설들은 어느 편이나 거의 다 모택동의 견해를 제기하고 선전하는 것들이다. 모택동의 비서인 그는 모택동의 언론에 대하여 깊은 주의를 돌렸으며 언제나 모택동의 의견을 존중하였다. 이를테면 '교조와 바지'라고 제목을 단 사설이 그러하다. '교조'와 '바지'란 두

단어를 병렬한다는 자체가 도저히 상상할 수 없는 일이지만 이 사설에 인용된 모택동의 견해를 보면 '교조'와 '바지'를 병기한 이유를 납득할 수 있다. 이 사설은 모택동의 견해를 아래와 같이 소개하고 있다.

'모택동 동지는 2월 1일에 한 연설에서, 지금 우리 당이 취하고 있는 지도노선은 정확하지만 아직 일부 당원 중에는 삼풍(三風) 운동을 부정하는 자가 있다고 지적하였다. 이런 문제가 있는 사람이면 누구나 할 것 없이 바로 잡아야 한다. 주관주의, 종파주의, 당팔고(黨八股), 이 삼풍은 사람에게는 필요없는 꼬리와도 같다. 그 꼬리를 당장 베어 버리시오! 하고 한바탕 호통쳐서 꾸지람하면 되는가? 그렇지는 않다. 그처럼 간단히 해결될 문제라면 우리 당은 진작 완선완미(完善完美)한 경지에 이르렀을 것이다. 소리만 쳐서는 꼬리는 떨어지지 않는다. 꼬리를 베어 버리자면 바지를 먼저 벗어야겠는데, 누구나 (남들이 보는 데서) 바지를 벗기는 싫어한다. 바지를 벗어야 꼬리가 노출될 게 아닌가. 꼬리는 칼로 베어 내야 하고 그러자면 또 피가 나기 마련이다…'

이처럼 바지를 예로 논리를 전개한 자가 원래는 모택동이다. 호교목이 쓴 사설 '교조와 바지'는 모택동의 논리에 따라 부연하고 사리를 더 깊이 있게 따진 것이다.

호교목이 쓴 '신문과 새로운 문풍'이라는 사설도 당팔고를 반대하자에서 모택동이 제기한 기본견해를 천술한 것이었다.

1943년 10월 11일 호교목은 중공중앙 직속기관의 간부들이 참가한 대회에서 '인생관 문제에 대하여'라는 제목으로 연설을 하였다. 이 연설은 그가 정풍운동의 필요에 부응하여 중공의 당원과 간부들에게 더욱 더 세계관을 개조하여 마르크스-레닌주의에 입각한 세계관을 확립할 것을 촉구하는 것이 주지(主旨)였다.

이 연설은 세 부분으로 나뉘어진다.
　(1) 계급적인 견해가 없으면 안되는가?
　　　계급적인 견해를 가지지 않는 사람은 있는가? 없는가?

(2) 계급적 견해를 가졌다면 어떤 부류의 것이 옳은가?

(3) 한 계급의 계급적인 견해는 어떻게 다른 한 계급의 것으로 전환되는가. 전환과정에서 주의해야 할 문제로는 어떤 것들이 있는가.

사설을 집필하던 데로부터 장편연설까지 하게 되었다는 것은, 연안에서의 호교목의 지위가 점점 높아지고 있음을 의미한다.

그는 중공중앙정치국의 정풍회의에도 방청인으로 참석하였다. 1942년에는 당시의 중공중앙 선전부 부장서리인 개풍이 병으로 결근하는 사이에 호교목이 부장서리의 직무를 대행한 적도 있다.

모택동과 책

연안시기의 모택동은 아주 부지런한 사람이었다. 그의 일련의 중요한 저작, 이를테면 『실천론』과 『모순론』 등은 모두 연안의 토굴집에서 써낸 것이다 당시 연안에서 도서를 입수한다는 것은 여간 어려운 일이 아니었다. 그래도 모택동은 천방백계로 책을 얻어다가 부지런히 읽었다.

1943년 12월 20일, 모택동은 호교목에게 이런 쪽지를 썼다. 그의 지적 탐구욕(求知心)이 생생히 반영되어 있다.

교목에게:

연안에서 입수할 수 있는 유물사관(唯物史觀), 사회발전사 관계서적을 몇 권 얻어다 주오. 번역한 것도 좋고 중국인이 쓴 것도 좋소. 듣자니 소련의 한 작가가 '원숭이가 어떻게 인간으로 전환되었는가'를 소설로 썼다는데… 나는 라이옙스키가 쓴 사회학은 한 번 읽어본 적이 있소. 장백간(張伯簡)이 번역한(번역인지, 아니면 그가 쓴 것인는 모르지만) 『사회진화간사(社會進化簡史)』라는 책도 대강 훑어 본 기억이 나오. 하여간 이런 류의 책들을 다 수집해다 주었으면 좋겠소.

모 택 동
12월 20일

이 글에서 모택동이 제기한 '원숭이가 어떻게 인간으로 진화하였는가'라는 내용의 소설은 소련 작가 일린과 그의 부인 셰가르의 공저(共著)로 된 『사람은 어떻게 거인으로 되었는가』라는 책이다. 호교목에게 이 책을 찾아 달라고 부탁한 것은 당시 모택동이 엥겔스의 『자연변증법』을 열독하고 있던 사정과 관련된다. 이 『자연변증법』에 '원숭이가 사람으로 진화하는 과정에서 노동이 일으킨 역할'이라는 장절(章節)이 있다.

모택동이 제기한 또 하나의 저서는 장백간이 쓴 『사회진화간사』인데, 이 책은 국광서점에서 1925년에 간행된 것이다. 장백간은 초창기의 중공당원이다.

이 밖에 『유물적 사회학(唯物的 社會學)』이라는 책이 있는데, 저자가 라이옙스키, 역자가 육일원(陸一遠)이다. 이 책은 1929년에 상해 신우주출판사가 간행한 것이다.

모택동은 1939년 1월 28일에 한 연설에서 자기의 독서관(讀書觀)을 피력한 바 있다.

'학문이 있다는 것은 높은 산 위에 선 것처럼 아주 먼 데까지 내다 볼 수 있는 것과 같다. 학문이 없다는 것은 캄캄한 골짜기를 헤매이는 것과 같아 여간 불편하지 않다.'

호교목은 이전부터 독서를 즐겼다. 모택동의 신변에서 일하게 되면서는 또 모택동의 영향까지 있어, 여러가지 책을 이전 보다 더 열심히, 더 의식적으로 열독하였다. 후일의 호교목에게 있어 독서는 최대의 흥미요 최대의 애호지사였다. 심지어는 내용상 전혀 관계없는 책 대여섯 권을 동시에 읽는 때도 있었다. 만년의 호교목은 집에 있는 장서(藏書)가 3만 여 권에 달하였다. 140개의 서가를 채우고도 남을 정도였다. 이처럼 가정장서가 많았지만 그는 자주 북경도서관이나 중앙편역국(編譯局) 도서관에서 책을 빌려다 보았다. 이 밖에도 그는 어느 지방에 출장가나 서점을 돌아보고 책을 구입하는 일을 잊은 적이 없다. 중공의 지도간부

중 호교목은 독서를 가장 많이 한 사람들 중의 한 사람이다.

지금도 중공의 보관문건 속에는 호교목이 쓴 '마르크스-레닌주의 저서 12권의 목록'이라는 자료가 남아 있다. 이 제목 위에 모택동이 '간부필독'(幹部必讀)이라는 네 글자를 첨가하였다. 모택동의 주변에서 일할 때 호교목은 독서를 많이 하였을 뿐 아니라 중공의 관계문헌도 많이 열람하였다. 모택동의 비서로 된 후에 제일 처음으로 한 일이 '6차 당대회 이후'라는 문헌집의 편찬이었다는 것은 앞에서도 언급한 바 있다.

이어서 그는 또 모택동을 도와 '6차 당대회 이전'과 '두 갈래 노선'이라는 두 문헌집을 편찬하였다.

'6차 당대회 이전'이라는 문헌집은 1942년 10월에 연안에서 편찬한 것이다. 이 책에는 1921년 3월부터 1921년 6월까지의 기간에 있은 문헌 198편이 들어 있다. 모두가 중공과 공산국제, 그리고 소련의 지도자들 간에 교환된, 중국 혁명문제와 관련된 내용이다. 이것은 '6차 당대회' 이전의 중공당사(中共黨史)의 연구에 있어 중요한 가치가 있는 자료로 된다. 이 문헌집은 정풍운동에 참가한 중공 고급간부들에게 학습・연구용으로 내어 준 것이다. 간행자는 중공중앙서기처로 되어 있다.

1우 3좌(一右三左)의 비판

연안정풍운동은 문건학습으로 시작되었고 후에 점차로 당의 역사를 재회고(再回顧), 재평가(再評價)하는 단계로 옮겨졌다. 모택동은 이에 앞서 다음과 같이 지적한 적이 있다.

"'제6차 당대회 이후'라는 문헌집을 편찬한 것은 중앙 고급간부들의 학습소조에서 연구하도록 하기 위해서 입니다."

"지금 여러분은 우리 당의 역사를 연구하고 있습니다. 이 연구는 절대 필요합니다. 당의 역사도 똑똑히 알지 못하고 당이 역사에서 집행한 노선이 어떠하였는가를 똑똑히 알지 못한다면 지금의 사업을 보다 더 잘해 나가기는 불가능한 것입니다."

중국공산당은 굽은 길을 걸어왔고 '1우3좌(一右三左)'의 오류를 거듭 범하였다. 처음에는 진독수(陳獨秀)의 우경 기회주의가 있었고 뒤이어 구추백(瞿秋白)의 좌경 동맹주의, 이입삼(李立三)의 좌경 모험주의, 왕명, 박고의 좌경 종파주의, 교조주의가 있었다. 그 후에는 또 장국도(張國燾)의 분열주의도 있었다.

중공 당 역사상의 이 일련의 문제를 똑똑히 정리하고 결론을 내린다는 것은 쉬운 일이 아니다. 그렇지만 이 일은 하지 않으면 안된다. 이 문제들에 대한 전 당의 통일적인 인식이 없다면 중공의 단결에 영향을 끼칠 것이며, 중국의 미래에 영향을 끼칠 것이다. 모택동은 호교목에게 『6차 당대회 이후』, 『6차 당대회 이전』, 『두 갈래 노선』이라는 세 책을 편찬하는 데에 협력할 것을 요구하였었다. 중공 고급간부들의 당사(黨史) 연구에 참고로 하기 위하여서이다.

1943년 겨울부터 정풍운동은 당의 역사적 경험을 총화하는 단계에 들어갔다. 상기의 세 책이 간행된 후, 중공중앙판공청(辦公廳)의 지부에 속하는 한 당원이 일시적인 풍파를 일으킨 적이 있다. 역사상에서 오류가 있는 문건을 집필한 사람에 대하여 응당 그 당자의 책임을 추궁하여야 한다고 주장하였던 것이다. 모택동은 그래서는 안된다고 즉시 답변하였다.

"이번에 역사문제에 있어서는 개별적인 동지들의 책임추궁에 치중할 것이 아니라 당시의 환경여건에 대한 분석, 당시의 오류의 내용, 이런 오류가 있게 된 당시의 사회적 근원, 역사적 근원, 사상적 근원에 치중하고, '과거를 징계하여 금후를 삼가하게 하며(懲前毖後), 병을 치료하여 사람을 구한다(治病求人)는 방침을 실행함으로써, 사상인식도 명확히 하고 동지들과도 단결을 도모하는 이 두가지 목적을 달성하여야 한다."

1944년 5월 21일, 연안의 중남해인 양가령에서 아주 중요한 회의가 열렸다. 이 회의에 출석한 정식대표 17명은 중공의 중앙위원이거나 후보중앙위원이다. 모택동의 비서이고 정치국의 비서이기도 한 호교목은 방청자의 신분으로 참석하였다.

이 회의의 공식적인 명칭은 '중국공산당 제6기 중앙위원회 제7차 전체회의'이다. (보통 '중공 6기 7중전회'로 불리운다-역주) 그런데 중공 6기 6중전회가 있은 것이 1938년 9월이었으므로 그 사이 약 5년이상의 세월이 지났다. 이처럼 오랜만에 열리는 중앙전회(中央全會)인 것만 보아도 이 회의가 대단히 중요한 회의임을 알 수 있다.

회의는 주석단 성원으로 모택동, 주덕, 유소기, 임필시, 주은래를 선출하고 중공중앙의 일상사무를 이 주석단이 책임지고 처리할 것, 서기처와 정치국은 직무의 행사를 정지할 것을 결정하였다. 다섯 명으로 구성된 이 주석단 성원들은 일년 후 중공 7차당대회에서 몽땅 서기처 서기(書記)로 당선된다. 사람들은 그들을 보통 5대서기(五大書記)라고 말한다. 그 중 임필시가 1950년에 일찌기 병사한 외에 모택동, 유소기, 주은래, 주덕으로 구성된 4인핵심(四人核心)은 문화혁명 전까지 줄곧 지도권을 장악하고 있었다.

이번에 열린 중앙전회는 중국 공산당 역사에서 회의시간이 제일 길다는 기록을 남겼다. 개막회의가 1944년 5월 21일에 있었는데 폐막회의는 1945년 4월 20일에 열렸던 것이다. 이 중앙전회는 11개월에 걸쳐 모두 8차례의 전체회의를 가졌었다.

시일이 이토록 지연된 것은 이 회의가 중공 7차 당대회를 위한 많은 준비사업을 하여야 했기 때문이다. 그 중에서도 제일 시간이 걸린 일은 '역사적 문제에 대한 결의'(이하 '결의'로 약칭함)를 집필하는 작업이었다. 이 결의가 실지로는 중공 역사상의 '1우3좌(一右三左)' 및 기타 중대한 역사문제에 결론을 내리는 것이었다. 《결의》작성의 목적은 전 당의 인식을 통일하려는 데 있다. 정풍운동 가운데서 중앙의 고급간부들은 중공의 역사적 경험에 대하여 반복적으로 토론을 하였다. 그 결과를 총정리한 것이 이 결의이다.

주석단은 임필시를 결의 초안 작성의 책임자로 지정하였다. 초안 작성팀의 구성원은 7명의 중앙위원들이다-유소기, 주은래, 낙보(洛甫-張聞天), 박고… 호교목도 이 일에 가담하였지만 처음에는 집필을 담당하지 않았다.

결의 초안작성은 아주 어려운 일이었다. 결의 중의 한 자 한 마디를 모두 신중히 검토하여야 했다. 중공과 관련한 이왕의 일련의 역사사건에 대하여 어떤 결론을 내리는가 하는 문제이기 때문이다.

중공의 수뇌부는 다 이 작업에 참여하였다.

모택동이 먼저 중공당사를 어떻게 연구하여야 할 것인가라는 보고를 하였고, 1944년 4월 12일에는 또 '학습과 시국'이라는 연설을 하였다. 그는 중공당사에 제기되는 일련의 중대한 문제에 대하여 자기의 견해를 찬술하면서 중공 1차당대회에서 6차당대회까지, 또 진독수로부터 박고에 이르기까지 모두 언급하였다. 주은래는 1943년 8월부터 11월 사이에 있었던 모든 일을 정리하였으며 당사에 제기되는 일련의 문제에 대한 자기의 견해를 또한 일일이 적었다. 그는 또 11월 15일부터 연 5일간 정풍학습회에 나가 보고를 하였다. 1944년 3월 3일과 4일에도 '6차당대회 연구'라는 제목으로 두차례의 보고를 하였다.

"20여년이나 당의 중요한 업무에 관계하여 왔지만 이처럼 심각하게 사고하고 반성하여 본 적은 전혀 없었다."
고 그는 뒤에 회고하였다.

주덕은 홍1군단(紅一軍團)의 역사에 대한 보고를 하였고 왕약비(王若飛)는 당의 역사에 대한 보고를 하였다.

장문천은 장편의 기록을 서술하면서 자기가 지난날 범했던 좌경 착오를 비판하는 한편 당사(黨史) 관련의 여러 문제에 대한 견해를 실사구시적으로 서술하였다.

6차당대회 이래 좌경 노선의 주요한 지도자였던 박고(博古)도 자기비판을 하고 자기가 범한 착오를 모두 밝히었다. 왕명만은 병을 핑계로 회의에 나오지 않았다. 기실은 중공의 제3차 좌경노선 문제에서 비판 받을 주요 대상이 왕명이었기 때문이다.

결의 초안 작성은 여러 차례 반복이 있었다. 초안이 작성된 후 큰 수정을 가한 횟수가 열 네 번이나 된다.

결의 작성이 어느 정도 진척되었는지 모택동 본인도 여러번 독촉, 확인하였다. 첫 초안을 보고 모택동은 심히 불만족해 하였다. 아예 전부 다시 고쳐 써야 했다. 하지만 두 번 째 초안도 마음에 들지 않았다. 후에는 호교목도 집필에 가담하게 되었는데, 현존하는 결의 초안의 과정본(過程稿, 즉 최종적으로 탈고하기 전의 원고)에는 호교목이 가필한 흔적이 적지 않게 남아 있다. 집필에 관여하였던 한 사람은 당시의 일을 회상하며 이렇게 말하였다.

"호교목은 사고의 논리성이 아주 뛰어난 사람이오. 갈피를 잡을 수 없이 복잡다난한 문제도 일단 호교목이 정리한 후에는 조리정연한 형태로 파악될 수 있었지요…"

지금 생각하면 호교목에게 이런 재간이 있는 것도 우연한 일은 아니다.

첫째로, 그는 모택동의 신변에서 일하는 관계로 모택동의 견해를 누구보다도 잘 이해하고 있었다.

둘째로, 그는 『6차 당대회 이전』, 『두갈래 노선』의 편찬에 관여하였던 관계로 중공당사(中共黨史) 관련의 문건이나 결정에 대한 내용을 누구보다도 잘 숙지하고 있었다.

셋째로, 그는 정치국 회의와 서기처 회의를 방청하였고 중앙 수뇌층의 연설도 자주 들었던 관계로 중공당의 내막과 속사정을 잘 알고 있었다.

넷째로, 호교목 자신이 상당한 이론적 교양과 필력을 겸비하고 있었다.

결의는 연안정풍운동 과정에 있은 대학습, 대토론의 귀중한 성과였다. 모택동은 초안의 여러 군데에 정밀한 수정을 가하였다. 현존하는 결의 과정고(過程稿)에 흔적이 그대로 남아 있다.

결의는 원래 중공 7차 당대회의 토의에 상정하여 통과시키려는 것이었는데, 후에 결국은 6기 7중전회에서 통과하기로 되었다. 이는 7차 당대회가 항전건국(抗戰建國)의 방침을 집중적으로 토론해야 하였기 때문이다. 7차 당대회에 출석하는 각 대표단도 결의를 6기 7중전회에서 통과시키자는 의견에 찬성하였다.

결의는 중공 역사상의 '1우 3좌(一右三左)' 오류에 대하여 분석과 비판을 가하였다. 특히 왕명을 대표자로 하는 제3차 좌경 착오에 치중하여 비판하였다. 결의는 또한 준의(遵義)회의의 역사적 의의를 긍정하고 준의회의 이후 중공 전 당에 대한 모택동의 영도가 확립된 데 대해서도 긍정하였다. 결의는 다음과 같이 쓰고 있다.

'우리 당은 투쟁과정에서 우리의 영수 모택동 동지가 있게 되었다… 우리 당은 토지혁명전쟁의 마지막 시기에 마침내 중앙과 전 당에서의 모택동 동지의 영도를 확립하기에 이르렀다. 이는 동 시기에 우리 당이 거둔 최대의 성과이며 중국인민이 해방을 전취할 수 있는 최대의 담보이다.'

결의의 초안을 작성할 때, 모택동의 의견을 좇아 세 차례의 초안을 번번히 다 왕명에게 보냈다. 중공 6기 7중전회에서 결의가 채택된 1944년 4월 20일, 왕명은 모택동과 6기 7중전회에 전해달라는 장편서한을 임필시 앞으로 보내왔다. 왕명은 다음과 같이 썼다.

"우선 이 결의 초안에 대한 나의 기본적인 견해를 말하기로 한다. 나는 이 '결의' 초안이 당의 역사 문제, 사상 문제, 당건설 문제에 대하여 적극적이고 건설적인 중대한 의의가 있다고 본다."

왕명의 편지에는 또 이런 구절도 있다.

'나는 일개 당원의 신분으로서만 아니라 조직관리의 입장에서 이 결의에 전적으로 복종한다. 또한 중앙에서 지적한 바와 같이 제3차 좌경

노선 초기의 주요 대표자라는 지위에서, 사상·정치관점의 입장에서 이 결의를 진지하게 연구하고 받아들였다. 나는 이것을 금후 나자신이 정치, 조직, 사상 등 여러 면에 걸쳐 기왕에 범했던 중대한 오류를 바로잡는 지침으로 삼으려고 한다.'

왕명은 또한 모택동이 정확하였다는 것, 모택동의 공로가 크다는 것을 진심으로 인정한다고 하였다.

왕명까지 이처럼 결의를 옹호하여 나서리라고는 미처 예상하지 못하였다. 물론 이후의 사실이 증명하였듯이 왕명이 표현한 바는 결코 진심에서가 아니었다. 후에 변절하여 소련에 간 왕명은 『중공의 50년』이라는 책에서 결의를 심하게 매도하였다─"악명이 자자한 중공 6기 7중전회의 결의야말로 중공의 역사를 공개적으로 위조한 제 1 호 문건이다." 왕명이 옹호했건 매도했건 분명 이 결의는 역사적인 문헌으로 중공당사에 남아있는 것이다.

한 가지 더 지적해야 할 것은 이 결의가 부록으로 『모택동선집』제3권에 수록되었다는 사실이다. 이런 예는 『모택동선집』전반에 걸쳐 더는 없다. 결의는 물론 모택동의 의견을 좇아 작성되었고 모택동이 수정을 가한 것이기는 하지만 모택동 당사자가 쓴 저작은 아니다. 결의를 제외한 『모택동선집』의 다른 문장은 어느 편이나 다 모택동의 저작이다. 부록으로 결의를 수록하였다는 것은 이 결의를 모택동이 아주 중요시하고 있음을 말한다. 『모택동선집(1951년 이후 인민출판사에 의하여 간행된 1~4권)』에 대해서는 모택동 본인이 매 편마다 일일이 감수하였다.

결의가 채택된지 사흘째 되는 날인 1945년 4월 23일, 호교목은 연안 양가령에 있는 중앙대례당(中央大禮堂)에 왔다. 중공 7차당대회가 이날 성대한 개막식을 올렸는데 이 대회에 호교목은 정식대표로 출석하였다. 주석단 위쪽에 있는 붉은 바탕에 흰 글씨로 쓴 표어가 한 눈에 안겨 왔다─"모택동의 기치 아래 승리의 전진을 하자!" 이것은 이 대회의 주제를 잘 말해준다.

석달 후인 1945년 7월 13일, 호교목은 또 연안 섬감녕변구(陝甘寧邊區) 대례당에서 열린, 중국 해방구 인민대표회의 준비위원회가 소집한 회의에 참가하였다. 이 회의에 출석한 대표가 128명인데 호교목도 대표였다. 이 회의에서 중국 해방구 인민대표회의를 동년 11월에 개최하기로 결정하였지만, 한 달 후에 있은 일본항복과 국내 시국의 급격한 변화에 의하여 예정대로 실현되지는 못했다.

[제 2 장]
당대의 문필가

국·공회담과 중경담판

1945년 8월 25일, 이날은 모택동이 전 중국의 뉴스의 초점으로 된 날이다. 오전 11시, 초록색의 C-47형 수송기가 연안 비행장에서 이륙하였다. 동일 오후 3시 45분 비행기는 중경 구룡파(九龍坡) 비행장에 착륙하였다. 이륙에서 착륙까지 모택동은 기자들이 열을 올려 앞다투어 취재하는 대상이었다.

모택동이 중경에서 장개석과 회담—어느 신문이나 이 뉴스를 첫머리에 대서특필하였다. 이튿날 중경 신화일보는 이렇게 썼다.

'중국공산당 중앙위원회 주석 모택동 동지는 국민당정부 주석 장개석 선생의 초청을 받고 어제 오전 11시에 미국대사 헐리 장군, 장치중 장군과 주은래, 왕약비 등을 수행하고 비행기편으로 중경을 향해 출발하였다…'

다른 신문들도 그것이 공산당의 신문이건 국민당의 신문이건 할 것 없이 중경으로 간 중공인사로 모택동, 주은래, 왕약비 세명만 지명하고 있다.

회담이 개시된 후의 여러 신문의 소식보도에도 여전히 모, 주, 왕 밖에 나오지 않았다.

뉴스의 각광을 받지 않는 뒷자리에 33살 되는 수척한 남성이 있었다는 사실에 대해서는 누구도 주의를 돌리지 않았다. 그가 호교목이었다. 그는 모택동의 수행인원으로 중경에 같이 갔고, 세인의 이목을 끌었던

국공회담(國共會談)의 전 과정을 다 지켜 보았다.

그의 모습이 렌즈에 담긴건 단 한 번 뿐이었다. 연안을 떠나기에 앞서 비행기를 배경으로 찍은 사진이 그것이다. 사진 왼쪽으로부터 차례로, 군복차림을 한 장치중(張治中), 헬멧을 쓴 모택동, 키가 후리후리한 양복차림의 헐리, 미소를 띤 주은래, 웃옷이 너무 긴 왕약비, 머리를 돌려 모택동을 주시하고 있는 호교목, 머리 한 가운데에 갈래를 한 진용(陳龍) 등이다.

수행인원에 호교목이 포함되었다는 것은 모택동이 그를 중시하였음을 충분히 설명한다.

진용은 모택동의 경호원으로서 모택동을 호위하는 것이 그의 책임이었다.

모택동 일행이 중경에 도착한 후, 물론 장개석이 호화스러운 숙소를 마련해 주었지만 모택동은 그것을 사양하고 결국은 홍구(紅區 : 공산당이 지배하는 구역을 가리킴 – 역주)에 숙소를 정하였다. 호교목 역시 이 홍구에서 숙식을 하게 되었다.

홍구란 중경 교외 가릉강(嘉陵江) 기슭의 적토층 언덕에 위치한 홍암촌(紅岩村)이다. 원래가 황무지였는데 요국모(饒國模)가 거기에 농장을 건설하였다. 요국모는 황화강 열사(黃花崗烈士) 중의 한 사람인 요국량(饒國良)의 여동생이다. 요국모는 중공에 호감을 가진 사람이었다. 중공 측은 요국모의 동의와 지지하에 홍암취(紅岩嘴) 13번지에 삼층집 한 채를 세우고 팔로군 중경사무소로 삼았다. 실은 중공중앙 남방국(南方局)도 여기서 함께 사무를 보고 있었다. 이런 경위로 항일전쟁시기의 홍암촌은 중경의 연안(延安)으로 되었고, 홍구(紅區)로 되었다.

필자는 당시 중공중앙 남방국의 비서처 처장이자 기요과(機要科) 과장이었던 동소붕(童小鵬)을 방문하였다. 그는 당시의 일을 이렇게 회상하였다.

'모택동이 2층 동쪽의 중간측 첫 칸에 거주하였지요. 층계건 복도건

다 목조였기 때문에 사람이 걸을 때마다 삐걱삐걱 소리가 났어요. 그래서 주은래는 사무원들 보고 실내건 복도건 구두는 신지 말라고 주의를 주었지요. 모택동의 휴식에 방해가 될까봐 그런거예요. 삼층에 자리잡은 통신기사들도 드나들 때면 언제나 맨발로 걸었어요. 아무 소리도 나지않게…'

 호교목은 여전히 모택동 비서로서 사설을 쓰거나 문건을 집필할 때와 마찬가지로 언제나 막후에서, 자기가 해야 할 일을 소리없이 하였다.

 중경 체류 중의 모택동은 언제나 뭇사람이 주목하는 인물이었다. 그를 만나기를 희망하는 사람이 너무도 많은 데다 자신이 처리해야 할 공무 또한 복잡하다 보니 결국은 비서 한 사람을 더 데려다 쓰기로 하였다. 새로 데려온 비서가 왕병남(王炳南)이었다. 당시 팔로군 중경사무소에 있던 사람으로 그 곳의 정황을 잘 아는 사람이었다.

 모택동의 경호임무는 진용이 총책임이었고 그의 수하에 연안에서 온 안태룡과 이전부터 중경에 있던 용비호, 장택민, 하청화, 서광재, 제길수 등이 있었다.

 이밖에 팔로군 사무소의 유앙(劉昻)이 모택동의 일상생활을 돌보았고 이택순이 모택동의 전담 취사원으로 일하였다.

 중경 체류 기간 중의 호교목의 정황과 관련된 보도를 필자는 1950년 2월 3일자 싱가포르 남교일보에서 몇대목을 찾아 내었다.

 모택동 주석의 정치비서로 있을 때의 호교목은 사상과 교양 면에서 커다란 발전이 있었고 모택동도 그의 재능을 알아 주었다. 그의 장점이라면 사상이 철저하고 안광이 투철하고 재능과 문필이 겸전한 것이다. 그가 모택동을 따라 중경에 가 있는 동안 중공이 정치적으로 받은, 사실을 왜곡한 여러가지 비난에 대하여는 호교목이 자주 신화일보에다 반박하는 글을 썼던 것이다. 그가 쓴 글은 짜임새가 흠잡을 데 없고 필봉이 예리하였으며 박력이 있었다. 노신선생의 문풍을 그대로 배웠음이 분명하다. 그는 항상 훌륭한 생각을 재치있게 간결히 표현함으로써 깊은 감명을 주었다.

호교목과 교관화

중경에 체류하는 기간동안 호교목에게 한 가지 골치 아픈 작은 문제가 생겼다. 한 고장에서 자랐고 같은 학교를 다녔던 교관화(喬冠華)가 중경 팔로군 사무소에 있었던 것이다. 오랜 친구간의 우연한 상봉은 여간 기쁜 일이 아니었다. 그런데 교관화 역시 문필가였고, 그의 필명이 공교롭게도 교목이었다. 호교목의 당시의 이름이 호(胡)가 없는 교목이었으니 양자의 필명과 성명간에 동성동명문제가 생겼던 것이다. 두 교목이 같은 집에 거주하고 같은 신화일보에 기고하였으니 독자들은 어느 교목의 글인지 판단하기 곤란하였다.

교관화는 청화대학 김악림(金岳霖)교수의 추천을 받고 1935년에 국비생 유학시험에 합격하여 독일에 갔다. 빈겐대학에서 철학을 공부하였는데 중국의 『사기(史記)』에 관한 논문으로 박사학위를 받았다. (독일 예루대학 헬무트·마틴 교수가 필자에게 전한 바에 의하면, 당시 교관화가 썼던 박사논문을 1972년에 찾아냈다고 한다. 교관화가 중국 외교부장이던 때이다. 이 박사논문은 1976년에 독일에서 출판되었다.)

1937년에 귀국한 교관화는 동창생인 조일견의 소개로 광동성에 있는 국민당의 여한모 장군이 거느리는 부대에 가 참모로 있었다. 일본군대가 광주를 점령하자 교관화는 홍콩으로 건너가 시사만보(時事晚報)에서 일하면서 자주 시사평론을 썼다. 이 때부터 그는 교목이라는 필명을 쓰기 시작하였다. 그의 오랜 동창생인 호정신(胡鼎新)이 연안에 갔고 그가 교목으로 개명하였다는 것은 물론 몰랐다. 하지만 한 교목은 홍콩에, 다른 한 교목은 연안에 있었으니 피차 만날 수도 없었고 불편할 것도 없었다.

그러나 이런 에피소드가 있었다. 백색지구(白色地區)에서 사업하는 호교목의 여동생 방명(方銘)이 한 번은 홍콩신문에 실린 교목의 글을 보고, 자기 오빠가 홍콩에 있다고 판단하고 편지를 홍콩에 띄웠다. 이 편지를 받아 본 사람은 물론 교관화였다.

1939년 8월, 교관화는 요승지(寥承志)와 연관(連貫)의 소개로 홍콩에서 중국공산당에 가입하였다.

1941년 12월 18일 일본군대가 홍콩에 상륙하자 교관화는 지시에 따라 홍콩을 떠나 동강(東江)유격대로 갔다. 얼마 후 계림을 거쳐 중경으로 왔고, 팔로군사무소 외사팀에서 일하게 되었다. 그는 동시에 신화일보 사설위원회의 위원으로도 활약하였다.

하여간 두 교목이 한 때 중경에 같이 있었고 신화일보는 연안 해방일보의 자매지였다. 신화일보의 독자들은 교목이 둘이 있다는 사실을 발견하게 되었고, 후에는 연안의 교목을 '북교'(北喬), 중경의 교목을 '남교'(南喬)라 부르게 되었다. 원래는 남북에 갈라져 있었으니 문제 없었지만, 지금은 '북교'도 남하하여 중경에 있는지라 불편해진 것만은 사실이다. '교목'이라는 두 글자는 『시경(詩經)』에서 딴 것이다. '높고 곧바르다'는 뜻을 가지고 있다. 이 두 글자가 마음에 드는 것이어서 어느 '교목'이건 개명하려고 하지 않았다. '남교'는 "나는 본래부터 성이 교가요, '교목'이라는 필명은 이치에 어긋난 것이 아니다. '북교'는 그의 부인의 이름인 '곡우'(谷羽) 역시 『시경』에서 따온 글자이니 호정신(胡鼎新)이라는 원명을 되살려 쓰고 싶지는 않다는 것이었다.

나중에는 마침내 이 문제를 재판하기에 이른다. 이 일화는 훗날 널리 퍼졌는데, 일반적인 설은 이러하다.

'일본이 항복한 후 처음으로 있은 평화담판에 참가하기 위하여 중공 주석 모택동은 친히 중경에 왔다. 그(호교목을 가리킴)도 수행원의 한 사람이었다. 마침 남교(南喬)가 중경 신화일보에서 일할 때다.

두 교목이 한 데 있게 되었으니 많은 사람들이 이 둘을 분별하지 못하였다. 교목이라는 이름으로 신문에 글을 쓰는 경우가 그러하다. 친구들은 둘 중의 하나가 개명하기를 바랬다. 하루는 여럿이 모택동 주석이 있는 자리에서 이러이러하다는 사연을 말하고 이 일을 해결해 주었으면 좋겠다고 하였다. 모주석은 후에 북교가 교목이라는 이름을 먼저 사용하였다는 것, 그렇지만 남교는 본성이 호가라는 것을 확인한 다음, 남교는 필명 교목을 그대로 쓰기로 하고, 북교는 교목 앞에 성자를 가하여 호교목으로 고치기를 권하였다. 이리하여 두 교목은 쉽게 구분되게 되었다. 후에 시국의 발전에 따라 호교목이라는 이름도 전국에 알려지게 된다.'

한편 남교를 보면 그는 다만 글을 쓸 때만 교목이라는 필명을 사용했을 뿐이다. 중화인민공화국이 성립된 후 그는 주은래의 보좌관으로 외교 업무에 종사하였다. 그는 뒤이어 유엔에 출석하는 중공대표단의 고문, 외교부 외교정책위원회 부주임, 외교부 부장조리, 외교부 부부장, 외교부 부장을 담임하였다. 사용한 이름은 물론 그의 본명인 교관화이다.

한 때 교관화가 '우회(于懷)'라는 필명을 쓴 적은 있다. 1958년의 일인데, 그 때 교관화는 요진(姚溱)과 왕력(王力)과 같이『홍기(紅旗)』잡지에 국제평론을 자주 썼다. 셋이서 합용한 필명이 우요력(于姚力)이었으니, 교관화의 필명 우회에서 '우'를 따고 요진의 성자(姓字)에서 '요'를 따고 왕력의 이름에서 '력'을 따온 것이다.

중경에 있을 때, 호교목은 문화계의 인사들과 사귀는 기회가 많았다. 그 중 가장 재미있는 일을 한 가지만 예로 들자. 1945년 9월 1일에 있었던 일이다. 중경 황가아구에서 이날 저녁에 중·소문화협회 주최의 연회가 있었다. 중·소우호동맹조약의 체결을 경축하는 이 연회에서 호교목은 뜻밖에 옹문호(翁文灝)선생과 만나게 된다. 이전에 청화대학 총장을 지낸 적이 있는 옹선생은 당시 국민당정부 행정원 부원장이다. 옹씨는 물론 호정신이라는 제자를 기억하고 있을리 없다. 하지만 호교목은 이 선생이 "청화대학은 무대와도 같다"고 하던 말을 생생히 기억하고 있었다. 학교당국과 맞서서 그〈무대를 뒤집어 엎으려고〉하던 제자 호정신이 지금은 모택동의 비서로 되었다… 옹문호 선생은 이렇게 될 줄은 생각지 못했을 것이다.

모택동이 두 교목을 언급한 또 한 가지 일화가 있는데 그것도 여기에 함께 적으려고 한다.

1965년 1월 초, 제3기 전국인민대표대회 제1차 회의가 북경에서 열렸을 때다. 하루는 모택동이 노동자, 농민출신의 인민대표 몇 분을 연회에 초대하였다. 그 중에는 농촌에 진출한 지식청년으로 널리 알려진 동가경(董加耕)도 있었다. 모택동은 그가 염성사람이라는 것을 알게 되자, "염성에 이교(二喬, 중문 발음이 二橋와 같음 - 역주)가 있는데 알고 있는가"하고 물었다.

동가경은 무슨 뜻인지 몰라 망설이다가 이런 대답을 하였다.

"예, 있기는 있습니다만… 서문 밖에 동영교가 있고 동문 밖에 조양교가 있습니다…"

모택동은 허허 웃고서 이렇게 알려주었다.

"내가 물은 건 다리가 아니라 사람이요. 염성 이교(二喬)란 호교목과 교관화를 두고 하는 말이요."

장개석의 연설을 듣고

1945년 10월 11일 오후 한 시가 좀 지났을 때, 호교목은 모택동과 같이 연안에 돌아왔다. 중경으로 가던 때와는 달리 이날 연안비행장의 분위기는 우울한 편이었다. 모택동이 정말 무사히 돌아올 수 있는가를 근심했기 때문이다. 모택동이 연안에 돌아 왔다는 사실이 확인되어서야 비행장에 운집한 4천 여명 군중들은 환성을 올렸던 것이다.

중경에서 45일간 과로한 나날을 보낸 탓인지 연안에 돌아온 후 곧 모택동은 병에 걸렸다. 의사의 말대로 휴식하지 않으면 안되었다. 처음에는 연안 유수점에 있는 간부요양소에 십여일간 있다가 후에는 왕가평의 도림이라는 곳에서 휴양하였다.

그 당시 호교목은 연안 조원(棗園)에 있었는데 여동생 방명(方銘)도 함께 있었다. 모택동과 만났던 일을 방명은 지금도 잘 기억하고 있다. 1945년 12월이었다. 하루는 모택동이 강청과 같이 호교목의 집으로 왔다. 호교목, 곡우, 방명과 한담을 하고 식사도 같이 하였다. 식사 때에는 모택동의 취사원이 호의로 가져온 콩자반에다 절인 고기를 볶은 요리(豆豉炒臘肉)도 상에 차려져 올라왔다. 모택동이 즐기는 호남지방의 요리이다. 모택동과 호교목이 허물없이 담소하는 것을 방명은 인상깊게 지켜 보았다. 모택동은 방명이 얼마전까지 백구(白區 : 국민당이 지배하는 구역을 가리킴 - 역주)에 있었음을 알고 그 곳 사정을 이것저것 묻기도 하였다.

당시 모택동은 스탈린의 파견을 받고 온 두명의 의사, 알로브와 미르니코브의 치료를 받고 있었다. 병세가 호전하여 이미 거의 완쾌되는 단계에 있었다. 멀지않아 1946년의 새아침을 맞이하게 되는데, 이 때 장개석이 장편 방송연설을 하였다. 장개석은 "세서갱신(歲序更新)의 시각에 즈음하여 항전이 승리를 고한 후의 첫 새해아침을 맞으면서 우리정부가 결정한 바를 전국의 동포 여러분에게 명백히 알려드리고자 합니다"라고 하였다.

장개석이 '분명히 알리고자(明告)'하는 것은 무엇인가. 그는 다음과 같이 말하였다.

"군령(軍令)과 정령(政令)은 반드시 통일하여야 하며, 군대는 일률적으로 국가의 통할 하에 두어야 합니다. 지방을 할거(割據)하고 교통을 파괴하고 군인의 제대(除隊)를 저해하는 그 어떤 군사행동도 절대 하지 말아야 합니다. 이것이 현재의 분쟁을 해결하고 불안한 국면을 바로잡는 유일한 선결조건이라 하겠습니다. 이것은 사실이기도 하거니와 진리이기도 합니다…"

중경담판이 끝나서 두 달 남짓한 시간 밖에 지나지 않은 이 시각에, 장개석의 이 명고(明告)는 중국의 할거문제를 해결하겠다고 암시하고 있다. 이것은 그가 '쌍십협정'(중경담판을 걸쳐 국·공 사이에 10월 10일에 맺은 협정 - 역주)을 파기하겠다는 심상찮은 신호였다.

장개석의 방송연설을 모택동은 자못 중시하였다. 그는 사람들의 주의를 환기하기 위하여 연안 해방일보에 장개석 연설의 전문을 게재하기로 결정한 다음, 해방일보에 사설을 한 편 발표하는 방식으로 장개석의 연설을 반박하기로 하였다.

이 사설은 중공중앙의 태도를 표명하는 것이므로 그 중요성은 더 말할 것도 없다. 모택동은 이 사설의 집필을 호교목에게 의뢰하였다. 그가 중공중앙의 손꼽히는 문필가이기도 하거니와 모택동과 같이 중경에 다녀왔기 때문에 국·공간의 이러저러한 미묘한 사정까지 잘 알고 있기 때문이다.

호교목은 밤낮을 가리지 않고 집필에 몰두하였고, 1만자에 달하는 사설을 거침없이 써냈다. '장개석의 원단연설과 정치협상회의'라는 제목이었다.

사설 원고를 본 모택동은 심히 만족하였고 이내 해방일보에 보내어 1월 7일에 게재하게 하였다.

이 글은 국민당지구에서 큰 반향을 일으켰다. 연안에서는 이 글을 간부들의 학습문건으로 지정하였다. 사설은 장개석을 직접 비판하였다. 두 달 전만 해도 국·공 양당의 지도자가 붉은 포도주가 철철 넘치는 굽높은 유리잔을 들고 서로 미소를 띠우며 건배하지 않았던가.

'본보(本報)는 오래 전부터 국민당의 여러 신문과 국민당의 중앙사(中央社)가 갖은 말을 다하여 우리를 비방중상하는 데 대하여 참아왔다. 그러나 장개석씨의 연설에 의하여 조성된, 나라와 민족의 전도에 관련되는 문제점에 대하여서는, 정치협상회의의 전야인 현 시점에서 우리의 의견을 말하지 않을 수 없다.'

장개석의 연설을 호교목은 다음과 같이 반박하였다.
"장개석씨의 근본적인 논점은 최근 국민당 신문들에서 지루하게 매일처럼 선전하고있는 것과 다름이 없다. 중국의 모든 일은 장개석씨와 그의 주변에 있는 한줌도 못되는 자들이 독재하도록 맡겨두라, 인민들은 모든 기본적인 민주적 권리를 포기하고 이 독재집단의 군령·정령에 무조건 복종하라, 그러기만 하면 중국은 통일을 실현할 수 있으며 이 독재집단에 의한 통일이 실현된 후에는 자연히 인민들에게 평화건설, 민주정치, 민생(民生)개선 등 많고 많은 선물이 차려질 것이다. 그러나, 장개석씨의 독재계획을 거부하는 경우, 중국은 영원히 통일될 수 없으며 내전도 영원히 지속될 것이니 독재, 빈곤, 피침략 등 엄중한 결과를 초래하게 될 것이다."

"이런 논점을 제기하였기에 우리는 사실에 근거하여 두 문제에 한해서만 대답하기로 한다. 첫째, 이런 독재에 의한 통일이 필경 중국에 민주화를 가져올 수 있는가 없는가, 둘째, 이런 독재의 방법으로 필경 중국이 통일 될수 있는가 없는가?"

이어 호교목은 이 두 문제를 놓고 장개석을 논박하였다. 그리하여 마지막에 얻은 결론이 아래와 같다.

'장개석씨가 운운하는 통일에 의해서는 중국에 민주화가 올 수 없으며 중국이 통일될 수도 없다.'

이 사설은 국·공 양당의 중경담판이 있은 후 일부 사람들에게 생겼던 평화몽상을 깨우쳐주는 좋은 청량제로 되었다. 국·공 간의 분기가 의연히 심각하다는 것을 사설이 명백히 지적하였기 때문이다. 장개석이 중공을 통일할 수 없거니와 중공도 장개석이 통일하도록 절대 허락하지 않을 것임을 확실히 밝혔다.

이 장편 사설을 쓰고 며칠 안되어 모택동은 또 일련의 사설집필을 의뢰하였다. 그 결과 호교목이 집필한 사설이 연이어 해방일보에 게재되었다. 1946년에만 쓴 사설이 23편이나 된다. 대부분은 장개석을 상대로 한 논쟁이었다. 이처럼 호교목은 중국공산당 전체를 대표하는 문필가로 장개석과의 논전(論戰)에 나섰다. 이 점에서 그는 장개석을 대신하여 항상 집필하는 진포뢰(陳布雷)와 대등하다.

이 사설들은 호교목이 집필하고난 다음 반드시 모택동이 거의 다 심열(審閱)을 하였다. 친히 가필하여 수정하거나 내용을 보충한 것도 적지 않다. 예를 들면 중경사건과 동북문제가 그러하다. 이 사설에 모택동은 아주 요긴한 대목을 써 넣었다. 신문에 게재할 때는 물론 모택동이 가필하였다 하여 특별한 활자를 쓴 것은 아니다. 여러해가 지난 후에는 호교목 자신도 이 사설의 어느 부분이 모택동이 가필한 것이였던가를 분명하게 찍어서 말하지 못하였다. 만년에야 호교목은 호교목 문집을 편찬하기 위하여 중앙 당안관에 보존되어있는 원고를 찾아보았고, 모택동이 가필한 부분을 확인할 수 있었다. 모택동은 그의 독특한 글씨체로 아래와 같은 단락을 썼다.

'사람들은 다음에 지적하는 한가지 문제만 똑똑히 주시해 보면 중국 파시스트 분자들의 음모가 무엇인가를 쉬이 간파할 수 있을 것이다. 그것은 중국 파시스트 분자들의 일체 언행 중에 나타나는 바, 그들은 언제나 명심하여 일본 제국주의 분자와 파시스트들을 보호하는 것이다. 조금도 그들을 건드리려고는 하지 않는다. 이와는 반대로 중국의 독립해방을 진정으로 원조한 맹방(盟邦)인 소련에 대해서는 새로운 제국주의라고 매도하면서 타도해야 할 부류에 넣고 있다. 그들은 일본놈과 한간들은 조금치도 미워하지 않으면서 중공은 눈에 가시처럼 미워하며 중공을 멸하지 않고는 속이 풀리지 않는다. 한마디로 말하여, 2차대전이 끝난 후, 중국의 파시스트 분자들은 국외의 파시스트 분자와 마찬가지로 일체 증오심을 소련과 우리 공산당과 진정한 민주인사들에게 돌리고 있으며 인민의 승리를 뒤엎으려고 시도한다.'

여기서 모택동은 장개석을 중국의 파시스트 분자라고 낙인찍고 있다. 이 견해를 좇아 호교목은 뒤이어 '중국 파시스트파의 강령'이라는 사설을 썼다.

1943년에 장개석의 '중국의 운명'을 논박한 일이 있는데 그 당시에는 역시 모택동의 비서였던 진백달(陣伯達)이 장편문장을 집필하였었다. 1946년에는 장개석을 논박할 때 모택동은 호교목한테 더 많이 의뢰하였다.

한점의 불꽃은…

1946년에 연안 해방일보를 위하여 쓴 여러 편의 사설은 전문 장개석을 논박하는 것이었고 화약내가 짙은 것이였다. 이런 글을 쓴 호교목이 이해 9월, 역시 해방일보에 단시(短詩) 한 수를 써 내기도 하였다. 살뜰한 시정에 은은한 향기가 풍기는 시였다.

달빛 밝은 오늘 밤도
우리 애기 품에 안고
엄마 오길 기다린다.
저 하늘이 높건 말건
우리 애기 두손 뻗쳐
달님하구 노자구나.
조용조용 오는 이가
엄마임을 알아보곤
우리 애기 환호하며
그 품속에 날아든다.
저 달빛의 아름다움
그 어디에 비하랴만
우리 애기 저 달보다
더 예쁘다 하리로다.

이 시의 제목은 '달보다도 더 고와라'이다. 달밤의 아름다움을 썼고 부부간의 정, 부모와 자식간의 정을 썼다. 아이의 환호성이 월야의 정적을 깨뜨렸지만 자연미를 능가한 인간의 미를 말해주지 않는가.

당시 호교목은 34세였고 아이가 둘이 있었다. 딸아이가 행복(幸福)이고 아들이 승리(勝利)였다. 그러나 곧 국민당 비행기가 연안에 퍼부은 폭탄은 달빛아래의 정적을 깨뜨려 버렸다. 그것은 1947년 3월 13일에 발생한 일 이다. 국민당은 이날 연 50여대의 비행기를 출동시켜 여덟 시간이나 연안을 무차별 폭격하였다. 장개석의 명령하에 호종남(胡宗南)의 16개 연대가 연안 진격을 개시하였다. 국·공간에 중경담판에서 합의를 본 '쌍십협정(雙十協定)'은 파기된지도 오래다.

장개석 군대의 진격을 눈앞에 둔 모택동은 연안을 철퇴하기로 결정을 내렸다. 중공중앙 서기처 회의에서는 모택동, 주은래, 임필시가 그냥 섬북(陝北)에 남아서 작전을 지휘하기로 하였다. 다른 두 서기인 유소기와 주덕은 일부의 중앙위원과 함께 중앙공작 위원회를 편성하기로 하였다. 유소기를 책임자로 하는 이 중앙공작위원회는 진수(晋綏) 해방구를 거쳐 진찰기(晋察冀) 해방구에 이동하였고 하북성 평산현에 있는 서백파(西柏坡)라는 마을에 정착하여, 중앙에서 위탁한 사업을 맡아 하게 된다.

그 당시 호교목은 모 택동의 신변에 있지 않았다. 용동(龍東)지방의 토지개혁에 나갔던 것이다.

호종남의 부대는 3월 19일에 연안을 점령하였다. 텅텅 비어있는 성을 점령한데 불과하지만 국민당은 한바탕 크게 경축하였었다.

모택동이 있는 중앙종대(中央縱隊)는 '삼지대(三支隊)'라는 대호(代號)로 불리웠는데 약 800명 정도였다. 사령원이 임필시, 정치위원이 육정일, 참모장이 엽자룡(葉子龍), 정치부 주임이 요지고(寥志高)였다. 비밀 누설을 방지하기 위하여 지도자들에게 일일이 가명을 지었다. 모택동은 이덕승(李德勝), 주은래는 호필성(胡必成), 임필시는 사림(史林,

음이 司令과 비슷함), 육정일은 정위(鄭位, 음이 政委와 비슷함) 였다.

용동에서 전보를 받아본 호교목은 부랴부랴 총본부로 돌아왔다. 삼지대를 따라잡은 그는 또다시 모택동의 신변에 있게 된다. 수재인 호교목은 평생 처음으로 전화의 세례를 받게 된다.

전쟁이란 엄혹한 것이다. 호종남의 부대는 미제(美製) 무전 측향 탐지기에 의하여 중공의 중앙종대가 안새현 왕가만에 있음을 확인하였다. 장개석이 밀령을 내렸다.

"세개 사단을 희생하더라도 중공 수뇌부를 박멸하라!"

이에 호종남은 군단장 유감(劉戡)에게 명하여 4개 반 여단의 병력을 이끌고 왕가만을 돌연 습격하게 하였다. 이때 중앙종대에는 보병중대 셋에다 기병중대 하나 뿐이였으니 평소에 모택동을 경위하던 소대까지 전투에 투입하지 않으면 안되었다. 모택동의 뛰어난 전략으로 적군을 교묘하게 얼려넘긴 결과, 중앙종대는 적군과의 거리가 불과 십여리 밖에 되지 않는 좁은 지대를 무사히 스쳐 지날 수 있었다.

연안이 함락된 후부터는 신문을 찍을 수가 없었다. 해방일보는 부득이 1947년 3월 27일에 정간하게 되었고 신문사의 전체 인원은 신화사에 소속하기로 되었다. 그 중 대다수는 신화사 사장 요승지를 따라 황하를 건너갔고 산서성 태행산 지구에 신화사 총사(總社)를 재건하였다. 그 외의 20~30명은 범장강(范長江)의 인솔하에 중앙종대와 같이 섬북에 남았다. 그 중에 유조촌, 임랑, 호위덕이 있고, 후에 호교목의 비서로 된 동생(東生)도 있었다.

신화사는 원래는 홍중사(紅中社)라 하였다. 홍중사와 '홍색중화'라는 신문사가 하나의 조직구성이다. '홍색중화사'의 약칭이 홍중사인 것이다. 그 후 1937년 1월에 '홍색중화'라는 신문이 '신중화보'로 개명된다. 그러니 '홍색중화사'도 잇달아 '신중화사'로 개명되는데 약칭하여 '신화사'이다. 오늘날까지도 이 약칭으로 세상에 통하게 된다.

섬북 각지를 이동하며 싸우던 나날에 신화사는 매일 전신을 발송하였고 중공 수뇌기관이 제공하는 소식과 정보를 전국에 전하였다. 군심과 민심을 안정시키고 그들의 사기를 고무하는 면에서 신화사는 지대한 역할을 하였다. 모택동이 급히 호교목을 소환한 것은 신화사 전문을 담당하게 하기 위해서였다.

곡우(谷羽)의 회상에 의하면 그 당시 호교목은 매일 보도관계의 원고를 썼다. 모택동의 대변인이라 해도 과언이 아니다. 그는 매일 전황에 관한 원고를 썼다. 모택동의 심열을 거친 후 즉시 신화사에 넘겨 발송하였다. 이 전신(電信)은 방송으로 나갈 뿐만 아니라 등사하여 배포되기도 하였다. 섬북에 남아있는 신화사의 소분대(小分隊)는 등사한 신문을 두가지로 나누어 발행하였는데 하나가 참고소식이고 다른 하나가 소식간보였다.

엄소(嚴昭)가 필자에게 말한 바에 의하면, 이 여성이 당시 맡은 임무는 미국 방송을 듣고 영문으로 전해온 뉴스를 중어로 번역하는 일이었다. 엄소는 육정일의 부인인 엄위빙의 친동생이다. 소식간보는 신화사의 평론과 소식을 게재하였다.

호교목이 집필한 전신(電信)중 등사한 간행물에 실린 것을 한권으로 묶어 둔 것도 있었는데, 어디 두었는지 찾지를 못한다고 한다. (필자의 손에 지금 '방송원고선'한 책이 있다. 섬북에 있던 연안 신화방송국에서 간행한 것인데, 쓴 이의 이름이 전혀 밝혀 있지 아니하므로 그중 어느 편이 호교목이 쓴 것인가는 판정하기 곤란하다.)

곡우도 당시 모택동의 신변에서 비서업무를 돕고 있었다. 모택동이 직접 쓴 소식, 보도, 평론, 사설을 곡우가 정서하는 경우가 많았다. 그 친필 원고를 등사에 교부하는 것이 아까워 곡우는 자기가 베껴쓴 것만 등사하는 데 보내고 친필원고는 남겨 두었다. 이렇게 모아둔 자료가 적지 않았다. 모택동은 흔히 선지(宣紙)에 붓으로 쓰거나 연필로 썼다. 해방후에 곡우는 자기가 귀중히 보관하였던 모택동의 친필 원고를 상부에 바쳤다. 지금은 중앙 당안관에 보관되어 있다. 곡우가 제공한 이 자료는 모택동 집필의 소식고(消息稿), 평론, 사설을 감정하는 제일 권위적인 증거물로 되었다. 호교목이 집필한 것으로 유명한 사설 '한 점의 불꽃은 온 들판을 태울 수 있다-시월혁명 30주년을 기념하여'을 비롯하여 많은 소식고, 사설, 평론 등도 보관되고 있다.

호교목을 제외하고, 육정일도 자주 신화사에 사설이나 평론을 썼다. 이 사설이나 평론은 보통 모택동이나 임필시가 심열을 보았다.

그 당시는 야간 행군을 하거나 비오는 날 행군하는 것이 다반사였다. 생활고는 이만저만한 정도가 아니었다. 신화사 기자 동생(東生)이 가지고 있던 치약 하나를 8~9명이 반년이나 같이 썼다고 하니 짐작 할만하다.

신화사의 총편집

섬북 신화방송국은 1948년 4월 22일 연안을 수복하였다는 뉴스를 방송하였다. (뉴스의 집필자가 호교목인가 아니면 다른 어느 사람인가는 확실치는 않으나 전후사정으로 보아 호교목의 집필로 생각됨.)

"연안소식을 전하겠습니다.

영웅적이고 용감한 서북인민해방군이 오늘 연안을 수복하였습니다. 연안 성안에 갇혀 있던 장개석, 호종남이 지휘하는 17사단은 날로 거세게 펼쳐지는 인민해방군의 춘기 공세에 위압되어, 21일 아침 허둥지둥 남쪽으로 도망치고 말았습니다. 지금 연안을 포위하고 있던 우리 부대의 추격을 받고 있는 중입니다. 섬감녕변구 연안지구 전원공서(專員公暑)와 중공 연안지위(地委)는 오늘부터 연안에 들어와 사무를 보고있습니다. 지난해 3월 19일에 우리 군대가 철수한 후 1년 1개월 3일만에 연안은 다시 인민의 수중에 돌아왔읍니다……."

이 일년 남짓한 기간에 호교목은 줄곧 모택동과 같이 모든 전란과 풍우를 무릅쓰고 섬북 각지를 전전하였다. 안새현 왕가만에 있은 때가

1947년 봄이였고 그해 6~7월은 정변현 소하촌에 있었다. 이어 8~9월에는 가현 주가채에, 9~11월에는 가현 신천보에, 11월부터 이듬해 3월까지는 미지현 양가구에 있었다. 섬북을 떠나 하북성 부평현 성남장에 옮긴 때는 1948년의 늦봄인가 초여름이였다.

중국인민해방군이 연안을 수복한 후, 모택동은 연안에 돌아 가지 않았다. 호교목은 모택동을 따라 1948년 5월 26일에 하북성 평산현 서백파에 간다. 서백파는 새로운 연안이라 할 수 있는, 중공중앙의 소재지였다. 유소기가 서백파에 거느리고 있던 중공중앙 공작위원회는 이와 동시에 자기의 사명을 끝내게 된다.

이해에 호교목은 36세였다. 모택동과 가까이서 일한지 7년이나 되는 호교목은 정치적으로도 자못 성숙한 고급간부로 되었다. 이때 그에게 두 가지 임명이 동시에 내렸다. 중공중앙 선전부 부부장 겸 신화사 총편집(책임주필에 해당함-역주) 이다. 호교목에게 있어 이건 아주 중요한 발탁이라 하겠다. 그 후 그는 평생을 중공의 선전사업에 관련되는 지도 업무에 종사하게 된다. 건국 후 그는 한때 신화사 사장을 지낸 적도 있다.

이에 앞서 1948년 2월, 호교목은 '토지개혁 중 각 계급의 구분 및 대우에 관한 중공중앙의 규정(초안)'을 집필한 주요 성원이기도 하였다. 후에 이 문건은 모택동의 긍정적인 평가를 받았다. 당시는 해방구가 날로 확대되고 토지개혁이 농촌의 가장 큰 일이었던 시기이다. 모택동 본인도 토지개혁에 관한 세 편의 글을 1948년 2월 3일부터 15일 사이에 연이어 써냈다. '각이한 지구에서 토지법을 실시함에 있어서 여러가지 책략', '토지개혁 선전중 좌경적인 착오를 시정하자', '신 해방구의 토지개혁 요점'이 그것이다. 모택동의 의견을 좇아 호교목은 계급 구분에 관한 중공중앙의 중요한 문서들을 집필하였던 것이다. 그 문건은 토지개혁 중 시급히 밝혀야 할 정책문제를 제 때에 해결하는 데에 크게 이바지하였다.

차일시 피일시라 이때의 국민당은 기세등등하게 연안을 진공할 때와는 비교할수 없는 형편이었다. 서백파에 자리잡은 모택동은 군사전략의 뛰어난 재능을 발휘하였으며 미구에 삼대전역을 진격하게 된다. 삼대전역이란 요심(遼瀋)전역, 평진(平津)전역, 회해(澮海)전역이다. 장개석에게 있어 대세는 벌써 기울어졌던 것이다.

일찍기 1947년 11월 7일에 모택동은 호교목이 쓴 그 유명한 신화사 사설 '한 점의 불꽃은 온 들판을 태울 수 있다'에 이런 구절을 첨가한 바 있다.

'중국인민이 지금 진행하고 있는 위대한 혁명전쟁은 미국 제국주의와 그 자들의 앞잡이인 장개석의 중국에 대한 통치를 뒤엎기 위한 것이다. 이 전쟁은 이미 위대한 승리를 취득하였으며 앞으로도 계속 승리를 취득할 것이다. 그리하여 종국적으로는 모든 적들을 타도하고 참신한 중국을 세우기에 이를 것이다…'

'한 점의 불꽃은 온 들판을 태울 수 있다. 지금이 바로 그러한 때이다.'

그 후의 사실은 모택동의 예언이 전적으로 옳았다는 것을 입증한다.

1948년 7월 29일, 신화사는 호교목이 서백파에서 쓴 장편 사설 '인민해방전쟁 2년간의 총화와 제3년의 임무'를 발표하였다. 이 글은 모택동이 심열하였고 열 몇 곳에 수정을 가한 글이다. 전쟁의 회고와 전망에 관련되는 한 단락을 모택동이 가필하였는데 이 부분이 전 문장의 가장 핵심적인 부분이다.

'지난 2년간 공전의 대규모 전쟁, 전에 없이 치열한 전쟁을 통하여 중국인민의 역량은 더 강대해졌다. 군사상에서 위대한 승리를 취득하였을 뿐만 아니라 정치상에서도 위대한 승리를 취득하였다. 공산당의 정확한 영도 하에 전에 없이 광범위한 인민대중과 각 민주 계층 인사들이 단결하게 되었다. 인민역량의 발전, 반동세력에 대한 인민역량의 공격은 막을래야 막을 수 없게 되었다. 다른 한 면은 어떠한가. 미국 제국주의의 원조를 받는 중국의 반동세력은 더 한층 고립무원한 궁지에 빠져있다. 그들의 통치는 뒤흔들리고 있으며 산산이 무너질 지경에 처해 있다. 막강한 인민역량의 계속적인 공격 하에 그들은 멀지 않은 장래에 철저히 멸망할 것이다.'

그 후의 시국의 발전은 모택동의 예견이 옳았음을 다시 한번 입증하였다.

중앙선전부 부부장인 호교목은 여전히 신화사 사설을 집필하는 바쁜 나날을 보내었다. 호교목의 손에 의하여 중공중앙의 목소리가 전해졌고 모택동의 최신지시가 전해졌다.

1948년 9월 30일, 호교목은 신화사를 위하여 '제남(濟南)해방의 위대한 승리를 경축한다'는 제목으로 사설을 썼다. 이 사설이 방송과 인쇄에 교부되기 전에 모택동이 한 단락 가필한 것이 있다. 국민당군대의 장교들에게 '요남(遼南) 번삭단 사단장, 영구(營口) 왕가선 사단장, 제남(濟南) 오화문 군단장의 길'을 걸으라고 호소하는 내용이다. 모택동은 다음과 같이 지적하였다.

"이 길을 걸으면 인민해방전쟁의 전국적인 승리를 앞당길 수 있을 뿐만 아니라 당신들 자신도 중공에 가입, 속죄하여 자기를 개조하고 인민을 위하여 봉사할 기회를 가지게 된다."

호교목이 쓴 문장에 대하여 모택동은 언제나 자세히 읽어 보고 알뜰하게 수정을 가하였다. 그 수정한 곳이 이채를 발하는 경우가 적지 않다. 예로 1948년 10월 13일 부 신화사 평론을 들기로 한다.

미국의 원조와 중국의 전도에 대한 미국 고문(顧問)들의 평가를 반박하면서 호교목은 "어떤 사람들은, 파리처럼 이윤을 빨아먹으려고 하는 것은 큰 가망이 없는 일로 보고 있다"라고 썼다. 모 택동이 가필한 결과 이 구절은 다음과 같이 고쳐졌다.

'어떤 사람들은, 장개석의 말라빠진 똥구덩이에서 똥파리처럼 이윤을 빨아 먹으려고 하는 것은 큰 가망이 없는 일로 보고 있다.'(밑줄을 그은

부분이 중문으로는 열 자임-역주)

　모택동의 말을 빌어 쓴다면 광범한 전장에서 장개석과 대결하고 있는 중국 인민해방군은 무장역량(武裝力量)이고, 신화사는 장개석과 대결하고있는 문장역량(文裝力量)이라는 것이다. 무선전파는 구름과 안개를 꿰뚫고 전 중국에 전해진다. 섬북 신화방송국(이미 서백파에 옮겼지만 섬북이란 두 자를 그냥 달았다)의 방송은 해방구에서만 들리는 게 아니다. 국민당의 장교들도 들었고 백구(白區)의 일반백성들도 이 붉은 전파에 귀를 기울였다. 호교목은 모택동의 수하에 있는 문장역량의 주장(主將)이었다. 그가 쓴 수 많은 사설과 평론은 실로 정신폭탄의 역할을 하였다.

　1949년 1월 26일, 신화사는 '가짜 화평인가 진짜 화평인가'라는 평론을 발표하였는데 이 평론이 국민당 고위층에 큰 파문을 일으켰다. 역시 호교목이 집필한 것인데 처음으로 "주요한 전범자들의 명단"이 제기된다.

　호교목의 초고(初稿)는 주요한 전범자 셋을 들고 있다. 장개석, 진입부(陳立夫), 곡정강(谷正綱)이다. 그것을 모택동이 친필로 수정, 증보하였다. 후에 신화사에서 발표한 명단은 아래와 같다.

　'장개석, 송자문(宋子文), 진입부(陳立夫), 곡정강(谷正綱), 진성(陳誠), 하응흠(何應欽), 고축동(顧祝同), 유치(劉峙), 탕은백(湯恩伯), 장군(張群), 왕세걸(王世杰), 주가화(朱家譁), 유건군(攸健群), 오국정(吳國楨), 반공전(潘公展), 장경국(張經國), 장군매(張君枚), 좌순생(左舜生), 대전현(戴傳賢), 정개민(鄭介民), 엽수봉(燁秀峰)…'

북경해방

　1949년 1월 31일은 역사적으로 의의있는 날이다. 이날, 부작의 장군이 거느리는 북평(北平)의 20여만에 달하는 국민당군대는 항복하였고 북평은 해방을 선고하였다. 백만 해방군의 포위 하에 부작의의 부대는 곤경에 처했던 것이다.

  국내외에 북평해방을 전한 신화사의 이날 뉴스는 호교목이 쓴 것이었고 물론 모택동이 심열 수정한 것이었다.

  뉴스원고의 자수가 1,500자 인데 모택동이 가필한 곳이 근 스무 곳이나 된다. 원문을 베껴쓰면 다음과 같다. (모택동이 가필한 중요부분에 밑줄을 그었다.)

  '세계적으로 유명한 문화 고도(古都)이며 200여만 인구를 가진 북평은 <u>오늘</u> 해방을 선고하였다. 북평의 해방은 <u>위대한 중국인민의 혁명운동</u>이 보여주는 가장 중요한 정치, 군사적 진전의 하나이다. <u>국민당 반동군대와 그 군사기구의 20만 좌우의 병력이</u> 수비하고 있던 북평은, 중국공산당 모택동 주석이 선포한 8항 화평조건을 집행하여 <u>평화적 방법으로</u> 전쟁을 그만둔 첫 본보기이다. 이런 사실이 발생한 것은 중국인민 해방군이 강대무비하고 천하무적이기 때문이며, 국민당 <u>반동군대의 광범한 장병들이</u> 의기소침하고 아무 가망도 없는 무의미한 저항을 더는 <u>계속하</u>지 않으려고 하기 때문이며, <u>북평의 광범한 인민대중들이</u> 진정한 민주와 평화를 열렬히 옹호하고 나섰기 때문이다. 북평에 있던 국민당의 주력부대는 <u>이미</u> 성외(城外)의 지정한 곳에 이동하여 나갔고 인민해방군은 <u>오늘</u> 입성하여 모든 방위업무를 인계받기 시작하였다. 인민해방군이 이제 곧 입성한다는 소식을 들은 북평의 노동자, 학생, 시민들은 성대한 환영의식을 준비하는 일에 서로 앞다투어 나섰다. 한편 국민당 정부 인원의 출성(出城)이 자꾸만 지연되는데 대하여 불만을 가졌다. 인민해방군이 이제 곧 평화적으로 북평에 들어 온다는 소식은 이 고성(古城)에 청춘의 생기를 일시에 회복시켜 주었으며 1월 23일부터는 물가도 하락하기 시작하였다. 거리에는 만면에 웃음을 띤 사람들이 붐비고 있다. 해방군이 입성하는 확정된 날짜가 정말 어느날인가 하고 가는 곳마다 묻는다. 해방군과 공산당의 선전물을 보았느냐, 무슨 내용이더냐 하는 이야기를

어디서나 들을 수 있다…'

이 뉴스를 전한 이튿날 신화사는 또 '국민당은 북평의 평화적 해방을 어떻게 보고있는가'라는 평론을 발표하였다. 이 글도 1,500자되는데, 모택동이 1,300자 가량 쓰고 호교목이 서두의 한 단락을 썼다.

1949년 3월 5일 오후 세시 반이였다. 서백파에 있던, 중공중앙기관 사무인원들의 직원식당으로 70여명되는 사람들이 들어오더니 제각기 긴 걸상에 자리를 찾아 앉았다. 모택동의 사회 하에 중공 7기 2중전회가 열렸다.

주은래가 출석 인수를 보고하고 출석자 중의 중앙위원 34명과 후보중앙위원 19명의 이름을 차례로 읽었다. 이어서 그는 또 방청으로 출석한 12명의 이름도 불렀다. 그 12명은 다음과 같은 사람들이다.

이정천(李井泉), 양상곤(楊尙昆), 부종(傅鋒), 나매(羅每,즉李維漢), 이도(李濤), 호교목, 안자문(安子文), 양입삼(楊立三), 진강(陳剛), 유소문(劉少文), 고문화(高文花), 요노언(寥魯言).

모택동의 비서인 호교목은 이전에도 여러번 중공중앙에서 소집한 회의에 방청인으로 참가한 적이 있다. 그러나 주석의 비서 신분으로 임석한 것이었으니 이번과는 사정이 다르다. 이번에 그는 중앙 선전부 부부장으로 정식초청을 받은 대표였고 또 대회에서 신문발행사업에 대한 발언도 하였다.

중공 7기2중전회는 자못 중요한 회의였다. 전국에 걸친 정권을 수립할 준비를 하는 것이 이 회의의 주제이다. 개막회의에서 모택동은 '중국공산당 제 7기 중앙위원회 제 2차 회의에서의 보고'를 하였다. 3월 13일에 있은 폐막회의에서 모택동은 또 이 회의에 대한 결론을 보고하였다. 후에 이 결론의 일부분을 '당위원회의 사업방법'이라는 제목을 달아 『모택동선집』에 수록하였다.

모택동은 다음과 같이 심각하게 지적하였다.

'우리는 곧 전국적인 승리를 달성하게 되었다. 이 승리는 제국주의의 동방 전선을 타파할 것이며 위대한 국제적 의의를 가질 것이다. 이 승리를 쟁취하는 데는 그리 긴 시일이 걸리지 않아도 되며 그리 많은 힘을 들이지 않아도 된다. 그러나 이 승리를 공고히 하는 데는 긴 시일이 걸려야 하며 많은 힘이 들어야 한다. 동지들은 반드시 겸손하고, 근신하고, 조급해하지 않는 작풍을 계속 견지하여야 하며 각고분투하는 모습을 계속 보전하여야 한다.'

1949년 3월 23일, 신화사는 중공 7기2중전회가 열렸다는 소식을 전하였다. 이런 신문고(新聞稿)가 그후 중공에서 중앙전회(中央全會)가 있을 때마다 정례적으로 발표되는 신문공보(新聞公報)로 된다.

호교목이 집필한 원고 1500자 중, 심사시에 모택동이 가필한 것이 500여 자나 된다. 주로 첫 부분과 마지막 부분이다. 첫 부분에는 회의의 개황에 대하여 언급하였다. 마지막 부분에는 모택동이 중요한 논단을 써넣었다.

'전회(全會)는 다음과 같이 인정한다. 중국이 물려받은 경제적 유산은 낙후한 것이지만 중국인민은 용감하고 근면한 인민이다. 중국인민혁명의 승리와 인민민주공화국의 건립, 중국공산당의 영도권, 중국의 경제건설 속도는 느린것이 아니라 상당히 빠를 것이며 중국의 번영은 불원한 장래에 반드시 이루어질 것이다. 중국의 경제부흥에 대한 비관적인 견해는 아무런 근거도 없다.'

호교목이 모택동을 따라 7기2중전회에 출석하였을 때 한 영화촬영사가 이 두 사람이 함께 있는 장면을 찍은 일이 있다. 지금은 그 영화필름에 의해 사진으로 복제됐는데 이 사진이 그와 모택동이 같이 찍혀있는 불과 몇장 박에 안되는 사진 중의 한 장이다. 비서로 시작하여 전후 25년 간을 모택동과 가까이 지낸 사람으로서는 사진이 너무도 적다.

호교목은 만년에 유감스럽게 이 일을 회상하였다. '그때는 왜 사진찍을 생각을 한번도 못했을까…'

[제3장]
신문·방송의 총책

편지 한장의 뜻

앞에서 언급한 바와 같이 중공 7기2중전회가 열렸다는 소식은 1949년 3월 23일 섬북 신화방송국에 의하여 전국에 전해졌다.

소식의 첫머리에 모택동이 덧붙인 대목이 있다. 중공중앙의 소재지에 대하여 줄곧 비밀에 붙였던 이전의 관례를 타파하고 모택동은 다음과 같이 명백히 지적하였다.

'중국공산당 제7기 중앙위원회 제2차 전체회의가 석가장(石家莊) 부근에서 열렸다. 8일간의 일정을 마치고 회의는 원만히 끝났다…'

어째서 회의가 끝난지 열흘이 지난 3월 23일에야 회의소식을 발표하였으며 또 석가장 부근에서 회의가 열렸다고 밝혔는가?

그것은 이날에 중공중앙 기관이 당지를 떠났기 때문이다. 그들은 평산현 서백파촌에서 출발하여 보정(保定) 지구를 지나 북평으로 향했던 것이다. 호교목도 모택동과 같이 북상(北上) 하였고 3월 25일에는 기차로 북평 교외의 청화원(淸華園)역에 도착하였다. 그 역에 내린 호교목은 실로 감개무량하였다. 10여년 전만 해도 그는 이 청화원이라는 무대에서 활약하였었다. 대학교 시절의 일들이 지금도 눈앞에 삼삼하다. 그러나 어느새 벌써 19년이라는 세월이 흘렀고 그는 지금 승리자의 신분으로 고성(古城)에 돌아왔다.

모택동이 청화원 역에 내리게 된 것은 그의 안전을 위한 이극농(李克農) 중공중앙사회부 부장의 배려에서였다. 당시 모택동에게 배치한 숙소도 역시 먼 교외인 향산(香山) 서남권 산비탈에 있는 쌍청(雙淸) 별장 이였다.

방금 북평에 들어 왔을 때는 할 일이 많고도 많았다. 모택동은 정무로 매우 바쁜 나날을 보냈으며 호교목도 하루종일 쉴새없이 일을 해야 했다. 호교목이 얼마나 다망하였는가를 말해 주는 모택동의 편지 한 장이 있다. 1949년 6월 24일에 호교목에게 쓴 것이다.

교목에게 :

7·1을 기념하는 논문을 한 편 써야 하겠고(신화사 사설의 형식으로 가 아니라, 자네가 서명하여 내는 형식으로) 7·7을 기념하는 구호도 몇 조목 작성 하여야 하겠소. (7·7기념, 승리 경축, 신 정협(政協)과 연합정부에 대한 선전, 조속히 대일 강화조약을 체결할 것에 대한 요구, 잔여 반동파 역량의 소멸, 반동파의 파괴 교란 활동 진압, 생산발전, 문교사업의 발전…) 이 두 건(件)은 최근 이틀내에 완성하여 6월 28일에 교부하고 29일에는 각지 신문에 게재되어야 하오. 7·7을 기념하는 논문(총화의 성격을 띔)도 한 편 써야겠소. 이 논문은 7월 2일까지는 써내야 하오. 3일과 4일에 수정을 가하여 5일에는 방송으로 나가고 7일에는 각지의 신문에 게재되어야 하오. 그리고 7·7을 기념하는 각 당파의 연합성명도 써야 하는데 이 초안도 7월 2일에는 교부되도록 하오. 각 당파의 인사들과 의견교환을 해야 하기 때문이오. 어쨌든 할 일은 많은데, 이 일은 다 자네가 해 줘야겠소. 시간을 잘 배치하여 힘써 하되 틈을 내서 수면은 충분히 취하도록 주의하오. 초안만 써내면 내가 협조해서 수정해 주겠으니 자네의 정력을 그만큼 절약할 수 있을 게요.

영·미의 외교는 특무외교라는 문장은 좋은 문장이요. 전문(全文)을 공개 발표함으로써 세인의 경각심을 환기하여야 하오.

모 택 동
6월 24일 오후 6시

6월 24일 부터 7월 2일까지는 불과 한주일 밖에 되지 않는다. 이 사이에, 전반 시국과 관계되는 중요한 문장 네 편을 써낼 것을 모택동은 호교목에게 요구하고 있다.

(1) 7·1을 기념하는 논문.
(2) 7·7을 기념하는 구호.
(3) 7·7을 기념하는 논문.
(4) 7·7을 기념하는 각 당파의 연합성명.

모택동이 말한 것처럼, 할 일은 많았고 이 일은 다 호교목이 맡아야 했다. 호교목은 정력적으로 일을 했다. 중공중앙의 손꼽히는 문필가인 그는 밤이나 낮이나 쉴새없이 글을 썼다.

그렇게 다망한 가운데서도 그는 여전히 신화사를 위하여 여러편의 사설을 썼다.

'남경정부는 인민 앞에 투항하라'

'상해해방을 경축한다'

'무가내하의 자백 – 중국문제에 대한 미국의 백서를 평함'

'구(舊) 중국은 멸망하고 신(新) 중국이 탄생한다'

이 밖에도 그는 많은 소식고(消息稿)를 썼다. 이를테면, 중국인민해방군이 1949년 4월 20일 양자강을 도하할때, 자석영호(慈石英號)를 포함한 영국군함 네 척이 아군에 발포한 일이 있다. 그 결과, 자석영호는 공격을 받고 할 수 없이 진강(鎭江) 부근에 일단 정박하였다가 7월 30일 밤에 도망해 버렸다. 강릉(江陵)의 해방호 객선이 진강을 지나 양자강 하류로 향하는데, 자석영호는 억지로 해방호에 접근해 가지고 엄호를 받는 방법으로 뺑소니를 쳤던 것이다.

이튿날 신화사는 영국군함 자석영호가 도망친 사건과 관련하여 원 중현(袁仲賢)장군이 담화를 발표하였다는 뉴스를 전했고 여러 신문이 이 소식을 실었다. 영국 신문도 그대로 실었다. 원중현은 진강 일대를 책임졌던 해방군의 사령원이었다. 세인들은 그가 신화사 기자에게 담화를 발표한 줄로만 아는데 실은 그렇지 않다. 그 담화는 모택동의 지시에 따라 호교목이 미리 원중현의 이름으로 집필하였던 것이다.

국향서옥(菊香書屋)

쌍청별장이 시중심과 멀리 떨어진 향산에 있었으니 불편한 점도 많았다. 그래서 모택동은 1949년 7월에 중남해 풍택원(豊澤園)에 있는 국향서옥(菊香書屋)으로 거처를 옮겼다. 이에 앞서 6월 중순부터 모택동은 향산, 중남해 양지에서 사무를 보았다. 모택동이 중남해로 이주하면서 호교목도 따라 이주하여 정곡원(靜谷園)에 자리를 잡았다. 그의 이웃이 전가영(田家英) 이었다. 호교목의 일가는 북쪽 원채에 가까운 서편 옆채에 들었다. 모택동이 있는 곳과 멀지 않은 거리였으니 전화로 부르기만 하면 아무 때나 만날 수 있었다.

당시 호교목이 집필한 문건 중에서 제일 심혈을 기울인 것은 공동강령이었다.

이 문건의 전체 명칭은 '중국인민 정치협상회의 공동강령'이다. 유소기는 1949년 9월 21일에 한 연설에서 이렇게 지적 하였다. 공동강령은 '중국인민의 근 백년간의 투쟁경험, 특히 최근 20여년간의 반제국주의, 반봉건주의, 반관료자본주의 혁명투쟁의 경험을 총화하여 제정한 인민혁명의 건국강령이다.'

이런 건국강령을 작성하는 것이었으니 많은 노력을 들여야 하고 많은 시간이 걸려야 했다.

정협(政協)은 구(舊)정협과 신(新)정협으로 나뉘인다.

구정협의 전칭이 중국정치협상회의였는데 1946년 1월에 중경에서 열렸다. 국민당, 중국공산당, 민주동맹, 청년당, 무당파 인사가 모여 정치 문제를 협상한다는 것이었다. 그 당시 장개석은 내전을 발동할 준비가 충분히 되어있지 못했기 때문에 정치협상회의 개최를 동의하지 않으면 안되었다. 물론 후에 장개석군대가 중공을 대거 진공할 때에는 이처럼 정치를 협상할 여지는 없었다.

1948년 4월 30일, 중공중앙은 5·1절 기념 구호를 발표하였는데 그 중 제5조는 다음과 같다.

'각 민주당파, 각 인민단체와 여러 사회 지도자들은 조속히 정치협상회의를 열고 인민대표대회의 소집문제를 토론결정하고 민주연합정부를 수립하자!'

신정협을 소집하자는 창의는 이렇게 제기되었다. 중공의 이 창의는 민주당파와 무당파 인사들의 호응을 받았다. 그리하여 1948년 10월, 주은래의 장악하에 공동강령 초안을 집필하기에 이른다. 당시는 중국인민민주혁명 강령 이라고 하였다. 1949년 년초에 두번째 초고(初稿)를 써내기는 하였는데 그후에 있은 정세의 커다란 변화로 하여 아예 처음부터 다시 집필하지 않으면 안되었다.

1949년 6월 15일, 신 정치협상회의의 준비위원회가 북평에서 성립되었다. 회의에서는 주은래를 공동강령 집필소조의 조장으로, 허덕형을 부조장으로 지정하고 공동강령 초안의 집필을 구체적으로는 중공 측에 의뢰하기로 하였다.

호교목도 초안의 집필에 참여하였으며 원고는 다섯 번이나 고쳐 써야 했다. 8월 22일에야 신민주주의의 공동강령이라는 이 원고를 모 택동의 심열에 넘겼다.

모택동은 친히 수정을 가하였다. 이 수정작업이 또한 얼마나 중요한 것이였던가를, 호교목에게 쓴 하기의 쪽지를 보면 알 수 있을 것이다.

〈첫번째의 쪽지〉

교목에게 :

이 강령을 30부 찍어 다 나한테 가져다 주오. 오늘밤 열시 전후에는 가져와야 하오. 제목은 '공동강령'이라야 하오. 잠은 잘 자도록 주의하오.

모 택 동
9월 3일

〈두번째의 쪽지〉

교목에게 :

오늘저녁(9월 3일 저녁임 - 인용자 주) 인쇄에 교부할 강령은 먼저 교정지만 나한테 가져오오. 내가 교정을 본 후에 인쇄에 교부하도록 하오.

모 택 동
즉일

〈세번째의 쪽지〉

교목에게 :

즉시 인쇄에 교부하오. (즉시는 9월 5일임 - 인용자 주) 한시간 후에 나한테 가져오오.

모 택 동

〈네번째 쪽지〉

교목에게 :

이대로 개정하여 소책자 1천부를 찍으시오.

모 택 동
9월 6일

〈다섯번째 쪽지〉

교목에게 :

즉시 백부를 찍어 저녁 8시 전후에 주 부주석에게(주은래를 가리킴 - 인용자 주) 넘겨주오. 그러나 활자판은 헐지마오. 집필소조에서 수정한 후 다시 1천부를 찍어야 하니까.

모 택 동
9월 11일 오후 4시 반

9월 10일 밤 9시부터 주은래와 호교목은 모택동을 찾아가 공동강령을 같이 수정하였다. 세 사람은 이튿날 아침 7시까지 꼬박 10시간을 일했던 것이다.

"잠은 잘 자도록 주의하오"하고 모택동이 부언한 것만 보더라도 당시 호교목이 얼마나 바쁘게 움직였는가를 짐작할 수 있다.

이 공동강령은 기실 건국강령일 뿐 아니라 당시의 임시헌법이라고도 할 수 있다.

이 공동강령은 1949년 9월 29일 신 정치협상회의 에서 채택되었고 중국인민 정치협상회의 공동강령이라는 정식명칭으로 청사에 남게 된다.

신 정협의 개막에 제하여 호교목은 신화사를 위해 구 중국은 멸망하고 신 중국이 탄생한다는 사설을 썼다. 이 사설은 다음과 같이 지적하였다.

'중국인민 정치협상회의의 개막은 중국인민의 휘황찬란한 신 세기의 발단으로 된다. 이번 회의는 전중국 인민의 미증유의 대단결을 과시하는 회의이다. 이 회의의 개막은 구 중국의 영원한 멸망과 신 중국의 위대한 탄생을 알리는 것이다.'

신 정협은 1949년 9월 27일부터 북평이라는 이름을 버리고 원명 북경을 쓰기로 결정하였다. 북평이라는 이름은 남경 국민당정부가 1928년 6월 20일에 개정한 것이었다. 신 정협은 북경을 신 중국의 수도로 정하고 모택동을 중앙인민정부의 주석으로 선출하였다.

모택동의 정치비서

1949년 10월 1일은 역사적으로 뜻깊은 날이었다.

이날 오후 두시에 중앙인민정부위원회는 북경 중남해 근정전(勤政

殿)에서 제1차회의를 열고 만장일치로 결의를 통과하였다. 즉 중화인민공화국 중앙인민정부의 성립을 선포한다는 것과 이 정부는 '중국인민정치협상회의 공동강령'을 받아드려 그것을 시정방침으로 삼는다는 것이었다. 회의는 또한 주은래를 정무원 총리 겸 외교부장으로 임명하였다.

오후 3시에는 수도 북경의 30만 군민(軍民)이 천안문광장에서 성대한 건국의식을 거행하였다. 모택동은 천안문 성루(城樓)에서 전세계를 향하여 중화인민공화국의 성립을 선포하였다.

이날 신화사는 '중화인민공화국 만세' 라는 제목으로 중요한 사설을 발표하였다. 이 사설을 역시 호교목이 집필하였다는 것은 더 말할 것도 없다.

호교목은 다음과 같이 썼다.

'무한히 휘황한 미래를 가지고 있는 중화인민공화국이 탄생하였다. 4억 7천 5백만에 달하는 중국인민은 오늘부터 자기의 나라를 관리하게 되었으며 유구한 역사를 가지고있는 우리 동방민족은 새로운 역사의 한 페이지를 펼치게 되었다…'

신 중국의 초창기에 호교목은 신문총서(新聞總署) 서장에 임명되었고 곧이어 중앙인민정부 대변인으로도 지정된다. 그를 대변인을 시킨것은 실로 합당한 선택이었다.

이밖에도 그는 중공중앙선전부 부부장(1950~1954년 간에는 상무 부부장) 이였고 신화통신사 사장이었다.

그는 또 중공중앙의 기관지인 인민일보의 사장도 겸임하였다. 물론 이전과 다름없이 모택동의 비서였다.

지금까지 그는 언제나 막후의 인물이었다. 사설과 평론은 그가 쓴 게 많았지만 그의 이름을 밝힌 것은 거의 없었다. 그러나 신문총서의 서장이 되고 중앙인민정부의 대변인으로 되면서부터 막후에서 무대로 나오게 되었고 신문지상의 인물로 등장하게 되었다.

이때 일부 신문은 호교목을 소개하는 글을 실었다. 사람들은 처음으로 호교목의 내력을 알게 된다.

1949년 12월 2일부 상해 신문일보는 '구산' 이라는 사람이 쓴 글을 썼는데 그 일부를 아래에 옮겨 쓰기로 한다.

'신화사 사장이며 신문총서 서장인 호교목은 소북(강소성의 북부지구 -역주) 염성현에 있는 한 지주가정에서 태어났다. 부친 호계동 선생은 이전에 인민대표의원을 지낸 적이 있는데 조곤(曹棍)의 뇌물선거를 반대한 일로 당지에서 평판이 높았다. 호교목의 원명은 호정신이고 형제자매는 모두 다섯이다. 그와 맏형 달신(達新)은 양주(揚州)의 강소성립 제8중학교를 다녔었다. 1924년 가을에 입학하였는데 그때 겨우 13살이었다. '항주견학을 가는 고2(高二) 동학들을 전송하며'라는 작문을 써 교목은 일약 전교의 명인으로 된다. 학교에서는 그의 문장을 특별히 학생들에게 배포하여 참고로 하게 하였다. 그는 영어와 수학에 능하였고 성적이 항상 남보다 훨씬 좋았다. 그러므로 선생과 학생들은 교목을 신동으로 보았고 불세출의 기재로 보았다.

1930년에 그는 북경 청화대학 물리학부에 붙었다. 당시의 학생들은 남(南)의 교통대학이나 북의 청화대학에 붙는 것을 지상의 영광으로 생각하였다. 특히 청화대학 졸업생에게는 우선적으로 미국 유학을 갈 수 있는 혜택이 주어지기 때문에 청화대학을 더 열망하였던 것이다. 교목의 총명과 재질을 볼 때, 청화 4년을 공부한 후 국외유학을 가는 것은 아무 문제도 없었을 것이다. 그러나 그는 결국 마르크스-레닌주의의 진리를 접수하고 혁명의 길을 걷게 된다…'

어떤 곳에 좀 사실과 어긋나는 점이 있기는 하지만, 이 문장은 호교목의 인생노정의 대체적인 윤곽은 그려 내었다고 할 수 있다.

이 기사가 실려 두달이 지난 때였다.

1950년 2월 3일부 싱가포르 남교일보(南僑日報)는 강산(江山)이 쓴 근 2천자 되는 문장을 실었다. "신문총서 서장 호교목이 미국 국무장관의 발언을 엄정히 반박"이라는 제목이다. 호교목의 신상에 대해 더 자세히 소개하였는데 먼저 앞 부분의 몇 단락을 보기로 하자.

'중앙인민정부의 대변인이며 신문총서 서장인 호교목은 일전에 미 국무장관 애치슨이 중,소회담을 왜곡논평한데 대하여(당시 모택동이 인솔하는 대표단이 소련에 가 스탈린과 회담을 하였음 - 인용자 주) 이를 준엄하게 반박하였다. 이것은 신문총서가 성립된 이래 그가 정부를 대표하여 한 첫 발언이다. 정부 대변인인 그의 발언을 우리는 금후에 자주 듣게 될 것이다. 국내문제건 국외문제건 그는 방송국의 아나운서와도 같으니 전국인민들은 항상 그의 목소리에 귀를 기울이며 거기에서 인민정부의 의지와 움직임을 파악하려고 한다.

그는 이런 중책을 지니고 있지만 과거에는 줄곧 혁명사업에 종사하여 왔다. 중공 내부의 일부 사람들과, 그가 근무하였던 당지의 사람들 외에는 그의 내력을 아는 사람이 별로 없었다…'

이 문장은 이어서 호교목의 경력에 언급하면서 모택동 주석의 정치비서로 된 데 대해서도 소개하였다. 문장의 마감부분은 다음과 같다.

'지금 그는 신화통신총사 사장이고 또 북경 인민일보 사장이며 정무원 신문총서 서장이다. 신문보도와 정치선전과 정부대변인의 중책을 한몸에 지고있다. 쓰기, 말하기, 일하기에 다 능한 그는 맡은 과업을 훌륭히 감당하는 적재적소의 인물이다.'

이런 보도를 호교목은 좋아하지 않았다. 그는 소리없이 꾸준히 막후에서 일하기를 그냥 희망하였으며 신문이나 잡지에 자기가 소개되는 것을 원하지 않았다. 신문총서 서장의 직에 있는 그는 금후에는 자기를 소개하는 글을 싣지 못하도록 각 신문사에 지시를 내렸다. 그 이후 중국신문들에 이런 보도가 더이상 보이지 않게 된다. 예외가 한번은 있었다. 그것은 호교목이 중공 제12기 중앙위원회의 정치국 위원으로 당선되었을 때였다. 관례에 따라 약력을 소개하게 되는데, 호교목 본인의 심사를 거쳐 신화사에서 발표한 약력은 수백자에 불과하였다.

스쳐 지나가서는 안될 일화가 한가지 있다. 1950년 1월 21일부 인민일보에 게재된 호교목의 담화이다. 미국 국무장관 애치슨을 반박하는 내용인데, 그 원고는 호교목이 집필한 것이 아니라 모택동이 대필한 것이다.

이번만은 이전과 정반대다. 평소에는 언제나 호교목이 모택동을 대신하여 문건을 집필하였는데 이번에는 모택동이 호교목에게 봉사한 셈이다.

당시 모택동은 소련을 방문하는 중이었다. 문제의 애치슨의 담화는 1950년 1월 12일에 있었다. 애치슨의 말에 의하면 "소련이 지금 중국의 북부지구를 병탄하려고 한다"는 것이다. 이것에 대해 소련 측은 소, 중 두 나라가 각기 정부성명을 발표하는 형식으로 애치슨을 반박하자고 제의하였다. 중국 측의 성명은 모택동이 1월 19일 아침 5시에 집필해 놓았다. 형식상에서는 중앙인민정부 신문총서 서장 호교목이 신화사 기자에게 발표한 담화였다. 이 원고를 전보로 북경에 타전하기에 앞서 모택동은 다음과 같은 주명(註明)을 썼다.

(1) 보통전보가 아니라 비밀전보를 칠것
(2) 오식이 없도록 교정을 자세히 볼것
(3) 금일(19일)내로 타전할 것, 유소기 동지가 오늘 밤이나 늦어도 내일 아침에 받아볼수 있도록 할것.

이 전보는 '소기(少奇) 동지 및 교목에게'로 서두를 떼었고 "교목의 명의로 된 담화문을 썼으니 참작하여 발표하시오."라고 되어 있었다. 모택동의 친필로 된 이 전보문의 원문은 다음과 같다.

〈신화사. 북경. 20일. 전(電)〉 중앙인민정부 신문총서 서장 호교목은 오늘 신화사 기자에게 담화를 발표하여, 미국 국무장관 애치슨이 발표한 담화내용을 신랄하게 반박하였다.

호교목 서장은 다음과 같이 지적 하였다. '미국 국무장관 애치슨은 1월 12일 미국 신문구락부 연설에서 일련의 궤변을 발표한 바 있다. 애치슨과 같은 자를 대표로 하는 미국 제국주의의 관원들은 결국 날마다 무모한 궤변을 늘어놓으며 연명해가는 제일 저능한 부류에 속하는 정치 사기꾼들이다. 이 사실은 미국의 제국주의 제도가 정신 면에서 어느 정도까지 타락하였는가를 잘 증명해 주는 것이다.'

1,500자 가량되는 이 담화문은 애치슨을 여지없이 논박하였으며 당연히 국내외 주의를 환기시켰다. 물론 호교목의 이름도 주의의 대상으로 되었다.

당시 모택동의 노어통역을 맡았던 사철(師哲)의 기억에 의하면, "중국정부에서는 성명을 발표하였읍니까."라고 스탈린이 묻자 모택동은 "발표하였습니다. 호교목의 명의로 발표했지요."라고 대답하였다.

"호교목이란 어떤 분입니까."

"신문총서 서장입니다. 그러니까 그의 이름으로 성명을 내었지요."

주석과 단신(短信)

호교목이 중앙인민정부 대변인과 신문총서 서장이 된 후에도 모택동은 그와 자주 연락을 취하였다. 그런데 지금은 북경에 있고 역시 같은 중남해에 있지만 연안 당시처럼 부르기만 하면 즉시 만날 수 있는 형편은 아니다. 더구나 호교목이 여러가지 직무를 겸임하고 있고 수 많은 사회활동에 참가하여야 하였으니 이전과는 다른 것이다. 이런 사정으로 인하여 모택동은 자주 호교목에게 단신을 보내게 된다. 이 단신들을 보고 우리는 당시 호교목과 모택동과의 관계와 그가 한 일들을 잘 알 수 있다.

1949년 10월 21일에 쓴 모택동의 단신은 이러하다.

교목에게 :

아군이 오늘 적화(迪化)에 도달하였소. 단평을 써서 내일 신문에 게재하면 좋겠소. 인민해방군의 신강(新疆) 진입과 관계되는 소식이나 평론을 쓸 때는 점령(占領)했다고 하지 말고 일률적으로 아무아무 곳에 도달하였다고 쓰시오. 평론을 쓸 때는 또한 인민해방군의 신강 진입을 신강 군정당국이 동의하였으며, 신속히 신강에 올것을 환영했다는 사실도 언급해야 하오.

모 택 동
10월 21일 오후 3시

사흘 후에 모택동은 또 이런 단신을 썼다.

교목에게 :

이러한 소식은 전국에 발표할 것이 못되며 서안이나 난주의 방송국에서 방송할 것도 못되오. 하미(哈密) 등 지방 신문에서나 다루는 게 좋겠소. 이 문제를 팽, 감에게 전보로 알려주기 바라오.

모 택 동
10월 24일

모택동이 말하는 '이러한 소식'이란, 신강에 진주한 중국인민해방군이 원 국민당군대 중의 반동분자를 체포하였다는 소식이다. '팽, 감'은 당시 중국인민해방군 제1야전군의 사령원인 팽덕회와 정치부 주임인 감사기(甘泗淇)를 가리킨다. 모택동이 문제를 고려함에 있어 용의주도하며 신문보도의 척도를 자못 주의하고 있음을 알 수 있다.

호교목이 인민일보의 사장을 겸임하였을 때 책임주필은 등탁(鄧拓)이었다. 1949년 12월 1일, 등탁은 모택동, 유소기에게 전해 달라는 의견서 한부를 써서 육정일과 호교목에게 바쳤다. 인민일보의 문제점을 지적하고 어떻게 개혁, 발전시킬 것인가에 대한 의견을 제기한 것이다. 이 글을 보고 모택동은 아래와 같은 단신을 호교목에게 썼다.

교목에게 :
이 일은 더이상 끌지 말고 조속히 해결해야 하겠소. 등탁의 의견이 옳은 것 같소.

모 택 동
12월 4일

1950년의 원단이었다. 모스크바 방문중 모택동은 유소기, 호교목에게 아래와 같은 전보를 보냈다.

소기, 그리고 교목에게 :
광서(廣西) 전경. 광동의 남로(南路)와 뇌주(雷州)반도. 서남 전경(이미, 여정만이 거느리는 두 부대와 호종남이 거느리는 한 부대는 제외). 서북 전경의 잔적(殘敵)은 모두 숙청되었습니다. 중공중앙의 명의로 각 야전군에 보내는 축하전보를 작성하여 주십시오. 원고가 되는 대로 내가 본 후에 발표하도록 합시다.

모 택 동
1월 1일

1950년 1월 14일, 모택동은 또 호교목에게 전보를 보냈다.

'나는 오늘밤 9시에 이곳을 떠나 레닌그라드 참관을 하오. 사흘 후에 돌아 오는데 이 3일간에 게재되는 인민일보 사설은 소기 동지가 본 후에 발표하면 되오'라는 내용이었다.
2월 14일 모택동은 유소기, 호교목에게 즉시 교부하라고 주명(註明)

을 단, 글자수가 꽤 많은 전보를 보냈다.

"'중·소간의 우호·합작의 신 시대'라는 신화사 사설에 대하여 즉시 하기의 수정을 가한 후 조약 본문과 함께 오늘밤에 방송하도록 하시오."

모택동은 이어 수정 의견 여섯 조목을 진술하고, 전보의 마감부분에 다음과 같이 썼다.

'상기한 수정사항에 대하여는 교목이 개고와 교정을 책임질 것, 절대 오식이 있어서는 안됩니다. 소기 동지도 세밀한 교정을 한차례 하기 바람. 꼭 만전을 기해야 하겠으며, 중. 소 쌍방이 따로따로 발표하는 조약, 협정의 내용이 전적으로 일치하여야 합니다. 그렇지 않고 서로 달리 표현되는 경우 영향이 심히 나쁠 것이니 재삼 주의를 요청함.'

1950년 9월 29일, 모택동은 호교목에게 보낸 단신에서 다음과 같이 지적하고 있다. '과거에 나간 선전물중 1950년에 대만을 친다고 한 내용이 있었던가, 한번 찾아보시오. 원단에 나간 문건에 금년에 대만을 친다는 내용이 있었다고 어떤 사람들이 말하는데, 사실인지 아닌지 모르겠고. 금후에는 이런 문제를 신중히 다루어야 하오…'

1950년 10월 21일, 모택동은 연거퍼 단신을 두번이나 호교목에게 보내였다.

교목 동지 :
외국의 통신사들이 조선지원군에 대한 반박이 있는 경우, 금후 4~5일 간은 《참고소식》에도 게재하지 말도록 하시오.

모 택 동
10월 21일

교목 동지 :
어제 광명일보에 실린 오요종의 문장은 방송하는게 좋겠소. 인민일보에도 전재되어야 하오.

모 택 동
10월 21일

오요종(吳耀宗)은 당시 중화 기독교 청년회 전국협회에서 출판조 주임을 담임하고 있었다. 그는 광명일보에 「기독교의 혁신운동을 어떻게 추진할 것인가」라는 글을 썼다.

1950년 11월 3일, 모택동은 호교목에게 다음과 같이 쓰고 있다

교목에게 :
이 글은 천진 진보일보에 실린 글인데, 북경 인민일보, 광명일보도 전재하는게 좋을 것 같으니, 참작하여 처리하오.

모 택 동
11월 3일

천진 진보일보의 글이란 북경대학 증소륜(曾昭倫) 교수 등 300여명이 연명으로 모택동에게 쓴 공개서한이다. 미국이 6·25동란에 개입한 데 대하여 항의하는 내용이다.

이튿날 모택동은 또 호교목에게 단신을 보냈는데 그것은 각 민주당파의 연합선언을 발표하는 것과 관계되는 내용이다. [나융기(羅隆基)의 집필로 된, 항미원조(抗美援朝-6·25동란시 중공군의 개입)를 전적으로 옹호한 데 대한 각 민주당파의 선언]

교목 및 서빙(徐冰) 동지:
이 글은 교목이 책임지고 인쇄하되 먼저 교정지 7부만 찍으시되, 그 중 4부를 모,주,유,주(毛澤東, 周恩來, 劉少奇, 朱德-인용자 주) 에게 배포하고 나머지 3부는 서빙을 통하여 오늘 오후에 이제심, 황염배, 나융기 세 분에게 돌리시오. 그들의 동의를 얻은 후 오늘 오후 7시 전으로

나한테 보내 주시오.

모 택 동
11월 4일 오전 9시

모택동은 호교목에게 보낸 11월 17일의 단신에서 다음과 같이 지적하였다.

"참고소식은 지금 아무 원칙도 없이 되는대로 제목을 달고있는데, 이건 미국사람을 도와 중국사람을 위하(威嚇)하는 것이니 시정, 조정을 해야겠소."

모택동은 신문의 역할을 언제나 중시하였으며 중요신문의 기사나 논평을 자세히 읽고 검토하였다. 호교목에게 쓴 이처럼 많은 단신이, 그가 이미 신문의 기능을 얼마나 중요시하고 있는가를 잘 말해 주고 있다.

지도자의 주도면밀성

모택동은 1950년 11월 22일 호교목에게 보낸 서한에서, 전보문을 정확히 써서 문건을 작성할 것을 지시하였다. 아주 흥미를 느낄만한 내용이기에 아래에 소개한다.

교목 동지 :

중앙당의 명의로 하달할 지시문을 작성 해야겠소. 전보문에 나타나는 결함을 고치기 위해서요. 예를 들면, 자축인묘(子丑寅卯). 동동강지(東冬江支)와 같은 글자로 월. 일을 대체할 것이 아니라 월. 일을 그대로 쓸 것. 즉 11월 22일이면 전보문도 11월 22일 이라고 써야 하오. 서명은 일반 경우는 완전한 성명을 써야 하고 성만 쓰고 이름을 약하는 건 좋지 않소. 받는 측이 틀림없이 이해할 수 있는 경우라면 성만 쓰고 이름을 약할 수도 있소. 예를 들면 유. 등(劉伯承과 鄧小平－인용자 주), 진, 요(陳毅와 饒漱石) 등이 그러하오. 지명과 기관 이름도 일반적인 경우에 완전하게 쓸 것, 극소수의 경우에 한해서는 경. 진. 호. 한(京津琥漢)등 약칭을 써도 되오. 전보는 그 문장표현이 반드시 문법규범에 맞아야 하며 주어나 목적어 그리고 기타의 필요한 명사를 생략하지 말 것, 형용사와 부사는 그 성격을 분명하게 구별하여 쓸것…… 이 문제에 대해서는 자네가 책임지고 지시문 초안을 작성한 후, 양상곤, 이도, 제연명, 설모교와 그밖에 자네가 필요하다고 인정하는 동지들을 청해다가 한두번 토의를 하시오. 수정과 보충을 한 다음에 나한테 보내 오면 내가 다시 검토하겠소.

모택동
11월 22일

서한에 제기된 양상곤(楊尙昆)은 당시의 중공중앙 판공청(辦公廳)주임, 이도(李濤)는 인민혁명군사위원회 작전부부장, 제연명(薺燕銘)은 중앙인민정부 판공청(辦公廳) 주임, 설모교(薛暮橋)는 정무원 재정경제위원회 비서장이다.

모택동이 이런 일을 부탁한 것만 보아도 평소에 호교목이 문장을 쓸 때 문법과 용어에 자못 주의한다는 것을 알 수 있다. 아마 이런 사연으로 훗날 모택동은 문자사업과 관련되는 여러가지 직무를 호교목에게 맡긴 것 같다. 후에 호교목은 중국 문자개혁위원회 위원, 국가 언어공작위원회 위원, 한어병음방안 사정위원회 부주임을 담임하였다.

1950년 12월 28일, 모택동은 '실천론'의 발표와 관련하여 호교목에게 다음과 같은 단신을 썼다.

교목 동지 :
두 문장을 다 보았소. 발표해도 되오.
첫날에 '실천론'을 내고 이튿날에 '진리보'의 평론을 내오. 이렇게 이틀간 따로 따로 게재합시다.

인민일보에서 먼저 게재한 후에 신화사에서 다시 문자로 발송하도록 하오.

　　　　　　　　　　　　　　　　　　모 택 동
　　　　　　　　　　　　　　　　　　12월 28일

　단신에 언급된 '진리보'의 평론은 1950년 12월 18일부 '진리보'에 실린 동 편집부의 평론 모택동의 저작 '실천론'을 논함이다.

　모택동이 부탁한 대로 호교목은 1950년 12월 29일부 인민일보에 '실천론'을 발표하고 이튿날에는 동지(同紙)에 '진리보'의 평론을 전재하였다.

　모택동의 '실천론'은 1937년 7월에 쓴 것이다.

　1950년 2월, 모택동이 소련에서 귀국하기 전이었다. 중국혁명의 경험을 총화하기 위해서는 모택동의 선집을 출판하면 좋겠다고 스탈린이 제의한 바 있다. 선집의 편집을 돕기 위하여 스탈린은 유진을 중국에 파견하였다.

　모택동이 귀국한 후, 그의 노문통역은 소련의 한학자(漢學者) 피더린과 함께 모택동 저작의 노역(露譯)을 시작하였다. 노문 번역원고를 보고 유진은 '실천론'을 아주 높이 평가하면서 소련에 보내어 발표하자고 제의하였고 모택동은 그 의견을 동의하였다.

　후에 유진은 실천론 노문역고를 스탈린에게 전달하였고 스탈린은 자기가 본 후에 소련공산당중앙의 이론지인 '볼셰비키'에 보내어 전재하도록 하였다. 볼셰비키는 1950년 제23호(동년 12월 출판)에 실천론 전문(全文)을 게재하였고 이에 배합하여 12월 18일부 '진리보'는 상기의 평론을 실었다.

　이런 일이 있은 후, 모택동은 호교목에게 편지를 썼고 '실천론'과 함께 소련 '진리보'의 평론을 인민일보에 발표하기로 결정하였다.

이날 모택동은 또 다음과 같은 단신을 호교목에게 보내었다.

교목에게 :
(1) 후우버의 연설을 자료로 삼아 인민일보의 제4면과 세계지식 잡지에 싣는 게 좋겠소.
(2) '영도방법에 대한 결정'뿐 아니라 기타의 여러 문건을 신문에 다시 한번 발표할 필요가 있소. 이 일은 진백달과 상의해서 우선 문건목록을 작성하시오. 그리하여 심사를 거쳐 발표하도록 합시다.

모 택 동
12월 28일

여기에 언급된 후우버는 1929~1933년에 미국 대통령을 지냈던 사람이다. 그는 1950년 12월 20일 뉴욕에서 「국제 정세와 미국의 대외정책」이라는 방송연설을 하였다. 후우버의 연설이란 이 방송연설을 말한다. 연설문을 보고 모택동은 후우버의 연설을 어떤 형식으로 중국의 간행물에 낼 것인가에 대하여 면밀히 고려하였다. 무슨 명의로 내는가, 어느 신문의 어느 면에 내며 또 어느 잡지에 동시 게재 하겠는가－이 모든 것을 다 고려하고 구체적인 지시를 하였던 것이다.

'영도방법에 대한 결정'이라는 것은 모택동이 1934년에 중공중앙의 이름으로 집필한 문건이다. '실천론'을 재발표한 것과 관련하여 기타의 여러 문건도 재발표할 필요가 있다고 느끼고 있음이 분명하다.

독자의 의견존중

모택동의 영향을 받은 것도 있고 또 모택동이 부탁한 바도 있어 호교목은 수시로 신문에 관심을 가졌다. 신문보도 부문의 수뇌자인 그는 인민일보의 사장도 겸하고있는 입장이었으니 그가 매일 아침 펼쳐 보는 첫번째의 신문이 인민일보였다.

모택동은 신문을 읽으면서 그때그때 떠오르는 의견을 적었다가 호교목에게 전한다. 호교목도 인민일보를 보면서 적어 놓았던 의견을 범장강(范長江), 등탁(鄧拓), 안강(安崗)에게 전한다. 인민일보에 전달된 이런 내용의 단신은 그대로 지금까지 당안(檔案)에 보관돼있다.

   호교목은 특히 사설을 잘 쓰는 논설가이다. 그런 관계로 인민일보 사설에 대하여 그는 각별히 엄격한 요구를 항상 제기했다. 1950년 6월 7일 범장강에게 쓴 단신에서 호교목은 인민일보가 심사해달라고 보내온, 공·사(公私) 상공업의 관계에 대한 사설 초고는 분석이 결여하기 때문에 잘 쓴 글이라고 할 수 없다고 지적하였다. 아예 다시 쓰는게 좋다, 이치를 철저히 따져야 하고 설득력이 있어야 한다. 필요한 자료를 충분히 파악하고 논리적 관계를 바로 도출해야 한다고 하였다. 그는 또한 중요한 문제를 다루는 사설은 확실하게 논리를 전개 하여야 하며, 그래야 남이 이해하고 중시할 수 있는 이유가 성립되게 된다.

   그 후에도 호교목은 사설집필 문제에 언급한 바 있다. 그는 다음과 같이 주장하였다.

   사설을 씀에 있어 내용선택은 정치문제이고 어떠하게 쓰느냐는 기교 문제다. 사설에는 몇가지 부류가 있다. 서로 다른 부류의 사설은 성격도 다르거니와 쓰는 방식도 아주 다르다. 적을 대하는 사설, 기념성을 띤 사설, 당면한 문제를 해결하기 위한 사설이 같을 수는 없다. 덜레스(미국무장관)를 반박하는 사설은 상대방을 여지없이 논박하면 그만이다. 상대방을 이래라 저래라 하지는 못한다. 기념성을 띤 사설에서는 일반적인 임무만 제기하면 되지만, 국내의 실제적인 어떤 문제와 관련된 사설에서는 일련의 구체적인 임무를 제기하여야 한다.

   그는 또 이렇게 말한 적도 있다.

   "신문에 실리는 사설은 당면한 어떤 문제를 해결하기 위하여 쓰는 것이다. 이미 해결된 문제를 놓고 사설을 쓸 수는 없다. 그 다음, 사설의 자수(字數)에는 일정한 제한이 있어야 하며, 사설은 시간적으로도 일정한 제한이 있어야 한다. 어떤 사설은 그 발표가 하루만 늦으면 무의미한 것으로 되고 만다. 국제 투쟁과 관련되는 경우가 특히 그러하다. 사설은 세계를 인식하기 위해서 뿐만 아니라 세계를 개조하기 위해서 쓰는 것이다."

그 당시는 아직 '사설을 어떻게 쓸 것인가' 하는 전문 저서가 없었지만, 사설 집필에서 다년간 감고(甘苦)를 체험한 호교목은 나름대로 확고한 견해를 가지고 있었다.

평론에 대해서도 그는 세심한 주의를 돌렸다. 그는 이렇게 말하였다.

"평론은 신문의 영혼이고 신문의 후설이다. 다른 내용의 것들도 신문의 목소리라고 할 수 있지만, 신문에 있어서 평론은 주요한 목소리이다."

1951년 1월 5일, 호교목은 범, 등, 안(范, 鄧, 安)에게 보낸 단신에 다음과 같이 썼다.

'인민일보 제3면의 판면은 아직도 뚜렷한 진전이 보이지 않습니다. 그 주된 원인은 사상성을 띤 문장이 없다는 것입니다. 따라서 사상문제를 논의하는 전선(戰線)으로 나아가지 못하고 있습니다.'

1951년 3월 4일의 단신에는 또 다음과 같이 쓰고 있다.

"평론이 따분한 감을 주는 것은 우선 그 내용이 광범하기 때문입니다. 이런 평론을 보고서는 필자가 제창하는 것이 무엇이고 반대하는 것이 무엇인지를 알 수 없고, 사람들더러 어찌하라는 것인지 알 수 없습니다."

이날 인민일보 제3면에는 개명소년(開明少年)이라는 잡지의 글을 전재한 것이 있었다. 그 내용은 히말라야 산맥의 최고봉을 외국사람들처럼 에베레스트산이라고 할 것이 아니라 주무랑마봉(珠繆朗瑪峰)이라고 해야 한다는 것이었다. 제목은 '우리의 위대한 조국에는 세계에서 제일 높은 산이 있다'이다. 아주 불만스럽게 생각한 호교목은 서한에 자기의 의견을 다음과 같이 논술하였다.

"제목에 주의를 돌립시다. 이건 내가 인민일보에 제기하려는 한가지

요구입니다.

　오늘 제3면에 실린 글을 한 편 보았는데 제목이 '우리의 위대한 조국에는 세계에서 제일 높은 산이 있다'로 되어있습니다. 이 제목은 신문에서 흔히보는 좋지 않은 제목 중의 하나입니다. 이 제목을 보고는 글의 내용과 관련되는 그 어떤 암시도 받을 수 없고, 글을 읽어 보려는 흥미도 가질 수 없습니다. 이 제목이 전하는 뜻을 누구나 다 알고 있기 때문입니다. 이런 글에는 아래에 열거하는 것과 같은 정확한 제목을 달아야 합니다. '에베레스트산이라는 명칭은 전부 시정되어야 한다', '에베레스트산의 이름은 조국의 원명을 회복하여 써야 한다', '외국인의 이름으로 우리나라 최고봉을 명명하는 것은 잘못이다', '우리나라 지리상 명칭의 엄중한 착오', '세계 최고봉은 누가 발견한 것인가', '세계 최고봉의 발견자는 외국사람이 아니라 중국사람이다…"

　이 예를 자세히 지적하는 것은 인민일보에 유사한 흠집이 너무도 많기 때문입니다. 거의 매일 매 면마다 이처럼 내용과 맞지 않는 제목, 요령 부득한 제목, 생기가 전혀 없는 제목을 보게 됩니다. 이런 현상을 확실히 시정할 것을 나는 편집부에 요구하고 싶습니다.

　"모든 제목(소제목도 포함)이 다 생기있고 뚜렷하고 내용도 제목과 맞는다면 이것은 신문 전체가 생동성과 흡인력을 가지는 문제를 절반이상 해결한 것으로 됩니다. 거기에다 우편함, 움직임, 통신(通信), 사진 등을 잘 배치한다면 이런 판면구성은 독자에게 불쾌감을 주지 않을 것이며, 신문은 봄날의 꽃동산처럼 활기를 띠게 될 것입니다."

　인민일보에 대하여 호교목은 정말 대소불문하고 무엇이나 다 관여하였다. 발견하는 즉시 단신을 써서는 범, 등, 안(范, 鄧, 安)에게 보내었다. 1950년 5월 13일의 단신에서는 인민일보의 광고사업을 추진할 것을 제기하면서 인민일보가 전국의 광고사업을 추진하는 면에서 지도적인 기능을 맡아야 한다고 생각하였다.

　호교목은 일찍부터 1950년 6월 25일의 단신에서는 독자의견을 싣는 것은 아주 유익한 일이라고 지적하고 처리 결과나 의견도 동시에 게재해야 한다고 하였다. 예를 들면 이 편지는 어떠어떠하게 회답하였다, 이 편지는 이미 어느어느 곳에 전하였다, 이 편지는 어느어느 사람에게 답장을 쓰도록 의뢰하였다, 이 편지는 어떠어떠한 사정으로 아직 회답하지 못하고 있다… 이런 설명이 없으면 독자들은 매우 궁금해 할 것이다고 지적했다.

호교목은 인민일보뿐 아니라 기타 간행물에 대해서도 이런 서신을 많이 썼다. 또 어떤 때는 전화로 알려주거나 사람을 시켜 의견을 전하게 하였으며 신문사 책임자들을 청해다 좌담하기도 하였다. 이는 모택동의 말처럼 "선전부가 매일매일의 선전사업을 책임져야 하며 특히 신문의 평론사업을 책임져야 한다고 호교목은 생각했기 때문이다."

쓰러진 비서와 주석

인민일보에 그처럼 빈번히 단신을 쓰던 호교목이 1951년 1월 8일부터 1951년 3월 4일 사이에는 한장도 쓰지 않았다. 예상치 못한 공백기(空白期)였다.

호교목에게 자주 단신을 쓰던 모택동도 1950년 12월 18일에 실천론 발표와 관련하여 단신을 쓴 후, 1951년 3월 2일까지는 호교목에게 단신을 쓰지 않고 있다. 이것도 예상치 않은 공백기였다. 3월 2일에는 소건(蕭乾)이 쓴 '토지개혁 중에서 배운 것'이라는 문장을 전재하면 좋겠다는 내용의 단신을 호교목에게 보내었다.

1951년 1월 중순부터 2월 말까지 호교목은 어디에 가 있었으며 상기의 공백기는 어떻게 생겼는가.

호교목의 부인 곡우(谷羽)는 이렇게 회상하고 있다.

셋째 아이를 낳은 날이 1950년 12월 16일 이었고 당시 곡우는 입원 중이었다. 그들 부부는 2남1녀를 두었다. 이번에 낳은 아들이 '화평'이다. 임신하여 7개월이 되는 때에 낳은 조산아였고 한때 산소호흡을 시켜야만 했다.

　화평을 보살피느라 곡우는 눈코 뜰 새 없었다. 이런 때에 남편이 북경병원에 입원하였다는 급보를 받았던 것이다.

　호교목의 병은 과로가 원인이었다. 모택동의 신변에서 일하는 그는 긴장하고 분망한 나날을 보내지 않으면 안되었다. 게다가 모택동은 주야가 전도된 생활을 하는 사람이었다. 호교목은 낮에는 신문총서 서장으로, 중앙선전부 부부장으로 사무를 보아야만 하였다. 밤에는 사무를 보기 시작하는 모택동이 자주 호교목을 불렀다. 이런 나날이 지속된 결과 호교목은 중한 신경쇠약증에 걸렸다.

　필자는 모택동의 기요(機要)비서를 지냈던 나광록을 찾은 일이 있는데 그도 신경쇠약증을 앓은 적이 있다고 하였다. 생활이 규칙적이 못되었으니 호교목은 위장병도 생겼다. 긴급 입원하는 그 날, 호교목은 위출혈로 인한 각혈을 많이 하였다.

　북경병원 원장이며 외과 전문의인 주택소가 친히 호교목을 진찰하였다. 위생부 부부장 부연장(傅連暲)도 북경병원에 찾아와 병세를 진찰하였다.

　검진한 결과 위궤양이고 천공(穿孔)으로 인하여 대량 각혈하게 되었다는 것이 판명되었다. 의사들은 곧바로 수술해서 궤양부분을 제거하여야 한다고 인정하였지만, 병자가 체질이 허약하고 방금 각혈을 많이 한 후이니 큰 수술을 견디낼 수 없을까봐 걱정하였다.

　소식을 듣고 주은래도 북경병원에 찾아왔다. 의사들과 자세히 토의하고 일일이 의견을 들었다. 주은래는 곡우의 의견도 물었다. 곡우는 수술을 하는것이 좋겠다고 주장하였다.

　호교목이 수술을 하는날 모택동은 직접 당직 간호원을 시켜 보건 담당의사 왕학빈(王鶴濱)을 불러왔다.

　"왕선생, 나대신 한번 병문안을 해주오. 호교목이 중병으로 지금 북경병원에 입원하여 있소." "그는 아주 좋은 사람이오."

이날 오전에 왕학빈은 북경병원에 갔다. 3층에 있는 한 병실에서 호교목을 문안하고 부연장과도 만났다. 그때의 일을 왕학빈은 다음과 같이 회상하고 있다.

위궤양이고 대출혈까지 한 호교목은 안색이 창백하였고 아주 허약해 보였다. 수술 준비를 하느라고 의사와 간호부들이 분주히 서두르고 있었다. 곧 수술실로 들어갈 호교목은 이미 이동용 침상에 누워 있었다. 나는 그 옆으로 가 조용히 전하였다.

"모주석께서 선생님의 건강에 깊은 우려를 표시하셨습니다. 대신 문안을 전하라고 이렇게 저를 보냈습니다."

혈색이 없고 싸늘한 그의 손을 잡아 주었다.

"모 주석의 배려를 고맙게 생각합니다. 안심하시라고 전하십시오. 수술만 하면 아무 문제도 없으니까요."

호교목 동지는 창백한 얼굴에 미소까지 띠우며, 그러나 좀 힘들어 하며 대답하는 것이었다.

"주석님께 안심하시라고 전하십시오."

좀 흥분한 그는 다시 한번 나에게 부탁하였다.

호교목의 수술은 북경병원 주택소 원장이 친히 집도하였다. 위궤양의 병증이 심하였기 때문에 4분의 3의 위를 떼어버려야 하였다.

모택동은 그 후에도 호교목의 병세에 관심을 기울였다. 왕학빈의 보고를 듣는것 외에도 북경병원 측에 날마다 정황을 알려 줄 것을 당부하기도 하였다.

그런데 예상 밖의 어려운 일이 또 생겼다. 위장이 더러 창자에 엉켜 붙은 것이다. 수술을 한번 더 해야 할 처지였다.

체질이 허약할대로 허약해진 병자가 두번째 수술을 이겨낼 수 있겠는가. 이 소식을 듣고 주은래는 또 북경병원에 와 의사들의 의견을 물었다. 수술 외에 다른 방법은 없겠는가 하는 것이 주은래의 관심사였다.

의사들은 토의 끝에 수술 대신 치료를 해보기로 합의를 보았고 결국은 장위(腸胃)가 엉켜 붙은 문제를 원만히 해결하는 성과를 달성하였다.

호교목은 원래 수척한 사람이다. 대부분의 위를 절제한 후에는 소화기능에 더구나 영향을 받게 되었다. 곡우는 "호교목이 살이 오른 적은 평생을 두고 없었다"고 하였다.

북경병원에 두달 남짓 입원해 있는 기간이 앞에서 말한 "공백기"에 해당된다.

퇴원한 호교목에게 1951년 3월 2일, 모택동이 다음과 같은 단신을 보내왔다.

교목 동지 :

3월 1일 인민일보에 실린 소건의 글 '토지개혁 중에서 배운 것'은 아주 잘된 글이요. 각지의 신문에 널리 전재하는 것이 좋겠고 또 단행본으로 내든가 혹은 이준룡의 글과 한데 묶어 한 권으로 내는 것이 좋을 것 같소. 이런 문장을 신화사에서 의도적으로 수집하기 바라오. 토지개혁을 하는 성(省)마다 한 편이나 몇 편이 되게끔.

모 택 동
3월 2일

소건(蔬乾)은 작가이다. 당시는 영문판 잡지인 '인민중국'의 부주필이었다. 이준룡(李俊龍)은 정무원 참사이다. 그가 쓴 '전투 중의 호남농민'이라는 글이 1951년 2월 10일 부 인민일보에 실렸다.

모택동의 단신은 호교목이 또다시 분망한 나날을 보내게 되었음을 표시한다. 하지만 당시는 휴양 중이었고 호교목. 곡우 부부는 이화원에 있는 해취원에서 요양하였다.

이 해취원(諧趣園)은 이화원 에서도 '원중지원(園中之園)'이라고 불리우는 경치좋고 아늑한 곳이다. 본래 '혜산원'이라고 하였는데, 청나라의 건륭황제가 강남에 놀러 갔다가 무석(無錫) 혜산(蕙山)에 있는 기창원이 마음에 들었는지라 후에 그것을 본따서 이화원에 해취원을 지었고 따라서 혜산원이라 명명하였다는 것이다. 후에 광서 19년에 고쳐짓고 해취원으로 개명하였다. 해취원 안에는 함원당, 담청헌, 촉신루, 지춘당을 포함한 정대누각(亭臺樓閣)이 13개소나 있다. 맑고 푸른 물도 있고 아름다운 회랑(回廊)도 있는 해치원은 조용하고 옛스러운 세외도원(世外桃源)과도 같았다. 여기서 몇달간 있은 호교목은 한결 기분이 거뜬하였다.

  그 사이에 중남해에 있는 그의 주소는 정곡원으로부터 춘우재 서북편에 위치한 내복당(來福堂)으로 옮겨졌고 그의 새 이웃은 중앙선전부 부부장인 개풍이었다. 후에 또 호교목은 역시 중남해 안에 있는 희복당(喜福堂)에 이주한다.

[제4장] 최고의 이론가요 집필가

《모택동선집》의 편찬

이화원 해취원에서 요양할 때도 호교목은 자주 모택동의 단신을 받았고 그가 지시하는 당의 각종 선전관련 사무를 처리하여야 하였다. 당시 모택동은 석가장에 가 있었다.

3월 14일, 모택동은 이런 내용의 단신을 보내어 왔다.

'3월 13일부 광명일보에 게재된 천진(天津)통신 한 편을 보았는데 내용이 아주 좋소. 제목이 '천진의 천주교 신도들 분발 전진, 자립혁신운동을 적극전개'이오. 방송도 하고 인민일보에 전재도 하기 바라오. 이날 이 신문에는 또 천진 진고대학(津沽大學) 장우시 교수의 글도 실려있소. 제목이 '여하히 천주교를 애호할 것인가에 대한 천주교 교우(校友)들에게 하고싶은 말'인데, 천주교 혁신의 이론적 근거를 잘 설명하였고 설득력이 있소. 인민일보에 전재할 수 없겠는가 고려하기 바라오.'

3월 20일, 모택동은 중국공산당 제1차 전국 선전사업회의의 소집과 관련하여 아래와 같은 단신을 보내어 왔다.

(1) 선전사업회의의 일기는 5월 5일부터 15일까지, 10일간으로 할 것. 15일 후에도 4중전회가 열리지 않는 경우에는 선전회의를 5일간 연장해도 됨. 그런 경우가 아니면 연장하지 말 것.

(2) 이론교육에 관한 결정은 먼저 초안을 작성하여 각지에 보낼 것. 통지도 원래대로 하달할 것.

(3) 선집 제1권의 출판에 앞서 발표할 몇 편의 문장은 내가 본 후에 자네에게 보내겠음. 4월에 한두 편 나갈 수 있는지 모르겠지만 「학습」잡지에는 싣지 마시오.

모택동 선집의 편찬에 호교목은 적지 않은 정력을 기울이였다.

모택동 선집을 제일 먼저 편찬한 사람은 등탁(鄧拓)이다. 그것은 1944년 연초의 일이다. 중공중앙 선전위원회의 비준하에 중공중앙 진찰기(晉察冀)분국에서 모택동선집을 편집 출판하였던 것이다. 그 일을 책임진 자가 등탁이다. 처음으로 출판된 이 모택동선집은 1944년 5월에 간행되었다. 당시와 같은 어려운 세월에 모택동선집을 찍어 낸다는 것은 용이한 일이 아니었다. 그러나 이 선집은 모택동 본인의 교정을 거치지 않은 것이었다.

소련을 방문하였을 때 스탈린이 모택동선집을 내는 게 좋겠다고 제의한 바도 있었고 모택동도 그럴 생각이 있었다. 중국혁명이 승리한 시점에서 모택동선집의 출판은 현실적으로 그 필요성을 더 느끼게 되었다. 그러므로 모택동이 소련방문을 마치고 귀국한 후, 모택동선집 출판은 중대한 과제로 의사일정에 오르게 된다.

1950년 5월, 중공중앙정치국은 모택동선집 편집위원회를 설립하기로 하고 유소기를 위원회의 주임으로 임명 하였다.

모택동선집의 편집작업은 주로 그의 세 비서인 진백달, 호교목, 전가영이 맡았고 모택동 본인도 손수 관여 하였다. 그들 사이의 분담은 대체로 다음과 같다.

모택동은 원고의 수정과 마지막 원고를 책임겼다. 진백달은 전반 선집편찬 사무의 총책임자였는데 제4권의 편찬에는 참가하지 않았다.

호교목이 맡은 일은 문법, 수사, 용자용어(用字用語), 문장부호와 관련된 작업이었고 제4권 때에는 편집편찬의 총 책임자로 일하였다.

전가영은 주석(註釋)을 맡았다. 그는 중앙선전부, 근대사연구소, 중공중앙당교(黨校), 군사과학원의 전문가들을 청해다가 이 작업을 추진해 나갔다. 역사지식과 관련된 주석은 거의 다 역사학자 범문란(范文瀾)에게 의뢰하였다. 전가영은 또 출판과 외국어 번역 관계의 조직사업도 책임졌다.

필자는 진백달을 취재한 적도 있다. 그의 말에 의하면 모택동선집의 앞머리에 있는 본서(本書) 출판설명은 자기가 쓴 것이라 한다. 이 출판설명의 끝에다 원래는 중공중앙 모택동선집 편집위원회라고 썼는데, 생각해보니 편집이라는 두 글자가 타당치 않은것 같았다-모택동의 문장도 다른 사람이 편집해줘야 하는가-그래서 중공중앙 모택동선집 출판위원회로 고쳤고 그 후에도 그냥 그 이름으로 통하게 되었다.

모택동선집 제1권에 있는 일부 문장은 출판에 앞서 모택동의 심사를 거친 후 인민일보에 발표되었다. 호교목에게 보낸 모택동의 단신(3월 20일 단신의 제3항)은 이 일을 두고 한 말이다.

모택동선집은 제1권이 1951년 10월 12일에 출판되고 제2권이 1952년 4월10일에 출판되고 제3권이 1953년 4월 10일에 출판되었다.

제4권의 편집편찬은 호교목이 책임졌다. 앞에 나온 세 권과 달리 이번에는 선정. 편집단계가 완성된 후에 모택동이 마지막으로 통독하고 심사 결정하였다. 제4권의 허다한 해제(解題)와 정치성을 띤 주석은 호교목이 일일이 작성 한 것이었다. 편집부터 완성본이 나오기 까지가 1960년 2~3월, 출판발행이 동년 9월 하순이었다.

모택동선집 1~4권을 편집편찬하기 위하여 호교목은 처음부터 끝까지 많은 심혈을 기울였다.

『중국공산당의 30년』의 작성

모택동선집 제1권을 편집하던 때였다. 중대한 기념일을 맞이하는 준비사업을 하게 되었다. 1951년 7월1일은 중국공산당 창건 30주년(중국공산당은 1921년 상해에서 제1차 전국대표대회를 갖고 공식 창당됨, 모택동은 이대회에서 호남성 당서기로 선출됨-역자주)이 되는 날이다.

중국공산당을 놓고보면 삼십이립(三十而立)의 날이여서 경하할만한 날일 뿐 아니라 장개석을 타도하고 전국적인 정권을 취득하였으니 더구나 경하하여야 할 날이었다.

1951년 7월 1일을 앞두고 각지로부터 중공중앙과 모택동 앞으로 많은 축전과 축하문이 왔다. 당시 중국공산당은 580만 당원을 가지고 있었다.

중공중앙정치국은 모택동 등이 출석하는 성대한 경축대회를 1951년 6월 30일 북경에서 열기로 하고, 중공창건 30주년을 경축하는 보고를 유소기가 하도록 결정하였다.

유소기가 할 보고를 누구에게 의뢰하여 집필할 것인가. 제일 적합한 자는 물론 호교목이었다. 그가 '6차 당대회 이전', '6차 당대회 이후', '모택동선집'을 편찬하는 일에 참가하였고 '약간의 역사적 문제에 관한 결의'를 집필하는 일에도 관여하였기 때문이다. 중공 당사(黨史)라면 그는 줄줄 외울 수 있는 정도로 익숙히 알고 있었다.

당시 호교목은 해취원을 떠나 북경 육소에서 휴양하는 중이었다.

중공 당사에 익숙해진 까닭에 그는 1주일 만에 보고문을 완성하였고 유소기는 거기에 《중국공산당의 30년》이라는 제목을 달았다.

그런데 모택동은 이 원고를 보고 이 글은 호교목의 이름으로 발표하라는 지시를 내렸다. 실로 뜻 밖이었다.

호교목으로서는 이 지시를 그대로 따르기는 곤란하였다. 자기 이름으로 발표한다고 유소기에게 설명한다는 것이 그로서는 난처한 일이기 때문이다.

모택동은 유소기한테는 자기가 설명하겠으니 유소기의 보고는 다른 사람에게 따로 집필하도록 의뢰하겠다고 말하였다.

이렇게 되어 결국 호교목은 부득이 모택동의 지시를 따르게 된다.

인민일보는 곧바로 '중국공산당의 30년'의 교정지를 찍어냈다. 6월 22일에 게재하기 위해서였다. 6월 21일, 호교목은 수정을 요하는 일부 문제에 대하여 모택동의 지시를 청하는 서한을 썼다. 그 서한과 군데군데 써넣은 모택동의 의견은 다음과 같다.

　주석 앞 :
　인민일보는 내일 두 면을 더 내어 '중국공산당 30년'을 한꺼번에 싣기로 하였는데 다른 면의 배치도 이미 다 돼있습니다. 교정지 한 장을 보시고 12시 전에 돌려 주시면 감사하겠습니다.
　진독수에 대해서는 당시 그가 "가장 영향력이 있는 마르크스주의 선전자였고 당의 발기자"였다고 한 것을 "큰 영향력이 있는 사회주의 선전자였고 당의 발기자"였다고 고치려고 합니다. 타당하다고 보십니까?

　모택동 : 타당함

　'모택동 동지가 제기한, 농촌으로부터 도시를 포위하는 방식이 완전히 승리하였다는 것은 사실로 증명되었다.' 방식이라는 단어의 의미가 똑똑하지 못합니다. 원리, 길, 전략, 방침중에서 고를까 하오니 어느 것이 타당하겠는지 알려주시기 바랍니다.

　모 : 방침이라고 하는 것이 좋겠음.

　정풍을 언급할 때 '당은 국세가 비교적 안정된 이 시기를 놓치지 않고'로 되어 있는데, 근거지에 대한 적들의 소탕이 제일 빈번하고 잔혹한 시기였다고 앞부분에서 말한 것과는 어긋납니다. 그러니 '당은 국내외 정세의 변화가 비교적 적은 이 시기를 놓치지 않고 전당의 범위에서 마르크스-레닌주의 교육을 진행하였다. 이런 교육은 전쟁과 혁명이 급격히 발전하고 국내외의 정세가 신속히 변화하는 시기에는 대규모적으로 진행하기 곤란한 것이었다.'로 고치면 어떻겠습니까?

모택동 : 그렇게 고치는 것이 좋겠음.

　제1차 대표대회에 출석한 대표 인수(人數)에 대해서는 모두 13명이라고 여럿이 주장하는데 이달(李達)만은 12명이었다고 주장하고 있습니다. 그 이유는 포혜승(包惠僧)이 대표가 아니라는 것입니다. 어느 설이 옳습니까?

　모택동 : 12명이 옳다고 봄.

　이상의 몇 문제에 대하여 지시하여 주시기 바랍니다.

호 교 목
21일

　모택동의 회답이 있은 후, '중국공산당의 30년'은 호교목의 이름으로 1951년 6월 22일 인민일보에 게재되었고 신화사도 전문(全文)을 발송하였으며 전국 각지의 신문에도 전문이 게재되었다. 중앙인민방송국에서도 전문을 방송하였으며 인민출판사는 단행본을 발행하였다.

　'중국공산당의 30년'은 중공이 걸어온 30년의 노정을 처음으로 총화한 간명한 당사(黨史)라는데서 커다란 반향을 일으켰다. 각지에서는 이 글을 중공창건 30주년을 기념하는 주요한 학습문건으로 삼았다.

　호교목은 언제나 막후에서 일하는 사람이었다. 중앙인민정부 대변인으로 공개석상에 나온 적도 있지만 그의 신분은 신문보도 부문의 책임자였을 뿐이다. 그러나 이번에는 이론가, 당사전문가의 신분으로 널리 알려지게 되었다.

　호교목은 일생동안 수많은 사설, 평론, 결의, 문건을 집필하였지만 '중국공산당의 30년'처럼 자기 개인의 이름으로 된 저작은 많지 않다. 그러기에 사람들은 '중국공산당의 30년'을 그의 대표작으로 여긴다. 호교목의 이름이 나오면 사람들은 "아, 그분이 '중국공산당의 30년'을 썼었지…"하고 말한다. 이 글이 그처럼 인상에 남아있기 때문이다.

중공 1차당대회에 출석한 대표 인수에 대해서 좀 설명을 가하기로 한다. 모택동이 12명이라고 긍정한 후, 중공당사 연구자들은 이 설(說)을 받아들였다. 그러나 근년에 이르러 포혜승도 정식대표였다는 사실이 확인됨에 따라 다시 13명설로 수정하게 되었다.

선전, 문화, 교육의 총책

당시 호교목은 문화교육위원회 비서장이라는 직무도 겸하고 있었다.

정무원 산하에 있는 이 문화위원회는 문화, 교육, 과학, 위생부문의 사무를 통합관리한다. 문교위원회의 주임은 정무원 부총리 곽말약(郭沫若)이 겸하였고 부주임은 육정일이 겸하였다.

임묵함(林默涵)의 회상하는 바에 의하면, 문교위원회 아래에 계획위원회라는 것을 설치하게 되었는데 최초에는 이 위원회의 부주임에 임묵함이 내정되었다고 한다. 해당 책임자들의 명단을 이미 상부에 보고하였고 비준이 내려오기만 기다리는 때였다.

그런데 상상외로 임묵함의 부주임 안(案)을 호교목이 반대하였다.

하루는 임묵함과 같이 산보를 하면서 호교목이 단도직입적으로 말하였다.

"듣자니 자네가 계획위원회 부주임으로 내정됐다는데, 내 보기엔 위원이면 별문제지만 부주임은 적당하지 않소. 그 위원회의 많은 위원들이 자네보다 자력(資歷)이 깊소…"

이런 말을 들은 임묵함은 불쾌하기는 하였지만 결국은 호교목의 의견을 받아들이기로 하였다.

얼마 후에 계획위원회의 구성명단이 정식으로 공포되었다. 다른 위원들과 비교하여 보니 자기가 부주임으로는 적임자가 아님을 임묵함은 자인하였다. 호교목의 의견이 옳았다고 생각하였고 따라서 그에 대한 불쾌감도 없어졌다.

　당시 임묵함의 부인 손수영은 북경 교외에서 일하고 있었다. 그도 연안에서 나온 사람이었으니 본래 중앙의 어느 부(部)나 위원회에서 낮은 직무를 맡는 것은 문제가 되지 않았을 것이다. 그런데 중공중앙조직부에서 손수영 보고 무슨 사업을 원하느냐고 물으니 유치원 사업을 하겠다는 것이었다. 이건 실로 뜻밖이었다. 그는 결국 북경 서교(西郊)에 있는 자죽원(紫竹院)유치원에 원장으로 갔다. 그때만 하여도 교통이 아주 불편하였고 일주일에 한번 밖에 성내(城內)에 돌아오지 못하였다. 이렇게 되니, 열살되는 딸아이와 같이 성내에 남아있는 임묵함은 일상생활이 여간 불편하지 않았다.

　이 일을 알게 된 호교목은 임묵함과 그의 딸을 같이 데려다 자기 집에 있게 하고 식사도 같이하게 하였다. 호교목은 또한 소련방문을 하고 오도록 임묵함에게 배려를 하였다. 국제적 식견도 넓혀 주고 금후의 사업을 위해서 편리를 도모하게 하려는 것이었다. 호교목의 진정한 우정과 열정적인 도움에 대하여 임묵함은 심히 감동하였다.

　호교목의 겸직은 적지 않았다. 모택동의 의견을 좇아 중공중앙 번역사업위원회를 지도한 것도 그 중의 하나이다.

　1951년 7월 10일, 호교목은 중공중앙 번역사업회의의 계획에 대한 보고서를 모택동에게 썼다. 보고서에는 다음과 같은 내용이 씌여있다.

　'번역사업회의는 『스탈린전집』을 중문으로 출판할 문제를 토의하고 5년내에 전집 16권의 번역을 끝내기로 의견 합의를 보았습니다. 회의는 또한 『모택동선집』의 노역(露譯)에 대해서도 토의하고, 왕가상(王稼祥), 이립삼(李立三), 장문천(張聞天)세 동지(세 분 다 노어에 능숙함)에게 원고의 교열을 의뢰하기로 하였습니다. 회의는 중공중앙 번역사업위원회를 구성하기로 하고 책임자로 왕가상을 추대하려고 하는데 본인은 굳이 사양하고 있습니다.'

　이 보고서를 보고 모택동은 1951년 7월 13일 호교목에게 단신을 보냈다. 영어실력이 괜찮으니 호교목이 잠시 중공중앙 번역위원회의 지도직무를 맡으라는 것이었다.

교목 동지 :
보고에 제기한 각항 의견에 동의하오. 그러나 위원회의 책임자를 왕가상이 사양하는 이상 자네가 잠시 맡는게 좋겠소. 매달 한번씩 회의를 하면 되오. 다른 적임자를 찾는건 후에 고려하는것이 좋겠음.

모 택 동
7월 13일

호교목은 중국 문자개혁연구위원회 위원으로 문자개혁사업에도 참가하였다.

1953년 봄에 열린 중국 문자개혁연구위원회 제3차 전체회의에서 호교목은 문자개혁에 대한 모택동의 의견을 전달하였다.

'문자개혁사업은 몇 억에 달하는 인구와 관련되는 일 입니다. 시급히 서두를게 아니라 심도있는 연구를 계속하고 여러 면으로 의견을 청취해야 합니다.'

'지난해 제정한 병음(倂音)자모는 철음 방법은 간단히 되어있지만 글자획이 아직도 너무 많으며 어떤 것은 주음(注音)자모 보다도 쓰기 어렵습니다. 병음문자를 네모진 글자처럼 복잡하게 만들 필요는 없습니다. 네모진 글자는 쓰기 불편하며 빨리 쓰자면 더욱 불편합니다. 한자(漢字)가 획마다 서로 다른 방향으로 뻗었길래 후에 초서(草書)가 나왔습니다. 초서는 네모글자의 틀을 타파하여 생긴 것입니다.'

'병음문자는 어쨌든 간단해야 합니다. 원래 한자의 간단한 필획과 초서를 잘 이용해야 하고 대체로 획이 한쪽 방향으로 쏠리게(一邊渡)하여야 하며, 복잡하게 해서는 안됩니다. 방안(方案)에 대하여는 의견을 많이 청취하고 개진을 해야 합니다. 간단하고 쉬운 것이라야 널리 보급될

수 있습니다.'

'이전에 제정한 간체자(簡體字) 700개는 그 간소화 정도가 아직 부족합니다. 기본자(基本字)는 초서의 원리를 많이 적용해야 하며 간소화의 규칙성을 찾아 내고 기본 형체를 고안해내어야 합니다. 규칙적으로 간소화하여야 간자(簡字)라고 할 수 있는 것입니다.'

이 회의가 열렸다는 소식고(消息稿)를 호교목은 모택동에게 보내어 심사해 주기를 청하였다. 모택동은 이원고에 수정을 가한 후 1953년 5월 22일에 당시 고등교육부 부장이고 중국 문자개혁연구위원회 주임인 마서륜(馬敍倫)에게 다음과 같은 단신을 썼다.

마 부장(部長) :
이 글은 호교목 동지가 귀처에서 가져온 것입니다. 다른 동지들에게 회람시킨 관계로 시간이 지체되었습니다. 지금 돌려 드리는 바입니다. '중국어문'에 내시려면 수정을 가한 대로 내시기 바랍니다.
경의를 표하면서,

모 택 동
1953년 5월 22일

중공중앙선전부 상무(常務) 부부장인 호교목은 중앙선전부의 사무도 주관하여야 하였다. 중앙선전부와 정무원 문교위원회의 기구(機構) 설치나 간부 배치가 다 그가 맡아 처리해야 할 일이었다. 1951년 11월 15일에 호교목이 쓴 보고문을 보고 모택동은 이튿날 다음과 같은 회답을 하였다.

교목 동지 :
보고를 찬성하오. 보고에 쓰인대로 실행하는게 좋겠소. 다만, 뇌약우

(賴若愚)를 총공회(總工會)에 보내어 비서장을 시키고 도노가(陶魯茄)를 이동시키자는 건 다시 더 고려해야겠소. 강청(江靑)이 처장을 하는 것이 타당하겠는가도 다시 고려합시다.

모 택 동
11월 16일

원래 모택동의 비서였던 강청은 이때 한자리 해보려는 생각이 간절하였다. 처음에는 영화지도위원회의 위원이었다. 그가 거느린 「무훈(武訓)역사조사단」이 1951년 6~7월에 산동성 당읍(堂邑)일대에 갔었다. 무훈의 역사를 조사해가지고 예술영화 '무훈전'을 비판하기 위해서였다. 이 조사단은 북경에 돌아온 후 '무훈 역사 조사기(調査記)'를 썼다. 모택동은 이 조사기를 손수 수정하고 1951년 7월 11일 호교목에게 다음과 같은 단신을 보냈다.

교목 동지 :

이 문건 '무훈 역사 조사기'를 10부 교정지로 찍어 원고와 함께 강청에게 교부하시오. 제판할 때 오식이 없도록 교정을 잘 봐달라고 인쇄공장 동지들에게 부탁하시오. 표가 몇 가지 있는데 교정시 각별한 주의를 요함.

모 택 동
7월 11일

'무훈 역사 조사기'가 인민일보에 발표된 후 강청은 더 득의양양하였으며 정치무대에 나서려고 별렀다. 그러나 모택동은 호교목에게 보낸 단신에서 "강청이 처장을 한다는 것이 타당하겠는가는 다시 고려 합시다"고 하였으니 호교목은 원래의 안을 개정하였다. 즉 강청은 중앙선전부 영화처의 처장이 아니라 부처장으로 되었다.

문교위원회 비서장, 중국문자개혁연구위원회 위원, 중공중앙 번역사업위원회 주임, 중앙선전부 상무 부부장, 신문총서 서장, 인민일보 사장, 신화통신사 사장… 이런 여러 직무를 겸임하였지만 호교목의 제일 중요한 직무는 여전히 모택동의 비서였다. 이렇듯 바쁜 나날을 보내면서도 호교목은 자주 인민일보에 사설을 썼다.

중공헌법 서문의 기초

호교목이 당분간 북경을 떠나게 되었다.

1953년 12월 7일 호교목은 모택동, 유소기 앞으로 다음과 같은 보고문을 올렸다.

'제가 북경을 떠나고 당분간 선전부의 사무를 돌보지 못하는 실정에 비추어, 개풍(凱豊)동지가 일상적으로 열리는 중앙회의에 참가할 필요가 있는 것 같습니다. 선전부가 그날그날의 선전사업을 지도하고 특히 신문의 평론사업을 지도해야 하기 때문입니다. 중훈(仲勛)동지가 지금 선전부의 업무까지 돌볼 가능성은 적으므로 상기의 의견을 중앙에서 특별히 고려하여 주시기 바랍니다.'

호교목의 보고문 위에다 모택동은 다음과 같은 사항을 직접 써놓았다.

유, 주, 주, 진, 고, 소평, 중훈, 상곤이 회람한 후 소기한테 되돌려 주시오.

(1) 교목이 북경을 잠시 떠난 동안에 개풍이 중앙회의에 방청인으로 참석하는것은 필요함.

(2) 문자 문제는 일후에 다시 토의하기로 함.

모 택 동
12월 10일

"유, 주, 주, 진, 고"는 "유소기, 주은래, 주덕, 진운(陣雲), 고강(高崗)"이다. 앞의 넷은 당시 중공중앙 서기처 서기였고 고강은 정치국위원이었다.

개풍은 당시 중공중앙선전부의 부부장이었다.

그리고 모택동이 말한 "문자문제"란 한자개혁과 소수민족 문자문제에 대하여 호교목이 기초(起草)한 두 문건을 가리킨다.

그러면 호교목은 무엇 때문에 북경을 떠났으며 어디로 갔는가.

중화인민공화국 헌법을 기초하는 작업에 참가하라는 임무가 있었기 때문이다. 그 중임을 이번에도 그가 맡아야 하였다.

1952년 12월 24일, 전국정치협상회의 상무위원회 제43차 회의에서 주은래는 중공을 대표하여 제의하였다. 즉 1953년에 전국인민대표대회와 지방 각급 인민대표대회를 소집하며 또 헌법을 기초하는 일에 착수하자는 것을 전국정협의 명의로 중앙인민정부에 건의하자는 것이었다.

전국정협 상무위원회는 주은래의 제의를 만장일치로 통과하였다.

그 결과, 헌법을 기초하는 작업이 정식으로 의사일정에 오르게 되었다.

모택동이 이 기초작업을 직접 지도하게 되었고 헌법기초위원회 주석을 담임하게 되었다. 그런데 1953년에는 일부 지방에 큰 재해가 있었고 정무원도 재해구재대책을 취하느라 바빠 지내다보니 전국인민대표대회는 1954년으로 미루게 되었으며 헌법 기초작업도 마찬가지로 늦추어지게 되었다.

헌법은 나라의 근본대법이므로 기초(起草)작업도 신중히 하지 않으면 안되었다. 1953년 연말에 중공중앙은 헌법 초고(初稿)기초소조를 설치하고 작업에 착수하였다. 그 후 중앙정치국은 기초소조를 8명으로 구성하기로 결정하였다. 이 8명이란 진백달, 호교목, 동필무(董必武), 팽진(彭眞), 등소평, 이유한(李維漢), 장제춘(張際春), 전가영(田家英)이다. 이 8명 중 실지로 펜을 들고 집필할 사람은 모택동의 비서인 세 문필가 진백달, 호교목, 전가영임이 뻔하다.

북경의 번잡한 사무환경을 피하고 기초작업에 전심(專心)하기 위하여 모택동은 기초소조 성원들을 데리고 1953년 12월 24일에 항주(杭州)로 왔다.

기초소조는 내무부를 통하여 많은 나라의 헌법, 그리고 중국에서 이전에 정했던 헌법을 수집하여 왔다. 호교목은 항주에 있는 동안 정력적으로 헌법 연찬에 몰두 하였다. 여러 헌법자료를 반복적으로 세심히 연구하였다. 그 자료는 다음과 같다.

1918년 소비에트 러시아의 헌법

1936년 소련헌법, 루마니아, 폴란드, 독일, 체코슬로바키아 등 나라의 헌법.

1946년 불란서헌법

1913년 천단헌법 초안 (天壇憲法草案, 즉 중화민국헌법 초안, 북경 천단에 있는 기년전(祈年殿, 하늘에 제사지내는 곳)에서 기초하였다는 데서「천단헌법」으로 불리우게 됨.)

1923년 조곤(曹琨)이 제정한 헌법.

1946년 장개석이 제정한 헌법. ……

항주에서 일할 때의 모습에 대하여 호교목은 '내가 알고있는 전가영' 이라는 글에서 다음과 같이 회상하고 있다.

'1953년 연말에 모택동 주석은 진백달, 전가영, 나를 항주에 보내어 헌법을 기초(起草)하는 작업을 하도록 하였다. 이에 앞서 진백달은 초고(初稿)를 써놓은 바 있다. 다른 사람까지 불러다 자기가 쓴 원고를 고치게 하겠다는 말을 듣고 진백달은 아주 언짢게 여겼다. 항주에 도착한 후에는 북산의 고처(高處)에 가 있겠다고 전가영에게 말했다. 즉 진백달은 아무 책임도 지지 않겠다는 것이다. 제 1차 토론회에서 그는 또 전가영에게 화를 냈다. 자기의 허가가 없이는 누구든지 주석의 앞에서 원고를 이러쿵 저러쿵 의논해서는 안되며 그 이유를 설명해도 안된다는 것이다. 진백달의 이런 횡포를 부리고 있는 소위에서 전가영은 심히 분개하였으나 그렇다고 반항할 수도 없었다. 그러니 후에 매번 회의가 있기 전에 진백달에게 먼저 보고를 해야만 하였다. 후에 나서경(羅瑞卿)이 참가하고 나서야(그는 항주에는 같이 왔지만, 이전에는 헌법관계의 토론에 참가한 적이 없다.) 국면이 바뀌었다. 나서경은 단도직입적으로 어느 조목은 이렇게 고치고 어느 조목은 저렇게 고치는게 좋겠다고 제기하였다. 나서경은 진백달이 제어할 수 있는 상대가 아니었다. 결국 진백달의 횡포는 이렇게 끝나고 말았다. 처음부터 진백달은 항주에 오기를 싫어하였다. 자기의 원고를 뜯어 고치게 되기 때문이다. 게다가 모택동 본인도 진백달이 보는 데서 그의 초고(初稿)에 대해서 일련의 중요한 수정의견을 제기한 바 있다. 그런 관계로 기초작업을 하는 동안 진백달은 언제나 심정이 울적하였다. 그는 자주 전가영에게 이렇게 말하는 것이었다. '나는 이젠 안되겠어. 고향에 돌아가 소학교 훈장이나 할까…'

 호교목의 회상기는 진백달과 호교목, 전가영 간의 모순을 폭로하고 있다.

 호교목은 공동강령을 집필하는 일에도 참가하였으므로 헌법을 집필하는데 대해서도 경험이 있다고 할 수 있다.

 헌법을 기초하는 작업은 긴장한 가운데 진척되었다. 기초소조에서는 1954년 2월 중순에 초고를 써냈고, 2월 20일에 제2고, 2월 25일에 제3고, 3월 8일에 제4고를 차례로 수정하여 내 놓았다.

 3월 12, 13, 15일, 중앙정치국은 사흘간 확대회의를 열고 제4고를 토론, 수정 하였다. 이 헌법 초안의 기초 작업은 대체로 끝난 것으로 되었다.

 그 후 이 초안은 전국범위의 토론에 교부되었다. 그 결과 8천여명이 제기한 5천여 항에 달하는 의견이 올라왔다.

 1954년 9월 20일에야 중화인민공화국 헌법은 제1기 전국인민대표대회 제1차 회의에서 정식으로 채택된다.

진백달이 필자에게 말한 바에 의하면 헌법의 서문 부분은 호교목이 집필한 것이다. 호교목은 다른 부분의 집필에도 참여하였다.

제4고까지의 기초작업을 마친 후에는 헌법초안 수정의 모든 일을 전가영이 맡게 되었고 호교목은 기초소조에서 떠난다.

그 후 호교목은 어디로 갔는가.

등소평, 양상곤과 함께

이번에 호교목은 소련에 갔다. 매우 복잡하고 많은 신경을 써야하는 일들을 계속하던 그는 또다시 병치료를 하지 않으면 안되었다. 이번에 생긴 병은 오른쪽 눈에 난 중심성 망막염 이었다. 북경에서 먼저 입원치료를 받다가 얼마 후에 소련으로 갔고 모스크바 크레믈린병원에 입원하였다.

우스운 이야기가 한가지 있다. 하루는 소련의사가 호교목의 병실에 들어 왔는데 이상한 악취가 나서 얼굴을 찌푸렸다. 도대체 웬 일인가하고 이곳저곳 살피던 그는 한 유리통에서 그 냄새가 풍긴다는 것을 알게 되었다. 유리통 안에 네모난 음식물(飮食物)이 있는데 표면에는 뿌연 곰팽이까지 얼럭덜럭 나 있었고, 냄새가 역하기를 이만저만이 아니었다. 의사는 눈살을 찌푸리고 그 유리통을 휴지통에 던졌다. 호교목은 그것이 못내 아쉬웠다. 그것은 출국할 때 가지고 온, 그가 즐겨 먹는 썩힌 두부였던 것이다. 그만치 호교목은 단순하였고 출신그대로 서생이었다.

호교목이 병치료를 하는 동안, 전가영도 지칠대로 지쳐 병에 걸렸다. 그 해 전가영은 32살이었으니 호교목보다 10살 아래였다. 전가영은 과로하여 각혈을 하였다.

수재들에게는 무엇보다도 눈이 중요하다. 눈병만 생기면 책이나 신문이나 문건을 볼 수 없고 글도 쓸 수 없다. 부득이 붓을 놓고 휴양에만 전심하여야 했으니 이 시기가 호교목에게 있어 또 하나의 공백기로 된다.

그러나 눈병이 거의 완치되자 또 붓을 들고 부지런히 일하지 않으면 안되였다. 주은래를 도와 제1기 전국인민대표대회에서 진술할 정부사업 보고를 집필하는 것이 이번에 맡은 일감이었다.

1954년 9월 19일, 모택동은 다음과 같은 단신을 호교목에게 썼다.

호교목 동지:

이 문건은 한번 보았소. 타당치 못하다고 생각하는 곳은 표시를 해 놓았고 글자도 몇 군데 개정한 것이 있으니 참작하여 처리하시오.

모 택 동
9월 19일

며칠 후에 호교목은 또 인민일보를 위하여 국경절 사설을 집필하였다. 제목이 '평화와 민주와 사회주의를 위하여 투쟁한 5년'인 이 사설은 1954년 10월 1일 부 인민일보에 게재되었다. 이는 호교목이 정상적인 일상사업을 할 수 있게 되었음을 의미하기도 한다.

이때 호교목은 또 한가지 직무를 더 맡게 된다. 중공중앙 부비서장이다. 당시의 비서장은 등소평이었다.

중남해에 있는 호교목의 주소는 이에 앞서 내복당에서 희복당으로 옮겨졌고 이번에는 또 이원(頤園)에 있는 한 사합원(四合院)으로 옮겨졌다. 이 이원에서 그는 12년간 살게 된다. 즉 문화혁명이 터지고 중남해에서 추방당할 때까지 그는 여기에 있었다.

중공중앙의 부비서장이고 모택동의 비서인 호교목은 정치생활 중에 일어난 당시의 일련의 중대한 사건에 관여하게 된다.

그 중의 하나가 고강(高崗), 요수석(饒漱石)에 대한 비판이다. 1955년 3월 12일, 모택동은 호교목에게 다음과 같은 단신을 썼다.

지급(至急)

호교목 동지에게 :

이 문건을 본 후 은래 동지한테 보이시오. 오늘이나 내일 정치국 회의에 교부하여 통과시켰으면 하오. 오늘 밤이나 내일 밤에 당대표회의 참가자들에게 배포했으면 하오.

모 택 동
3월 12일

모택동이 말하는 이 문건이란 등소평이 중국공산당 전국대표회의에서 할 고강, 요수석 반당연맹에 관한 보고이다. 호교목은 호풍(胡風)을 비판하는 데도 참여하였다.

그리고 중공 7기6중전회의 토의에 교부할 두가지 문건을 수정하는 일에도 참가하였다. 두 문건이란 농업합작화 문제에 관한 결의 초안과 농업생산합작사 시범장정 시행 초안인데 전자는 진백달이 집필한 것이었다.

1955년 9월 6일, 중공중앙판공청 주임인 양상곤(楊尙昆)에게 모택동은 다음과 같은 단신을 썼다.

상곤 동지 :

이 두 문건을 오늘 오전에 인쇄하여 오후에는 북경에 있는 각 중앙위원, 후보중앙위원, 각 부비서장, 농촌사업부의 각 부부장과 비서장에게 한 부씩 배포 해야겠습니다. 그리고 호교목에게 통지하여 시범장정(示範章程)의 연구, 수정을 책임져달라고 하시오.

모 택 동
9월 6일 0시 30분

1956년 9월 15일 오후, 중대한 역사적 의의를 가진 회의—중국공산당 제8차 전국대표대회가 북경에서 성대히 개막되었다. 중공 7차당대회가 있은 후 옹근 11년이 지난 후에 열린 대회였다.

8차당대회의 문건을 집필하기 위하여 모택동의 세 비서는 전에 없이 바쁜 나날을 보내었다. 이 문건에는 모택동의 개막사, 유소기의 정치보고, 주은래의 국민경제발전 제2차5개년계획의 건의에 관한 보고등이 포함되어 있다.

대회를 하루 앞둔 날에도 모택동은 세 비서에게 이런 단신을 썼다.

백달, 교목, 가영 동지 :

(1) 당의 영도 부분을 한번 봤는데 가히 쓸만 하오. 많은 수정은 가하지 않을 것이지만 약간의 수정은 꼭 가하게 될 것이요. 우린 이제부터 잠을 좀 자야겠소. 자네들은 오전 12시 전으로 수정을 해서 직접 상곤(尙昆)에게 넘겨주어 인쇄와 번역에 교부하도록 하오.

(2) 개막사는 또 수정을 좀 하였소. 교정지를 찍어 자네들에게 보낼게요. 그때 다시 타당여부를 검토한 후 오후에 나한테 가져오시오.

모 택 동
9월 14일 오전 6시

모택동이 중공 8차당대회에서 한 개막사는 처음에는 진백달이 집필하였었는데 모택동은 그것이 마음에 들지 않았다. 너무도 장황하게 늘어놓았다는 것이다. 그래서 다시 전가영에게 집필을 시켰다.

호교목은 주로 진백달과 같이 정치보고를 집필하였다. 그 밖에 또 호교목은 주은래를 도와 제2차 5개년 계획에 관한 보고를 수정하였다.

8차당대회에서 호교목은 중공중앙위원으로 당선되었다. 8차당대회가 폐막된 이튿날-9월 28일에는 중공 8기1중전회가 열렸다. 1중전회는 새로운 중앙영도기구의 성원을 선거하였는데 호교목은 중앙서기처 후보서기로 당선되었다.

이 회의에서 당선된 중앙서기처 서기는 등소평, 팽진, 왕가상, 담진림, 담정(譚政), 황극성(黃克誠), 이설봉(李雪峰)이고 후보서기는 유난도(劉欄濤), 양상곤, 호교목이었다.

이제부터 호교목은 방청자가 아니라 출석자의 신분으로 중공의 핵심회의에 참가하게 된다.

수정주의 비판

중공 8차당대회의 문건을 준비하느라 분망한 나날을 보낸 호교목은 숨돌릴 사이도 없이 또 바쁜 나날을 보내게 된다.

모택동이 이번에 그에게 지정한 큰 임무는 흐루시초프를 논박하는 장편문장을 집필하라는 것이었다.

이 문장이 '무산계급독재의 역사적 경험을 재론함'이라는 그 유명한 문장이다.

중공과 소공(소련공산당, 이하 소공이라함)간에 틈이 벌어지는 1956년 2월에 있은 소공 20차 당대회에서 시작된다.

주덕을 단장으로 하는 중공대표단이 소공 20차당대회에 참석하였다.

2월 24일 밤, 소공 20차당대회는 중요한 회의를 하였는데 중국공산당을 포함한 다른 나라들에서 온 대표단은 이 회의에 초청하지 않았다. 사전에 중공대표단에 그 이유를 설명한 바는 있다.

"우리 당은 중국공산당에 대해서는 아무것도 비밀에 붙일 것은 없습니다. 다른 당을 대하는 경우와는 다릅니다. 하지만 중공대표단만 따로 참석시키기도 어떠하고 해서… 하여간 양해해주시기 바랍니다."

그날 밤은 실로 심상치 않은 밤이였다. 흐루시초프가 밤새껏 비밀보고를 하였던 것이다. 제목이 '개인숭배 및 그 결과에 대하여'이다.

사실 소공은 중공대표단을 남처럼 취급하지 않았다. 흐루시초프 비밀보고의 속기록을 바로 보내왔다.

흐루시초프는 비밀보고에서 스탈린을 전면적으로 부정하였고 개인숭배를 비판하였다. 중공대표단은 큰 충격을 받았다.

소공 20차당대회가 끝난 후 단장인 주덕이 그냥 남아 방문활동을 하였기 때문에 흐루시초프 비밀보고의 속기록은 등소평이 가지고 북경에 돌아왔다. 그 비밀보고를 보고 모택동이 진노하였고 정치국 성원들도 크게 놀랐다.

모택동은 소공 20차당대회가 두가지 큰 원칙적인 착오를 범하였다고 지적하였다. 첫째는 스탈린을 전면적으로 부정한 것이다. 둘째는 자본주의가 소위 평화적 과도(過渡)에 의하여 사회주의로 이행할 수 있다는 것, 이는 무산계급독재를 부인하는 것이다.

정도(正道)를 이탈하고 배반한 흐루시초프의 행위를 모택동은 도저히 용인할 수 없었으므로 공개적으로 논박하기로 하였다.

모택동은 진백달에게 인민일보 사설의 형식으로 중공의 관점을 천명하는 글을 쓰라고 부탁하였다. 이런 경위로 진백달이 쓴 문장이 '무산계급독재의 역사적 경험에 대하여'이다. 1956년 4월 2일에 교정지를 먼저 가져왔다. 모택동은 "즉시 각 정치국위원, 각 부비서장, 왕가상, 진백달, 장제춘, 등탁, 호승(胡繩)등 동지들에게 송달"하라고 하였고 3일 오후에 상기 인원이 참석하는 회의를 열고 수정을 가하기로 하였다.

'무산계급독재의 역사적 경험에 대하여'는 원래는 인민일보 사설이었다. 발표를 앞두고 모택동은 이 글을 사설은 아닌, 인민일보 편집부의 글로 고치기로 하였다. 제목 아래에 모택동은 다음과 같이 가필하였다. "이 글은 중국공산당 중앙정치국 확대회의의 토론에 근거하여 인민일보 편집부가 쓴 것이다."

이 장편문장은 1956년 4월 5일자 인민일보에 게재되었다. 중·소 양당이 이념 문제에서 일으킨 첫번째의 공개적인 논전이였고 세계의 주목을 끈 사건이었다. 표현은 완곡한 것이었으되 구절구절마다 중공과 소공의 의식형태의 차이를 드러냈던 것이다.

당시의 세계는 두 진영이 대립하고 있는 세계였다. 소련을 수반으로 하는 사회주의진영과 미국을 수반으로 하는 자본주의진영이다. 이념의 첨예한 갈림으로 중·소 양당이 논쟁하는 것을 보고 물론 자본주의진영은 이를 환영하고 나섰다.

한편 소련정부는 1956년 10월 30일에 「소련과 여러 사회주의나라 사이의 친선협조를 발전시키고, 친선협조의 기반을 가일층 공고히 하는 것에 대한 선언」을 발표하였다.

소련의 선언에 비추어, 인민일보는 1956년 11월 3일에 '사회주의 각국의 위대한 단결 만세'라는 사설을 발표한다. 모택동의 명을 받고 호교목이 쓴 것이다. 사설은 다음과 같이 지적하였다.

'위대한 소련을 수반으로 하는 사회주의 나라들의 일치단결은 세계평화와 인류진보사업의 가장 중요한 담보이다. 사상기초와 투쟁목표가 일치한 사회주의 나라들은 인류역사에서 일찌기 없었던, 형제적인 우호협력의 관계를 이루었다.' 비록 중·소 쌍방이 다 같이 친선, 협조, 단결을 강조하고 또 이런 관계의 항구성을 만세로 표현하고 있지만 이념의 첨예한 갈림은 날로 심각해졌다. 이런 정황 하에서, 단결만세의 사설이 나온지 얼마 안되는 때에, 호교목은 역시 모택동의 지시에 좇아 "무산계급독재의 역사적 경험을 재론(再論)함"이라는 글을 쓰게 된다.

이 글이 발표될 때도 먼젓번 "무산계급독재의 역사적 경험에 대하여"의 경우와 유사한 토론과 수정을 거쳤었다.

제목 아래에 역시 먼젓번처럼 가필 하였다.

"이 글은 중국공산당 중앙정치국 확대회의의 토론에 근거하여 인민일보 편집부가 쓴 것이다."

이 장편문장은 1956년 12월 29일·자 인민일보에 게재되었다.

이 '재론'은 그 당시 국내외에서 큰 반향을 일으켰다. 중국에서는 이 글이 중공당원과 중국인민이면 누구나 없이 다 학습하는 필독문건으로 되었다. 또한 국외에서는 수많은 기자, 평론가, 정계인사들이 계속하여 연구분석하는 자료로 되었다.

모택동은 '재론'은 잘 쓴 글이라고 여러번 칭찬하였다. '재론'은 서두에 이렇게 쓰고있다.

'1956년 4월에 우리는 스탈린문제를 놓고 무산계급독재의 역사적 경험을 토론한 바 있다. 그 후 국제공산주의운동에 우리 나라 인민의 주의를 끄는 일련의 사건이 생겼다. 11월 11일에 한 티토 동지의 연설과 이 연설에 대한 각국 공산당의 평론을 우리 나라 신문에 실은 후, 일어난 허다한 문제를 사람들은 또다시 제기하고 있다. 우리는 지금 이 글에서 다음과 같은 문제들을 중심으로 토론하려고 한다. 첫째, 소련의 혁명과 건설의 기본노선에 대한 평가. 둘째, 스탈린의 공과(功過)에 대한 평가. 셋째, 교조주의와 수정주의를 반대 하는데에 대하여. 넷재, 각국 무산계급의 국제적 단결에 대하여.'

이 글은 이름은 티토만 지적하였지만 실지는 흐루시초프를 비판하는 것이었다.

40년대에는 모택동의 주요한 적수는 장개석이었고, 50년대 초에는 항미원조(抗美援朝)를 들고 일어났으므로 모택동의 주요한 상대는 미국이었다. 1956년 부터는 모택동은 현대수정주의라고 낙인을 찍고 흐루시초프와 대결하게 되었다.

모택동의 비서인 호교목도 모택동과 같이 논전의 상대가 차례로 바뀌었다. 40년대에는 장개석이고 50년대 초에는 미국이고 지금은 현대수정주의이다.

'재론'은 중요한 역사문헌으로 국제 공산주의운동의 문고(文庫)에 남아있다. 중국현대사, 중국공산당, 모택동을 연구하는 수많은 국내외의 전문가들은 지금도 '재론'의 자료를 자주 인용하고 있다.

'재론'은 호교목의 문필활동에서 최고봉을 이루는 작품이다. 그가 중공중앙의 당대 최대의 문필가 였음을 알수있다.

[제5장]
대약진의 연대

심상치 않은 봄(不平常的春天)

등소평은 모택동을 이렇게 평가한 바 있다.

'총체적으로 보아 1957년 이전 모택동의 영도는 정확하였으나 1957년 반우파투쟁 후에는 착오를 점점 더 많이 범하였다.'

이때 등소평은 「흰고양이든 검은고양이든 쥐를 잘 잡으면 된다(黑猫白猫論)」는 주장을 하면서 전문성과 효율성을 앞세워 농업생산력을 향상시켜 인민들을 궁핍과 기근으로부터 구해내어야 한다고 생각하였다.

모택동의 비서인 호교목은 모택동과 같이 파란 많은 세월을 지냈다.

1957년의 첫 시작만 해도 모택동의 처사는 정상적이었다고 할 수 있다.

4월 27일 중공중앙에서는 정풍운동에 관한 지시를 하달하고, 전당에 걸쳐서 한차례 정풍운동을 진행하기로 하였다. 주제(主題)가 인민내부의 모순을 정확히 처리하는 문제였고 구체내용은 관료주의, 종파주의, 주관주의를 반대하는 것이었다.

사흘 후, 모택동은 호교목에게 이런 단신을 썼다.

교목 동지 :

이 글은 유용하오. 인민일보에 전재하기 바라오. 남경의 한 편과 상해의 한편을 아직 전재하지 않았는데, 나한테 보내면 '편자의 말'을 쓰겠소.

모택동
4월 30일

    이 글이란 유명한 유전학자인 북경대학 이여기(李汝祺)교수가 1957년 4월 29일 부 광명일보에 발표한 글을 말한다. 제목이 '유전학 분야에서 본 백가쟁명'이다.
    호교목은 모택동의 지시대로 이 글을 인민일보에 전재하였고 모택동이 쓴 '편자의 말'을 앞에 놓았다.
    '이 글은 4월 29일 부 광명일보에 실렸던 글이다. 우리는 원제(原題)를 부제(副題)로 바꾸고 작자를 대신하여 제목을 긍정적인 표현방식으로 새로 달았다. 이는 우리가 이 문장을 찬성함을 의미하기도 한다. 착오를 철저히 비판함과 동시에(확실히 그릇된 사상이나 조치는 죄다 끝까지 비판해야 한다) 적당한 건설적인 의견을 제기할 것을 우리는 환영한다.'
    이 글에 모택동은「과학발전에서 반드시 걸어야 할 길」이라는 제목을 달았다.
    이여기 교수의 문장을 중시한 것은 모택동 본인이 1957년 2월에 한 '인민내부의 모순을 정확하게 처리하는 문제에 대하여'라는 연설과 관계된다.(연설제목이 처음에는 '인민내부의 모순을 어떻게 처리할 것인가'였다) 이 연설에서 모택동은 그 유명한「백화제방(百花齊放)・백가쟁명(百家爭鳴)」의 방침을 제기하고 있다. 모택동은 지식인들을 토론과 담론의 장으로 끌어들여 자신의 입장과 방향을 더욱 튼튼히 하기위하여 백화제방(百花齊放-모든 꽃들이 모두 활짝 피어), 백가쟁명(百家爭鳴-모든 학자들이 저마다 토론 논쟁하여)을 주장하여 새로운 당의 영도방향을 제시해보려고 한 것이다. 당내부의 비판자와 적들을 공격하기 위해 지식인들을 이용했던 것이다. 모택동은 이처럼 변신에 매우 능란하였다.

필자는 이여기 교수의 제자인 담가정(談家楨)교수를 방문한 적이 있다. 담교수의 말에 의하면 모르건 학파의 유전학은 한때 거짓 과학으로 몰렸었다. 그런 관계로 이여기 교수의 글이 모택동의 주의를 끌게 되었다.

모택동은 또 1957년 4월 13일 부 대공보(大公報)의 사설 '사회 대변동의 시기에'를 본 후, 이 사설을 호교목이 보기를 권하였고 '인민일보에 이런 수준의 글을 볼수 없는 것은 아쉬운 일'이라고 지적하였다.

모택동은 4월 26일에 또 인민일보를 비평하였다. 그는 4월 24일 부 대공보의 지면에 이런 평어(評語)를 썼다.

'대공보, 중국청년보의 이론수준은 인민일보와 경, 진, 호(京津滬)의 기타 신문들보다 높다. 이건 잘 생각하고 개진해야 할 문제이다. 인민일보의 사설은 이론(변증법, 유물론)을 언급하지 않는다. 머리속에 이론은 그림자도 없으니까 이런 신문은 이류(二流)신문에나 든다.' 이 평어에는 호교목이 보라는 주명(註明)까지 달려있다.

모택동의 이와 같은 비평이 있은 후 호교목은 곧이어 인민일보에 사설을 썼다.

5월 2일부 인민일보는 호교목이 집필한 사설 '무엇 때문에 정풍을 해야 하는가'를 게재하였다. 중공중앙의 발기로 진행되는 정풍운동의 의의를 이론적인 각도에서 서술하였다.

대공보사설에서 말한 사회의 대변동은 미구에 현실로 되었다. 1957년 5월 15일 모택동은 극히 중요한 문장을 한 편 썼다. 제목이 처음에는 '반면(反面)에로의 움직임'이었고 '본보 평론원'의 이름으로 인민일보에 내고자 했던 것이었다. 그러나 교정지가 나온 후 모택동은 '내부문건, 보관주의'라는 여덟 글자를 앞에 쓰고 제목도 '사태는 변하고 있다'로 고쳐 놓았다. '내부문건'인 이상 작자도 '중앙정치 연구실'로 개정했다. 6월 12일에야 이 내부문건은 중앙일급의 몇몇 동지들에게 송달되었으며 작자는 모택동으로 되어있다.

'사태는 변하고 있다'라는 글은 큰 방향전환을 의미한다. 이 글은 1977년 4월에 모택동선집 제5권에 실리기까지 20년간 세상에 알려지지 않았다.

이 글에서 모택동은 다음과 같이 지적하고 있다.

'최근 몇달 동안 사람들은 다 교조주의를 비판하고 있지만 수정주의는 그대로 내버려 두고 있다.'

'일부 사람들에게 교조주의의 그릇된 사상이 있다. 그들 중의 대부분은 충성스럽게 당과 혁명에 이바지한 사람들이다. 단지 문제를 보는 방법 상에서 '좌'적인 편견성을 가지고 있을 뿐이다.'

이것은 교조주의가 좌적인 것이지만 결국은 "방법문제"에 불과하다는 말이다.

모택동은 이어 다음과 같이 지적하였다.

'공산당내부의 우파는 수정주의자다.'

'그들은 사회적으로 우익 지식인들과 서로 호응하며 형제간처럼 단짝이 됐다.'

'우파는 대략 백분의 1, 백분의 3, 백분의 5 내지 백분의 10을 점한다. 정황에 따라 다소가 결정된다.'

이것은 수정주의, 다시 말하여 우파는 "입장문제"라는 것이다. 즉, 경제적 효율보다는 정치의식을 우위에 놓는 좌경 노선을 더욱 강화하고 중국내의 실용주의 노선을 수정주의로 강하게 비판하였다.

모택동은 또 다음과 같이 예리하게 지적하였다.

'당내・당외의 우파들은, 사물은 극점에 이르면 필연코 변한다(物極必反)는 변증법을 모른다. 그들이 제멋대로 행동하게, 그리고 극점에 도달하게, 우리는 좀더 두고 볼 것이다. 그들이 미쳐 날뛸수록 우리에게는 유리하다. 낚시에 걸릴까봐 겁이 난다는 말도 있고, 적을 유인하여 일망타진한다는 말도 있다. 많은 고기들이 지금 수면에 올라왔지만 성급히 낚을 필요는 없다. 이 고기는 보통 고기가 아니다. 상어일지도 모른다.

상어는 날카로운 이빨이 있고 사람 잡아먹기를 좋아한다…'

20년 후에야 공개된 이 내부문건은 모택동이 반우파투쟁을 발동하려고 결심했음을 표명한다.

이 글에 제기된, '좌는 방법문제요 우는 입장문제'라는 사상은 후에 좌적인 착오는 범하더라도 우적인 착오는 범하지 말라'는 결과를 초래 하였으며 중국이라는 항선(航船)을 왼쪽으로 전향하게 하였다. 나중에는 역사에 유례가 없는 문화대혁명까지 도출하게 된다.

모택동의 '사태는 변하고 있다'는 글이 6월 12일에 발송된 후 호교목은 6월 14일 부 인민일보에 '입장문제인가 입장문제가 아닌가'라는 사설을 썼다. 사설은 사회주의를 맹렬히 반대하는 우파분자의 문제는 입장문제라고 강조하였다.

이어 호교목은 6월 22일 부 인민일보에 '심상치 않은 봄(不平常的春天)'이라고 제목을 단 유명한 사설을 썼다. 모택동이 사전에 심사하였고 수정과 보충을 가한 사설이었다.

사설은 이렇게 시작한다.

'1957년의 봄은 우리 나라의 정치계·지식계에 있어 심상치 않은 봄이었다.'

호교목은 이어 다음과 같이 썼다.

'역사는 투쟁 중에서 전진하며 사람들의 사상은 논쟁 중에서 전진한다.(歷史是在鬪爭中前進, 思想是在論爭中前進) 정풍은 불가피한 쟁론이고 자산계급우파에 대한 비판도 불가피한 쟁론이다. 쟁론은 지금 있을 뿐만 아니라 장래에도 있을 것이다.'

호교목은 또 다음과 같이 썼다.

'현하의 쟁론 중에서 어떤 사람은 일기의 한란(寒暖)을 연상할지도 모른다.

입장문제라는 설(說)을 사람마다 동의한다고는 할 수 없어도, 입장이 다름에 따라 정치기후에 대하여 느끼는 한란지감이 상이하는 것은 엄연히 객관적인 사실이다. 우리 사회주의자들이 보기에, 지금의 날씨는 봄빛이 따사한 활짝 개인 날씨이다. 금년의 봄은 확실히 심상치 않은 봄이다…'

호교목이 일기를 언급 하고 있는것은 1957년 3월 24일 부 인민일보에 게재된 비효통(費孝通)교수의 글 '지식분자의 초봄 날씨'를 의식하고 있는 것임이 자명하다. 비효통은 후에 자산계급 우파의 제 일인자로 낙인 찍혔다.

'심상하지 않은 봄'은 반우파투쟁에서의 필독문건이었으며 1957년 그 당시 큰 영향력을 가진 문장이었다.

반우파투쟁에 배합하여 그 후에도 호교목은 여러편의 사설을 인민일보에 썼다.

중국의 후르시초프

1957년 11월 2일부터 21일까지 모택동은 중국당정대표단을 거느리고 소련을 방문하였으며 시월혁명 40주년을 경축하는 대회에 참석하였다. 전 세계의 64개 공산당·노동당 대표가 모스크바에 운집하는 기회를 이용하여 사회주의국가 공산당·노동당 대표회의와 64개 공산당·노동당 대표회의도 전후하여 열렸으며 각기 《사회주의국가 공산당·노동당 선언》과 《평화선언》을 채택하였다.

중국당정대표단의 성원은 송경령(宋慶齡), 등소평, 팽덕회, 우란후(烏蘭夫), 진백달, 양상곤, 호교목 이었다.

제1차 소련방문 시는 모택동이 비서로서 진백달만 대동하였었는데 이번에는 비서 둘을 데리고 갔다. 64개 공산당·노동당 대표회의에서 직면하게 될 의식형태의 엄숙한 분위기, 특히 선언문을 집필할 때의 필요를 예견한 포진이었다. 한두 글자를 증감하는 문제도 머리를 잘 써야 할 뿐 아니라 진백달이 노어를 알고(이전에 소련에서 공부한 적이 있음) 호교목이 영어를 아는 것이 소련 공산당과 기타 당의 대표들과 토론할 때 유리했기 때문이었다.

　모택동이 처음 소련을 방문할 적에는 기차를 탔었다. 기차가 시베리아대지를 여러 날 밤낮없이 달렸다고 진백달은 회상하였다. 이번에는 소련제〈투 104〉전용기를 타고 불과 몇 시간만에 모스크바에 내렸다.

　1차 방문 시의 모·스탈린 회담은 불쾌한 일이 없지는 않았으나 전체적인 분위기는 좋았다. 그러나 모택동은 이번에는 흐루시초프를 상대로 회담을 한다. 서로 웃는 얼굴이지만 불화가 내재해 있고 그 웃음은 부자연스러운 웃음이었다. 인민일보가 발표한 '무산계급독재의 역사적 경험에 대하여'와 그 속편인 '무산계급독재의 역사적 경험을 재론함'은 중공의 입장을 공개적으로 표명한 것으로, 이 두 문장을 집필한 진백달과 호교목이 이번에 두 선언의 기초(起草)작업에 참가하게 된 이상 의식형태와 관련되는 중공의 견해는 충분히 표현될 것이었다.

　김일성, 호지명, 고물카, 톨리아티, 도레스… 공산진영의 지도자들이 다 모스크바에 왔다.

　당시 모택동의 노어통역을 맡았던 이월연(李越然)은 다음과 같이 회상하고 있다.

　흐루시초프가 한번은 모택동에게 위성국 침략전쟁 때의 말을 꺼낸 적이 있다. 남부전선에 스탈린이 그릇된 지시를 내린 결과 어떠어떤 전역에서 참패를 당했다. 아무아무 원수(元帥)는 간이 콩알만한 사람이라 스탈린 앞에서는 다리가 떨려 바로 서지도 못했다. 그는 보고할 줄 밖에 몰랐고 순종할 줄 밖에 몰랐다.

　흐루시초프 자신은 어떠하였는가. 아주 용감하였으며 스탈린에게 정확한 작전 방침을 제기하기도 하였다. 물론 거절은 당하였지만…

　흐루시초프가 이렇게 신이 나서 이야기할 때 모주석은 묵묵히 식사만 하든가 아니면 화제를 다른 데로 돌렸다. 전쟁 때 일개 중장(中將)에 불과했던 흐루시초프가 스탈린보다 더 고명했노라고, 천백번의 전투, 전역을 지휘한 모주석의 앞에서 자랑하는 것은 실로 분에 맞지 않았다.

모택동은 흐루시초프에게 혐오감을 느꼈다. 후에 그가 발동한 문화대혁명도 중국의 흐루시초프를 잡아내자는 것이 목적이었다.
　선언의 기초(起草)작업에 참가한 호교목은 모스크바에서 바쁜 나날을 보냈다. 일은 국내에서 문건을 집필하는 것보다 복잡하고 까다로왔다. 그가 쓴 중문은 노문·영문으로 번역돼야 했고 다른 당에서 제기한 노문·영문의 것은 또 중문으로 번역해야 했다. 이렇게 번역·수정한 원고에 대해서는 또 번번이 모택동에게 보고하여야 했고 그의 지시를 들어야 했다.
　모스크바에 있는 기간에 호교목은 이 밖에 또 모택동의 연설문 세 편을 정리하여 주었다. 이 연설문은 그 후 1958년 5월에 있은 중공 8차당대회 제2차회의에서 대표들에게 문건으로 배포되었다.
　1957년 11월 21일, 호교목은 모택동과 같이 북경에 돌아왔다. 그가 서둘러 써낸 사설 '위대한 혁명선언'은 11월 25일 부 인민일보에 게재되었다. 모스크바회의와 모스크바선언에 대한 중공의 견해를 천명한 것이었다.

대약진의 북소리

　1957년에 있은 대규모의 반우파운동은 결과적으로 그 이듬해 좌경적인 대약진의 기폭제로 된다.
　1957년 11월 13일 부 인민일보의 사설은 이런 좌경적인 단서를 보여주었다.
　이 사설의 제목이 '전인민을 동원하여 40조강요(四十條綱要)를 토론하고 농업생산의 새 기원을 일으키자'였다.
　이 사설은 다음과 같이 쓰고 있다.
　'어떤 사람들은 지금 우경보수(右傾保守)의 병에 걸려 있다. 달팽이처럼 느적느적 기어갈 줄 밖에 모른다. 농업합작화가 실현된 후 우리에게 농업생산에서 한차례의 대약진을 해야할 필요가 있고 또 그 조건이

구비되어 있다는 것을 그들은 이해하지 못한다.'

대약진이라는 단어가 처음으로 신문지상에 나온 것이다.

이 사설을 읽고 모택동은 아주 기뻐하였다. 대약진이란 말은 이건 실로 위대한 발상이다.

이 대약진운동만이 이른바 반모진주의(反冒進主義-좌경진보주의에 반대-역자 주)구호를 타도할 수 있는 유일한 무기라고 생각하였다.

이 사설에 모택동은 다음과 같이 평하였다.

'약진이라는 이 위대한 구호를 발견한 그 과학자들에게 제1호의 박사 칭호를 줄 것을 건의한다.'

모택동 자신의 약진에 대한 격정을 이 말에서는 여실히 토로하고 있다.

이에 앞서 모택동은 1957년 11월 18일 모스크바회의에서 한 발언에서, 단시일 내에 큰 목표를 실현하려는 자신의 생각을 표명한 바 있다.

'우리 중국사람들은 노력하려고 합니다. 정치적으로나 인구를 보면 중국은 대국이라 하겠지만 경제를 보면 아직도 소국입니다. 15년 후이면 소련이 경제상에서 미국을 능가할 것이라고 흐루시초프 동지는 우리들에게 말하였습니다. 저는 15년 후이면 중국도 영국을 따라 잡거나 능가할 수 있다고 봅니다. 폴리트, 코올란 두 동지(당시 영국공산당의 주석과 총서기)와 두 차례 이야기한 적이 있습니다. 영국의 정황을 물었더니 강철을 한해에 2천만톤 생산한다는 것이었습니다. 저는 15년 후면 중국은 강철을 4천만톤은 생산할 수 있다고 봅니다. 영국을 앞설 게 아니겠습니까. 우리의 진영에서 15년 후에 소련이 미국을 능가하고 중국이 영국을 능가한다면… 천하에 우리의 적수가 없고 누구도 감히 우리와 싸우려고 못할 것이며 세계의 항구적인 평화가 이루어질 것입니다.'

모택동의 영향을 깊이 받은 호교목은 1957년 12월 12일 부 인민일보에 '많이, 빠르게, 잘, 절약하면서(多快好省)사회주의를 건설하는 방침을 견지하여야 한다'는 사설을 썼다. 열을 띠기 시작한 그 당시 모택동의 사상을 표현한 사설이었다.

사설에다 호교목은 약진이라는 용어를 써넣었다.

'1956년 우리 나라 경제의 약진적인 발전은 이 방침이 전적으로 정확하고 필요한 것이며 효과적이라는 것을 증명하였다.'

호교목은 보수사상을 가진 일부 사람들이 실은 이 방침을 반대하고 있다고 지적한 다음 이른바 반모진주의(反冒進主義)를 비판하였다.

'지난해 가을 이후 한동안, 일부 부문, 일부 단위의 일부 간부들 사이에는 하나의 바람이 일었다. 다·쾌·호·성(多快好省)의 방침을 부인하고 배격하는 바람이었다. 어떤 사람들은, 농업발전요강 40조는 급진주의적이며 실현할수 없는 것이라고 하였다. 어떤 사람들은 1956년도의 국민경제 발전계획은 죄다 급진적이며 심지어는 제1차 5개년계획 자체가 급진적이고 잘못된 것이라고 하였다. 보수(保守)라는 착오는 범하더라도 급진(急進)이라는 착오를 범해서는 안된다는 사람도 있다. 그러므로, 원래는 더 많이, 더 빨리 해낼 수 있는 일도 적게, 느리게 하거나 아예 하지 않는다. 이런 소위(所爲)는 사회주의 건설 사업을 적극적으로 추진하는 작용은 하지 못하며, 반대로 소극적으로 뒷걸음치게 하는 작용밖에 하지 못한다.'

얼마 후에 호교목은 또 인민일보에 "승풍파랑(乘風波浪)"이라는 제목을 단 원단사설을 썼다. 1958년 대약진의 전고(戰敲)를 울린 사설이었다.

1958년 농업생산에서 대약진하여 대풍년을 쟁취하자고 하면서 사설은 전국 인민에게 다음과 같이 호소하였다.

'서풍을 압도하는 동풍에 편승하여 전진합시다! 우파와 관료주의와 보수사상을 압도한 공산주의 동풍에 편승하여 전진합시다!'

모택동의 비평

1958년은 대약진의 연대였다. 의기분발한 모택동은 지방시찰을 자주 나갔으며 각지에서 회의를 열고 대약진을 고취하였다. 모택동의 지방여행이나 시찰은 모택동의 독특한 통치방법의 하나이기도 한 것이다. 즉 지방군구 사령원이나 당책임자들을 중앙과 별도로 직접 지시하고 신임을 표시하기 위해서였으며 언제든지 지방군구나 농민을 조직화하여 중앙을 칠수 있다고 믿고 있었던 것이다. 호교목도 모택동을 따라 일련의 지방회의에 참석하였다.

1월에 항주회의(일부 성위서기·시위서기 회의)와 남녕(南寧)회의 (9성 성위서기·2시 시위서기 회의)가 있었다.

3월에 성도(成都)회의(중앙공작회의)가 있었다.

4월에 한구(漢口)회의 (성도회의 계속)가 있었다.

모택동은 반모진주의자(反冒進主義者)들을 엄히 비판하면서 이런 지적까지 하였다.

"모진(冒進)을 반대한다는 사람들은 우파와 다름없는 사람들이다."

"반모진(反冒進)은 마르크스주의가 아닙니다. 모진(冒進)이 마르크스주의 입니다."

5월에 열린 중공 8차당대회 제2차회의에서 온건주의자인 주은래는 부득이 자기를 반성하였다.

'반모진의 착오는 1956년 11월에 있은 8기2중전회에서 했던 발언에 집중적으로 반영되어 있습니다.' '반모진의 착오는 엄중한 것이었습니다. 당중앙과 모주석의 영도가 옳았고 제 때에 시정하여 주었으니 다행입니다.'

진운(陣雲)도 회의에서 자기비판을 하였다.

'모진을 반대한다는 그 당시의 방침적인 착오는 주요한 책임이 저한테 있습니다.'

모진을 반대한다는 착오를 범했다고, 기세에 눌리여 할 수 없이 비판을 받고 반성한 사람은 이 밖에도 이선념(李先念). 박일파(薄一波)가 있다.

주은래, 진운, 이선넘, 박일파가 한 검토는 모택동이 발동한 반모진비판에 주해(註解)를 단 셈이다. 모택동의 비판이 과녁을 견주고 쏜 화살이라고 하면 그 과녁이 누구였던가 이로써 명백해진 것이다.

대약진을 실현하기 위하여 중공중앙 정치국에서는 1958년 8월 17일부터 30일까지 북대하(北戴河)에서 확대회의를 열었다. 이 회의의 공보(公報)는 1,070 만톤의 강철을 생산하기 위하여 분투할 것을 전당, 전인민에게 호소하였다.

이 '공보'는 호교목이 집필한 것이었다.

그때의 일을 회상하며 박일파는 다음과 같이 말하였다.

"지방에서 온 책임자들 몇 분이 강철 생산량을 곱절로 늘이자고 극력 주장하였고 그런 주장을 들은 모주석은 매우 기뻐하였습니다. 그런 높은 지표는 달성하기 곤란할 것 같아 나는 마음이 놓이지 않았습니다. 그러면서도 1,070이라는 숫자를 공보에 써 넣을 것을 모주석에게 제의하였더니 찬성하더군요. 나는 호교목을 찾아가 1,070을 공보에 써 넣는 걸 모주석이 동의했다고 알렸습니다. 교목은 '공보'의 집필자입니다. 내 생각은, 누구나 다 이런 주장을 하는 것이니까 책임도 여럿이 다 같이 져야 한다는 것이었습니다. '공보'에 1,070을 써 넣는 것은 장기에서 '장군'을 부르는 것과도 같았습니다. 그 후의 사실이 증명하다시피 나의 제의는 틀린 것이었습니다."

박일파는 당시의 국무원 부총리 겸 국가경제위원회 주임이다. 몇달 전에 반모진의 착오를 자기비판은 하였지만, 여전히 두뇌는 명석하였다. 약진의 파도를 저지할 수는 없다고 판단한 그는 장군을 부르는 수를 쓰기로 하였던 것이다.

기왕 모택동이 찬성하였으니 호교목도 공보에 1,070을 써 넣었다.

석달 후에는 중공 8기6중전회가 무창(武昌)에서 열렸다. 회의의 공보는 여전히 호교목이 집필하였다.

전회는 1959년도 국민경제의 약진지표(躍進指標)를 토론·채택하였다. 공보를 이렇게 써서 세상에 공포해도 되겠는가. 지난번 공보를 쓸 때에 제기되었던 문제가 또다시 호교목에게 제기되었다.

반모진의 착오를 검토한 진운도 두뇌가 명석한 사람이었다. 약진 목표는 달성하기 어렵다고 판단한 그는 호교목을 찾아 담화를 하였다. 구체적인 숫자는 공보에 써 넣지 말자는 것이었다.

호교목은 진운의 제의를 접수하지 않았다. 그렇다고 진운의 의견을 감히 모택동에게 보고할 수는 없었다. 그가 집필한 공보에는 아래와 같은 내용이 들어있다.

'중앙전회는… 1959년도 국민경제발전의 주요한 지표를 제기하였다. 강철 생산량은 금년의 예정량 1,100만톤 좌우로부터 1,800만톤 좌우로, 석탄 생산량은 금년의 예정량 27,000만톤 좌우로부터 38,000만톤 좌우로, 식량 생산량은 금년의 예정량 7,500억 근(斤)으로부터 10,500억근 좌우로, 솜 생산량은 금년의 예정량 6,700만 담(擔, 1담은 50kg―역자주)으로부터 10,000만담 좌우로 될 것이다.'

호교목이 집필한 공보를 모택동은 심사, 동의하였다. 12월 15일에 모택동은 다음과 같은 단신을 호교목에게 썼다.

교목 동지 :

이 문건(중공 8기6중전회 공보―인용자 주)은 이대로 발표해도 되오. 제 3페이지에 몇 글자 첨가했을 뿐이요. 수정을 가한곳은 전화로 북경에 알리오. 주석 문제에 대한 결의(전회는 차기 국가주석에 입후보하지 않겠다는 모택동의 제의를 인가하는 결의를 채택하였음―인용자 주)와 함께 17일 오후에 방송하고 18일 신문에 게재하도록 하오.

모 택 동
12월 15일 오후 10시

공보가 발표된 후, 강철, 석탄, 식량, 솜의 생산량을 제기한 4대지표

(四大指標)는 1959년도 전당, 전인민의 달성목표로 되었다. 그러나 실제를 달리한 높은 지표는 실현되지 못하였고 대약진도 목표한대로 제대로 되지 않았다. 물론 이것은 그 후의 일이다.

8기6중전회가 끝난 다음 진운은 다시 한번 자기의 의견을 모택동에게 말한 바 있다. 모택동은 처음에는 귀담아 듣지 않았다. 1958년 12월 26일은 모택동의 생일 날이었다. 식사를 같이하면서 진운은 일깨워 주었다.

"명년에 강철을 1,800만 톤 생산한다는 건 무리일 것 같습니다." 모택동은 물론 찬성하지 않았다. "내가 제기한 것이 옳은가 틀린가는 실천에 의해 검증되야 하오."

모택동이 이렇게 반박하였지만 1959년 1월과 4월에 진운은 지표를 낮추자는 의견을 또 제기하였다. 높은 지표가 집행 중에 난관에 봉착했던 것이다. 결국 모택동은 진운의 의견을 점점 받아들이게 된다.

1959년 4월에 중공 8기7중전회가 상해에서 열렸다. 모택동은 이 회의에서 "높은 성장과 발전을 가져올 인민운동이 쉽게 일어날 수는 없다. 우리는 파랑식(波浪式)으로 전진해야 한다."고 말하였다. 이는 그가 약진지표에 문제가 있다는 것을 다소 감지하였음을 의미한다.

그러나 중공 8기7중전회의 공보는 여전히 6중전회가 채택한 "4대지표'를 다시 강조하고 있다.

'전회는 충분한 토론을 거친 후 1959년 국민경제계획 초안을 채택하였다. 이 국민경제계획 초안은 8기6중전회의 공보에서 제시한 강철 생산량 1,800만톤, 석탄 생산량 38,000만톤, 식량 생산량 10,500억근, 솜 생산량 10,000억담이라는 4대지표와 금년도 일사분기의 생산·건설 정황에 근거하여 작성한 것이다…'

진운은 공보를 보자 직접 모택동을 찾아 의견을 말했다.

"이런 지표를 공보에 써넣는 것은 부당한 일입니다. 이렇게 하다가는 수렁에 빠집니다."

모택동은 진운의 말이 일리가 있다고 생각했다.

진운은 한마디 덧붙였다. 즉 8기6중전회가 끝날 때도 자기는 이런 의견을 호교목에게 말한 바 있으며 모택동에게 전해달라고 부탁까지 했다는 것이다.

그러자 이번에는 모택동이 호교목에게 화를 냈다.

"자넨 그래도 비서가 아닌가. 왜 부주석의 의견을 나한테 보고하지 않았는가!"

당시 진운은 중공중앙 부주석이었다. 진운을 칭찬하는 의미에서 모택동은 "어떤 때는 진리가 한 사람에게만 있을 수도 있다"고 말하였다.

호교목은 워낙 근신하고 조심성있는 사람이고 조직규율성이 강한 사람이다.

모택동이 그를 비평한다는 건 극히 드문 일이다.

모택동에게서 비평은 받았지만 호교목으로서도 이실직고하기 곤란한 사정이 있었다. 역시 8기6중전회 때의 일인데 왕가상이 인민공사 문제에 대한 의견을 유소기한테 말한 적이 있다. 유소기가 그 의견을 모택동에게 전했더니 모택동은 여간 불쾌해하지 않았다. 이런 실례를 알고있는 호교목으로서는 진운의 의견을 모택동에게 감히 전하지 못했던 것이다. 전한다 해도 모택동이 수긍하지 않았을게고 도리어 진운을 아니꼽게 보았을 것이다. 1958년 12월 26일, 모택동의 생일날 진운이 직접 의견을 제기했지만 모택동은 받아들이지 않았다. 또 호교목이 집필한 중공8기6중전회의 공보는 모택동의 심사·동의를 거친후 발표한 것이 아닌가…

중공 8기7중전회가 끝난 후 진운은 모택동과 중앙서기처의 위탁을 받고 경제계획지표에 대한 조사를 하였다. 그는 5월 11일에 열린 정치국회의에서 1959년도 강철 생산량을 1300만 톤으로 조정하자고 제기하였다.

그 후의 사실은 진운의 의견이 중국의 실제에 부합되는 옳은 의견이었음을 증명하였다. 그해 중국은 1,387만 톤의 강철을 겨우 생산하였을 뿐이다.(실제 이 숫자에도 억지로 보탠 부분이 적지 않았을 것이다.)

네루 비판

지난번 모택동의 비평을 그 자리에서 접수하였고 또 문제자체가 엄중한 것도 아니었기에 호교목은 무사했다. 그러나 본래 근신하고 조심하는 성격의 그는 이전보다도 더 조심하게 되었다.

당시 모택동은 연달아 세 비서를 비평하였었다. 진백달에 이어 호교목이 비평을 받았고 그 후에는 또 전가영이 비평을 받았다.

진백달에 대한 비평은 아주 준렬한 것이었다. 1958년 11월에 정주회의가 있었는데 이 회의에서 진백달이 산품교환(産品交換)에 대해 자기의 견해를 제기한 바 있다. 모택동은 11월 9일에 쓴 '중앙, 성·시·자치구, 지구, 현 4급 당위원회 위원들에게'라는 서한에서『소련 사회주의 경제문제』와『마르크스, 엥겔스, 레닌, 스탈린의 공산주의사회론』을 읽으라고 제의하였다. 그 목적은 수두룩한 혼잡한 사상을 똑똑히 밝히는 것이라고 하였는데, 이건 진백달을 두고 한 말이다. 한때 진백달은 기가 꺾여 소침해졌다.

전가영에 대한 비평은 따로 이야기 하기로 한다.

세 비서 중 제일 가벼운 비평을 받은 자가 호교목이었고 따라서 그는 평소와 다름없는 근무를 계속하였다.

1959년 4월 말이었다. 모택동은 한가지 중요한 집필임무를 호교목에게 맡겼다. 네루의 연설에 대한 논평을 인민일보 편집부의 명의로 쓰라는 것이었다.

네루는 당시의 인도 총리이다. 원래는 중국에 대하여 우호적인 태도를 취했었는데 후에 서장(티베트)반란을 지지 하면서 반중국 태세를 취했다. 1959년 4월 27일, 그는 인도 국회의 연설에서 서장반란을 평정한 것은 무장간섭이라고 하였고 서장사람들의 자치희망을 동정하고 지지한다고 하였다.

네루의 연설 전문을 읽고 모택동은 4월 30일부 인민일보에 네루의 연설을 그대로 전재하기로 하고, 동시에 호교목에게 논평을 쓰라고 명했다.

호교목은 정력적으로 집필에 착수하였으며 흐루시초프를 비판하였던 '재론'과 같은 장편문장을 써냈다. 그 제목이 '서장의 혁명과 네루의 철학'이다. 호교목의 붓은 흐루시초프를 비판한 데 이어 이번에는 네루를 비판하였다.

모택동은 호교목의 글을 보고 아주 만족하였다. 발표하는 규격도 재론과 같은 급으로 하였다. 즉 이 글은 중공중앙정치국 확대회의의 토론에 근거하여 인민일보 편집부가 쓴 것이라고 하였다.

후에 모택동은 이렇게 말한 적이 있다.

"호교목은 훌륭한 글을 많이 썼습니다. '재론'과 '네루의 철학'이 다 그가 쓴것이 아닙니까!"

1959년 5월 6일 부 인민일보는 '서장의 혁명과 네루의 철학'이라는 장편문장을 게재하였다.

호교목은 네루와 논전하는 척도를 정확하게 파악하였다. 그는 다음과 같이 썼다.

'우리는 지금 이 논평을 통하여 부득이 네루 선생과 논쟁을 하지않으면 안되게 되었다. 이를 우리는 가슴아프게 생각한다. 네루 선생은 우리가 존경하는 인도의 총리이며 세계적으로도 존경받는 정치가의 한분이다. 우리가 더구나 잊을 수 없는 것은 그가 중국의 벗이며 제국주의 전쟁정책·침략정책의 반대자였다는 점이다. 뿐만 아니라 사회주의 진보문제에 대해서도 그는 적지 않은 훌륭한 글들을 발표했었다.'

호교목은 네루의 이 일면을 긍정한 후 그의 다른 일면에 대한 비판을 전개하였다.

그러나 1959년 4월 27일의 연설에서 그는 엄청나게 다른 논조를 보여주고 있지 않는가!

이어 호교목은 중국의 서장문제에 대한 네루의 그릇된 논점을 하나하나 반박하였다. 문장의 결말에서는 화제를 또다시 중·인 두 나라가 계속 친선을 도모하고 손잡고 나아가자는 데로 돌렸다.

이렇게 척도를 정확하게 조절함으로써 호교목은 모택동이 제창하는 삼유(三有) 즉 '유리(有理)·유이(有利)·유절(有節)'의 방침을 정확히 관철하였다.

인민일보의 성장

그 당시 호교목은 여전히 신문보도부문의 최고 지도자였다. 그날그날의 신문을 호교목이 어떻게 평하였던가를, 당시 호교목의 비서로 있었던 상개(商愷)가 필자에게 이야기한 바 있다.

아침 8시가 되면 당일의 인민일보를 가지고 신문사의 책임자나 편집인이 중남해 이원에 있는 호교목의 집으로 온다. 호교목의 거처는 사합원(四合院)이다. 상개는 동편 옆채에서 사무를 보았다.

사무실에서 호교목은 그날 신문을 한참 훑어보고 평론을 시작한다. 제목, 판면배치, 내용에 대하여 하나하나 자기의 의견을 말한다. 이때 상개는 노트에 자세히 메모를 한다. 신문사에서 온 사람도 물론 메모를 한다. 그 메모에 의하여 다시 책임주필에게 호교목의 의견을 전하고 문제시정에 착수하는 것이다.

상개는 원래 인민일보의 산서(山西)특파원이었다. 그 후 호교목의 비서로 있으면서 신문이론도 연구하게 되었다. 신문에 대한 호교목의 심의 의견을 적은 것이 쌓이고 쌓여 두꺼운 필기장을 다 채우게 되었다.

어떤 때는 날마다 혹은 하루건너 등탁(鄧拓)이 직접 신문을 가지고 와서 호교목의 심의를 받았다.

그 평가는 아주 날카로왔다. 여러번 제기한 의견이 개진이 되지 않을 때는 성도 냈다.

"이 의견을 나는 거의 백번은 말했을 게요. 왜 아직도 이 꼴이요?! 인민일보란 정말 낯가죽이 두껍기가 장성(長城)의 담장보다도 더하오."
　성을 내면서도 이처럼 그는 언어의 형상성(形狀性)·생동성에 주의를 돌리고 있다.
　신문에 대한 의견은 그 범위가 아주 넓다. 아래에 그의 평어(評語) 몇 단락을 인용하기로 한다.

　'지금 신문을 펼쳐 보면 제목은 너무 적고 문장은 너무 깁니다. 긴 문장은 뚱보와 같아, 큰 침대에 누워도 자리가 꽉 찹니다. 이런 뚱보는 신문이라는 집에 결코 들여 놓지 말아야 합니다.'
　'판면의 배치는 매 시기마다 중심이 있어야 합니다. 이 중심을 에워싸고 선전을 해야 합니다. 이것저것 분산하여 다루어서는 안됩니다.'
　'제목은 사람의 얼굴과도 같습니다. 활발하고 생동하고 동시에 대중적이어야 합니다. 제목을 어떻게 달 것인가. 이 문제는 편집부에서 잘 연구해야겠습니다.'
　'이 문제는 시급히 개선되어야 한다'라고 한다면 이건 관료식 말 투입니다. '엄숙히 처리하였다'라고 하면 이건 상투적인 수법에 지나지 않습니다. 어느 것이나 흡인력이 없습니다. 제목은 취미가 있어야 합니다. 정치적인 취미 말입니다.'
　'신화사의 한 전신(電信)은 이렇게 말했습니다. 1958년에 중국영화는 세계 각지에서 거의 다 상영되었으며 도처에서 열렬한 환영과 칭찬을 받았다. 그 중 많은 영화가 관람자 기록을 갱신하였다.' 이건 대포를 쏘는 게고 허풍을 치는 겁니다.' (1959년 1월 2일 신화사 신문고 참조) 1959년 12월 18일 부 인민일보는 '양돈업은 급속히 발전할 수 있는가'라는 사설을 발표하였는데, 호교목은 타당치 못한 점이 있음을 발견하였다. '양돈업이 단시일내에 전국의 방방곡곡에 퍼질 것'이라고 했기 때문이다.
　'회교도 민족이 모여 사는 곳에서는 돼지를 기르는 법이 없습니다. 이런 지역까지 양돈업을 발전시키라고 요구해서는 안됩니다. 사설은 신문의 영혼입니다.

하나하나의 논점이 모두 다 정확하도록 노력해야겠습니다. 정책성을 띤 중요한 사설일수록 수위를 잘 가늠해야 하고 사리에 맞아야 하며 흠잡을 데가 없어야 합니다.'

글쓰기 능수인 호교목은 자신의 체험담도 곧잘 말하였다.
"어떤 사람들은 사설을 생동있게 쓰지 못하면 어쩌나 하고 골머리를 앓습니다. 일은 생동한데, 쓰면 생동감이 없어진다. 그 원인은 무엇입니까. 어떻게 써야 생동감이 있게 됩니까."
"문장마다 일정한 구조, 즉 형식이 있습니다. 형식이 단조로와서는 안된다는 점을 주의해야 합니다. 농사를 짓기에는 넓은 들판이 좋습니다. 곡식이 잘 자라며 기계화작업을 하기도 편리하기 때문입니다. 문장을 쓰는 데는 들판이 좋지 않습니다. 화가들은 평원을 그리는 걸 제일 싫어합니다. 지평선을 어떻게 처리해야겠습니까. 쉬운 일이 아닙니다. 너무 높이 그리면 하늘이 좁아 보여 좋지 않고, 너무 낮게 하자니 텅 빈 하늘만 화면을 많이 점하게 되니까 역시 곤란합니다. 그래서 사람이나 새를 그려 넣는데 여전히 단조롭습니다. 지평선 위에는 곡식이나 가옥을 그리고 소가 풀을 뜯어 먹는 것도 그린다고 합시다. 다소 변화를 가한다고 해도 아주 어렵습니다. 문장의 최대의 결함은 평면적으로 사실을 나열하면서 논리를 전개하는 것입니다. 이런 문장은 생동감 있지도 않으며 흡인력도 없습니다. 문장은 논리사유의 표현이기는 하지만 생동감있게 써야합니다."

"생동감이 있으려면 변화가 있어야 합니다. 어떻게 변화를 가져옵니까? 정면(正面)으로 말하는 것과 반면(反面)으로 말하는 것, 이쪽 면을 말하는 것과 저쪽 면을 말하는 것, 긍정하는 어조를 쓰는 것과 의심하는 어조를 쓰는 것… 아마 이런 것들이겠지요. 문장부호가 처음부터 마감까지 종지부만 있고 물음표나 느낌표가 하나도 없다면 그것도 좋지 않을 것입니다. 긴 설화를 이야기 하는 사람들은 긴요한 대목에서 시치미를 떼고 현안을 남겨놓습니다. 그 후의 일이 여하히 되었는가를 아시려면 하회를 기다려야하기 때문입니다. 이건 청중의 흥미를 자극하기 위해서입니다."

지평선에 비유한 것 외에 호교목은 파도에도 비유하였다.

"먼 데서 보면 파도는 평평한 것 같지만 가까이서 보면 그렇지 않습니다. 바다의 거센 파도를 보고 시인은 영감을 잘 느낍니다. 높이 넘실거리는 파도가 생명력의 격렬한 충동을 상징할 수 있기 때문입니다. 파도가 시인의 영감을 자극하는 것은 파도에 고저의 변화가 있기 때문이 아니겠읍니까. '그렇게 높이 치솟았으니 이제 아래로 떨어져 내리면 어떻게 될까'하고 조마조마하게 다음 순간의 변화를 지켜보게 됩니다. 문장에도 이런 변화가 있어야 하고 기복이 있어야 합니다. 그 어떤 충격도 가하지 않은채 종지부에 종지부 밖에 없는 문장은 결코 좋은 문장이 아닙니다. 종지부는 평온함을 의미합니다. 사람의 이야기가 평온한 어조로만 계속된다면 이런 이야기는 수면제의 작용 밖에 하지 못합니다. 글로 써도 마찬가지입니다. 사설 전편(全篇)에 부호란 종지부 뿐이고 언제나 '것이다, 것이다', 식으로 구(句)가 끝나면 어떻게 되겠읍니까. '이런 문제점들은 충분히 고려해야 하는 것이다', '이런 경향은 극복해야 하는 것이다', '우리는 착오가 아주 명백하다고 인정하는 것이다'… 사설이 전부 열 단락인데 단락마다 이런 '것이다' 식으로 끝난다면 독자들은 하품만 할게 아니겠읍니까."

호교목은 신문을 평하였고 인민일보의 하나하나의 문장부호에까지 관심을 돌렸다. 어떤 사람들은 그를 인민일보의 시어머니라고 하였다. 그의 사업은 한편으로는 모택동과 중공중앙정치국에 이어져 있고 다른 한

편으로는 인민일보에 이어져 있었다. 실로 그는 인민일보를 위해서 없어서는 안될 불가결의 존재였다.

그런 관계로, 인민일보에 무슨 문장을 발표하고 무슨 문장을 전재하라는 모택동의 의견은 언제나 호교목을 거쳐 인민일보에 전해졌다.

한가지 더 첨부할 것은 인민일보가 8면으로 개판될 때의 일이다. 1956년 7월 1일부터 8면으로 고쳐졌는데 이날 신문에 '독자들에게 고함'이라는 글이 있다. 호교목이 쓴 글이다. 이 글에서 그는 인민일보의 임무와 1~8면의 배치, 그리고 금후 어떻게 신문을 제작할 것인가에 대해 설명하였다. 이는 그가 인민일보를 얼마나 구체적으로 관심을 가지고 있는가를 표명할 뿐 아니라 호교목이야말로 책임주필 위에 있는 더 큰 책임주필임을 설명한다.

[제6장] 여산의 풍파

좌경시정

1959년 4월에 상해회의(중공 8기7중전회)가 있은 후, 열기가 올랐던 모택동은 조금은 냉철하게 문제를 보게 되었다. 진운을 몇 번인가 칭찬도 하였다. 앞에서 제기한 바 있는 '진리가 어떤 때는 한사람에게만 있을 수도 있다'고 한것 외에 모택동은 또 이런 말도 하였다.

"나라가 혼란할 때는 양장(良將)을 생각하게 되고(國亂思良將), 집이 가난할 때는 현처(賢妻)를 생각하게 된다(家貧思賢妻)."

이 양장·현처는 진운을 두고 하는 말이었다.

모택동은 좌경적인 것을 방지하는 약간의 조치를 취하였다. 심지어는 진운에게 경제사업을 다 맡기려고도 생각하였다.

"총지휘는 진운이 맡는 게 좋겠다"고 모택동은 말하였다.

그가 1959년 6월 20일에 호교목과 인민일보 책임주필 오냉서(吳冷西)에게 쓴 서한은, 문제를 냉정히 정시하는 그의 일면을 보여 준다. 이 서한은 신화사에서 간행한 제2801호라는 내부참고자료를 보고 쓴 것이다. 거기에는 광동성 동강(東江)유역에 큰비가 내려 피해가 심하다는 소식이 실려 있다.

교목·냉서 동지 :

광동에 큰비가 내려 심한 피해를 입었다는 소식은 공개적으로 여실히 보도해야 합니다. 전국 기타 지역의 재해도 마찬가지로 숨김없이 보도해야 하고, 재해를 극복하도록 인민들의 주의를 환기시켜야 합니다. 정부가 구제를 하면서 인민들이 생산자구(生産自救)하는 것에 대해 크게 보도하고 제창해야 합니다. 공업분야에서 발생한 중대한 사고도 보도하되 대책도 잘 생각해야 합니다. 본건은 일람후 회송하기 바람.

모 택 동
6월 20일 오전 4시

  이런 냉정한 기분을 가지고 모택동은 7월 2일부터 피서 명승지 여산(廬山)에서 중공중앙정치국 확대회의(8월 2～16일은 중공 8기8중전회)를 열게 된다. 이 회의를 역사상에서 보통 '여산회의'라고 한다.
  진운과 등소평은 건강상의 이유로 이 회의에 출석하지 않았다.
  계속하여 좌경적인 경향을 시정한다는 것이 회의가 시작될 때의 의제였다.
  "뜨거운 가마 위의 개미가 되지 말고 찬 가마 위의 개미가 되자"고 모택동은 말했었다.
  이예(李銳)가 회상하는 바에 의하면, 이예, 호교목, 전가영은 북경에서 같이 떠났다. 북경～무한 간은 기차를 탔고 무한～구강(九江)간은 배를 탔다. 이예는 당시 모택동의 겸직비서였다.
  "기차에서 나는 호교목, 전가영과 환담하였습니다. 58년도의 대약진에 대해서는 셋이 다 부정적인 태도를 취했지요."
  모택동은 기차에서 기분도 좋았고 시흥도 나서 '소산(韶山)에 이르러'와 '여산에 올라'의 시 두 수를 썼다. 호교목과 주소주(周小舟)에게 베껴준 이 두 수의 시는 여산에서 많은 사람들에게 알려졌다. 이런 일이 있고 하여 회의의 분위기는 한결 더 느슨하고 경쾌하게 되었다.
  호교목은 이예, 전가영, 오냉서와 한담을 하던 중, 자기가 지난해(1958)에 진운의 의견을 모택동에게 전할수 없었던 사연을 말하였다.
  "모주석에게 보고하지 않은 건 진운을 보호하기 위해서였소. 보고를 했더라면 상해회의에서 진운도 명예회복을 못했을 게 뻔하오."

"경제발전에서 균형은 일시적이고 상대적인 것"이라는 모택동의 논단에 대해서도 호교목은 의심스럽다고 하면서 자신의 견해를 말하였다.

여산회의가 시작되자 모택동은 19개 문제를 내놓고 토론해 보자고 했다. 그는 또 회의의 개요(概要)를 집필하는 임무를 호교목, 담진림, 증희성, 주소주, 전가영, 오냉서, 이예에게 맡겼다. 이 7인소조의 조장은 호교목이다.

호교목은 12개의 전문제목으로 분류하고 각자가 자신에게 분담된 제목을 쓰기로 하였다. 전체 요강에 해당하는 정세와 임무를 호교목은 자신이 집필 하기로 하였다. 그리하여 얼마 후에 몇가지 문제에 대한 여산회의 의정(議定) 기록(초고)을 써냈다.

7월 14일에 이 의정기록(초고)을 배포한 결과 여러가지 의견이 제기되었다. 주로 대약진의 성과는 충분히 이해하지 않으면서 결함만은 아주 구체적으로 썼다는 것이었다. 그 중에도 호교목이 집필한 정세와 임무에 대하여 의견이 비교적 많이 제기되었다.

7월 19일 회의에서 호교목은 부득이 상황을 설명하지 않으면 안되었다.

"결함만 제기하면, 성적을 의심하지 않는가, 문제를 과대시하지 않는가 하고 이해해서는 안됩니다. 결함은 과장도 말고 축소도 말아야 합니다. 그렇지만 지금 이 회의에서 각자의 소견에 다소 차이가 있다고 해서 근심할 건 없습니다. 전체적으로 말한다면, 현실적으로 존재하는 문제라면 정시해야 하고 그 문제가 생기게 된 원인을 연구하여야 한다는 것입니다. 있는 대로 말하고 감투는 씌우지 맙시다.

잘못 말했다고 해도 시비를 똑똑히 가리고 시정하면 그만입니다. 우리가 토론하는 목적은 하루빨리 밝은 전도를 개척하자는 것이고, 이 점에서 누구나 다 일치합니다."

돌이켜 보면, 호교목이 모택동의 신변에서 일한지도 이젠 18년이 된다. 여산회의가 있은 후에도 그는 여전히 모택동의 주변에 남게 된다. 그러나 모택동이 여산에서 갑자기 방향전환을 하리라고는 호교목도 전혀 예상하지 못했었다. 좌경적인 것을 시정한다던 회의가 반우경(反右傾)으로 넘어갔던 것이다.

다행이라면 모택동의 주변에 있는 호교목이 재빨리 기미를 알아챈 것이 다행이었다. 한 사흘 후에 호교목은 여산의 풍향이 변하리라는 것을 알게 되었다. 7월 21일 회의에 장문천(張聞天)의 장편발언이 예정돼있다는 것을 알고 호교목은 '결함은 절대로 적게 말하는 것이 좋다'고 장문천에게 급히 전화를 걸었다.

그러나 장문천은 호교목의 호의를 아랑곳하지 않고 좌경적인 것을 비판하는 발언을 세 시간이나 하였다.

위기의 모면

7월 23일 오후는 여산회의의 전환점이었다.

모택동이 말하기 시작하였다.

"지금 나는 남의 발언을 어떻게 들어야 하는가를 알게 되었습니다. 체면불구하고 모든 이야기를 꾹 참고 들어왔습니다."

모택동은 자기가 여산에서 이렇게 20일간을 참아 왔다고 말하였다.

모택동은 일부 사람들에게 경고를 내렸다.

"그들은 56년 하반기부터 57년 상반기에 착오를 범했던 동지들이 걸었던 길을 또 다시 걷고 있습니다. 저절로 우파와의 경계선까지 접근하여 갔습니다."

모택동의 연설은 회의를 반좌경(反左傾)으로부터 단번에 반우경(反右傾)으로 돌려 놓았다.

7월 26일, 회의에서는 한 통의 서한에 대해서 쓴 모택동의 평어를 문건으로 배포하였다. 평어는 이렇게 쓰고 있다.

'우리 당의 38년의 역사가 어떻게 걸어온 역사입니까. 반우(反右)하

면 좌(左)가 대두하고 반좌(反左)하면 우(右)가 대두하는 역사입니다. 이건 필연적인 것입니다.'

공격의 첫 대상으로 된 사람은 총수의 한사람이었던 팽덕회(彭德懷)였다. 그는 7월 14일 모택동에게 쓴 3천자에 달하는 서한에서 "1958년의 대약진 중에서 일련의 좌경적인 경향이 상당한 정도로 발전하였다"고 지적하였었다.

그 버금의 대상이 장문천이다. 그의 세 시간에 걸친 장편발언이 첨예하게 좌경화를 비판하였기 때문이다.

이 밖에 황극성(黃克誠)·주소주도 반당집단으로 몰렸다.

모택동의 비서들도 이때는 처지가 위태로왔다.

이예는 좌경비판에 적극적이었다. 그래서 모택동은 "이예도 이번에는 우파다"라고 하였다. 결국 이예는 재난을 면치 못하였다.

한때 팽덕회의 서한을 칭찬하던 진백달은 즉시 팽덕회를 반격하는 쪽으로 홱 돌아섰다. 진백달은 어물쩍하게 발뺌을 하여 무사히 된 셈이다.

전가영의 처지는 위험하였다. 그는 모택동의 좌경적인 언행을 날카롭게 비평한 바가 있었으므로 하마트면 우파로 몰릴뻔 하였다.

호교목의 처지도 신통치 않았다. 그가 책임자로 되어 집필한 의정기록이 비난당한 건 제쳐 놓더라도, 여산에 오는 도중에 있은 비판도 적발하는 사람이 있었다. 그 비판이란 58년도의 대약진은 기차로 말하면 탈선해서 전복 된 것이라는 내용이었다.

호교목이 무사히 고비를 넘은 것은 그에 대한 모택동의 평소 인상이 좋았기 때문이다. 이예는 다음과 같이 회상하고 있다.

'하루는 유난도(劉爛濤)가 가경시(柯慶施)한테서 들은 말이라고 하면서 이런 이야기를 하였습니다. 모주석이 가경시와 담화할 때 호교목에 대한 인상을 말했다는 것입니다—나와 같이 있은지도 일이십년 되는데 예나 지금이나 교목은 일개 서생이오.'

유난도의 전하는 말을 듣고 나는 1958년 광주회의 때 모주석이 한 말을 연상하였습니다. 상이한 의견과 반대 의견을 귀담아 들어야 한다고 하면서 이런 예를 든 일이 있습니다－우리 옆에 호교목이라는 사람이 있는데 떠받기를 무척 잘하는 사람입니다. 어떤 때는 벽에까지 떠받아 밉니다. 절대 물러서는 법이 없습니다.

일개 서생이라는 모택동의 평가는 대체로 정확한 것이다. 호교목은 몸에 배인 서생티를 한평생 고치지 못하였다.

떠받기를 잘한다는 것은 그가 어느때나 순종만하는 사람은 아님을 의미한다.

상이한 의견을 일단 제기하면 그건 아주 첨예한 것이었다.

평소부터 모택동의 신임을 받았으니 다행이었다. 사실 그는 근신하고 조심성있는 사람이었고 떠받는 경우는 많지 않았다.

여산회의의 반우경 투쟁은 점차 고조되었다. 지금의 모택동이 스탈린의 만년과 비슷하다고 한 팽덕회, 장문천, 이예 등의 발언내용이 탄로나자 일시에 비판의 소리가 일게 되었던 것이다. 8월 10일 오후, 호교목은 이 문제에 대해서 여섯가지 면에서 "모택동이 스탈린의 만년과는 완전히 다르다고 논박하였다." 사설을 잘 쓰고 논리가 정연한 장점을 충분히 발휘하였던 것이다.

"스탈린은 만년에 확실하게 군중을 이탈하였고 현실을 이탈하였다. 그러나 모주석이 어느 문제에서 군중을 이탈하고 현실을 이탈한 적이 있는가! 인민위주의 사업방법이 모주석이 창조한 것이 아니고 누가 창조한 것인가! 군중과 긴밀히 손잡고 그들에 의거하고 그들을 움직이게 하지 않았다면 지난해의 대약진운동이 어찌 출현될수 있었겠는가?

스탈린은 만년에 당내 민주화를 논하지 않거나 별로 논하지 않았다. 중앙회의도 소집하지 않았다. 그러나 우리는 정상적으로 전회를 열 뿐만 아니라 확대전회도 자주 개최하여 왔다. 이번 회의도 그 중의 하나이다. 많은 문건이 성위서기, 시위서기들에 의하여 집필되었으며 많은 의견들은 여러 사람이 토론을 거쳐 비로서 결론지은 것들이다.

모주석은 당내 민주화를 자못 중시하며 여러분의 의견을 매우 존중하여 왔다. 어찌 스탈린의 만년과 같다고 할 수 있는가!

스탈린은 만년에 개인숭배를 제창하였지만 이 면에서도 모주석은 정반대이다.

7기2중전회는 주석에 대한 축수(祝壽)를 하지말며 지명을 사람의 이름으로 명명하지말자고 결정을 내렸다. 중앙에서는 또 모주석의 조각상을 미술가의 작품으로 미술관에는 진열하되 다른 공공장소에는 일률적으로 진열하지 말라는 통지문도 하달하였다. 모주석 자신이 이 의견을 제기하였기 때문이다.

스탈린은 숙청문제에서 엄중한 착오를 범하였다. 그는 늘 당내모순, 인민내부모순을 적아모순(敵我矛盾)과 혼동하였고 소련공산당의 많은 중앙위원과 고급장교를 처형하였다. 모주석이 언제 1명의 중앙위원, 1명의 장군이나 당대회의 1명의 대표자도 죽인 적이 있는가! 모주석이 제정한 당내투쟁의 원칙은 "과오에서 교훈을 찾고 병을 고쳐 사람을 구원"하는 것이며 성격이 다른 두 부류의 모순을 엄격히 구별하자는 것이다. 그러므로 착오를 범하였던 많은 동지들이 지금도 당중앙에 남아 있으며 일치단결하여 일을 하고 있다.

스탈린은 만년에 이론상에서건 실천상에서건 정체하는 경향이 있었다. 30년에 달하는 스탈린시기에 소련의 농업은 한번도 제정 러시아의 최고수준을 능가한 적이 없다. 스탈린은 대립간의 조정을 하지 못하였으며 부정의 부정 법칙도 부인하였는데 이건 사실상 변증법을 포기한 것이 된다. 이와 정반대로 모주석은 실로 변증법의 화신이라고 해도 과언이 아니다. 비록 60여세이지만 정신적으로로 아직 젊은이들 못지 않고 실로 생기가 넘치고 진취심이 강하다. 총노선·대약진·인민공사의 출현은 변증법에 대한 그의 투철한 이해와 갈라 놓을 수 없으며 시종 생기발랄한 정신상태와 갈라 놓을 수 없다.

스탈린은 만년에 대외적으로는 대국주의 착오를 범하였다. 그와는 달리 모주석은 언제나 다른 나라를 존중하는 태도를 취하여 왔다. 조선에 대한 태도가 좋은 실례가 된다. 월남이나 몽골에 대해서도 마찬가지다. 소련의 일부 문제에 대하여 우리도 물론 의견을 말한 적은 있다. 그러나 두 나라의 단결에 방해를 주지는 않았다. 혁명과정에는 결함과 착오가 있기 마련이다. 문제는 우리가 그것을 빨리 발견하는가 못하는가, 빨리 시정하는가 못하는가에 있다."

이상과 같이 몇가지 면에서 분석을 가한 다음, 호교목은 엥겔스의 명저 '권위를 논함'을 인용하면서 당은 영도자 개인의 위신, 즉 권위가 있어야 한다고 설명하였다. 영도자의 권위는 당과 인민의 귀중한 재산으로 파괴할 것이 아니라 잘 보호해야 하는 것으로 간주했다. 반우경(反右傾)을 찬성하는 것은 아니지만 그는 모택동의 비서로서 정치적으로는 모택동을 옹호하는 입장을 취해야만 했다.

이 발언은 호교목이 자신의 태도를 밝힌 것으로 소극적인 입장에서 적극적으로 전환하려는 의도를 표명한 것이었다.

호교목의 장편발언을 듣고 모택동은 기분이 좋았다. 이튿날 대회에서 모택동이 장편연설을 하였는데, 이름은 들지 않았으나 호교목을 언급한 대목이 있다.

"이예(李銳)는 수재(秀才)가 아니라 구락부의 사람입니다",

"이번에 수재들을 구락부에 끌어 들이려고 했지요. 그러나 어리석은 생각은 걷어치우시오. 수재들은 모두 우리 사람입니다."

'구락부'란 팽덕회를 대표로 하는 이른바 '군사구락부'(반당집단의 대명사)를 말한다. 수재들이란 호교목, 오냉서, 전가영을 지칭하며 진백달도 포함된다.

이리하여 호교목은 고비를 무사히 넘게 되었다. 모택동의 비서로 되어 18년, 그는 줄곧 모택동의 뒤를 따랐고 계속 바쁜 날들을 보냈었다. 얼마 전에 진운의 의견을 전하지 않았다고 꾸지람을 듣기는 하였지만 큰 문제는 아니었다. 이번에 여산에서 겪은 일은 정말 아슬아슬한 일이었다. 하마트면 '구락부'에 들어갈뻔 하였다. "58년도의 대약진을 기차에 비한다면 탈선하고 전복된 것과 같다"라는 말이 모택동의 귀에 들어갔더라면 어떻게 되었을까? 큰 우환이 미쳤을 것이다. 그는 눈치 빠른 사람이었다. 풍향이 변한다는 것을 알고 곧바로 위에서 이야기한것처럼 발언을 하였고 정치위기를 모면하였다.

그러나 이 일이 있은 후로 그와 모택동 사이에 보이지 않는 금이 생겼다.

호교목도 알고 모택동도 아는 금이었다. 표면상으로는 아무것도 이전과 달라진게 없었지만…

시구(詩句)와 계급투쟁

여산에서 북경에 돌아온 호교목은 여전히 모택동의 비서였다.

그리고 얼마 안되어 모택동은 아래와 같은 단신을 호교목에게 보냈다.

교목 동지 :

시 두 수를 곽말약(郭沫若) 동지에게 보내어 무슨 흠집이 없는가 한번 봐달라고 하시오. 필삭(筆削)이 지요(至要)라 말하고 싶소. 내가 보건대 주제는 괜찮은데 시의(詩意)가 별로 없소. 잘된 것 같은 구절은 몇개 밖에 안되오. 예를들면 '장강위의 백운 간에 황학이 떠있도다(雲橫九派浮黃鶴)'가 잘됐다고 할까. 시를 쓰는 건 용이하지 않소. 그 체험이란 고기가 물의 냉난(冷暖)을 자기만 아는 것처럼(如魚飮水冷暖自知), 남에게 이야기할 건 못되오.

모 택 동
9월 7일

「시 두 수」란 모택동의 신작 '소산에 이르러(到韶山)'와 '여산에 올라(登廬山)'를 말한다. 모택동의 어조는 집안 식구들 간에 한담을 하는 것처럼 친절하다.

엿새 후에 모택동은 또 단신을 보냈다.

교목 동지 :

말약 동지의 서신을 두번 받아보고 계시를 얻고 시 두 수에 몇 글자 재수정을 가하였소. 한번 더 심사를 보아달라고 곽말약에게 보내고 그의 의견을 나한테 전해주기 바라오.

모 택 동
9월 13일 아침

여기서 〈소산에 이르러〉를 살펴보면

붉은 기는 농노의 창을 휘감으며 펄럭이고
(紅旗卷起農奴戟)
검은 손은 패주의 채찍 높이 들었어라
(黑手高懸霸主鞭)

라는 연구가 있다.

여기 나오는 패주(霸主)는 장개석을 지칭하하 것이며 그 연구(聯句) 당시의 계급투쟁을, 그리고 시 자체는 32년간의 역사를 쓴 것이었다.

이처럼 시를 담론하는 서신이 오고 갈 때이던 9월 11일 모택동은 군사위원회 확대회의 연설에서 팽덕회등을 준렬히 비판하였다.

"내가 보건대 그 몇몇 동지들은 종래로 마르크스주의자가 아니었습니다. 마르크스주의의 동반자였을 뿐입니다. 그들은 우리 당 안에 섞여있는 자산계급분자이고 투기분자입니다."

호교목은 신문을 평하는 일은 그냥 계속하였지만 더는 사설을 쓰지 않았다. '서장의 혁명과 네루의 철학'을 쓴후부터 그는 장기간 인민일보에 사설을 쓰는 일이 없었다. 1984년 8월 27일에야 겨우 사설을 한편 썼었는데 그 인민일보 사설의 제목이 '선진청년들을 당에 많이 받아들이자'였다.

그는 어딘가 용기가 없어진 것 같았고 잠을 자지 못한다고 자주 말하였다. 신경쇠약증을 다년간 앓아온 그는 병증이 하루하루 중해진다고 하였다.

많은 시간을 들여 그는 책을 읽었다. 1960년 12월 29일, 그는 팽진(彭眞)에게 다음과 같은 서한을 보냈다.

팽진 동지 :

원목(袁牧)의 작품 황생차서설(黃生借書說)을 한부 베껴 올립니다. 원서(原書)는 보내지 못합니다. 일반 선본(選本)은 손 가까이 없고, 그렇다고 사부비요(四部備要)는 부피가 너무 커서 보내기 불편합니다.

내용은 꽤 좋다고 봅니다. 어느 분에게 의뢰하여 현대어로 번역한 다음 짧은 설명을 가하여 북경일보나 인민일보에 내면 어떻겠습니까.

호 교 목
1960년 12월 29일

모택동의 신변을 떠나

1961년 1월 14일 부터 18일까지 호교목은 북경에서 열린 중공 8기9중전회에 참가하였다. 이 회의에서 모택동은 조사연구의 분위기를 형성해야 한다고 강조하였다.

회의가 끝나자 모택동은 1월 20일에 전가영에게 단신을 썼다.

'이미 진백달, 호교목에게도 알렸지만 자네도 조사조를 하나 인솔하

고 남방으로 가야겠소. 조사조는 도합 셋이고 조마다 조원 6명, 거기에
조장까지 합하여 7명이오. 조장은 진백달, 호교목, 전가영이 각기 맡되
모레까지는 조원 배정이 완성돼야 하오. 식견이나 수준이 낮은 사람은
조사조에 넣지 말고 의식 수준이 높은 사람만 선발하오. 자네는 절강성
에 가고 호(胡)는 호남성, 진(陳)은 광동성에 가도록 하오…'

　모택동 자신이 조사연구의 앞장에 나섰다. 그리하여 세 비서인 진백
달, 호교목, 전가영을 동원하여 한 조씩 조사조를 파견하기로 한것이다.
기간을 두달로 정하고 광동에 모여 설을 쇠도록 그들에게 부탁하였다.
　당시는 총노선·대약진·인민공사-이 3면홍기(三面紅旗)를 높이
들었던 때라, 좌경적인 것이 성행하였고 상부이건 하부이건 문제가 많았
었다. 인민공사가 특히 그러하였다. 관리규정이 없어서 운영이 전국 어
느 농촌이나 예외없이 힘들었다. 모택동이 파견한 조사조는 이러한 농촌
의 실태를 파악하기 위해서였다.
　세 조사조는 1961년 2월 23일에 광주에 모였다 그들의 보고를 들은
후, 모택동은 따로 회의를 소집하고 인민공사 사업조례의 초안을 작성하
기 시작하였다.
　도주(陶鑄), 진백달, 호교목, 전가영, 요노연(寥魯言), 조자양(趙紫
陽), 등역군(鄧力郡), 허입군(許立郡), 왕역(王力), 왕노(王魯), 방선
지(方先知) 등이 이 회의에 출석하였고 호교목은 후에 초안 작성에도
참가하였다.
　1961년 3월 22일, 중앙공작회의에서 농촌인민공사 조례(초안)가 채
택되었다. 그 이튿날에는 또 조사연구사업을 제대로 진행하는 문제에 관
하여, 각 중앙국, 각 성·시·구 당위에 보내는 중공중앙의 편지를 채택
하였다.
　호교목이 집필한 이 문건은 다음과 같이 지적하였다.
　'모택동 동지가 1930년 봄에 쓴 '조사공작에 관하여'라는 문장이 최근

에 발견되었다. 아주 중요한 문건으로서 중대한 이론·실천적 의의를 가지고 있다.

중앙은 이 문장을 전당(全黨)의 고급·중급 간부에게 발급하기로 결정하였다…'

'중앙은 최근 몇년간에 거둔 건설 분야에서의 성취는 위대하며 총노선·대약진·인민공사의 방향이 옳았음이 증명되었다고 인정한다. 그러나 농업·공업 등 분야의 구체사업 중에는 일부 결함과 착오도 있으며 일정한 손실도 있었다. 이런 결함과 착오가 발생한 것은 근원적으로는 허다한 상부층에서 조사연구사업을 잘하지 않고 보고문을 보거나 구두 보고를 듣는 데만 만족하고 있기 때문이다. 조사연구 사업은 항일전쟁시기와 해방전쟁시기에 우리가 성공적으로 진행한 바 있다…'

이 편지가 발송된 후, 전국적인 범위에서 조사연구 사업에 대하는 새로운 운동이 일어나기 시작하였다. 홍기(紅旗) 잡지도 1961년 제 3~4 합간호에 '조사연구의 기풍을 세우고 모든 것은 현실에서 출발하자'라는 등의 사설을 발표하였다.

그 후 얼마 되지않아 중공중앙은 1961년 5월 21일부터 6월 12일까지 북경에서 회의를 열고 농촌인민공사 사업조례(초안)을 수정하였다.

회의가 개막될 때 호교목은 출석하였는데 며칠 후에는 병으로 결석하였다. 신경쇠약증이 심해져서 평소처럼 근무 하기는 도저히 불가능 하였다.

1961년 8월 17일, 호교목은 모택동에게 편지를 썼다. 자신의 병세를 설명하고 장기 휴가를 해야겠다고 하였다. 당시 모택동은 중앙공작회의를 열고 있는 중이었다. 일주일 후에 모택동은 호교목의 제의에 동의한다는 답장을 보내왔다.

교목 동지 :

8월 17일에 쓴 편지는 받아 보았소. 근심이 되오. 시일은 생각하지 말고 병이 나을 때까지 장기휴양을 하도록 하오. 조조(曹操)의 시에 '(명이)길고 짧음은 하늘에 달린 것만은 아니니(盈縮之期不獨在天), 심신만 건전하면 장수할 수 있으리라(養怡之福可得永年)'고 하였소. 가히 읽어 볼 만한 시요. 경치 좋은 곳으로 옮겨가 휴양함이 좋겠고 계절에 따라 이동하면서 요산요수(樂山樂水)하시오. 딱딱한 책은 보지 말고 심심풀이로 될 만한 책만 보오, 시사(時事)도 제쳐 놓고… 그리하면 건강 회복이 빠를 수도 있소. 몇 달 쉬면 낫겠거니 생각 말고 2, 3년 푹 휴식하도록 생각하오. 성급하게 다시 나오려고 하다가는 도리어 병이 재발할 수도 있소. 자네의 병은 진운, 임표(林彪), 강생(康生)동지들과 비슷하오. 장기휴양한 결과 임표, 강생은 완쾌했고 진운도 퍽 나았으니, 그들을 본받으시오.

곡우(谷羽)에게 문안 전하시오. 자네가 외지요양하는 경우, 물론 곡우가 따라감이 마땅하오. 이상의 내 얘기를 두분이 잘 의논하고 금후일정을 정하시오. 나의 심신 상태는 양호한 편이니 근심마오.

모 택 동
1961년 8월 25일

그 후 호교목은 자기가 일하던 곳을 떠났다. 명의상에 여전히 모택동의 비서였지만 실지 모택동의 신변에 있지 않았다.

호교목의 병치료는 2, 3년이 아니라 문화혁명의 전야까지 계속되었다.

모택동은 위의 서한에서 진운, 임표, 강생을 언급한 바 있다. 그 중 임표와 강생의 병은 정치병의 색채를 은연중 분명히 암시하고 있다.

강청의 등장과 서생

이제는 아침마다 인민일보부터 펼쳐 보는 일도 없고 이러쿵 저러쿵 평하는 일도 없다.

바삐 사설을 쓸 것도 없고 중앙의 중요한 문서를 집필할 것도 없다.

하루건너 모택동의 서한을 받거나 모택동이 부탁하는 이러저러한 일을 할 것도 없었다.

그는 중국정치의 핵심권에서 벗어났고 북경을 떠나 있었다.

지상의 낙원이라 불리우는 항주 서호의 호반에 이른아침마다 천천히 자전거 운동을 하는 세사람이 나타났다. 호교목과 그의 비서와 경호원이었다. 그들은 서호 주변을 몇번이고 돌았다 호교목은 평소에는 운동을 싫어하는 사람이다. 학생시절처럼 다시 자전거를 타 보니 기분도 좋고 한결 젊어진 것 같기도 하였다.

그는 등산도 하고 달리기도 하였으며 때로는 산보도 하였다.

밤낮없이 일만 하던 그가 지금은 태엽이 풀린 시계와도 같았으니 잘칵잘칵하는 소리를 내지 않아도 됐다.

모택동이 호교목을 일개 서생이라고 했는데 가위 적절한 평가라 하겠다. 높은 관직에 다년간 있었어도 그의 서생티·서생기풍은 여전하였다. 각지를 돌면서 병치료를 하는 기간에 그는 모택동의 비서로서가 아닌 적지 않은 서생으로서의 일화를 남기기도 하였다.

장사(長沙)의 초대소에 머무를 때다. 아침식사때마다 콩으로 만든 묽은 숲이 나오는데 식탁 한가운데에 설탕가루를 담은 접시가 놓인다. 당시는 중국경제가 곤란한 때라 설탕공급도 매우 적었다. 호교목은 "누구도 이 설탕봉지에 손대지 마시오."하고 명령하였다. 결국 여러사람이 모두 이 명령에 복종했고 설탕을 풀지 않은채 콩죽만 마셨다. 초대소 사람들은, 북경에서 오신분들은 왜 설탕을 잡수시지 않는가, 참 이상하다고 속으로 생각하였다.

그는 한끼 식사에 '고기가 있는 요리 두가지, 채소요리 한가지에 국이 한공기'면 족하다고 생각하였다. 초대소에서는 그가 중앙에서 온 높은 어른임을 알고 요리를 더 내오는 일이 자주 있었다. 그때마다 호교목은 비서를 시켜 가져오지 못하게 막았다.

대련(大連)해변에서 여름을 지낼 때의 일이다. 초대소에서 여러가지 요리를 내왔다. 호교목은 그 중 세가지만 남기고 다른 요리는 죄다 그대로 되돌려 보냈다.

식당직원은 무슨 영문인지 모르고, 먹기 싫어 되돌려 보냈으려니 생각하고 후에 메뉴를 자주 바꾸었고, 되돌려 보낸 적이 있는 요리는 다시 내놓지 않았다. 그러나 때로 물리지 않았던 요리도 퇴짜를 맞는 경우가 있었다. '이 어른이 도대체 어찌 된 영문일까' 하고 직원들은 머리를 썩혔지만, 요리가 너무 많아 물렸다고는 생각이 미치지 못했다.

요양 중에 있는 호교목은 모택동이 당부한대로 요산요수하는 것 외에 골치 아픈 책은 외면하고 흥미 본위로만 독서를 하였으며 그는 시를 좋아하였고 시를 쓴 적도 있다.

그러던 중 그는 시가(詩歌)창작을 논하는 편지를 1962년 9월에 진의(陳毅)와 강생(康生)앞으로 보내기도 하였으며 두 원로는 소견을 교목에게 친절하게 답신도 하였다.

호교목이 휴양을 하면서 독서와 시문에 열중하고 있는 동안 중국역사의 수레바퀴는 어찌된 심판인지 점점 왼편으로만 굴러갔다. 중공 8기10중전회가 1962년 9월 24일부터 27일까지 북경에서 열렸다. 이 회의에서 모택동은 계급투쟁을 절대 잊지 말아야 한다고 호소하였다.

병으로 휴가를 하지 않았더라면 호교목은 아마 또 8기10중전회의 공보(公報)를 집필하였을 것이고, 또 모택동의 지시에 좇아 인민일보에 '계급투쟁을 절대 잊어서는 안된다'는 사설을 썼을지도 모른다. 그러나 지금 그는 시사(詩詞)를 연구하는 중이었고 계급투쟁의 풍운과는 멀리 떨어져 있었다.

호교목은 어쨌든 레닌이 "혁명을 묘사하기 보다는 직접 자기가 혁명을 하는 것이 더 재미있는 것"이라고 말한것 처럼 일단 시작하고서는 멈출 수가 없는지라 원래 타고난 천부적인 소질을 살려서 시사의 감상차원을 넘어서 직접 시문의 창작에 전념하였다.

고전체의 시사(詩詞)를 쓰게 된 데는 모택동의 영향이 컸다. 호교목은 고전체의 시사를 쓰면서부터 모택동과 취미를 같이하고 서로 상통할 수 있었다.

고전체 시사를 쓴 것은, 솔직히 말하면 그것이 일종 기풍이였기 때문이라고 그는 말하였다. 이 기풍은 모택동이 일으킨 것이다.

호교목이 첫 단계의 사작(詞作) 16수를 써 바쳤더니 모택동은 과연 기뻐하는 것이었다. 당시의 모택동은 4청(四淸)운동의 성격 등 문제에서 유소기와 정면충돌을 시작한 때였지만 짬짬이 틈을 타서 호교목의 작품을 고쳐주기도 하였으며 호교목은 모택동에게 사고(詞稿)를 수정하여 준데 대하여 실로 감격해 하며 시간이 허락하는 대로 자주 서신을 보내곤 하였다.

시사(詩詞)창작을 계기로 호교목은 장기요양을 하게 된후 오랜만에 모택동과 직접적인 연락을 가지게 되었다. 모택동은 호교목의 작품을 오는데로 고쳐서는 되돌려 보냈다.

이 시기의 중국 정치정세는 날로 더 긴장해 지기만 하였으며 곧 무슨 일이 일어날 것만 같았다. 2~3년간 병치료에만 전념한 호교목은 그 사이에 제정된 허다한 중요문건의 집필과 무관하였으니 이것이 다행이라면 다행이다.

임표(林彪)가 등장하더니 4가지 제일(四個第一)과 활학활용(活學活用)을 고취하였다.

강청(江靑)도 다시금 두각을 나타내더니 경극(京劇)혁명을 가지고 또다시 문제를 일으키기 시작하였으며, 모택동은 문예계가 최근 몇년 사이에 수정주의의 주변까지 굴러갔다고 첨예하게 비판하였다.

1965년 1월 1일은 호교목에게 있어 여느해와는 다른 원단이었다.

인민일보에 호교목이 원단사설은 쓰지 않았지만 이 신문은 호교목의 사(詞) 16수를 게재하여 주었다.

이 보다도 심상치 않은 것은 중공중앙의 이론지인 홍기(紅旗)역시 사

16수를 동시 게재하였다는 사실이다.
 오랫동안 침묵을 지켜오던 호교목이 돌연간 시인의 신분으로 데뷔했다.
 이건 호교목이 중공의 정치핵심권에 복귀하였다는 신호로도 된다.
 사(詞) 16수에 대해 호교목은 이렇게 말한적이 있다.
 "그것은 다 모택동 동지의 격려와 지지 하에 써낸 것입니다. 발표 전까지 그분께서 몇번이고 세심히 수정하여 주었습니다. 그분에 대한 감격의 정은 언어로는 이루 다 말할 수 없습니다. 그분이 고쳐준 단어나 구절은 실로 점철성금지효(點鐵成金之效)가 있었습니다. 하지만 작품 전반을 보면 자기가 예술적으로는 아직 유치하다는 것을 알 수 있습니다."
 이런 전차로 발표된 사(詞) 16수는 전국에서 광범위한 주의를 끌었다.
 호교목은 부지런히 시사를 써서 부지런히 모택동에게 보냈다. 그러나 이 일로 하여 새로운 정치스타 강청이 심히 불만스러워 하리라고는 예상도 못하였다.
 당시 모택동은 시간가는 줄도 모르고 호교목의 작품을 음미하고 하나하나 세심히 수정하여 주었다. 이를 강청은 무척 아니꼽게 여겼다. 이일로 하여 훗날 강청은 호교목을 꾸짖은 바 있다.
 "그 시사(詩詞)때문에 주석이 얼마나 심려하셨는지 아는가. 수정이 아니라 재창작이요 재창작 후엔 다시 보내오지 마시오. 주석이 하시는 일을 방해말고…"
 결국 호교목의 시사열(詩詞熱)은 1965년 6월에 뚝 멈추고 만다. 그가 다시 시흥이 나서 붓을 든 것이 20년이 훨씬 지난 1987년 3월이었으니, 강청이 감옥에 갇히고 오래 지난 후였다.

[제7장]
문화대혁명

강청과의 숙명적 대결

강청이 호교목을 밉게 본 것은 시사(詩詞)를 썼거나 모택동의 일을 방해하였기 때문이 아니며, 또 그때부터 밉게 보기 시작한 것도 아니다.

모택동의 비서인 만큼 호교목은 평소에 강청과 만나는 일은 자주 있었다. 그러나 "안녕하십니까? 요즘 건강은 어떠합니까"라는 인사말이나 마지 못해 하는 정도였고 다른 내왕은 전혀 없었다.

강청은 오래 전부터 호교목을 미워하였다. 두 사람간의 갈등은 생긴 지도 오래다. 사실 양자의 관계는 아주 미묘하기도 하다. 직무를 논하면 호교목이 강청의 직속상관이다. 강청이 중공중앙 선전부 문예처 부처장이고 호교목이 선전부 상무 부부장이기 때문이다. 그러나 강청이 도리어 안하무인이었으니 그것은 자기가 모택동의 부인이오 호교목은 모택동의 비서라는 데서 기인했다.

강청은 언제나 호교목을 주양(周揚)의 일당으로 간주하였다. 물론 역사적 연원이 전혀 없는 것은 아니다. 30년대에 강청이 영화배우로 상해에서 활동할 때, 호교목은 좌익 문화총동맹의 서기(書記)였고 주양은 중국좌익작가연맹의 당단서기(黨團書記)겸 중공상해중앙국 문위서기(文委書記)였다. 그 당시 강청이 어떤 인간이였는가에 대해서서 주양이나 호교목이 누구보다도 잘 알고 있다.

호교목은 강청에게는 경이원지(敬而遠之)하였으며, 모택동에게 서한을 올릴 때에 "강청 동지에게도 문안을 전합니다"하고 부언하는 데 그

쳤다.

그러나 강청의 권세가 날로 팽창하고 문화혁명이 박두하게 되면서, 강청의 일정에는 호교목을 제거하는 문제가 제기되었다.

호교목은 모택동의 비서니까 문화혁명이라 해서 그를 건드릴 수만은 없었다.

본래는 이러한데, 결국 그가 타도 대상으로 몰린 데는 대체로 몇가지 원인이 있다.

첫째, 모택동이 중앙선전부를 염왕전(閻王殿)이라고 비판하였었고 호교목은 줄곧 이 중앙선전부의 부부장이었다.

둘째, 예술영화 청궁비사(淸宮秘史)와의 관련이었다.

셋째, 역사극 해서파관(海瑞罷官)과의 관련이었다.

해서파관(海瑞罷官)과 호교목

주지하다시피 문화대혁명의 서막을 연 것은 1965년 11월 10일자 상해 문회보에 게재된 요문원(姚文元)의 장편문장 "신편(新編) 역사극 해서파관을 논함"이다.

후에 상세히 알고보니까, 해서(海瑞)를 주인공으로 하고 해서정신을 기리도록, 최초에 오함(吳晗)을 고무격려한 사람은 호교목이었다.

이 점에 대해서 오함 본인이 명백히 설명한 바 있다. 곽성화는 1966년 3월에 있은 오함과의 담화를 다음과 같이 회상하였다.

"한번은 역사극 '해서파관'을 쓰게 된 사연을 말하게 되었는데, 오함 동지는 이렇게 말하였습니다. 해서에 대하여 쓰게 된 것은 호교목 동지가 저에게 권고했기 때문입니다. 그는 모주석께서 해서의 정신을 배우라고 제창하셨다고 합니다. 제가 명사(明史)를 전문으로 하는 사람이니까 물론 제가 써야 한다고 호교목 동지는 말하였습니다."

해서파관 비판이 문화대혁명의 도화선이었다. 이런 작품을 쓰도록 권고했다는 것은 호교목의 실각을 초래한 원인이 된다.

기실 해서를 따라 배우라고 호소한 사람, 해서의 정신을 제창한 사람은 모택동이다.

중공 8기7중전회가 1959년 4월에 상해에서 열렸을 때다. 하루는 모택동이 '생사패(生死牌)'라는 연극을 관람하였는데, 이 극에 남포공(南包公)이라고 칭송되는 해서가 등장한다. 해서의 형상은 모택동의 흥미를 끌었다. 모택동은 옆에 앉아있는 비서 전가영에게 명사(明史)를 빌어오라고 부탁하면서 해서전(海瑞傳)을 한번 봐야겠다고 하였다.

4월 3일 밤, 모택동은 흥미진진하게 해서전을 자세히 읽었다.

이튿날 오전 회의에서 모택동은 해서에 대한 이야기를 한 토막 하였다.

"해서가 황제를 꾸짖기는 하였지만 그는 여전히 황제에게 극히 충성하는 사람이었습니다. 충성하면서도 아첨은 하지 않으며 감히 직간하는 해서의 이런 정신을 우리도 배워야 합니다."

해서의 정신을 선전하기 위하여 모택동은 호교목을 보고 사람을 물색하여 글을 쓰도록 하였다. 이전부터 모택동사상을 선전하는 일에 언제나 최선을 다하여온 호교목은 곧 모택동의 지시대로 하였다.

해서의 정신을 따라 배우도록 전당·전인민을 설득시켜야 한다. 그러자면 문장집필을 누구에게 의뢰하면 좋을까 하고 숙고하다 호교목은 명사 전문가인 오함을 찾기로 하였다. 곧이어 호교목은 오함에게 모택동의 연설 요지를 전하고 문장집필을 의뢰하였다.

명사라면 줄줄 외울 수 있는 오함은 글을 빨리 써내는 문필가로도 이름이 나있었다. 며칠 안되어 그는 '해서가 황제를 꾸짖다'라는 글을 완성하였다. 1959년 6월 16일자 인민일보에 이 글이 게재되었다. 작자는 유면지(劉勉之)인데 이건 오함의 필명이다.

그후에도 모택동은 여러번 해서정신(海瑞精神)을 제창하였다. 그는 주은래보고도 '명사·해서전'을 읽어보라고 권하면서 이렇게 말하였다.

"우리가 공격하지도 보복하지도 않는데 어째서 대담하게 우리를 비평도 하지 못하며 과감히 의견을 제기하지 못한단 말입니까. 그르다는 것을 빤히 알면서도 비평도 하지 않고 투쟁도 하지않는다면 이건 옹졸한 처사입니다. 맞부딪혀 겨루지 않고서는 상대방을 이해할 수 없다고 하지 않습니까."

후에 오함은 또 '해서를 논함'이라는 글을 썼다. 그러나 원고를 보내왔을 때 호교목은 여산에 가고 없었다.

한편 모택동은 여산에서 팽덕회, 장문천 등이 들이대는 첨예하고 정확한 의견과 직면하게 된다. 그는 동의는 고사하고 반격을 하였고 그들을 반당집단이라고 오히려 낙인을 찍었다. 그야말로 모택동은 엽공호룡(葉公好龍)이나 다름없이 그의 지위와 권위를 도전한다고 생각하였을 때는 변신에 매우 능한 사람이었다. 동시에 그는 또 해서정신은 제창한다고 하였다가 돌연히 해서를 좌파 해서와 우파 해서의 두 부류로 나누더니 다음과 같이 말하는 것이었다.

"나는 해서를 좋아하는 동시에 미워도 합니다. 해서의 절반은 진짜입니다. 다른 절반인 우파 해서의 말을 나는 듣지 않습니다. 해서는 원래부터 좌파입니다. 좌파 해서를 나는 환영합니다. 마르크스주의의 입장에 서서 결함을 비평하는 것은 옳은 일입니다. 나는 좌파 해서를 지지합니다."

모택동이 해서를 좌파, 우파로 나눈다는 자체가 억지를 쓰는 것과 다를 게 없다. 하지만 해서를 좋아도 하고 미워도 한다는 말은 솔직한 말이다. 그의 심리는 확실히 이런 모순상태에 있었다.

'해서를 논함'이라는 이 문장은 이와 같이 우경기회주의 비판의 꼬리를 단 채 1959년 9월 21일자 인민일보에 발표되었다.

그 후 오함은 계속 분발하여 "신편(新編) 역사극 해서파관(海瑞罷官)"을 써냈다.

강청이 해서파관을 눈에 가시처럼 여길 줄을 오함은 전혀 상상도 못했다.

강청은 장춘교(張春橋), 요문원(姚文元)과 밀모한 끝에 "신편 역사극 해서파관을 평함"이라는 대비판 문장을 작성해 내었다.

그 당시는 무슨 일만 생기면 배후에 어떤 흑막이 있지 않으냐고 무척 신경을 쓰는 때였다. 그러므로 호교목이 이 대독초(大毒草)인 해서파관의 흑막으로 몰린 것은 불가피한 일이다.

모택동과의 마지막 면담

강청 동지가 임표 동지의 위탁에 의하여 소집한 군대문예사업좌담회의 개요(槪要)라는 것이 중공중앙문건의 형식으로 1966년 4월 10일에 배포되었다. 문화 대혁명의 긴박한 북소리가 중국의 대지를 흔들어 놓을 것을 예고하고 있었다.

이때 호교목은 항주에서 요양하고 있었다. 모택동도 마침 항주에 있었다.

1966년 4월 16일부터 26일까지 중공중앙정치국 상무위원회확대회의가 모택동의 사회하에 항주에서 열렸다. 문화대혁명을 발동할 준비를 하는 회의였다.

이와 때를 같이하여 문필가들로 구성된 한 그룹이 상해 금강(錦江)호텔 뒷채에서 이른바 '5·16 통지'를 집필하느라고 분주히 서두르고 있었다. 이 그룹이 명의 상으로는 진백달, 강생, 강청이 지도하는 집필소조 였지만 진백달과 강생이 항주의 회의에 가고 없었으므로 실지는 강청의 장악 하에 있었다. 이 그룹에 망라 된 수재(秀才)가 장춘교, 오냉서(吳冷西), 왕역(王力), 관봉(關鋒), 척본우(戚本寓), 윤달(尹達), 목흔(穆欣), 진아정(陳亞丁)등이다. 호교목은 소외되었다.

제일 바삐 서두른 사람은 강청의 심복인 장춘교 였다. 집필한 '통지'가 매번 개정될 때마다 장춘교가 파견한 사람이 원고를 가지고 항주로 갔다. 모택동이 수정을 가한 후에 또 그가 파견한 사람이 상해의 장춘교 한테로 온다. '5·16 통지'의 하달과 함께 문화대혁명은 정식으로 막을 올렸고 중국의 대지는 대자보의 바다로 화한다.
　모택동은 그냥 항주에 남아 있으면서 북경의 운동을 원격 조종하였다. 모택동이 한창 바쁜 때에 호교목이 만나 뵙기를 청하였다. 당시 호교목은 북경에 돌아가 운동에 참가하라는 통지를 이미 받았던 것이다. 불길한 예감이 들었다. 모택동이 항주에 있음을 아는 그는 한번 모택동을 만나 속심의 말을 하려고 생각하였다.
　이전 같으면 모택동의 비서였으니 모택동을 만나기는 쉬웠다. 전화를 하거나 쪽지만 써도 만날 수가 있었다. 지금은 그때와는 다르다. 무슨 영문인지 아무리 기다려도 가타 부타 회답이 없다.
　소식이 없는 것으로 미루어 접견하지 않으려는구나 하고 판단한 호교목은 항주를 떠나게 된다. 그는 부인(곡우)과 비서와 경호원과 같이 승용차를 타고 상해로 향하였다. 섭섭하기 그지없는 일이었다.
　북경으로 가려고 상해에 이르렀을 때였다. 모택동이 호교목을 접견하겠다는 전화가 왔다. 호교목은 부랴부랴 승용차를 항주로 되돌렸다.
　이렇게 급한 걸음으로 가서 만나게 되었으니 호교목은 생각이 제대로 정리되지도 못했고 생각하고 있던 말도 제대로 하지 못하였다.
　모택동도 아주 간단히 몇 마디만 말했다.
　"북경에 가거든 관찰을 많이 하고 정황파악도 면밀히 하되 말은 많이 하지 마오."
　담화는 이렇게 간단히 끝나고 모택동은 다른 일을 보러 자리를 떴다.
　이것이 모택동과의 최후의 면담이었을 줄은 당시의 호교목은 상상할 수도 없었다.
　그 후 모택동도 북경에 돌아왔고 호교목은 다시 면담할 것을 희망 하였지만 강청의 농간으로 실현되지 못하였다.
　모택동의 비서로 있은지도 여러 해가 된다. 필경 호교목은 모택동에게 깊은 감정을 가지고 있다. 자기의 생애에서 모택동과 몇번 만났던가는 일일이 헤아릴 수 없다. 그러나 최후에 만나서 한 이야기는 그에게 있어 너무도 유감스러운 것이었다. 후에 호교목은 가족에게 몇번이고 이런 말을 되풀이 하였다.

"마지막으로 만났을 때 어째서 나는 생각했던 말도 다 잊어버리고 말았던가."

영원히 돌이킬 수 없는 것이 한없는 유감이었다.

항주에서 바쁘게 만나본 후로는, 모택동의 비서라는 직무에도 종지부가 찍혔다. 그렇지 않아도 1961년 8월에 장기휴가를 받게 된 때로부터 호교목의 이 직무는 명존실무였다.

호교목이 모택동의 비서로 있은 기간은 보통 25년이라고 한다. 1941년 2월부터 1966년 6월까지이다. 그러나 실지는 20년이다. 즉 1941년 2월부터 1961년 8월 까지이다.

중남해를 떠나다

1966년 6월 초에 호교목은 중남해 이원에 있는 자택으로 돌아왔다. 하루는 강생이 무슨 일로 호교목을 찾을까.

얼마 전인 5월 28일에 중공중앙에서는 '중앙문화혁명소조의 구성명단에 관한 통지'를 하달하였다. 조장에 진백달, 고문에 강생, 부조장에 강청, 왕임중(王任重), 유지견(劉志堅), 장춘교가 임명되었다.

당시는 강생의 권세가 대단하던 때이다. 그는 요즘 몸은 어떠냐는 등 예사로운 인사말을 간단히 나누고 곧 본론으로 들어갔다. 요컨대 거처를 중남해 밖으로 옮기라는 것이었다.

1949년 부터 호교목은 중국의 정치중추인 중남해에 거주하였다. 17년이나 있던 데를 어째서 떠나야 하는가.

강생은 물론 그럴듯한 이유를 들었다. 중남해 안에 도로정비를 하게 되는데 이원의 가택을 헐게 됐다는 것이다.

길을 닦는다고 해도 중남해 안에서 다른 데로 이주하면 되지 않는가! 그러나 강생의 뜻은 중남해 밖에서 거처를 물색하라는 것이었으니 이것은 결국 중남해에서 축출하려는 것임이 명백하다.

호교목은 우울한 심정으로 돌아왔다. 그렇지 않아도 한달 전에 중남해에, 가슴을 뭉클하게 하는 불상사가 있었다. 당시 호교목은 항주에 있었고 뒤늦게야 이 소식을 들었다.

불상사란 전가영(田家英)이 자결한 사건이다. 그가 중남해에서 당장 나가라는 통지를 받은 것이 5월 22일이었다. 이튿날 오전에 그는 중남해 영복당에서 스스로 목숨을 끊고 자기의 일생을 비장하게 마쳤다.

전가영에게는 모주석의 저작을 함부로 뜯어고쳤다는 죄명이 씌어졌다. 모택동의 담화기록을 정리하다가 그는 다음과 같은 부분을 삭제한 일이 있다.

'해서파관의 문제점은 파관(罷官)이다. 가정황제(嘉靖皇帝)는 해서를 파면하였고 1959년에 우리는 팽덕회를 파면하였다. 팽덕회도 해서와 다를 게 없다.'

그러니 강청이 노발대발한 건 말할 것도 없다.

문화대혁명이 시작한 초기에, 모택동의 세 비서는 이렇게 판이한 운명에 처하게 된다.

정직하고 억세고 절개가 굳은 전가영은 죽었다.

서생티가 몸에 배인 호교목은 파직당한거나 다름없이 뒷편에 물러섰다.

정치비서들 중에서 가장 기회주의적인 진백달은 발탁되었다.

호교목과 이야기할 때 강생은 그래도 예절바르게 대한 셈이다. 그때까지만 해도 호교목이 중공중앙 서기처 후보서기였기 때문이다. 전가영의 경우는 호교목과 다르다. 그는 직무수행정지와 반성(停職反省)이라는 처분 외에 당장 중남해를 나가라는 명령을 받았던 것이다.

전하는 바에 의하면, 그 당시 모택동의 안전을 위한다는 구실로 중남해 내부를 정돈하였다고 하며 호교목을 내쫓자는 의견은 강청이 제기한 것이라고 한다. 강청은 자기가 직접 말하기가 거북해서 강생을 내세웠다.

호교목은 중공중앙 기관사무관리국에서 온 사람과 같이 이사갈 집을 물색하였다. 열 몇 곳을 돌아본 후에 결국은 천안문 광장 가까이에 있는 집을 택하였다.

원래는 어느 나라에서 대사관으로 쓰던 집이다. 서고(書庫)가 큼직한 것이 마음에 들었다. 수 만 권의 장서를 비치할 수 있기 때문이다.

호교목은 우울한 심정으로 중남해를 떠났다. 원래부터 과묵한 편인 그는 더욱 과묵한 사람으로 되었다.

대자보(大字報)

호교목은 모택동이 항주에서 하던 말을 언제나 명심하였다. ─ 관찰을 많이 하고 상황 파악도 잘 하되 말은 많이 하지 말라.

1966년 6월 6일, 호교목은 신변에 있는 사람을 북경대학에 보내어 대자보를 보고 모든 정황을 이해하게 되었다.

그러나 수하사람들의 보고만 들어서는 안되겠다고 생각한 그는 자기가 직접 가 보기로 마음먹었다.

어디로 갈까. 아들이 재학중인 북경 우전(郵電)대학에 가 보기로 하였다. 그러나 모택동의 지시에 따라 취한 이 행동이 훗날의 화단으로 될 줄이야 누가 알았으리오. 우전대학 학생들이 호교목이 다녀간 것을 알았던 것이다.

1966년 7월 20일, 중공중앙에서는 '모택동저작 편집위원회 구성에 관한 통지'를 하달하였다. 명단에 자기이름도 들어있는 걸 보고 호교목은 약간 마음이 놓이기는 하였다. 동 편집위원회의 구성은 다음과 같다.

주임 : 유소기
부주임 : 강생, 진백달, 도주
위원 : 이정천, 이설봉, 유난도, 송임궁, 왕임중, 위문백, 호교목, 소

화, 유지견, 장평화, 웅복, 왕역, 척본우, 유한.

경력(經歷)으로 보면 부주임으로 되는 것도 응당하겠지만, 하여간 이름이 올려 있다는 것만 해도 정치적 대우가 그래도 괜찮다는 것을 의미한다.

그러나 1966년 8월 1일부터 12일 까지 중공 8기11중전회가 모택동의 사회 하에 북경에서 열렸다. 모택동은 '사령부를 포격한다'는 대자보를 썼다. 회의는 8월 12일에 서기처 서기의 면직·보선하는 것에 관한 결정을 채택하였다. 이 결정에 의하여 팽진, 육정일, 나서경이 중앙서기처 서기의 직무에서 해임되고 양상곤이 후보서기 직무에서 해임되었다. 그리고 도주가 중앙서기처 상무서기로, 엽검영이 서기처 서기로 각각 임명되었다. 호교목은 그냥 후보서기로 남아 있게 되었다. 서기로 승급도 아니했고 후보서기를 희망하지도 아니했으니 원직 그대로이다. 하지만 장춘교는 회의에서 이름을 들어가며 호교목을 비평하였다.

회의가 끝나고 며칠 후인 8월 18일, 모택동은 천안문성루에 올라 제1차 홍위병검열을 한다. 이날은 호교목도 성루에 있었다. 신화사 전신(電信)에도 그의 이름은 나왔다. 하지만 그는 모택동과 멀리 거리를 둔 위치에 서 있엇고 또 감히 찾아가 몇마디 말을 건네지도 못하였다. 다른 사람들과는 별로 말을 하지 않고 그저 지정된 자리에 멍하니 서있을 뿐이었다.

기분이 우울할 수 밖에 없었다. 그는 나흘 전인 8월 14일에 중앙문화혁명소조에 불려가 비평을 들었다. 그가 일련의 문제에서 착오를 범했다는 것이다.

청궁비사·중공8기7중전회·여산회의… 해서파관에 이르기까지, 범한 착오가 많다고 하였다. 호교목은 부득이 상기 문제에 대한 짤막한 자기비판을 그 이튿날에 썼다 — 자신의 태도를 표시하는 의미에서. 이날 밤에 그는 자기 신변에서 일하는 사무인원들을 보고 자기는 착오를 범하였노라고 정중히 알려 주었다.

8월 17일 호교목은 자기주변의 인원도 줄일 것과 거주면적이 보다 작은 데로 이사갈 것과 그리고 자기가 사계청(四季靑)인민공사에 내려가 노동할 것을 제기하였다.

8월 18일, 그가 천안문 성루에 올라갔을 때, 팔보산(八寶山)에 있는 그의 부친의 묘비(墓碑)가 파괴 당하였다. 그의 부친 호계동(胡啓東)은 만년을 호교목과 같이 있다가 1957년 2월에 병사하여 팔보산에 묻혔다. 그의 묘비의 글씨는 우우임(于右任)의 제자인 서예가 호공실이 쓴 것이었다. 호교목의 어머니 하씨(夏氏)도 해방후 호교목과 같이 있다가 폐결핵으로 사망하였다.

문화혁명때는 계급성분을 각별히 중요시하였다. 애비가 영웅이면 자식도 호한(好漢)이요, 애비가 반동이면 자식도 몹쓸 놈이라는 말이 유행하였다. 호교목의 부친 - 호계동은 개명한 분이고 진보적인 분이였지만 문화혁명때는 대지주라 매도를 당하였으니 잇달아 묘비도 수모를 받게 된 것이다. 호교목은 대지주의 효자현손(孝子賢孫)으로 몰렸다.

천안문에서 내려오자 호교목은 곧 반성문을 쓰느라고 바삐 서둘렀다. 8월 28일에 그는 수정한 반성문을 사람을 시켜 모택동에게 보냈다.

8월 31일은 모택동이 홍위병을 두번째로 검열하는 날이었다. 처지가 위태했어도 이날도 호교목은 입장권을 가지고 천안문에 오르게 되었다. 그러나 무표정한 그는 전보다도 더 우울하였다.

9월 5일부터 중공중앙판공청 비서국은 호교목 앞으로의 문건송달을 정지하였다. 이건 그야말로 엄중한 신호였다. 정식으로 직무를 해제당한 것과 다름이 없었다.

사태의 중대성을 의식하고 호교목은 급료를 내려 삭감된 부분을 당비(黨費)로 납부할 것과 보초병과 취사원을 돌려보내고 승용차 반납과 그리고 거처를 옮길 것 등의 문제를 다시 제기하였다.

9월 7일 오전, 중앙문화혁명소조는 회의를 열고 호교목의 반성을 들은 후 또 한바탕 비평을 가하였다.

9월 15일에 모택동이 천안문광장에서 제3차로 홍위병을 검열하였는데 이날부터 호교목에게는 입장권이 오지 않았다. 천안문성루에 올라가는 자격을 박탈당하였던 것이다. 그때만 하여도 유소기와 등소평은 천안문에 올랐었다.

호교목의 집은 천안문광장에서 멀지 않다. 광장에서 부르는 '모주석 만세'나 '무산계급 문화대혁명 만세'는 그대로 호교목의 귀에 들려왔다. 그 외침을 호교목은 무표정하게 듣고만 있었다. 그 후에도 모택동은 여러번 홍위병을 접견하였지만 호교목을 천안문에 오르라고 초청하는 사람은 아무도 없었다. 집에 앉아 자기비판을 쓰는 것만이 그의 일과였다.

○ 청궁비사에 대한 비판
○ 해서파관에 대한 비판
○ 여산회의와 관련한 비판
○ 인민일보의 사업에 대한 비판

중공중앙의 큰 문필가로 활약하던 호교목이 지은 반성과 비판 자료만 쓰는 문필가로 전락하게 된 것이다. 한 시대의 아이러니였다.

그러나 비판을 하면서도 그는 아주 진지한 태도로 매사를 대하였다. 주변의 사람을 북경도서관에 보내어 청궁비사의 관련자료를 빌려오게 하였다. 역사학자 범문란에게 편지로 관계사항을 묻기도 하였고 인민일보의 합본을 펼쳐 보기도 하였다.

같은 시기에 중남해에는 호교목을 비판하는 대자보가 나붙었다. 그를 주양일당(周揚一黨)으로 몰고 염라전(閻羅殿)의 염라왕(염라전이란 중공중앙선전부를 일컬음)이라고 하였다. 심지어 그의 명저인 『중국공산당의 30년』은 당의 역사를 함부로 뜯어고치고 중국의 흐루시초프를 구가한 대독초(大毒草)라고 하였다.

처음에는 내외유별(內外有別)이라는 견지에서 중남해 안에 있는 대자보의 내용은 밖으로 전하지 못하게 하였다. 그러나 세상에 어디 바람 안 새는 담장이 있겠는가. 후엔 오히려 중앙문화혁명소조에서 의도적으로 밖으로 자료를 퍼뜨렸다. 혼란한 국면을 이용하여 이전부터 별러오던 숙적을 하나하나 타도하기 위해서였다.

홍위병

호교목을 규탄하는 표어가 이제는 거리에 나붙게 되었다. 1966년 10월 12일, 호교목은 원(院)에 돌아와 자아비판을 하라!'라는 표어가 서장안 대가(西長安大街)에 나붙었다.

호교목이 비판받게 된다는 이 돌발적인 뉴스는 삽시간에 북경성에 퍼졌다.

'원'에 돌아오라니, 도대체 무슨 원인가. 표어의 낙관이 북경우전학원(北京郵電學院) 홍위병이었으니 북경우전대학을 말하는 것이었다.

원래 호교목은 이 학교와는 별다른 관계는 없다. 그저 자기 아들이 이 학교의 재학생이고 학교 당위서기 양사구의 부인인 왕용(王榕)이 곡우(谷羽)를 잘 알고 있을 뿐이다. 그리고 호교목이 대자보를 보러 이 학교에 간 것은 '많이 보고 많이 이해하라'는 모택동의 부탁이 있었기 때문이다. 그러나 당시만 해도 중앙 지도자이었으니까, 학교에 진주하였던 공작조 조장 주춘화가 연설을 하라고 호교목에게 요청을 하였고 그래서 호교목은 이 학교 교원·학생들 앞에서 연설을 하였다. 그 내용은 공작조의 지도 하에 문화대혁명을 잘 하라는 것 뿐이다. 그 날이 6월 18일이다.

각 학교에 공작조를 파견한 것은 당시 북경에서 일상사무를 관장하고 있던 유소기의 의견에 의해서였다. 7월 18일에야 북경에 돌아온 모택동은 강청 등의 보고를 듣고, 공작조파견은 노선착오라고 단정하였다. 모택동은 8월 5일에 쓴 '사령부를 포격한다―나의 대자보'에서 공작조를 파견한 유소기의 착오를 강도높게 비판하였다. 그의 말에 의하면, 반동적인 자산계급의 입장에서 자산계급독재로 기세 드높은 문화대혁명운동을 눌러 버렸다는 것이다.

그리고 자산계급의 위풍을 조장(助長)하고 무산계급의 지기(志氣)를 멸하였으니 이 또한 얼마나 지독한 일이냐고 말하였다.

1966년 10월 1일에 나온 홍기 잡지의 사설은 모택동의 지시에 따라 자산계급 반동노선을 비판할 것을 호소하고, 공작조 파견은 자산계급 반동노선이라고 하였다.

이보다 앞서, 8월 23일에 북경우전대학 홍위병들은 호교목에게 편지를 보냈었다. 호교목의 6월 18일 연설을 비평하는 내용이었다. 호교목은 때가 때인지라 그 자리에서 회신문을 쓰고 잘못했음을 인정하였다.

홍기 잡지의 국경절 사설의 고무하에 전국 각지에는 자산계급 반동노선을 비판하는 운동이 일어났다. 그런 정세에 힘입은 북경우전대학 홍위병들은 공작조를 비판하는 대회를 열기로 하고, 호교목도 학교에 돌아와 반성하라는 표어를 거리에 써 붙였던 것이다.

대회를 하루 앞둔 10월 11일, 우전대학의 홍위병들은 우전부를 통하여 호교목에게 전화통지를 전했다. 이튿날에 열리는 비판대회에 나오라는 것이었다. 호교목은 가지 않았다. 대자보를 써서 잘못했다고 자인하고 비서를 시켜 그것을 우전대학에 전하였던 것이다.

물불을 모르고 덤벼 드는 나이어린 홍위병을 이용하여 노간부들에게 충격을 가하는 것은 당시 중앙 문화혁명소조의 일대 비범한 발상이었다. 청화대학 홍위병들이 유소기, 왕광미(王光美) 부부를 붙들어다 갖은 행패를 다 부린 것은 그 일례이다. 청화대학과 인연을 가지게 된 것은 자기의 아이가 그 학교를 다녔기 때문이다. 마찬가지 인연으로 호교목도 우전대학 홍위병에게 걸리게 되었다.

10월 17일, 호교목은 감기로 눕게 되었다. 10월 21일, 왕동흥(汪東興)한테서 호교목에게 전화가 왔다. 우전대학 홍위병들이 지금 중남해 접대소에 왔는데, 호교목이 그 학교에 가서 비판해 줄것을 강렬히 요구한다는 내용이었다.

편지를 쓰거나 대자보를 보내어 착오를 검토하는 것만으로는 안되는 모양이다. 10월 26일, 호교목은 비서를 중남해 서문(西門)에 보내어 우전대학 홍위병을 만나보게 하고 착오를 인정한다는 뜻을 전하였다.

그러나 홍위병측은 절대 양보하지 않고 기어이 학교에 와서 반성해야 한다고 고집하였다. 할 수 없이 호교목 자신이 10월 28일 중남해경위단 초대소에 가서 우전대학 홍위병대표의 의견을 직접 들었고 학교에 가서 반성하겠다고 대답하였다.

일단 걸려든 신세이니 별수가 없는지라, 호교목은 10월 31일 오전에 우전대학의 홍위병대회에 나섰다. 집에 돌아와 점심식사를 하였고 그날 밤 7시 반에 재차 그 학교에 가 전교 홍위병들 앞에서 공개 자아비판을 하였다. 그러나 일은 이로써 끝난 것이 아니었다…

가택수색

1966년 12월 24일, 초겨울의 삭풍이 거칠게 부는 날이었다. 거리를 걷는 사람들은 머리를 움츠리고 걸었다.

호교목의 주택 근처에 낯선 젊은이들이 몇이 왔다. 호교목의 집 대문이 어느 만큼인가하고 살펴 보기도 하고 주변의 담벽이 어떠한가도 기웃기웃 돌아보기도 하였다. 군사용어를 쓴다면 지형정찰이라 하겠다. 호교목은 이날도 집에 있었지만 바깥에 이런 동정이 있는 줄은 전혀 몰랐다.

25일 저녁 일곱시, 사방은 어두컴컴한데, 홍위병완장을 낀 우전대학 학생들이 불의에 호교목의 거처에 덮쳐 들었다. 내자불선(來者不善)이요 선자불래(善者不來)라는 말과 같다. 호교목에게 반기를 들고 가택수색을 왔던 것이다.

실로 황당한 시간이었다. 한 무리의 홍위병이 제멋대로 중공중앙서기처 후보서기를 가택수색하다니, 한심한 일이다. 물론 사전에 중앙문화혁명소조와 연락을 하고 묵인을 얻었던 것이다.

호교목의 거처에는 중공중앙의 문건과 중요한 자료가 많이 보관되어 있다. 무법천하인 때이기는 하여도 이 자료를 무단반출한다는 것은 절대 안되는 일이다.

'호교목을 타도하자!'는 구호를 들으면서 호교목 내외는 홍위병들에게 연금당한 상태에 처했지만 신변에 있던 사무원들은 중앙문화혁명소조와 중공중앙판공청에 긴급전화를 하였다.

중앙문화혁명소조는 바로 군복차림을 한 사람을 파견해 왔는데 그 자하는 말이 홍위병의 행동을 찬성한다는 것이었다.

중공중앙판공청 비서국에서도 사람이 왔다. 그는 이런 제의를 하였다.

"호교목의 집에 있는 문건은 중앙문화혁명소조, 중앙판공청, 홍위병 3자대표의 감시 하에 일단 봉한 다음, 훗날에 중공중앙판공청에 이송하기로 한다. 홍위병은 문건을 밖으로 가지고 나가지 못한다. 호교목 개인에게 속하는 도서나 화책은, 그 중의 봉건적인 것, 자본주의적인 것, 수정주의적인 것들에 한해서 홍위병들이 혁명적인 행동을 취해도 된다. 그러나 영수증은 꼭 써 놓고 가져가야 한다."

중앙문화혁명소조의 대표도 이 의견에는 동의할 수 밖에 없었다.

워낙 문건도 많고 서적도 많은 집이어서 수색은 하룻밤이 꼬박 걸렸다.

초조할 대로 초조한 호교목은 몇번이고 왕동흥에게 전화를 하였지만 끝내 통화를 못하였다.

대량의 문건은 중공중앙판공청에 이송되었다. 홍위병들은 그 많은 도서를 실어갈 수 없는지라, 수색소동을 한바탕 벌인 후 서고(書庫)의 문에 봉인딱지를 붙였다. 서고에는 견본으로 보내왔던 '중국공산당의 30년'이 여러 권 있었다.

대비판의 반대자료로 쓰겠다고 하면서 이 책은 홍위병들이 압수해가지고 갔다.

가택수색이 끝날 무렵에 홍위병들이 또 걸고 들었다. 호교목을 당장 학교에 붙들고 가서 비판투쟁해야겠다는 것이다.

이 일은 간단한 일이 아니다. 신변에 있던 호교목의 사무원은 즉시 주은래에게 전화로 긴급보고를 하였다. 주은래는 호교목을 학교에 끌고가서는 안된다고 딱 잘라 말하였다.

전화하던 사람은 홍위병에게 송수화기를 넘겨주어 직접 듣게 하였다. "왜 호교목을 데려가려고 합니까. 그건 안됩니다. 비판문을 쓰라고 한다면 집에서 쓰면 되지 않습니까!"

주은래의 말은 홍위병도 감히 거부할 수 없는 처지였으므로 일장 풍파는 결국 멎기는 하였다.

한풍 속에 겪은 수모

북경우전대학 홍위병들의 혁명행동은 연쇄반응을 일으켰다.

중남해 안에 있는 홍기혁명조반단(紅旗革命造反團)이 와서 이러쿵 저러쿵 따지고 묻고 하였다.

문자개혁위원회에서도 혁명조반대요, 모택동사상 전투대요, 풍뢰격(風雷激)전투조요 하는 사람들이 와서 조반(造反)하느라고 소란을 피웠다.

인민일보사의 정강산(井岡山)전투단이요, 준의(遵義)홍기 전투단이요, 홍위군이요 하는 사람들도 몰려와서 호교목이 비판을 받아야 한다고 떠들어댔다.

……

심지어는 농아(聾啞)학교 학생들까지 호교목을 만나 비판하겠다고 하였다.

호교목은 이렇게 토벌대상으로 되었다. 여러 갈래의 토벌군이 있었는데 그 중 대처하기 제일 어려운 게 인근에 있는 한 중학교 학생들이었다. 엎어지면 코닿을 데 있는 이 학교 학생들은 모택동주의 홍위병이노라 하였는데, 세상물정은 전혀 모르면서도 조반(造反)정신만은 극히 왕성한 아이들이다.

호교목이 어찌하여 이 모택동주의 홍위병들의 눈에 걸리게 되었는가. 그 경위를 말한다면 실로 불가사의 하다. 국경절 전야인 1966년 9월 30일이였다. 호교목은 자기도 국경절을 경하하는 무슨 행동이 있어야겠다고 생각하였다.

물론 인민일보에 국경절 사설을 쓸 형편은 아니지만, 그 대신 호교목은 자기 집 담장에 표어를 쓰기로 하였다. 서생티를 벗지 못하는게 그의 타고난 천성이었다.

마침 인근 중학교의 두 학생이 지나가다가 호교목이 표어를 쓰는 걸 발견했다. 하도 유명한 인물이라, 호기심이 동하여 말을 좀 건네게 되었고 호교목도 기꺼이 그들과 이야기를 나누었다. 평범한 중학생이 호교목과 담화한다는 것은 평소라면 사실 있기 힘든 일이다. 두 학생은 돌아가자 담화기록을 정리하여 공개하였다. 제목도 그럴듯하게 호교목의 9·30 담화 기록이라고 하였다. 선의적인 거동이지만 실로 상상 외의 일이다.

호교목을 우전대학에 와 비판을 받으라는 표어가 10월 12일 서 장안가에 나붙었다는 소식은 이 중학교에도 전해졌다. 그제야 모택동주의 홍위병들은 자기들도 투쟁의 예봉을 호교목에게 돌려야겠다고 마음 먹었다. 우선 9·30 담화기록을 절호의 대비판 자료로 삼은 것은 더 말할 것도 없다.

우전대학 홍위병들이 호교목의 거처를 수색하자 이 중학교의 모택동주의 홍위병도 협동작전에 나섰다. 그들도 12월 26일에 호교목에게 대자보를 썼다.

자기네 중학교에도 와서 반성하라는 것이다. 대표도 여러번 파견하여 호교목을 찾았다. 끈질기게 달라붙는 면에서는 우전대학 홍위병 이상이었다.

호교목의 붓이 이전에는 장개석을 비판하였고 애치슨을 비판하였다. 흐루시초프도 비판하였고 네루도 비판하였었다. 그러나 그 붓으로 지금은 매일 홍위병들에게 반성문을 써야 한다. 인근 학교의 모택동주의 홍위병까지 그더러 반성문을 쓰라고 성화이니 쓰지 않으면 안되었다.

오래지 않아 일련의 비판투쟁이 시작된다.

1967년 1월 5일 오후, 호교목은 문자개혁위원회 조반파(造反派)들에게 불려가 비판을 받았다.

1월 9일 오후, 호교목은 중국과학원 응용지구물리연구소 '혁명조반(革命造反)사령부'라는 데 붙들려가 호교목 투쟁대회에 피고로 나서야 했다.

1월 10일, 부인 곡우(谷羽)도 충격을 받았다. 사무실에서 이틀동안 반성문을 쓰라는 명령을 받았고 이불과 세면도구는 가족을 시켜 보내 오게 하였다.

1월 11일 오후, 호교목은 인민일보사의 조반파(造反派)들에게 붙들려 가서 저두인죄(低頭認罪)하는 신고를 겪어야 했다. 그날 밤 호교목은 세번이나 수면제를 먹었지만 두시간 밖에 잠을 이루지 못하였다.

1월 12일 오후, 호교목은 북경우전대학에 붙들려 가서 비판투쟁당하고 여섯시 반에야 집에 돌아왔다. 밤에는 또 잠을 자지 못하였고 기분이 아주 나빴다.

비판투쟁은 날로 더하여갔으며 방식이나 수단도 날로 갱신되었다. 1월 17일 오전 10시가 좀 넘어서였다. 우전대학 홍위병들이 살기등등하게 집에 들어오더니 다짜고짜로 호교목을 끌고나가 트럭에 올려 세웠다. 트럭에 장치한 확성기가 '호교목을 타도하자!'고 연거푸 소리쳤다. 시내 일주를 하면서 투쟁하는 판이었다. 이날은 한풍(寒風)이 불어치는 추운 날씨였다. 트럭은 서단(西單)을 거쳤고 신가구(新街口)를 지났다. 그리고는 계속 북향하여 서북 교외의 북경광업대학 문어구에까지 갔다. 그리고는 남향하여 북경강철대학을 지나 북경우전대학에 이르렀다. 그날 오후 내내는 이 우전대학에서 투쟁비판을 당하였고 대회가 끝나자 또 시내로 끌려 다녀야 했다. 이날 호교목은 1월 혁명이 어떤 것인가를 통절하게 체험하였다.

　온갖 수모를 다 겪고 집으로 돌아온 호교목은 중한 감기에 걸렸다. 코로는 숨을 쉴 수가 없었다. 그러나 반성문은 또 써야 했다. 번호를 매긴다면 북경우전대학 앞으로 쓰는 제6호 반성문이다.

　이튿날, 중국과학원 홍기총부(紅旗總部)의 사람들이 팔보산에 가서 호교목의 부모의 산소에 만행을 감행하였다. 무덤은 파헤쳐졌고 심지어는 유해의 일부까지 가지고 갔다.

　1월 19일 오전, 호교목은 전국 중등학교 수도(首都)전투단 서성구(西城區)분단에 붙들려 가 심한 수모를 당하였다. 홍위병은 호교목의 허리 굽힌 각도가 부족하다면서 주먹다짐까지 가하였다. 너무 오랫동안 허리를 구부리고 서있어서 대회가 끝난 후에는 다리가 마비되어 걷지를 못하였다. 좌우양편에서 두사람의 부축을 받아 겨우 퇴장하였고 차에까지 앉혀 주어야 하였다……

　이날 호교목은 처음으로 눈물을 흘렸다.

주은래의 배려

　북경에는 또 호교목 비판 연락중심이라는 것이 생겨났다. 북경우전대학 동방홍공사(東方紅公社)에 속한 이 연락중심은 이후 누구든 호교목을 비판투쟁할 때는 사전에 자기들과 연락을 취해야 한다고 선포하였다.

　그러나 호교목을 붙들어다 투쟁하자는 조반파(造反派)와 홍위병이 날마다 증가하는 추세라, 상기의 연락중심이 일일이 관장한다는 것은 도저히 불가능한 일이었다. 광명일보사의 장정(長征)전투대가 찾아왔고 중국문련(中國文聯)에서도 찾아왔다. 민간문학 잡지사에서 찾아 왔는가 하면 머나먼 소주(蘇州)에 있는 모택동사상보위 혁명조반단이라는 사람들도 찾아왔다….

　2월 1일, 만명이 참가한 비판투쟁대회가 북경공인체육관에서 열렸다. 오전 8시 30분에 호교목은 중국과학원 조반파들에게 압송되어 대회장으로 갔다. 대회는 오후 1시에 시작되는데, 그 시각이 임박하자 대회 참가자들은 당시의 관례에 따라 모주석 어록을 일제히 소리높이 낭독하기 시작하였다.

한편, 주석단 뒤 편에 대기하고 있던 피투쟁자들도 일어서서 대열을 정돈하게 되었다. 많은 피투쟁자들 속에 호교목도 있었다. 모두가 가슴 앞에 패쪽을 드리웠는데 호교목의 패쪽에는 '반혁명 수정주의분자 호교목'이라고 씌어있다.

대회는 시작하였다. 사전에 정한 순서에 따라 비판 발언이 차례로 있게 되는데, 그 비판내용에 관계되는 피투쟁자가 하나하나 주석단 앞으로 끌려 나가게끔 되어있다. 오후 3시경이었다. 호교목은 자기도 이제는 끌려 나가겠구나 하고 기다렸고 과연 두사람이 와서 호교목을 압송하여 회장안으로 끌고 가려고 할 때였다. 갑자기 한사람이 급히 달려오더니 "호교목은 투쟁하지 않기로 됐소. 이제는 집에 돌려보내오."라고 하는 것이었다.

도대체 어찌된 영문인가. 후에 안 일이지만 주은래가 호교목을 투쟁해서는 안된다고 공인체육관에 전화를 걸었다고 한다.

주은래의 전화가 있은 후 호교목은 당분간 투쟁당하는 일이 없었다. 그러나 매일 가지각색의 비판문을 써야했고 질문하러 찾아 오는 수 많은 조반파들을 응대하여야 했다. 치통이 도져서 버스로 북경병원(北京病院)까지 다녀오지 않으면 안되었다.

투쟁을 면한 기일은 불과 20일 뿐이었다. 2월 21일, 중국과학원 산하의 8개군중조직이 연합하여 소집한 투쟁대회에 호교목도 나와야 한다는 통지가 왔다. 이날 오후의 투쟁대회에서 호교목은 분기식(噴氣式)을 체험했다. 머리를 숙이고 허리를 굽힌채 두손을 뒤로 높이 드는 자세를 취하는 것을 제트기에 비유하여 분기식이라고 불렸다. 분기식을 하고있는데 제꺽하면 또 머리카락을 잡아 올려 당기기도 하였다. 대회가 끝난 후 호교목은 이날도 걸음을 걷지 못하였고 차를 탈 때나 내릴 때에는 옆에서 부축하여 주어야 했다.

허리가 끊어질것 처럼 아팠다. 너무도 어이없는 수모를 당하고 호교목은 이렇게 말하였다.

"투쟁대회에는 얼마든지 나가도 무관하오. 다만 폭력을 가하는것만은 취소하면 좋겠소."

그런 처지에서도 그는 이처럼 완곡하고 점잖았다.

호교목이 또다시 투쟁대회에 끌려 나갔다는 소식을 상부에서 알았는지, 2월 28일 밤 8시에 중공중앙판공청 주임 왕동흥(汪東興)이 중남해 남루(南樓)에서 호교목과 비서 상개(商愷)를 불러 이야기를 하고 3항 규정을 알려주었다.

첫째, 금후 각 단위(單位)의 혁명군중들은 호교목 동지를 붙들어다 투쟁하는 일을 삼가하여야 한다. 기어이 붙들어 가야 할 때는 사전에 중앙의 비준을 얻어야 한다. 호교목 동지에게 정황의 이해를 들을 필요가 있으면 각 단위에서는 제각기 대표를 보내어 호교목 동지의 집에 와 좌담을 할 수 있되 폭력을 가하여서는 안된다. 담화의 범위는 해당 부서와 관련있는 사항에만 한해야 하며 기타의 일은 묻지 말아야 한다.

둘째, 금후 혁명군중들은 호교목 동지에게 문제를 제기할 수는 있다. 그러나 호교목 동지가 쓴 비판·설명자료는 중앙에만 바치도록 한다. 연락중심이나 다른 어떤 단위에도 교부하여서는 안된다. 중앙은 그 무슨 연락중심이라는 것을 인정하지 않는다. 호교목의 신변에서 일하는 사람들이 쓴 대자보도 이 규정에 준하여 처리한다.

셋째, 호교목 동지의 지금 있는 거처가 안전하지 않으면 다른 데로 이사하여도 된다. 호교목 동지는 건강에 주의를 해야 하며 신변의 인원들도 호교목 동지의 생활을 잘 살펴서 필요한 휴식을 보장해 주어야 한다. 병은 지체말고 치료해야 한다.

이 3항 규정은 물론 왕동흥 개인의 의견이 아니다. 전하는 데 의하면 주은래가 제기했고 진백달, 강생, 강청도 동그라미를 그려 동의함을 표시하였다고 한다. 진백달은 보고문에 이런 말을 써넣기도 하였다. '나의 의견은 그를 다시는 붙들어다가 심문하고 비판하지 말라는 것입니다. 그가 쓴 자료는 응당 중앙에…'

이 3항 규정으로 하여 호교목은 재차 비판투쟁으로부터 면제의 대우를 받게 되었다. 밖에 나가 산보를 하기도 하고 사람들과 담소도 하였다. 불편하다면 병원을 다닐 때마다 붐비는 버스를 오르내리는 일이었다. 집에 있던 전화는 중공중앙판공청에서 1월 14일에 뜯어간 후로는 다시 설치해 주지 않았다. 그는 외부에서 쓰라는 경위서나 자기에게 지정된 비판자료를 쓰느라고 언제나 바빠 서둘러야 했다. 그러나 어쨌든 1967년 3월부터 호교목은 한숨을 돌리게 되었다.

척본우의 비수

호교목이 좀 편한 세월을 지낸 것은 근근이 한달 뿐이었다. 또 갑자기 큰 풍파가 일어났던 것이다.

3월 31일 오전, 호교목은 버스를 타고 북경의원에 가 주사를 맞고 약을 가져왔다. 오후에는 문자개혁위원회에서 조반파(造反派)를 접대하며 6시까지 대화를 하였다. 여기까지는 이날도 무사한 하루였다.

이날 밤 자정도 지나고 2시도 넘었을 때였다. 야밤의 정적을 깨고 문 밖에서 갑자기 '호교목을 타도하자!'는 구호소리가 연발하는 것이었다.

북경우전대학 동방홍공사의 홍위병 70~80명이 덮쳐 들더니 높은 담장에다 큰 표어를 써 붙이고 호교목을 끌어 내어 한바탕 투쟁까지 하였다.

아무리 홍위병들인들 어째서 새벽 2시부터 이런 소란인가. 당시는 문풍이동(聞風而動, 무슨 중대사가 있을 때면 남보다 1분이라도 먼저 행동으로 반응함을 일컫는 말 – 역주)을 중요시하던 때이다. 무슨 소식을 듣고 홍위병들이 이런 비상행동에 나섰는가.

알고 보니 '애국주의냐 매국주의냐－반동영화 청궁비사를 평함'이라는 척본우(戚本禹)의 장편문장이 홍기 잡지 1967년 제5호에 실렸기 때문이었다. 중앙문화혁명소조의 요원인 척본우가 한창 득세할 때였다. 반월간이라는 홍기가 밀리고 밀려서 제5호가 3월 31일에야 나왔다. 그날 밤에 먼저 중앙인민방송국에서 전문(全文)이 방송되었다. 홍위병들은 그 방송을 듣고 호교목을 성토하러 긴급출동하였던 것이다.

호교목으로 말하면 투쟁도 여러번 당했고 대자보에도 나고 소보(小報)에도 났지만 이번만은 심상치 않은 예감을 느끼지 않을 수 없었다. 중공중앙 기관지인 홍기 잡지가 그를 반지명(半指名)하였으므로 비판의 목소리가 삽시간에 높아졌음을 의미한다.

척본우의 글은 이런 식으로 호교목을 걸고 들었다.

모주석은 청궁비사(清宮秘史)는 매국주의의 영화이므로 비판해야 한다고 엄숙히 지적하였다. 그는 또, 어떤 사람은 청궁비사를 애국주의적인 것이라고 하지만 내가 보기에는 매국주의적인 것, 철저히 매국주의적인 것이라고 지적하였다. 그러나 반혁명수정주의분자 육정일(陸定一)과 주양(周揚), 당시 중앙선전부 상무부부장으로 있던 호××, 그리고 배후에서 그들을 지지하던, 자본주의의 길을 걷는 당내 최대의 집권파(유소기를 말함 – 인용자 주)는 도리어 자산계급의 반동입장을 완고히 견지하면서 모주석의 지시에 공공연히 대항하여 나섰으며, 이 반동영화를 애국주의적인 것이라고 우기고 이 영화에 대한 비판을 거부하였다.

당시 문화부 영화지도위원회 위원이었던 강청 동지는 모주석의 무산계급혁명노선을 견지하였으며 회의때마다 청궁비사는 철저히 비판해야 한다고 여러번 제기하였다. 그러나 육정일, 주양, 호×× 등은 정면으로 대항해 나섰다…

이 '호××'가 호교목임은 누구나 다 안다. 이런 방식으로 하는 비판을 '반지명'비판이라고 한다. 호교목에 대한 강청의 숙원(宿怨)이 얼마나 깊은가를 척본우의 문장은 말해주고 있다. 한달 전만 해도 강청, 진백달, 강생은 호교목을 비판하지 말자는 보고문에 동의한다는 동그라미를 그렸지만 그것은 가짜였다. 척본우의 문장이 보여주는 살기야 말로 그들의 본심을 드러낸 것이다.

척본우의 문장이 발표된 후에는 왕동홍이 전한 3항규정은 휴지나 다름없었다. 호교목은 또다시 대비판의 과녁으로 되었다.

4월 4일 밤, 호교목은 6일 오후 인민대학 운동장에서 열리는 비판대회에 나와야 한다는 전화를 받았다. 이 비판 대회에 참가하는 단위(單位) 중에 중국인민대학 3홍(紅衛兵·工人紅衛隊·東方紅), 중공중앙 당교(黨校) 홍기전투대, 고등 교육부연안공사(延安公社), 중국과학원 홍기총부(紅旗總部), 철학사회과학부 홍위병연대, 북경우전대학 동방홍공사 등이 있다.

그런데 무슨 영문인지 6일 정오에 트럭 한대가 오더니 문어구에서 호교목을 타도하자!고 한바탕 외치고는 가 버렸고 호교목을 붙들어 가지는 않았다.

4월 12일, 호교목은 또 북경우전대학 호교목비판 연락중심이라는 데서 통지를 받았다. 15일 오후에 호교목투쟁대회를 하는데, 같이 투쟁받는 인물이 육정일, 주양, 오냉서(吳冷西)라 하였다. 3항규정이 있지 않느냐고 반론하였지만 상대방의 하는 말이 이미 중앙문화혁명소조에 보고를 하였고 동의를 얻었다는 것이다.

이로써 3항규정의 무효성이 확인되었다. 4월 15일 오후, 호교목은 북경우전대학에 붙들려 갔다. 1시 45분에 입장할 때 보니 육정일, 주양, 오냉서 외에 팽진(彭眞)도 있었다.

4월 24일, 호교목은 중국과학원에 끌려가 투쟁을 당하였다. 분기식까지 또 당하였으니 이전에 투쟁당하던 때와 같은 수준으로 돌아간 셈이다.

4월 26일 오후, 호교목은 심리학연구소의 통지를 받았다. 5월 4일에 북경시 심리학계의 비판투쟁대회가 열리는데, 투쟁의 주요대상이 호교목이라고 하였다.
 또 이 대회가 상부의 허가를 얻은 대회라고 강조하였다. 대회 참가단위는 심리학연구소 외에도 북경사범대학, 북경대학 신북대공사(新北大公社)가 있다고 하였다.
 호교목이 이처럼 사방에 끌려다니며 투쟁을 당하고 있을때 생각지 않았던 한가지 일이 돌발할 줄이야 누가 알았으리오.

모택동의 내방

 모택동이 호교목을 만나 보려고 하였다. 이 일은 호교목이 생각 못했거니와 다른 어느 누구도 생각지 못한 일이다.
 1967년 5월 1일이었다.
 모택동이 탄 승용차가 중남해를 나와 천안문 쪽으로 가던 도중, 호교목의 거처 부근에서 갑자기 임시 정차하였다. 물론 모택동이 차를 세우라고 명했기 때문이다. 모택동이 호교목의 집을 가본 적은 없는데 어째서 거기가 호교목의 거처임을 알게 되었는가. (전하는 말에 의하면, 담장에 호교목을 타도하자!는 표어가 붙어있는 것을 보고 판단한 것이라고 한다. 북경우전대학 홍위병이 5월 1일 새벽에 붙인 표어였다.)
 정차하라는 명령은 동승하였던 중공중앙 판공청 부주임 겸 중앙경위단 단장인 장요사(張耀祠)에게 있어 실로 뜻밖이었다. 중도에서 정차한다고 사전에 말한 일이 없기 때문이다.
 "호교목을 찾아 봐야겠소."
 모택동이 이렇게 말해서야 장요사는 무슨 영문인지를 알고 자기가 먼저 내려가 대문을 두드렸다.
 장요사도 호교목의 집에 와본 적이 없으므로 동편 대문으로 찾아 갔었는데, 이로하여 모(毛)·호(胡) 양자의 만남은 결국 실현되지 못한다.
 호교목의 거처에는 문이 둘이 있다. 동편의 문은 이전의 어느 대사관으로 통하는 문이었는데, 호교목의 일가가 이주한 후에는 그냥 닫아둔

채 쓰지 않았던 것이다. 평소에 호교목의 일가는 북쪽 문으로만 출입하였다. 그러니까 동쪽문을 두드려도 아무도 응대하는 사람이 없었다. 장요사가 연거푸 문을 두드리는 것을 보고 길가던 사람들이 무슨 일인가 하고 모여 왔고 승용차에 모택동이 앉아 있는 것도 발견하게 되었다. 이렇게 사람들이 점점 많이 모여오자 모택동은 할 수 없이 단념하고 그 자리를 떠났다.

구경꾼 중에는 호교목과 이웃하고 사는 사람도 적지 않았다. 소식은 이웃들에 의하여 바로 호교목의 신변인원에게 전해졌다. 호교목은 심히 감격하였지만 또한 아쉬운 감도 없지 않았다.

그는 모택동이 자기를 또 찾으려니 하는, 분에 넘치는 기대는 가지지 않았지만 한번 만나 뵙고저 하는 마음은 간절하였다. 또 접견은 받지 못하더라도 지시를 한가지 전해 주어도 좋고 몇마디 말만 전해 주어도 좋았다. 모택동의 말 한마디면 다른 사람의 말 만마디를 당한다는 시대였으니까, 모택동이 한마디만 말해 주면 호교목은 역경을 벗어날 수 있는 것이다. 물론 모택동이 그를 찾았다는 이 일 자체만 하여도 더 없는 희소식이기는 하다.

그러나 장요사가 문을 잘못 두드렸다니, 실로 유감천만한 일이다.

이튿날, 호교목이 모택동 앞으로 보내는 감사의 글을 쓰기 시작할 때였다. 중남해의 경호원 몇 사람이 호교목의 거처에 오더니 주변을 살펴보는 것이었다. 어제는 문을 잘못 두드렸다, 오늘은 모택동이 다시 내방한다는 통지도 왔다.

'모택동은 그래도 25년간 비서로 있던 나를 잊지 않았구나', 호교목은 이로써 더없는 위안을 받았다.

우선 마루부터 정돈 했다. 가택수색을 당한 후로 실내 정돈은 말이 아니었다. 마루에다 큰 소파를 먼저 놓았다. 우선 모택동이 앉을 자리라도 마련해 두기 위해서다. 식구와 신변인원들이 들락날락하며 준비에 서둘렀다. 성대한 명절맞이를 하는 기분으로 모택동의 왕림을 고대하였다.

저녁식사가 끝난 후에 중공중앙 판공청 주임 왕동흥이 먼저 왔다. 호교목과 같이 마루에서 모택동이 오기를 기다렸다.

그러나 아무리 기다려도 동정이 전혀 없었다. 밤 12시에야 중남해에서 전화가 왔다. 모택동이 오지 않는다는 통지였다.

후에 안 일이지만 역시 강청의 장난 때문이었다. 모택동이 호교목을 찾아 가려는 것을 알고 강청이 노발대발했다고 한다. 모택동은 직접 오지는 못했지만 "성의만을 전한다"고 한마디 말했다. 후에 이 말이 호교목에게 전해졌고 호교목도 "뜻을 잘 알겠습니다"라고 말했다고 한다.

호교목은 후에 모택동에게 감사문을 썼다. 이 편지에다 호교목은 주석께서 시간만 있으시다면 자기가 만나 뵈오러 가겠노라고 썼다.

그러나 모택동을 만날 기회는 끝내 돌아 오지 않았다.

하지만, 모택동이 호교목을 찾았다는 소식은 북경성(北京城)안에 쫙 퍼졌고 홍위병이건 조반파(造反派)건 다시는 감히 호교목을 붙들어다 투쟁하지 못하였다. 이로부터 호교목은 '투쟁면제'의 진짜 호신부가 찍혀졌다.

진백달도 모택동이 여전히 호교목을 신뢰하고 있음을 알게 되었다. 호교목의 문제를 금후 여하히 처리할 것인가에 대한, 중공중앙 판공청의 보고문이 중앙문화혁명소조에 올라왔을 때, 진백달은 이렇게 말하였다.

"중앙문화혁명소조의 의견은 직접투쟁은 말고 간접투쟁을 하라는 게요. 누가 그렇게 말했느냐고 묻는 사람이 있으면 진백달 동지가 말했다고 알려줘도 되오."

이 중앙문혁(中央文革)의 의견이란 호교목을 그냥 비판 투쟁하되, 그 형식이 직접적이던 것에서 간접적인 것으로 바뀌었다는 것을 의미하는 것이다.

두문불출

1967년 5월 1일 이후에는 밖에 끌려 나가 투쟁당하는 일이 없었다.

그의 일상적인 일과는 대체로 세가지로 (1) 외부・외지에서 찾아 오는 조사인원의 접대. (2) 계속 비판문을 쓰는 것. (3) 병치료 등이다.

호교목의 집은 찾아 오는 사람이 그칠 새 없었다. 방문자의 접대로 일정표는 언제나 꽉 찼다.

그 방문자들의 소속 부서를 보면 평소 호교목의 업무범위를 대강 짐작할 수 있다. 그 단위(單位)가 다음과 같다.

인민일보사・신화통신사・중앙선전부・중공중앙당교(黨校)・언어연구소・절강대학・국가계획위원회・북경대학・중국역사박물관・국가경제위원회・중국과학원・중공상해시위(上海市委)・천진남개대학・요녕대학(遼寧大學)・중국과학기술대학・중국작가협회・중국문련(中國文聯)・중국인민대학・중공중앙통전부(統戰部)・중공중앙 마르크스-엥겔스-레닌-스탈린저작 편역국(編譯局)・고궁박물원・외문국(外文局)・인민출판사・외교부…

방문자 접대의 일정이 지난 다음에는 독서하는 시간을 점차 가지게 되었다. 인민에 봉사하겠다고 도로청소를 주동적으로 나선 적도 있다. 몇번 나가 비를 들고 쓴 일은 있었으나, 신변인원들이 굳이 말리는 바람에 그만 두었다. 그의 안전을 보장하기 위해서 말렸던 것이다.

매달 300원 되는 노임 중 당비(黨費)로 100원을 상납하겠다고도 요구하였다.

이번에도 신변인원들이, 그럴 것 없이 이왕의 규정대로 바치라고 말렸다.

이런 나날을 지내다 보니 그는 점점 더 한가하게 되었다. 문화혁명의 10년간을 호교목은 거의 두문불출하였고 울타리안에만 갇혀 있었다.

그는 집 마당에 땅을 경작하고 채소도 가꾸었다.

대부분의 시간은 독서로 보냈다. 『자본론』을 한번 다시 읽었고 마르크스, 엥겔스, 레닌, 스탈린의 허다한 저서를 정독하였다.

그는 울타리 안에서 조용한 나날을 보냈고 세인들은 점점 그의 존재를 잊었다. 유감스러운 것이라면 그의 거처가 천안문광장에서 너무도 가까운 것이었다.

중국에 그 어떤 중대사가 있으면 천안문광장에서 들려오는 구호소리나 확성기를 통하여 감지할 수 있다. 그럴 때마다 평소의 평온한 분위기가 깨뜨려 진다.

이치대로 말하면 이렇듯 여유가 있는 때이니까 시사(詩詞)를 쓰는 절호의 시기가 아니냐고 할 수 있다. 그러나 시흥이라고는 전혀 없었고 신작은 한 수도 쓰지 않았다.

신문은 매일 자세히 읽었다. 이전처럼 평론은 할 필요가 없었지만. 특히 신문에 나오는 고딕체의 글자는 각별히 주의하여 보았다. 모택동의 최신지시가 고딕체로 찍혀 나오기 때문이다.

중공중앙서기처 후보서기라는 그의 직무는 면제되지는 않았다. 그러나 1969년에 중공 9차당대회가 열릴 때 그는 대표도 아니었다. 그러니까 당내의 모든 직무는 자동적으로 면제된 셈이다.

강청은 기어이 호교목을 타도하려고 전안조(專案組, 어느 한 사람의 문제를 전문 조사・심사하는 그룹 - 역주)까지 성립하고, 호교목이 쓴 모든 사설・평론을 수집하게 하였다.

전안조는 천신만고끝에 마침내 호교목의 저술을 두툼하게 한 책으로 엮어 모택동에게 바쳤다. 모택동이 한번 훑어보고 하는 말이 "호교목이 쓴 글이야 다 잘 쓴 글이지"라는 것이었다. 강청은 할 말이 없었다.

그런데, 결과적으로는 이 전안조가 호교목을 크게 협조한 것으로 된다. 훗날에 호교목의 문집을 출판할 때, 이 전안조가 남겨 놓은 적지 않은 자료가 효과적으로 이용됐던 것이다.

1971년 여름에 모택동은 남방시찰을 나갔다. 8월 그믐께에 장사에서 그는 광주부대(廣州部隊) 사령원 정성(丁盛)과 만났다. "호교목은 어떤 사람입니까"하고 물으니 모택동이 아래와 같이 대답하였다고 한다.

"호교목은 중앙의 허다한 중요문건을 썼소. '약간의 역사문제에 대한 결의'가 그 일례요. 다른 사람이 몇달 걸려도 두서를 잡지 못하던 것을 호교목에게 맡기니까 어렵잖게 바로 써내었소. '무산계급 독재의 역사적 경험을 재론함'도 호교목이 쓴 게요. 잘 쓴 글이요. 그러길래 지금 우리는 그를 다치지 않게 하고 있소."

이렇게 모택동은 문화혁명기간에 어째서 호교목을 다치지 않게 하였는가에 대해서 원인을 밝혔다. 이는 또 호교목에 대한 모택동의 평가이기도 하다.

공정히 말해서, 호교목은 모택동의 신변에서 20여년을 충직하게 꾸준히 일해왔고, 내노라고 앞에 나서는 일은 없었다. 따라서 예나 지금이나 그에 대한 모택동의 인상은 좋은 것이다. 문화혁명중에 열거된 호교목의 착오가 무엇인지를 모택동은 잘 알고 있었다.

청궁비사 문제는 호교목이 유소기의 의견을 전했을 뿐이다.

해서파관 문제도 원칙적으로는 해서에 대한 모택동의 견해를 선전하자는 동기에서였다.

여산회의에서는 호교목이 반좌(反左) 발언이 좀 있기는 하였다. 그러나 그것은 모택동 본인이 회의의 초반에 여러번 반좌(反左)를 강조한 것과 무관하지 않다.

재등장

면벽구년(面壁九年)하여 1975년의 6월에 이르렀다. 63세의 호교목은 갑자기 바깥출입도 잦아지고 활기도 띠었다.

국무원 정책연구실 주임으로 임명받았던 것이다.

어떻게 그가 돌연히 재등장하게 되었는가. 그에 앞서 등소평이 재등장하였기 때문이다.

1975년 1월, 등소평은 중공중앙 부주석, 중앙정치국 상무위원, 중공중앙 군사위원회 부주석 겸 중국인민해방군 총참모장, 국무원 부총리로 임명되었다.

2월 2일, 주은래는《국무원 부총리들의 사업문제에 관한 청시(請示) 보고》에 다음과 같은 사항도 명기하였다. 즉 주은래 총리가 병으로 요양하는 기간에는 등소평이 '총리를 대신하여 회의를 사회하고 중요문건을 결재 또는 처리한다.'

이 보고는 모택동의 비준을 받았다. 이때부터 등소평은 사실상 중공 중앙의 일상사무와 국무원의 일상사무를 관장하는 총책임자가 된다.

등소평의 제의 하에 국무원에 정책연구실이 생겼고 호교목이 주임으로 임명되었다. 등소평은 일련의 정돈을 단행하였다. 그 중에서도 먼저 정돈해야 할 분야가 사상, 이론분야였으므로 등소평은 호교목을 지명하였던 것이다.

호교목은 곧 사업에 몰두하지 않으면 안되었다. 그의 일기에 의하면 이 시기에 그가 등소평한테 다녀온 횟수가 스물다섯 번이나 된다.

등소평은, 국민경제의 혼란한 국면을 옳게 수습하려면 모택동 저작의 위력에 힙입어야 함을 잘 알고 있었다. 그는 모택동이 1956년 4월에 한 10대 관계를 논함(論十大關係)이라는 연설을 특별히 중시하였다. 그는 호교목을 보고 이 연설을 정리해 달라고 부탁하였다. 1975년 7월 상순에 호교목은 그 정리를 마치고 등소평에게 제출하였다. 이 자료를 모택동에게 전하면서 등소평은 짤막한 서한도 동봉하였다. '이 연설은 아주 중요합니다. 지금은 물론 앞으로도 중국의 실정에 맞으며 이론적인 지도면에서 큰 의의를 가집니다.' 등소평은 모택동의 심사·수정한 후 공개발표하려고 하였지만 모택동은 당분간은 공개발표를 하지 말자고 하였다.

'4인방 무리'에 의하여 조성된 혼란한 국면을 정돈한다는 것은 등소평에게 있어 여간 어려운 일이 아니었다.

1975년 7월 18일, 등소평은 호요방(胡耀邦)을 중국과학원에 보내어 당조(黨組)사업을 책임지고 부원장 직을 겸하게 하였다. (원장 곽말약은 병으로 휴양 중이었다.) 호요방은 과학원에 가자 '과학원사업 회보제강'(약칭, 匯報提綱)의 집필에 착수하였다. 20여일 만에 초고가 완성되었다. "목숨을 걸고서 한 일"이라고 호요방은 말했다.
 8월 11일, 호요방은 회보제강을 가지고 등소평한테 가서 보여 주었다. 등소평이 잘 썼다고 긍정하였다. 이어 등소평은 '회보제강'을 수정해 주라는 임무를 호교목에게 맡겼다. 이리하여 호교목은 옛날에 하던, 손에 익은 일을 다시 하게된다.
 면벽구년(面壁九年)하며 적지 않은 책을 읽은 게 큰 도움이 되었다. 호교목은 회보제강에 "생산력은 우선 과학이라고 마르크스가 말하였다."고 가필하였다.
 실로 화룡점정(畫龍點睛)의 효(效)가 있었다. 회보제강이 강조하고저 하는 과학의 중요성은 이런 이론적 근거가 있는 것이다.
 이 밖에도 호교목은 회보제강에다 요긴한 말을 적지 않게 써 넣었다.
 '기술을 이해하고 장악하지 않으면 정치통수(政治統帥) 자체가 무의미한 것으로 된다.'
 '이론연구에 있어서 제멋대로 평가하거나 질책하거나 심지어 모독해서는 안된다.'
 '경전(經典) 저작에서 간단히 몇 마디를 베껴 쓰고 논리적으로 부연하면 그만이라고 여겨서는 안된다.'
 호교목은 비뚤어진 것을 바로잡는 일이 무엇보다도 중요하다고 강조하였다.
 회보제강은 호요방, 호교목, 이창, 왕광위 등의 거듭되는 수정을 거쳐 9월 하순에 탈고되었다.
 등소평이 이어 모택동에게 올려 보냈고, 모택동의 동의가 있으면 재수정하여 전국에 하달하려고 하였지만 이번에도 모택동은 동의하지 않았다.
 회보제강을 작성하는 동시에 등소평은 또 국가계획위원회에 지시하여 '공업발전을 가속화 하는 것에 대한 약간의 문제들'(약칭, 工業二十條)

를 집필하게 하였다.

이 역시 중요한 문건이었다. 등소평은 이 문건의 수정작업도 호교목이 관장하게 하였다.

공업 20조는 공업정책의 강령적 문건이다. 이 문건은 4인방 무리를 날카롭게 비평하였다.

'그들은 입으로는 당의 기본노선을 외우고 있지만 실지로는 주요모순인 두 계급의 투쟁·두 갈래 길의 투쟁을 제쳐 놓고 종일토록 인민내부의 이 파(派)와 저 파(派)간의 모순과 신·노(新老)간부 간의 갈등만 조장한다. 서로 상대방을 공격하는 일에만 열을 올리고 있으며, 그 결과, 공장기업에 편안한 날이 없고 지방에서나 당에서나 마찬가지다.'

공업 20조는 또 다음과 같이 지적하였다. '그들은 반복구(反復舊)와 반부활(反復活)의 기치 하에 혁명을 파괴하고 생산을 못하게 하며 당의 우수한 간부, 선진모범인물, 선진집단을 몰아내었다. 나쁜 사람들이 세도를 펴는 데서는 좋은 사람들이 학대를 받는다.'

공업 20조는 무력하고 산만하고 게으른 지도집단은 정돈해야 한다고 강조하였다.

공업 20조는 1975년 9월 20일에 토론고(討論稿)가 완성되었다.

회보제강과 공업 20조의 수정작업을 책임졌던 호교목은 선전지가 없어서는 안되겠다고 절감하였다. 당시 인민일보나 홍기 잡지는 요문원(姚文元)의 수중에 장악되어 있었다. 당시 신문보도부문의 최고책임자는 요문원이었다.

이에 호교목은 1975년 10월 6일에 한가지 제의를 하였다. 즉 중국과학원의 철학,사회과학 학부 명의로 이론잡지 '사상전선'을 창간할 준비사업을 시작하자는 것이었다.

사상전선 창간호에 무게가 있는 중요문장을 한 편 싣기로 하였다. 제목이 '전당·전국 각항 사업의 총강을 논함'(약칭 論總綱)이었다. 이 글은 등소평이 한 여러 차례의 연설에 근거하여 국무원 정책연구실에서 쓴 것이다. 집필작업의 책임자는 등역군(鄧力群)이었다. '논총강'의 초고는 10월 중순에 완성되었다. 이 문장은 모택동의 3항 지시를 각항 사업을 지도하는 총체적 강령으로 삼으며 생산발전, 4대 현대화의 실현을 각항 사업의 출발점과 동시에 귀착점으로 하여야 한다고 주장하였다. 여기서 말하는 모택동의 3항지시란, '무산계급독재 이론의 학습, 안정·단결의 중요성, 국민경제의 향상'을 말한다.

재비판

그러나 '사상전선'은 창간호도 내지 못한 채 유산되고 말았다.

한때 바쁜 나날을 보냈던 호교목은 할 일없이 또 집에 있어야 했다.

정세는 1975년 11월에 돌변하였다. 등소평이 추진하는 정돈을 모택동이 불만스럽게 여겼던 것이다. 11월 하순, 중앙정치국은 북경에서 정황을 통보하는 회의를 열고, 모택동이 비준하였다는 정황통보 연설 요점을 전달하였다. 이 문건은 다음과 같이 지적하고 있다.

'지금 우경번안풍(右傾飜案風)이 일고있다. 일부 사람들은 언제나 문화대혁명에 불만을 품고 있으며 문화대혁명을 역청산(逆淸算) 하려고 하며 번안(飜案)하려고 한다.'

곧이어 등소평을 비판하고 우경번안풍을 반격하는 운동이 전국을 석권하였다. 등소평 비판의 와중에서 4인방 무리의 어용집필 그룹은 '논총강', '회보제강', '공업 20조', 즉 이 세 포기의 '대독초'에 집중적인 비판을 가하였다.

세 포기의 대독초는 다 호교목과 관련이 있다. 그 중 둘은 호교목의 관장하에 수정되었었다. 그러므로 비판의 포화는 등소평에게 가해짐과 동시에 호교목에게도 가해졌다.

호교목은 또다시 반지명 비판을 받았다. 1976년 4월, 4인방 무리의 어용 이론지인 상해의 '학습과 비판' 제4호는 강입(康立), 연풍(延風)의 글을 실었다. 제목이 '회보제강이 나오게 된 전후 과정'이다. 이 글은 등소평의 참모그룹에 있는 이론가라며 호교목을 반지명하였다.

1976년 4월 7일, 모택동의 제의에 따라 중공중앙정치국은 '등소평의 당내외 일체 직무를 해제하는 데에 관한 결정'을 채택하였다. 그후 세 포기의 대독초에 대한 비판은 점점 심해졌다.

1976년 8월 23일 부 인민일보는 '새로운 문제점과 등소평을 비판하자'라는 사설을 게재하였다. 이 사설에 의하여 세 포기의 대독초에 대한 비판이 한층 더 고조된다. 사설은 세 포기의 대독초를 반당·반마르크스주의의 대독초라고 하면서 다음과 같이 분석하였다.

논총강은 3항 지시를 지침으로 하는 수정주의 강령을 고취하는, 자본주의 복구의 선언서이다.

'회보제강'은 상부구조의 전 영역에서 자산계급에 대한 무산계급의 전면독재를 반대하는, 수정주의의 표본이다.

'공업 20조'는 일련의 수정주의적인 기업경영노선을 그려낸 것이며, 겉으로는 공업발전을 가속화한다고 하면서 실은 자본주의 복구를 다그치고 있는 것이다.

강청의 제의에 의하여 인민출판사는 1976년 8월에 북경대학, 청화대학, 대비판조 편집으로 된 소책자 셋을 출판하였다. 세 소책자는 부수가 수천만 부에 달하는데, 군중을 동원하여 세 포기의 대독초를 비판하기 위해서이다.

이리하여 전국 각지의 크고 작은 신문과 잡지들이 일시에 비판의 목소리를 높히었다. 인민일보만 하여도 1976년 8월 13일부터 10월 6일까지의 기간에 이 비판과 관련한 문장과 통신을 110여 편이나 게재하였다.

호교목은 또 핍박에 의하여 반성자료를 쓰거나 비판자료를 써야 했다. "등소평을 비판하고 우경번안풍을 반격하자!"고 천안문광장에서 외치는 구호소리가 담장을 넘어 자주 들려왔다.

그렇지만 호교목을 흐뭇하게 하는 소식이 전혀 없는 건 아니다. 세 소책자는 비판용으로 제공한다면서 세 포기의 대독초의 원문을 각기 부록으로 첨부하였던 것이다. 소책자가 많이 인쇄발행되었기 때문에 많은 일반백성들까지 대독초란 이런 것이구나 하고 알게 되었다. 어느 독초나 다 평백성들의 하고싶은 말을 그대로 쓴 건데 비판해서 뭘 하느냐고 이에 대한 일반백성들의 여론이 도리어 좋지 않았다.

1976년 9월 9일, 모택동이 서거하였다는 소식이 전해졌다. 호교목은 형언할 수 없는 비애에 잠겼다. 모택동은 어쨌든 그가 제일 존경하는 사람이었다.

다년간 비서로 있은 그는 모택동에 대하여 남다르게 깊은 정을 가지고 있었다. 그러나 모택동 장의위원회의 수많은 명단에 호교목의 이름은 보이지 않았다. 성씨의 필획에 따라 배열한 이 명단에 호씨 성을 가진 사람은 '호위, 호양재, 호금제' 세사람 뿐이었다.

그 후 한달도 안되는 1976년 10월 6일에 강청을 비롯한 4인방 무리들이 일망타진되는 소위 시월혁명이 있었고 중국역사의 수레바퀴는 새로운 길에 들어섰다. 호교목은 눈물을 거두고 회심의 미소를 머금었다.

진백달
陳伯達

'5·16통지(通知)'로 중국대지를 흔들다

[제1장]
새 인생의 출발

연안에 오다

1937년 9월에 진백달은 북평에서 연안으로 왔다. 연안에서는 어느 누구도 느닷없이 나타난 이 사람을 별로 주의하지 않았다. 그가 비록 당시의 「신계몽운동」의 발기자로 상당한 명성이 있었다 하더라도 북평이나 상해 등지의 문화계에서만 꽤나 영향이 컸을 뿐이었고 연안에서의 지명도(知名度)는 아주 낮았다. 신계몽운동에 대한 토론이 연안에까지는 파급되지 않았기 때문이다.

진백달이 연안에 온 때는 마침 섬북공학(陝北公學)이 초창기에 있을 때였다. 이 학교는 중국공산당이 운영하는 간부양성학교였는데 교장이 성방오(成防吾)였다. 진백달이 북평 중국대학 국문학부에서 교편을 잡은 일도 있고 하여 중공중앙 조직부에서는 그를 이 섬북공학의 교원으로 배치하였다. 학교가 막 건설된 때이므로 교원이 필요했던 것이다.

솔직히 말해서 진백달은 글을 쓰기에는 적합하나 교단에 나서기는 곤란한 사람이다. 그가 하는 민남(閩南) 표준어는 학생들이 알아들을 재간이 없었다. 그러니까 강의할 때면 칠판에 글을 써야 학생들이 무슨 뜻인지를 알게 되는 형편이었다. 그가 가르치는 과정(課程)은 강의를 하는 과정이 아니라 판서(板書)만 하는 과정이라 하겠다.

한 때 섬북공학에서 교원으로 있다가 진백달은 중공중앙당교(黨校)의 교원으로 전임하였다. 당시의 교장은 강생이었다.

1938년 5월 5일, 연안에 마르크스-레닌학원이 생겨났다. 중공이 이론간부를 양성하는 학교였는데 원장(院長)이 장문천(張聞天)이다. 장문천은 일명 낙보(洛甫)라고도 하는데, 이전에 모스크바 중산대학에서 공부한 적이 있으므로 그때부터 진백달과는 잘아는 사이였다. 장문천은 진백달을 마르크스-레닌학원의 교원으로 데려왔다. 이 학원에서 그는 마르크스-레닌주의 지식을 가르쳤고 역사와 철학도 가르쳤다.

모택동이 하루는 이 학원에서 열리는 회의에 참석했다. 여러 사람 앞에서 장문천은 진백달을 소개하였다.

"이 분이 북평에서 온 진백달 동지입니다. 북평 신계몽운동의 발기자인 진백달입니다."

장문천이 이렇게 소개하자 사람들은 박수로 환영하였다. 박수까지 쳐댔지만 모택동은 별다른 주의를 기울이지 않았다. 모택동 본인이 아직 신계몽운동과 관련된 문장을 읽지 못한 것 같았다. 그렇기 때문에 '북평 신계몽운동의 발기자'라고 장문천이 강조하였지만 모택동은 유의하지 않았던 것이다.

교원으로서의 진백달은 여전히 평가가 좋지 않았다. 학생들은 도무지 알아 듣지 못하겠다고 의견이 분분하였다. 이런 관계로 진백달은 중공중앙선전부에 전임되어 출판과 과장으로 되었다. 그런데, 입당하여 몇달 안되던 1927년에, 진백달은 무한에서 이 직무를 맡은 적이 있다. 11년 후에 원래의 직무를 다시 맡게 된 것이다.

연안에 오기 전에 진백달은 중공 북방국(北方局) 선전부장을 지낸 적이 있으며 북평시위(北平市委) 3인 위원회의 성원으로 있은 적도 있다. 중공중앙조직부는 물론 진백달의 이런 경력을 잘 알고 있었다. 연안에서 진백달을 중용하지 않았던 원인은 명백하였다. 연안에서는 소련에서 돌아온 간부들이 적지 않았던 것이다. 진백달이 소련에서 공부할 적에 트로츠키파에 편향하였다는 것을 그들은 알고 있었다. 트로츠키파의 문제가 당시 연안에서는 중대한 문제로 취급되었다. 이러한 관계로 조직에서는 진백달을 쓰는 문제에 자연히 많은 경계심을 가지게 되었던 것이다.

연안에 온 초창기의 진백달은 기분이 유쾌할 수 없었다. 특히 자기와 동년배인 일부 사람들이 자기보다 훨씬 직급이 높았으니 더욱 그러했다. 상해대학 시절의 동창인 강생(康生)이 지금은 중앙당교의 교장일 뿐 아니라 중공중앙사회부 부장이라는 요직까지 맡았다. 소련유학 시절의 동창인 장문천은 마르크스-레닌학원의 원장일 뿐 아니라 중공중앙정치국 상무위원 겸 중공중앙선전부 부장이다. 진백달이 마르크스-레닌학원 교원일 때 직속상관이 장문천이었는데, 중앙선전부의 과장인 지금도 직송상관은 역시 장문천이다.

진백달은 너무도 억울하다고 느꼈고 자기는 연안에서 푸대접을 받는다고 생각하였다. 연안에 있는 고급간부의 대다수는 장정(長征)의 시련을 거친 사람들이었다. 진백달은 장정간부들과는 친숙하지 않았고 언제나 서먹서먹한 감이 없지 않았다.

연안에 오지 말 걸 괜히 왔다고 진백달은 좀 후회까지 하였다. 왜냐하면 그가 백구(白區, 국민당 통치구역을 말함-역주)에서는 고생 끝에 그래도 난국을 타개했고 사회적인 명망도 꽤 얻게 되었기 때문이다. 거기서 계속 글도 쓰고 문화사업을 한다면 이름도 더 날릴 수 있지 않았겠는가……하면서 많은 생각도 하였다.

1938년 상반기에는 진백달은 글을 부지런히 썼고 마침내 「삼민주의 개론(三民主義概論)」이라는 책을 탈고하였다. 그는 이 책에서 그 당시 국민혁명군 총사령인 장개석은 좌파로 분장하고 북벌을 계기로 자기세력을 확대하고 있었으며 그를 손 중산(中山) 선생의 정신과 정책을 이어 나갔다고 기술하고 있었다.

모택동의 관심

하루는 연안에서 좌담회가 열려 손중산의 사상을 토론하게 되었다. 손중산 사상의 계급성에 대한 쟁론이 벌어졌는데, 손중산의 사상을 소자산 계급의 사상이라고 주장하는 의견과, 민족자산 계급의 사상이라고 주장하는 의견이 대립하였다.

　모택동은 쌍방의 논쟁을 귀담아 들었다. 양쪽이 다 일리가 있었고 토론은 상당히 격렬하였다.

　이런 때에 진백달이 발언하였다.

　남이 알아듣지 못할까봐 그는 될수록 말을 천천히 하였다. 진백달의 발언은 논쟁 중의 어느 누구와도 달랐다. 그는 문학계에서도 상호간의 논란이 있었을 적에 대립한 쌍방을 통일하는 방법을 취하던 것처럼 이번에도 같은 방법으로 논리를 전개하였다.

　"제가 보건대는 손중산의 사상에는 이중성이 있습니다. 즉 소자산 계급 사상도 내포돼 있고 민족자산 계급 사상도 함께 내포되어 있습니다……."

　모택동의 눈길은 자연히 진백달에게 쏠렸다. 그는 옆에 앉은 사람에게 조용히 물었다.

　"지금 발언하는 사람의 이름이 뭐요?"

　옆에 사람은 종이에다 '진백달'이라고 써보였다.

　진백달의 발언이 끝나자 모택동이 일어났다. "진백달 동지는 좋은 발언을 했습니다. 손중산 사상의 계급 속성에 대하여 아주 적절한 분석을 가하였습니다……."

　좌담회가 끝나자 모택동은 진백달을 불러 그의 정황을 이것저것 물어보았다.

　저녁무렵에는 모택동이 보낸 사람이 진백달을 찾아왔다. 기관합작사에 가서 모택동과 같이 저녁식사를 하자는 것이였다.

　진백달은 부랴부랴 기관합작사에 갔다. 알고보니 이날은 모택동이 미국기자 한사람을 초대하는 자리였다.

　"겸사겸사 당신도 청하게 됐소. 당신과 미국손님을 한자리에……"

　모택동은 이렇게 진백달에게 말했다.

　초대는 아주 간단했다. 모택동, 통역, 미국기자, 진백달이 한 식탁에 둘러 앉았을 뿐이다.

처음에는 모택동이 진백달과 이야기를 시작하여 북평문화계의 정황을 물었고 장신부(張申府)의 근황에 대해서도 물었다. 장신부는 원명이 장숭년(崧年)인데 제일 오랜 중공당원이었고 후에 탈당한 사람이다.

모택동은 진백달이 북평 중국대학에서 선진제자(先秦諸子) 과정을 강의하였다는 것도 알게 되었다. 모택동도 중국 고대 철학에 아주 흥미를 가지고 있는 사람이다. 두 사람 사이에는 공통된 화제가 있었으니 대화는 한결 열을 띠게 되었다.

진백달에게 있어 이날은 인생의 또 한번 큰 전환점이었다. 이로부터 그는 모택동 수하의 문필가로 정착하였으며, 시대의 거인인 모택동은 그에게 지대한 영향을 주었다. 일본제국주의를 물리치고 장개석을 타도하여 신중국을 건설하는 승리의 대진군 중에서 모택동이 이룩한 공적은 크다. 이러한 과정에서 진백달은 모택동의 지도하에 그를 위해 많은 일을 하게 되었다. 그런데 모택동은 1957년부터 좌경적인 데로 쏠리기 시작하였고 후에 문화혁명에 이르러서는 좌경적인 노선은 미로에 빠지고 만다. 진백달은 자기의 붓으로 극좌적인 노선과 극좌경 이론을 서술하고 발전시킴으로써 대단한 좌파 이론가로 된다. 그리하여 나중에는 임표의 구테타 집단, 더 나아가 강청의 반혁명집단 주범으로 마지막에 가서 역사의 죄인으로 전락한다.

공자(孔子), 노자(老子)에 대한 토론

모택동의 눈에 든 후 진백달은 냉대를 받는 신세에서 벗어났다.

모택동의 제의에 의하여 진백달은 연안에서 중국고대철학 강좌(講座)를 열게 되었다. 매번 강좌가 있을 때마다 모택동은 거의 빠짐없이 들으러 갔다. 모택동이 이렇게 나섰으니 허다한 사람들도 따라 나섰다. 진백달의 발음은 여전히 그 모양이었지만 습관이 되니 그것도 알아들을 만은 하였다. 강좌의 내용은 그가 북평에서도 강의한 바 있었으나 이번에 또 새로운 내용, 새로운 견해를 보충한 것이었다.

그리하여 그는 연안 지식사회에서 대단한 명성을 날리게 되었다.

1938년 가을, 연안에 신철학회가 발족되었는데 진백달은 이 학술단체의 큰 인물이었다. 그가 쓴 '신철학회의 연기(緣起)'가 1938년 9월 해방주간(解放週刊)에 발표되었다.

1939년 1월, 진백달은 자기가 쓴「묵자철학사상(墨子哲學思想)」이라는 문장을 모택동에게 공손히 갖다 바치고 시정해주기를 청했다.

그 당시의 모택동은, 5차의 반 토벌의 전란(戰亂)도 겪었고 2만 5천리 장정의 고생도 끝난 후여서 상대적으로 안정된 환경에 있었다. 모택동은 연안의 요동에서『실천론』과『모순론』을 써냈고『지구전을 논함(論持久戰)』도 써냈다. 이때가 그의 한 생애에서의 저술의 전성기였다. 부지런하고 사유도 민첩한 모택동은 일련의 이론문제를 한창 탐구하는 중이었다.

진백달이 쓴『묵자의 철학사상』은 모택동의 흥미를 끌었다. 자세히 한번 읽어 보고 진백달에게 회신을 썼다. 모택동은 보통 100~200자 정도의 단신만 쓴다. 그런데 이번만은 아주 이례적으로 장신(長信)을 썼다. 전문(全文)을 아래에 옮기기로 한다.

백달동지 :

『묵자의 철학사상』을 보았소. 중국의 헤라클레이토스를 찾았다는 것은 당신의 일대 공로라 하겠소.(헤라클레이토스는 고대 희랍의 유물주의 철학가임-인용자 주) 몇가지 개별적인 문제에 대한 의견을 별지에 썼으니 참고하기 바람. 대강 읽어보고 뜻을 짐작해서 느낀 바를 적은 데 불과하니 연구의 근거가 있는 것은 아니오.

모 택 동
2월 1일 밤

(1) 제목을 「고대 변증유물론의 대가(大家) - 묵자의 철학사상」이나 「묵자의 철학사상(墨子的哲學思想)」이라 고쳤으면 좋을 것 같음.

(2) 내가 보는 사물의 실질에는 속성 뿐 아니라 가장 근본이 되는 질(質)이 있소. 질과 속성은 불가분이지만 구별은 있는 것이요. 한 사물의 일부 속성은 제거하여도 그 사물은 변하지 않소. 이 사물이 이 사물로 인정될 수 있는 질이 그대로 남아있기 때문이요. 지기(志氣)에서 지(志)는 사물의 질을 가리키는 것 같소. 즉 변하지 않는 부분을 가리키오 (한 사물의 범위내에서). 한편 기(氣)는 양(量)과 속성, 즉 변동하는 부분을 가리키는 것 같소.

(3) 인과성(因果性)을 논한 대목에서, 인과(因果) 양자의 관계는 동시에 필연성과 우연성의 관계에 있다고 말해도 될 것 같소. 필연성의 모든 표현형태는 다 우연성을 띠고 있으며 우연성으로 나타나오. 따라서 '이 부분의 원인이 없었다면 10월 10일의 무창봉기(武昌起義)는 절대 일어나지 않았을 것이다'라는 말은 옳소. 그러나 신해혁명(辛亥革命)의 필연성(큰 원인)은 반드시 다른 어떤 우연성(작은 원인)에 의하여 폭발된 것이며 무수한 우연성(작은 원인)에 의하여 완성되었을 것이요. 제일 적절한 시기에 폭발하지 않고서는 그것이 꼭 요원지화(燎原之火)로 된다고는 단정하기 어렵다는 것이 내 의견이오.

(4) 중용(中庸)문제

묵가(墨家)가 말하는 '양이무편(兩而無偏)'은 유가(儒家)가 말하는 '집량용중(執兩用中), 택호중용(擇乎中庸)'과 같은 뜻이요. 즉 지나친 것(過)도 반대하고 부족한 것(不及)도 반대하오(過猶不及). 여기에서 몇가지만 의견을 더 첨부할까 하오.

① 정(正)은 질을 염두에 두고 하는 말이며 유가가 말하는 중(中)과 같소. 권(權)은 질을 염두에 두고 하는 말이 아니라 이 질(質)과 저 질(質)을 구별하는 방법이고 그 뜻은 유가가 말하는 '집량용중(執兩用中)'의 집(執)과 같소. 정(正)을 바라면 이(利)이니까 해(害)와 구별

되며, 정(正)을 싫어하면 해(害)이니까 이(利)와 구별되며 서로 혼돈하지 않게 되오. '권자양이무편(權者兩而無偏)'이라는 말은, 사물의 일정한 질을 좌우 어느편에도 쏠리지 않게 규정하는 것이라고 풀이해 보는 것이 어떻겠소.(다른 이질적인 것으로 넘어가지 말게) 그러나 이 말은 도리어 과유불급(過猶不及)이라는 말처럼 명백하고 적절하지는 못하다고 생각되오.

② "양이무편(兩而無偏)이라 하였으니 이는 바로 묵자가 한개 질의 상이한 두 면을 봤으며 그 어느 면에도 편향하지 않았음을 말한다. 이것이야말로 정(正)이며 그 질(質)에 부합되는 정(正)이다."

이 말은 심히 부당하오. 묵가를 완전히 절충론자로 취급했기 때문이요. 한개의 질에는 두 면이 있소. 그러나 어느 한 과정에서는 질(質)중의 어느 한 면이 주요한 것으로 되며 상대적인 안정성을 가지게 되지만 반드시 좀 기울게 마련이오 어느 한 면에 기울기 마련이오. 소위 일정한 질, 또는 한개의 질이라는 것은 이 면을 가리켜 하는 말이요. 이것이 질이요. 그러하지 않고서는 질을 부정하는 것으로 되오. 따라서 묵가가 말하는 무편(無偏)은 좌와 우의 어느 이질(異質)에로 편향하지 않는다는 뜻이지, 질의 두 면 중의 어느 한 면으로 기울어지지 말라는 뜻은 아니요. 기실 이것은 편(偏)이 아니라 정(正)이요. 묵가가 변증유물론자라면 응당 이처럼 풀이해야 하지 않을까 생각되오

이상과 같이 모택동의 서한 전문을 소개한 것은, 진백달의 전문분야인 중국 고대 철학에 대하여 모택동도 깊은 관심과 연구가 있음을 표명하였기 때문이다. 이런 관계로 하여 모택동은 진백달의 문장을 본 후 이런 학술적인 장신(長信)을 썼고 자세한 토론을 하였다. 이러한 내왕이 있었기·때문에, 진백달이 모택동의 눈에 든 것은 우연한 일이 아니다. 양자에게는 공통된 흥미와 화제가 있었고 학술적인 견해에 있어서는 모택동이 진백달보다 한층 더 깊고 뛰어났다고 할수도 있었다.

자기의 문장을 모택동이 이처럼 중요시한다는 데에 힘입은 진백달은 연이어 두 문장을 써 올렸다. 한 편이 '공자의 철학사상'이고 다른 한 편이 '노자(老子)의 철학사상'이다. 진백달은 자기의 직속 상관인 중공중앙선전부 부장 장문천에게도 이 문장을 보였다.

모택동은 전번과 같이 진백달의 문장을 흥미진진하게 보았고 1939년 2월 20일에는 전보다 더 긴 편지를 써서 장문천과 진백달에게 보냈다. 이 편지의 일부분만 아래에 옮겨쓰기로 한다.

'백달 동지의 공자 철학은 전번에 한번 봤습니다. 자세히는 못봤으나 잘 썼다고 생각합니다. 이번에 동지(장문천-역주)가 부탁하기에 한번 더 봤는데, 대체로는 잘 썼다고 봅니다. 다만 몇 군데는 검토할 여지가 있다고 생각되기에 아래에 적어 놓았습니다. 참작한 후 백달 동지와 상의하기 바랍니다. 공자에 대해선 나는 아무 연구도 없습니다. 의견이라는 것도 백달의 문장을 보고 생각나는 대로 적은 것이니 정확하다고 자신할 수는 없습니다…….'

이 서한에서 모택동은 7항 의견을 상세히 제기하였으며 진 백달의 문장에 비추어 공자의 철학사상에 대한 자기의 견해를 말하였다.

모택동의 회신을 받자 진백달은 즉각 수정을 가해 모택동에게 보냈다. 모택동은 1939년 2월 22일에 다시 장문천, 진백달 앞으로 회신을 보냈다.

백달 동지의 문장을 다시 한번 봤습니다. 수정한 곳은 다 잘 됐는데, 아직 몇가지 의견이 더 있으니 재고하도록 백달 동지에게 알려주기 바랍니다…….

타당한지 아니한지, 동지와 진 동지가 참작하기 바랍니다.

이 편지에서 모택동은 몇가지 의견을 보충하였다.

중국고대철학과 역사에 대한 토론과 지도를 받는 과정을 통하여 진(陳)-모(毛) 사이의 관계는 날로 밀접해졌으며, 진백달은 모택동의 중국고대철학과 역사에 대한 깊은 지식과 이를 시대에 맞게 해석할 줄 아는 안목과 통찰력에 대해 내심 존경하고 있었다.

그리하여 모택동은 결국 진백달을 자기 주위에 데려다가 일하게 한다.

모택동의 비서로

진백달의 기억에 의하면 1939년의 어느 봄날이었다. 몇가지 사업 문제를 상의하러 장문천이 진백달을 찾아왔다. 모택동이 지명하였으니 그의 사무실에서 일하지 않겠느냐는 것이었다. 진백달은 물론 더없이 기뻐하면서 그 자리에서 응낙하였다.

진백달의 서술에 의하면 당시 그에게 맡겨진 직무가 '중앙군사위원회 주석판공실 부비서장'이었다.

판공실 비서장은 이육여(李六如)이다. 이 사람은 모택동과는 오랜 친구였고 모택동, 하숙형(何叔衡)의 소개로 1921년에 중국 사회주의청년단에 가입하였고 동년에 또 중공에 가입하였다. 북벌 당시는 국민혁명군 제2군(第二軍) 제4사(第四師)의 당대표를 지낸 적도 있다. 해방후 1957년에 그는 자기의 풍부한 혁명경력을 소재로하여『육십년의 변천』이라는 장편소설을 썼다. 소설의 주인공 계교서(季交恕)는 작자 자신을 모델로 하여 창조한 인물형상이다.

군위(軍委) 주석판공실에 금방 왔을 때에는, 자기가 이런 사업에는 적임자가 아니라고 진백달은 느꼈다. 이육여가 그더러 군무(軍務)전보의 처리를 담당하도록 하였기 때문이다. 전방에서 온 군사 전보의 내용을 모택동에게 보고하고 또 모택동의 의견에 쫓아 답전을 작성하여 전방에 보낸다. 진백달은 타고 난 수재(秀才)이지만 그는 군사작전은 전혀 몰랐다.

　오래지 않아 모택동도 진백달이 군무전보 전담의 비서로는 적합하지 않다는 것을 알게 되었다. 진백달의 흥미는 여전히 옛날의 인물 공자·묵자·노자를 연구하는 데만 있었다. 이런 연구는 지금의 비서업무와는 아무 관련도 없다.

　"당신은 연구의 흥미를 중국의 고대철학으로부터 오늘의 현실로 옮겨야겠소. 좀 현실적인 연구를 해야겠소."

　모택동이 이렇게 말하자 진백달도 그리하겠노라고 동의하였다.

　이에 진백달은 군무전보 취급은 그만두고 자료정리사업을 하게 되었다. 진백달의 말을 들어 보면 당시 그는 자료원이었다. 모택동은 4가지 제목을 정하여 주고 우선 자료 수집에 착수하라고 하였다. 이 4가지 연구과제는 다음과 같다.

　　○ 항전(抗戰)중의 군사(軍事)
　　○ 항전(抗戰)중의 정치(政治)
　　○ 항전(抗戰)중의 교육(敎育)
　　○ 항전(抗戰)중의 경제(經濟)

　모택동의 지도 하에 진백달이 수집한 이 자료는 후에 4종류의 책으로 나누어 간행되었다. 모택동이 자기를 도와 연구사업의 주의력을 고대로부터 현실생활에로 전향시켰다고 진백달은 말하였다. 이 자료를 수집·정리하는 가운데서 그는 중국의 현실에 대하여 전면적인 이해를 하게 되었고 훗날의「중국의 운명을 평함」과 같은 책을 쓰기 위한 기초를 닦았다.

　진백달은 이렇게 모택동의 비서가 되었다. 모택동은 문서를 접수·발송하는 순 사무적인 일은 관여하지 말도록하고, 주로 자기를 도와 정치이론 관련의 연구를 하도록 진백달에게 요구하였다. 진백달은 이렇게 회상하고 있다. 당시 모택동은 40여세의 장년이었고 정력이 왕성했다. 그의 저작은 보통 그가 손수 집필하였고 비서가 대필할 필요는 없었다. 일부 순 기술적인 문건은 그의 시간을 절약하기 위해 비서가 집필하는 경우가 있었다. 모택동은 때로는 자기가 쓴 문장을 비서에게 보이고 의견을 물은 후에 다시 수정하였다. 모택동 본인은 저술(著述)의 거장이다. 글을 잘 쓰거니와 풍격이 남다른 데가 있으며 자성일가(自省一家)라 할 수 있다. 이런 문장은 타인이 대필할 수 있는 것이 아니다. 진백달의 기억에 의하면『모택동선집』제2권에 들어있는 '중국혁명과 중국공산당'의 제1장 '중국사회'만은 예외다. 이 장(章)은 이유한(李維漢)이 집필하고 진백달이 수정한 후에 모택동이 수정한 것이다. 제2장 '중국혁명'은 모택동 본인이 모두 집필하였다.

비서가 도와야 할 일은 모택동의 연설을 사후에 정서정리하는 일이다. 연설할 때 모택동은 보통 간단한 메모 밖에 준비하지 않는다. 심지어는 이런 메모도 없이 즉흥연설을 할 때도 있다. 이런 경우에는 비서가 기록했다가 다시 연설고(演說稿)로 정리하고 나중에 모택동이 수정한다.

이 밖에 진백달은 7차당대회에서 한 주덕(朱德)의 보고 '해방구 전장(戰場)을 논함'을 수정해 준 적이 있었다고 한다. 육정일도 수정에 참가하였었다.

이육여는 연안정풍 때에 모택동의 판공실을 떠났고 그 후에는 모택동의 주변에서 일한 적이 없다.

진백달의 직무는 여러번 바뀌었다. 중공중앙비서처의 비서로 되었다가 오래지 않아 중앙연구원이 성립되자 이 연구원의 비서장이 된다. 원장은 장문천이고 부원장은 범문란(范文蘭)이다. 이 연구원 산하에 몇 개의 연구실을 두었는데 진백달은 중국문제연구실 주임도 겸하였다. 직무가 이렇게 변하였지만 그는 여전히 모택동의 비서였다. 특히 후에 그가 담임한 중앙정치연구실 주임의 직은 모택동의 정치비서에 해당한다고 할 수 있다.

브리타니카 대백과사전에 소개한 연안시기의 진백달의 경력은 대체로 정확하다 - 1937년에 그는 연안 중공중앙당교와 마르크스-레닌학원에서 가르쳤고 중공중앙선전부·군사위원회·중앙비서처·중앙연구실 등 기구에서도 일하였다.

모택동의 신임을 얻었기에 그는 중공의 고위층과 접촉할 수 있었고 고급 기밀문서도 접할 수 있게 되었다. 직위로는 그다지 높지 않았지만 사업부서를 봐서는 요직임이 틀림없었다. 훗날에 진백달이 최고위층까지 올라가게 된 출발점이 모택동의 비서라는 이 직무였다.

역시 훗날의 일이지만, 진백달이 하루는 고향 친구 진구손(陳矩孫)에게 진심을 슬며시 토로한 적이 있다.

"제일 요긴한 것은 사람을 따르는 것이요. 한사람을 옳게 따라야 하오. 그 다음은 자기의 사람이 있어야 한다는 게요. 한사람이 아니라 여러 사람이……"

진구손은 중공중앙 편역국(編譯局)에서 근무하고 있다. 그에게 한 말은 진백달이 일생을 통하여 절실하게 느낀 경험담이라 하겠다. 그가 모택동을 따른 것이 사실 제일 중요한 것이였다.

자기의 사람에 대해서는, 그가 중앙에서 점차 기반을 공고히 한 후에 끌어당기기 시작하였다.

장개석 비판

진백달의 이름을 처음으로 전국에서 알게 되고 심지어 국외에서까지 주목하게 된 것은 1943년 7월 21일의 일이다. 해방일보가 이날 진백달이 쓴 장편문장 "중국의 운명을 평함"을 실었기 때문이다.

『중국의 운명』이라는 책은 장개석의 명저(名著)이다. 국민당 통치구에서는 이 책이 누구나 다 읽어야 할 정치 성경이었고 각급학교에서는 제일 중요한 과외 애독서였으며 교육부문에서는 이 책을 정식 시험과목으로 지정하였다.

『중국의 운명』은 1943년 3월 10일에 출판되었다. 들리는 말에 의하면

이 책은 국민당의 고문(顧問)인 도희성(陶希聖)이 저자 장개석을 위하여 대필한 것이라고 한다.

진백달의 문장 "중국의 운명을 평함"은 비록 개인의 이름으로 발표한 것이지만 여러 군데에 '우리 공산당인들은……'과 같은 주어가 있고, 중공중앙의 기관지인 해방일보의 첫 면 첫자리에 실렸기 때문에 중국의 운명에 대한 중공의 논평·논박으로 받아 들인 것은 물론이요, 전국의 관심을 끌게 된 것도 물론이다.

1980년, 미국 스탠포오드대학 출판사는 『모택동주의의 출현 : 모택동·진백달, 중국에 대한 그들의 이론적 탐색(1935~1945)』이라는 책을 펴내었다. 이 책의 제8장은 '중국의 운명'과 '중국의 운명을 평함'에 대하여 상세히 논술하고 있다. 작자는 미국 리하이대학에서 국제관계를 전공하는 교수 와일리(Raymond F. Wylie)이다. 이 책의 서술을 좀 보기로 한다.

국(國)·공(共)쌍방이 서로 민심을 쟁취하는 최후의 투쟁이 1943년 봄에 사상전선에서 전개되었고 1946년에는 군사영역에까지 확대되었다. 1949년에 공산당이 전국을 석권하는 승리를 얻는 것으로 이 투쟁은 끝난다.

장개석도 모택동과 마찬가지로 사상영역의 투쟁이 중요하다는 것을 잘 알고 있었다. 그러나 총체적으로 보아 이 분야에서 장개석이 모택동보다 뒤지고 있었다. 하지만 장개석은 공산당에 앞서 먼저 손을 썼다. 그것이 1943년 3월 10일에 출판된 그의 명저『중국의 운명』이다. 이와 동시에 전국적으로 대규모의 사상운동을 전개하고 이 책과 국민당 정책을 선전하였다……

『중국의 운명』은 국민당의 입장을 천명하였다. 즉

"항전(抗戰)의 최고지도원칙은 삼민주 밖에 없다. 항전의 최고지도조직은 국민당 밖에 없다."

이런 방식으로 장개석은 자기가 손중산의 뒤를 이었음을 표명하고, 또 자기가 새로운 국부(國父)이고 민중의 지도자라고 흔연히 자처하고 있다.

『중국의 운명』의 출판과 관련하여 국민당이 먼저 사상과 선전운동을 시작하였을 때 이번 선전운동을 일으킨 의의가 무엇인가를 중공은 물론 알고 있었다. 그러므로 당시 중공의 주요 논전가(論戰家)인 진백달 등을 시켜『중국의 운명』의 주요한 관점에 대한 평론을 쓰게 하였다.

와일리 선생이 말한 것처럼, 진백달이 쓴 "중국의 운명을 평함"은 훌륭한 공식논평으로 인정받게 되었고 이로하여 진백달의 신분도 크게 높아졌으며 그가 쓴 문장이 광범한 주시를 받게 되었다.

이 문장을 집필한 전후경과에 대하여 필자는 진백달 본인에게 문의한 바 있다. 그는 여지껏 세인들에게 알려지지 않은 적지않은 내막 사정을 들려 주었다. 그가 회고한 바를 정리하여 아래에 소개한다.

장개석의『중국의 운명』이 출판되자 연안에서도 이 책을 입수하였다. 모주석이 보고서 웃으면서 말했다.

"장개석이 글제를 내놓았소, 여러분더러 문장을 쓰라고 말이요."

우리보고 반박하는 글을 쓰라는 게구나 하고 나는 느꼈다. 모 주석의 이런 계시가 있었기 때문에 "중국의 운명을 평함"이라는 문장을 쓸 생각이 있게 되었다.

나는 단숨에 3일 주야를 꼬빡 썼다. 나는 눈물을 흘리면서 이 글을 썼다. 격동을 금할 수 없었고 의분을 누를 수 없었기 때문이다. 이전에도 글을 썼지만 이처럼 격동한 적은 없었다.

내가 쓴 문장을 무슨 명의로 발표하는가에 대해서는 구태여 알려고 하지 않았다. 해방일보의 사설로 될지 논평원의 글로 될지 몰라, 이름은 쓰지 않은 채 원고만 제출하였다. 내가 단 제목은 '장개석 선생의〈중국의 운명〉을 평함'이었다.

　나는 탈고하자 모택동에게 가져갔다. 당시 모 주석은 조원(棗園)에 있었다. 내가 갔을 때 공교롭게도 모 주석이 잠을 자고 있어 깨우지는 못하고 원고만 남겨 놓고 돌아 왔다.

　모 주석은 일어나자 바로 원고를 읽어보았고, 첨예하면서도 아주 생동감 있는 가필을 여러 군데 하였다. 그리고 발표자로 나의 이름을 적어 놓았다.

　이튿날 아침에 나는 연락을 받고 모 주석한테로 갔다. 모 주석은 나에게 원고를 주었다. 첫머리에 '해방일보에 보내여 발표하시오(送解放日報 發)'라는 지시가 적혀 있었다.

　원고를 전해받은 해방일보의 책임자들은, 이 문장이 어떤 곳은 너무 과격하지 않으냐고 근심하였다. 또한 이 문장이 국민당지구에서 큰 반향이 있을 것은 필연적이므로, 국민당지구의 모든 사업을 책임지고 있는 주은래 동지에게 먼저 보이는 게 좋겠다고 생각하였다.

　중경에 가있던 주은래 동지가 그때 마침 연안에 돌아와 있었다. (주은래는 등영초 등과 같이 1943년 7월 16일에 중경으로부터 연안에 돌아왔다-인용자 주) 결국 이 문장 때문에 모 주석은 소규모의 중앙회의를 소집하고 토론을 하였다. 주은래도 토론에 참가하였다. 토론의 결과, 수정을 조금 하게 되었고 제목도 "중국의 운명을 평함"으로 고쳐졌다.

　이 문장은 1943년 7월 21일 자 해방일보에 게재되었다. 또한 주 은래의 지시에 의하여 내부전보로 중경에 보내어 국민당통치구에서 소책자로 발행하기로 하였다.

　이 문장이 발표된 후 장 개석은 밀령을 내려 이 소책자의 보급을 엄금하게 하였고 나를 진역백달(陳逆伯達)이라고 지칭하였다.

　기실 이 문장을 쓴 것은 당의 사업이고 내 개인의 공로는 아니다. 공로가 있다면 그것은 당의 공로이다.

　나는 지금도 이 점을 명백히 인정한다. 모 주석의 지시와 지지가 없었더라면 나는 이 문장을 써낼 수 없었을 것이다.

"중국의 운명을 평함"은 진백달의 일생에서 가장 중요한 저작에 들 수 있다. 이 책의 어느 구절이 모택동이 가필한 부분이냐고 물으니 진백달이 하는 말이, 지금 손에 책도 없고 해서 똑똑히 지적할 수는 없지만, 제일 첫머리에 있는 한 대목을 모택동이 붓으로 써 넣었다는 것은 지금도 잘 기억하고 있었다. 즉 장개석의 고문이며 실제로『중국의 운명』을 저술한 도희성에 대하여 '파시스트 사상을 고취한 악명이 자자한 한간 무리로 비판하면서 국민당내에 이다지도 사람이 없다는 말인가' 하는 부분이다.

"모 주석이 첨가한 부분은 우선 박력이 내가 비할 수 없을 정도로 크다. 나로서는 도저히 비할 바가 못된다."

장개석의 『중국의 운명』을 비판하면서 장개석보다도 먼저 도희성에게 필봉을 돌린것은 확실히 남다른 수법이다. 남보다 한 수 높게 보는 모택동의 예지가 흔히 이런 곳에서 빛을 내고 있다.

1945년 4월 23일부터 6월 11일까지 중국공산당 제7차 전국대표대회가 연안에서 성대히 거행되었다.

정황이 이전과는 비할 수 없게 달라졌다. 17년 전에 6차당대회가 모스크바에서 열릴 때만 하여도 중공의 당원은 4만 여명에 불과했다. 지금은 당원수가 121만명에 이르고 있다.

대회의 클라이막스는 6월 9일에 진행된 중앙위원 선거였다. 진백달의 이름이 처음으로 후보자 명단에 들어갔다. 당시의 중공중앙위원회는 인원수가 많지 않았다. 피선된 정식위원이 44명이고 후보위원이 33명이였다. 진 백달은 중공중앙 후보위원에 당선되었다. 서열로는 후보위원 중 세번째였다. 후보위원은 요승지, 왕가상, 진백달, 황극성, 왕수도, 여옥, 등영초, 진소민, 유효, 담정…… 과 같이 서열이 정해졌다.

진백달에게 있어 중앙후보위원 당선은 그가 정식으로 중공 고위지도권 안에 진입하였음을 의미한다.

[제2장]
풍운(風雲)의 연속

중남해(中南海)의 생활

중공 7기 2중전회가 소집되기 한달 전인 1949년 1월 31일에 북평(北平)이 평화적으로 해방되었다.

1949년 3월 25일, 중공중앙과 중국인민해방군 총부는 서백파(西柏坡)에서 북평으로 옮겨왔다. 모택동과 주덕은 이날 북평에서 중국인민해방군의 부대를 사열하였다. 이날부터 북평은 중국의 홍색정치(紅色政治)의 중심지로 된다.

입성(入城) 초기에는 마르크스-레닌학원(후에 중공중앙당교로 개칭됨)이 서교(西敎)의 이화원 가까이에 있었으므로 이 학교의 부원장인 진백달도 거기에 숙소를 잡았다. 그러나 그가 여전히 모택동의 비서이기 때문에 모택동이 그를 부르는 일이 자주 있었다. 주은래는 입성하자 먼저 모택동의 거처를 여기저기에 물색하였는데, 제일 알맞는 곳이 북경성의 중심에 위치했고 환경도 조용하고 수목이 많은 데다 주변이 높은 담장에 둘러싸인 중남해였다. 그윽한 고풍이 풍기는 중남해는 중공정부의 사무청사 지역으로 쓰기에도 적합한 곳이었다. 중남해는 북해대교를 경계선으로 북해와 이어져 있다. 중남해는 또 오공교를 경계선으로 중해·남해로 나누이는데 보통 합칭하여 중남해라고 부른다. 이때부터 중국의 정치권력의 중심지로 된다.

주은래는 모택동의 사무실과 숙소를 근정전(勤政殿)에 잡았다.

이화원은 중남해와는 멀리 떨어져 있다. 모택동이 전화로 진백달을 부르면 승용차로도 반시간이 더 걸려야 중남해에 오게 된다.
　불편하기 그지 없었으니 모택동은 진백달을 보고 중남해로 이사 오라고 하였다.
　그리하여 진백달은 중남해에 들어왔다. 처음에는 근정전 안에 있는 작은 방을 숙소로 하였는데 나중에는 영춘당(迎春堂)에 들게 된다. 영춘당은 세개의 사합원(四合院)이 남북으로 이어져있는 처소인데 그 중의 한 채를 진백달이 가지게 되었다. 그의 이웃은 주양(周揚)과 웅복(熊復)이었다.
　중남해 내부는 갑·을 두 구역으로 나누이는데 모택동의 숙소는 갑구에 있고 진백달의 숙소는 을구에 있었다. 특수한 통행증을 보여야 을구에서 갑구로 출입할 수 있다. 모택동의 비서인 진백달에게는 물론 이런 통행증이 있었다. 전화만 오면 영춘당에서 근정전으로 갈 수 있었다. 1마일 쯤 되는 거리였으니까 걸어서 10여분이면 된다.

스탈린 찬양

　외투를 산다, 털모자를 산다, 구두를 산다…… 이제껏 옷차림엔 신경을 쓰지 않던 진백달이 갑자기 면모를 일신하게 됐다. 모택동이 그를 보고 "나와 같이 소련에 가자"고 하였기 때문이다.
　그때가 1949년 12월 중순이었으니 신중국이 출범하여 두달이 약간 더 되는 때였다. 모택동은 소련에 가서 스탈린을 만나고 양국 간의 관계를 토론하고 확정하였다.
　모택동에게 있어서는 난생 처음의 출국이었다. 진백달을 대동한 것은 그가 자기의 비서이기도 하거니와 소련의 사정도 잘 알고 있었기 때문이었다.
　모택동의 수행원은 진백달 외에 기요(機要)비서(기밀 및 의전을 담당하는 비서)인 엽자룡(葉子龍)·안전사무 담당의 왕동흥·노어통역의 사철(師哲)이 있었다.

자기가 이처럼 눈에 뜨이는 위치에 처하기는 진백달의 생애에서 처음 있는 일이다. 모택동의 소련방문 자체가 세계의 이목을 끄는 중대사였고, 방문단 성원의 서열에서 그가 3호에 놓였기 때문이다. 모택동과 진백달의 중간에 왕가상(王稼祥)이 있었다. 그는 소련에 주재하는 중화인민공화국의 초대 대사였고 동시에 외교부 부부장이었다.

모스크바에 도착하여 닷새가 되는 날이 스탈린의 70세 생일이었다. 진백달은 모택동과 같이, 이날 모스크바에서 거행된 성대한 경축대회에 참가하였다. 형제당 영도자로 제일 먼저 축사를 한 사람이 모택동이다.

인민일보는 진백달이 소련으로 떠나기 전에 미리 써 놓았던 기념사설을 이날 게재하였다. 제목이 '스탈린과 중국혁명—스탈린의 70세 탄신을 경축하여'였다. 이 글에서 진백달은 스탈린은 세계에서 가장 위대한 인물이고 천재적인 지도자라고 하였으며 모택동을 스탈린의 학생이고 전우라고 하였다.(몇 년 후의 문학혁명때에는 진백달이라는 이 이론가는 모택동을 세계에서 가장 위대한 인물이고 천재적인 지도자라고 하였으며 임표(林彪)를 모주석의 학생이고 전우라고 하였다.) 중국혁명에 대한 스탈린의 그릇된 논단과 간섭에 대해서는, 진백달은 일언반구도 언급하지 않은 반면에, 중국혁명의 승리를 스탈린 학설의 승리이며 스탈린 사상의 승리라고 하였다.

착상이 하도 기발해서인지 진백달은 '스탈린의 탄생일은 세계의 인일(人日)'이라고도 하였다.

중국의 옛 민속에 의하면 음력 정월 초하루가 계일(鷄日), 초이틀이 구일(狗日), 초사흘이 저일(猪日), 초나흘이 양일(羊日), 초닷새가 우일(牛日), 초엿새가 마일(馬日)이고 초이레가 인일(人日)이다. 진백달이 스탈린의 생일을 전세계의 인일이라고 함은 실로 놀랄만한 일이었다.

또한 문장의 끝머리에 진백달은 '지고무상하며 영광스럽고 위대한 스탈린 만세'라고 썼다.

모스크바의 실수

　모스크바에 체류하는 기간에 진백달과 모택동 사이에는 몇번인가 불유쾌한 일이 있었고 진백달은 모택동한테 꾸지람도 받았다.
　첫번째의 불쾌한 일은 스탈린과 회담하는 석상에서 생겼다.
　모택동이 장개석을 화제에 올렸는데 스탈린이 갑자기 진백달을 상대로 말을 꺼냈다.
　"아, 그렇지. 진백달 동지가 쓴『인민공적(公敵) 장개석』이라는 책을 나도 읽어 보았소."
　진백달은 원래 한켠에 앉아서 조용히 듣고만 있었는데, 스탈린이 자기의 저작을 언급하자 기뻐서 어쩔 줄 몰랐고 한결 활기를 띠게 되었다. 통역의 말을 기다릴 것 없이, 노어를 아는 진백달은 입을 다물지 못했다.
　스탈린의 관심은 모택동한테서 진백달에게로 옮겨졌다.
　"당신의 책에 있는 송미령(宋美齡)과 루즈벨트의 이야기는 재미있더군, 정말 재미있었소."
　기실은 진백달이『인민공적 장개석』이라는 책에 인용한, 미국 대통령 루즈벨트의 아들인 루즈벨트 2세의 회상 단편을 두고 하는 말이다.
　'나는…… 장씨 부부의 칵테일 파아티에 부친을 대표하여 출석하였다. 그들 부부가 있는 별장은 우리 집과 1~2마일 되는 거리에 있었다. 처어칠의 딸도 나처럼 아버지 대신 파아티에 왔었다. 하지만 그 여자와 이야기를 나눌 기회는 없었다. 장 부인(송미령)은 내가 들어서자 곧 나를 한편에 있는 의자에 데려다 앉히고 자기는 옆의 의자에 앉았다. 나는 장 부인이 노련한 배우와도 같다는 인상을 받았다. 그 여자의 말은 생동감있고 재미있고 또 열정적이였다. 한 반 시간은 나와 이야기를 하였다. 좀 앞으로 굽은 자세로 앉아 있었고 정력적인 눈길은 언제나 나를 응시하고 있었으며 내가 하는 한마디 한마디의 말은 다 동의하는 것이었다. 그 여자의 손이 가볍게 나의 무릎에 놓였다…… 장 부인은 언제나 이처럼 사람을 정복할 수 있는 매력과 또 상대방에 흥미를 느끼는 체 하는 방식으로 사람들을-특히 남성들을 대하여 왔겠구나 하고 나는 생각하였다.'

스탈린은 루즈벨트 2세의 이 일화에 무척 흥미를 느꼈는지 여러 사람에게 그 내용을 소개하였다.

이렇게 되다보니 비서인 진백달이 한동안 대화의 중심이 되고 모택동이 도리어 한편에서 듣기만 하는 처지에 놓이게 되었다. 주객이 전도된 것이다.

이야기에 열을 올린 스탈린은 술잔을 들더니 진백달의 앞으로 걸어왔다.

"중국의 역사학자이고 철학가인 진백달 동지를 위하여 건배!"
라고 하였다.

진백달은 자기도 잔을 들고 답례를 하였다. "세계에서 제일 걸출하신 역사학자이시며 철학가이신 스탈린 동지를 위하여 건배합시다!"

실로 진백달로서는 당시 분위기에 맞지 않는 거동이었다. 모택동의 존재를 전혀 무시하는 결과를 초래했기 때문이다. 그런 줄도 모르고 진백달은 최고위급 회담에서 자기가 각광을 받았노라고 무척 기뻐하였다.

회담 중에 생긴 이런 비정상적인 현상에 대하여 모택동은 심히 불쾌해 하였으며 특히 진백달의 분수를 모르는 경거망동에 대하여 더욱 분노를 금할수 없었다.

심야에 회담은 끝났고 스탈린도 돌아갔다. 진백달이 여전히 흥분을 가라 앉히지 못하고 있는데, 갑자기 모택동의 연락을 접하게 된다. 다음부터는 회담에 참가하지 말라는 것이었다.

그 후에 있는 몇 차례의 회담에 진백달은 한번도 참가하지 못하였다.

며칠 후에 모택동이 문건을 기초(起草)하려고 진백달을 찾았으나 온 데간데 없었다.

"진백달이 어딜 갔소?"

하고 모택동은 기요비서 엽자룡에게 물었다.
"숙소를 옮겼습니다."
"어디로 옮겼단 말이요?"
"대사관으로 옮겼습니다."
"왜 옮겨야 하는가. 대사관에 뭘 하러 갔는가! 진백달은 나의 비서요. 그가 할일은 여기에 있소. 옮겨 가면서 왜 나한테 한마디도 말하지 않는가 말이요!"
모택동은 여간 불쾌하지 않았다. 대사관에 통지해서 당장 돌아 오게 하라고 모택동은 엽자룡에게 호령했다.
진백달은 풀이 죽은 채 돌아올 수 밖에 없었다. 그가 모택동한테 설명한 이유는 그의 열여섯살 나는 아들 진효달이 여러해 전부터 소련에서 공부하고 있는데, 단 며칠 동안이라도 대사관에 데려다 애비와 같이 지내게 하고 싶었다는 것이었다.
"왜 내 허락도 없이 옮겼는가 말이요. 도대체 당신의 일자리가 어딘가 말이요!" 모택동은 이렇게 엄히 꾸짖었다.
모택동이 성내는 걸 보고 진백달은 사태가 상당히 심각함을 알았다. 그는 잘못했노라고 하면서 자기를 반성 비판하였다.
그가 반성한 후 모택동은 물론 그를 여전히 자기 신변에서 일하게 하였다. 하지만 이 일로 하여 모택동은 진백달에 대하여 불유쾌한 인상을 가지게 된다.

모택동선집의 편찬

진백달은 모택동을 존경하였으며 모택동의 앞에서는 지나치다고 할 정도로 겸손하게 처신했다. 그리하여 모택동의 신임을 얻게 되었고 모택동은 그에게 중요한 일도 맡기게 된다. 진백달은 『모택동 선집』의 편집출판에 관여하게 되었다.
진백달의 말에 의하면, 『모택동 선집』 제1권의 앞에 있는 '본서의 출판에 대한 설명'은 1951년 8월 25일에 자기가 쓴 것이라고 한다. 끝에다 "중공중앙 모택동선집 출판위원회"라고 작자의 명칭을 단 것은 이 글을 써 놓고 자기가 생각하여 낸 명칭이다. 원래의 명칭은 '중공중앙 모택동선집 편집위원회'였고 이 위원회의 주임은 유 소기였다. 진백달은 편집이라는 두 글자가 타당치 않다고 생각하였다. 모택동의 문장을 다른 사람이 편집해 준다니 이게 어디 될 말인가. 잘못하다가는 도리어 화단을 일으킬지도 모른다. 어떤 단어를 대체할까 하고 한참 생각한 후에 '중공중앙 모택동선집 출판위원회'라고 고쳤다. 이렇게 고치니까 사실은 편집을 하였더라도 형식상에서는 이 위원회가 그저 출판 사무만 책임진 것으로 된다.

편집 업무에 관여한 사람도 사실은 모택동의 세 비서-진백달, 호교목, 전가영 뿐이다. 『모택동 선집』에 주석을 달기 위해서 전문팀을 구성하였는데 책임자는 전가영이였다. 역사학자 범문란도 주석을 쓰는 일에 참가하였다. 역사와 관련되는 허다한 주석은 범문란이 친히 집필하였다.

진백달이 회고하는 바에 의하면, 『모택동 선집』의 출판에 앞서 모택동 본인이 한편 한편씩 세심히 추고(推敲)하였으며 타인의 의견도 열심히 청취하였다. 『모택동 선집』에 실린 문장은 최초에 발표되었을 때의 원문과는 좀 다르다. 이 수정된 부분은 즉 작가 본인이 선집 출판을 계기로 재작성한 부분이다. 모택동의 의견을 따라 진백달이 문자 면에서 기술적인 수정을 가하기도 하였다. 수정을 비교적 많이 한 문장은 『중국 사회의 각 계급에 대한 분석』·『실천론』·『모순론』·『연합정부를 논함』 등이었다고 진백달은 말하였다. 이 수정 작업과 관련하여 모택동이 진백달에게 서신을 쓴 일이 있다.

『모택동 선집』을 편집하는 가운데서 진백달은 모택동의 저작을 체계적으로 열독할 수 있는 기회를 가지게 되었다. 이 기회를 놓치지 않고 그는 모택동 사상을 선전하는 기치를 추켜 들었다. 신 중국은 이미 탄생하였고 모택동은 세계가 공인하는 중국 인민의 지도자로 되었다. 진백달에게 있어 모택동 사상을 선전한다는 기치를 자기가 들었다는 것은 자기가·중국에게 으뜸가는 이론가로 되었음을 의미한다.

1951년 7월 1일은 중국공산당 탄생 30주년이 되는 날이다. 이날을 기념하여 인민출판사는 진백달의 저서 『모택동사상을 논함－마르크스·레닌주의와 중국혁명의 결합』을 출판하였다. 이 책에서 진백달은 '모택동 동지는 중국에서 마르크스·레닌주의의 가장 뛰어난 이론가이며 실천가'라고 칭송하였다. 이 책은 해방후 진백달의 주요한 저작으로 된다.

유진은 이 책을 본 후, 노어로 번역하여 소련에서 발행하면 좋겠다고 하였다. '우리는 모택동 동지의 영도하에 소련공산당을 본보기로 따라왔으며 우리의 당은 이미 볼셰비키 혁명의 당으로 되었다'고 이 책에 씌여있기 때문이다. 그러나 유진은 서명(書名)을 그다지 만족스럽게 여기지 않았다. 서명에 마르크스·레닌·모택동은 있으나 스탈린은 없다.

"진백달 동지, 나는 당신의 서명을 '모택동의 중국혁명론'이라고 고칠 것을 건의합니다. 이렇게 고치면 한결 더 간결하고 내용과도 맞습니다."

유진의 건의를 진백달은 받아 들였다. 그 결과 이 책의 노어판은 『모택동의 중국혁명론』으로 표제를 고쳤다.

1953년 8월에 인민출판사가 중국어판을 재판할 때, 진백달은 아예 중국어판의 서명도 『모택동의 중국혁명론』이라고 고쳐 버렸다.

그 후에도 진백달은 모택동 사상을 선전하는 일련의 저작을 발표하였는데 어느 책이나 다 인민출판사가 단행본으로 펴내었다. 그는 마치 중국의 제일가는 이론가와도 같았다.

정치국에 들어가다

1956년 9월 15일부터 27일까지 중공 제8차 전국대표대회가 북경에서 거행되었다.

진백달 본인이 말한 바에 의하면, 유소기가 중공중앙을 대표하여 대회에서 진술한 정치보고의 일부분은 자기가 수정하였다고 한다. 그러나 그가 맡은 주요한 사업은 '정치보고에 대한, 중국공산당 제8차 전국대표대회의 결의'(1956년 9월 27일 채택)를 집필하는 것이었다. 이 결의문에 진백달은 중국의 현실을 정확히 분석하고 구절구절을 세심히 음미하면서 다음과 같은 한 대목을 써넣었다.

'우리 국내의 주요 모순은 선진적인 공업국을 건립하려는 인민들의 요구와 낙후한 농업국인 현실 간의 모순이며, 경제·문화의 신속한 발전에 대한 인민의 수요와 그것을 만족시키지 못하는 실물 경제·문화현실간의 모순이다. 이 모순의 실질은, 우리 나라에서 이미 사회주의 제도를 수립한 상황하에서 나타나는, 선진적인 사회주의 제도와 낙후한 사회 생산력 간의 모순이다.'

국내의 주요 모순을 논술하는 이 부분은 전반적인 국면에 관계되고 당의 기본 노선에 관계된다. 진백달은 당시 모택동·유소기의 견해를 충분히 파악한 기초위에서 자기의 말로 부연하여 이렇게 썼던 것이다. 물론 그 후 8기3중전회에 이르러 모택동은 자기의 관점을 고쳐 무산계급과 자산계급간의 모순을 주요 모순이라고 주장하였으며 8차당대회의 결의에서는 상기의 주장을 완전히 부정하였다. 진백달도 모택동을 따라 상기의 분석을 부정하고 말았다. 이론가의 이론은 풍향의 변화에 따라 변하는 이론이었다.

중공 8차당대회에서 진백달은 중앙위원으로 당선되었다. 1956년 9월 28일에 열린 중공 8기 1중전회에서는 또 한걸음 나아가 정치국 후보위원의 행렬에 들어섰다.

정치국위원은 모택동, 유소기, 주은래, 주덕, 진운, 등소평, 임표, 임백거, 동필무, 팽진, 나영환, 진의, 이부춘, 팽덕회, 유백승, 하용(賀龍) 이선념이었고 정치국 후보위원은 우란후(烏蘭夫), 장문천, 육정일, 진백달, 강생, 박일파였다.

  중공 7차당대회에서 진백달은 중앙후보위원에 당선되었었다. 중앙위원과 후보위원 명단에서 그는 47번째의 위치에 있었다. 이번 8차당대회에서 그는 21번째 위치에 까지 전진한 셈이다.

  그렇지만 진백달이 맡고 있는 주요한 일은 여전히 모택동의 비서였다.

  8차 대회가 끝난 후, 진 백달은 모택동의 중요한 연설을 몇 편 정리하는 일에 참가하였다.

  당시의 모택동은 정무・당무로 바쁜 나날을 보냈지만 자기의 문장만은 언제나 원칙적으로 자기가 집필하였다. 진백달이 모택동을 도와 정리한 것은 각종 회의에서 한 모택동의 연설이다. 정리할 때 진백달은 대체로 모택동의 말을 그대로 옮겼다. 손질을 하였다면 삭제한 곳이 좀 있고 단락의 차례를 간혹 바꾸거나 몇 차례의 연설을 한 편의 문장으로 통합하는 것 뿐이다. 기록에 의하여 이렇게 정리를 거친 초고를 모택동이 다시 확인한다. 허다한 수정과 보충을 하는 경우가 많다. 완전히 탈고하여 발표하는 건 그 후의 일이다. 이렇게 변경이 많기 때문에, 정식으로 발표된 문장은 연설할 때에 적어 놓은 처음의 기록과는 많은 차이가 있게 된다.

  진백달의 회고에 의하면, 모택동의 '10대 관계를 논함'도 처음에는 자기가 정리를 보조하였다고 한다. 그러나 진백달이 정리한 원고를 모택동은 그 다지 만족스러워 하지 않았다. 1976년에 정식으로 발표된 이 연설은 호교목의 주관하에 재정리한 원고이다.

  '인민내부의 모순을 정확히 처리할 문제에 관하여'도 진백달은 정리에 참가하였었다. 후에 모택동이 수정한 곳이 많고 새 내용은 더 써 넣은 것도 있다.

  진백달은 또 '중국공산당 전국선전 사업회의에서 한 연설'을 정리하는 데도 참가하였다. 모택동이 심사 과정에서 삭제하거나 추가한 것이

다른 문장보다 훨씬 많다.

이런 삭제 또는 추가는 진백달이 보기에는 정상적인 일이었다. 일단 연설했던 것을 문장으로 정리하자면 심사숙고하게 되고 수정이 있게 된다. 이건 문장을 쓸 때 초고를 몇번이고 다듬는 것과 같은 이치이다. 문장은 즉흥 연설에 비하여 치밀하게 짜여지기 마련이다. 또 신문에 발표되었던 문장을 선집에 넣을 때에 재수정을 가하는 것 역시 정상적인 일이다.

진백달은 자기가 비서로 할 일만 하였고 문자(文字) 이발사의 일만 하였노라고 재삼 강조하였다. 연설기록에 의하여 정리된 문장은 어느 편이나 다 모택동이 한 말을 그대로 써 놓은 것이다. 극히 개별적인 곳만 원뜻에 어긋나지 않게 하는 전제 하에서 문장을 약간 다듬어, 보다 더 순탄하게 하였을 뿐이다.

모택동의 비평

『홍기』잡지가 창간된 지 얼마 안되는 때였다. 하남성 수평현 차하산에 있는 인민공사가 2년내로 완전히 공산주의 사회로 발전되어 모든 인민들이 잘 살게 된다는 보고를 중앙에 보내 왔다. 모택동은 이 보고에 다음과 같이 썼다.

'미묘(美妙)하기론 시(詩)와도 같군! 우리의 수재(秀才)인 백달이와 춘교가 한번 가 봄이 어떠한고.'

이런 지시가 내렸으니 진백달은 장춘교(張春橋)와 같이 하남성 차하산을 찾아 갔다. 진백달은 모택동의 비서요, 장춘교는 가경시(柯慶施)의 비서다. 찾아가 본 결과는 어떠하였는가.

진백달은 다음과 같이 말하였다.

'원래 나는 차하산에 가볼 생각이 없었다. 모 주석이 나에게 장춘교와 함께 가 보라고 하니 가 봤을 뿐이다. 물론 그곳에 간 후 가끔 초대도 받왔다.

우리가 묵고 있는 숙소의 맞은 편에 사는 한 노인이 밀을 다수확한 비밀을 가만히 알려 주었다. 그 노인의 말에 의하면, 특별한 다수확을 보았다는 그 밀밭은 가짜로 꾸며 놓은 것이라고 한다. 사람들이 모두 잠든 야밤에 몇몇 사람이 다른 밭에 베어 놓은 많은 밀을 가만히 옮겨다가 다수확을 했다는 밭에 쌓아 놓았다. 다수확의 장관(壯觀)을 구경하려고 각지에서 사람들이 몰려왔다. 그들이 참관한 것은 물론 수확이 모두 끝난 후의 밀밭이다. 그 밭의 흙을 기념으로 한줌 쥐고 가는 열성분자도 적지 않았다고 한다. 가지고 가서 과학 실험을 하려고 생각했을 수도 있다.

그곳의 간부들은 우리의 태도가 그들이 예상한 것처럼 열정적이 아니었음을 감지하였을 것이다. 그 중의 한 책임자가 나에게 무슨 의견은 없느냐, 잘못된 점이 있으면 알려 달라고 하였다. 나로서는 그때에 물론 이러쿵 저러쿵 말할 입장이 아니었다.'

며칠 후에 모 주석의 전화 지시가 있었다. 너무 오래 체재하지 말라는 것이었다. 결국 우리는 며칠만 있다가 돌아왔다.

모택동의 전화는 정주에서 건 것이었다. 모택동은 일부 중앙지도간부와 일부 지방지도간부들이 참가한 회의를 1958년 11월 2일부터 10일까지 정주에서 열었다. 후에 이 회의를 '제1차 정주회의'라고 부르게 된다. 모택동이 회의지점을 정주로 정한 것은 하남성이 인민공사화운동의 발원지였기 때문이었다. 이 회의에서는 인민공사화운동에서 나타난 일부 좌경착오를 연구하기 시작하였다. 모택동이 진백달·장춘교를 돌아오라고 한 것은 그들을 이 회의에 출석시키기 위해서였다.

진백달은 오자마자 모택동한테 꾸지람을 당하였다. 그것도 상당히 엄한 꾸지람이었다. 이 회의가 끝날 때 나누어준 회의개요(會議概要)에는 지명은 아니했으나 진백달을 비평한 대목이 적혀있다.

차하산에서 수평(遂平) 현성으로 돌아온 날 밤에 한 지방당원이 이런 이야기를 들려 주었다. '우리 지방에는 모래가 납니다. 이 모래를 무한에 싣고 가서 기계와 바꿉니다. 말하자면 산품(産品)교환이지요.'

정주에 돌아오자 나와 장춘교는 모 주석을 찾아갔다. 정식 보고를 올리기 전에 한담을 할 때, 나는 그 지방당원이 모래와 기계를 맞바꾸는 산품교환 행위를 하고 있다고 우리에게 자랑스럽게 이야기 하더라고 말했다. 모 주석이 듣더니 냉큼 나의 말을 가로챘다. "자네 그럼 단순히 산품(産品)교환만 주장하고 상품(商品)교환을 부인한다는 겐가!"

기실 모 주석은 나의 뜻을 오해하였다. 정식보고도 시작하지 않은 때였고 그저 지방당원의 말을 한담 삼아 되풀이 하였을 뿐, 나의 주장이나 의견은 표명하지 않았다.

모 주석이 나를 비평한 말이 어떻게 전해졌는지 누구나 다 알게 되었다. 일전십, 십전백(一傳十, 十傳百 : 발 없는 말이 천리를 간다는 뜻)이라 할까……

모택동의 비판을 당한 후의 고립무원한 처지와 안절부절 못하던 심정은 사실이다. 이론가의 몸값이 삽시간에 폭락하고 사람들은 그를 멀리하였다. 지방에서 온 두 동지가 아마도 내가 문제의 그 말을 하게 된 전후 경위를 알았는지 나의 숙소를 찾아온 일이 있다. 실로 고마운 일이었다.

1958년 11월 9일, 더 중대한 일이 벌어졌다. 이날 모택동은 정주에서 '중앙과 성·시·자치구와 지구와 현 4급 당위위원(黨委委員)에게'라는 공개서한을 썼다. 이 서한에서 모택동은 지명은 아니었으되 이른바 마르크스주의 경제학자로 자처하는 진백달을 비판하였다. 이 서한은 중앙문건으로 전국에 하달되었고 진백달에 대한 비판은 중앙으로부터 각지 당조직에까지 재빨리 확대되었다.

진백달을 비판한 모택동의 이 서한은 지금도 당안에서 찾아볼 수 있다.

동지들:

이 서한을 중앙과 성·시·자치구와 지구와 현 4급 당위원회 위원들에게 보낸다.

다른 것이 아니라 한가지만 부탁하기 위해서이다 - 책 두 권을 읽을 것을 동지들에게 건의하고 싶다. 하나는 스탈린이 쓴 『소련사회주의 경제문제』이고 다른 하나는 『공산주의사회에 대한 마르크스·엥겔스·레닌·스탈린의 논술』이다. 사람마다 이 두 권을 자세히 세번 정도 읽기를 바란다. 읽으면서 생각도 하고 분석도 하여야 한다. 즉 어느 것이 옳은 것인가, 또 어느 것이 부정확하거나 그다지 정확하지 못한 것인가, 혹은 문제의 어떤 점에 대하여 아직 정확히 모르겠다고 느끼는 점은 무엇인가 - 이런 문제를 가지고 생각하고 분석하여야 한다. 독서할 때 3~5명씩 조를 묶어 가지고 장(章)·절(節)마다 토론하였으면 한다. 이렇게 2~3개월 공부하면 두 책의 내용을 파악할 수 있을 것이다. 중국의 사회주의 경제혁명과 경제건설의 실제에 결부하여 독서하여야 하며 명확한 인식을 가지도록 하여야 한다. 그리하여 우리의 위대한 경제사업을 지도할 수 있어야 한다. 지금 적지 않은 사람들의 사상이 매우 혼란스럽다. 이 두 권을 읽으면 이런 혼란상태를 말끔히 씻어버릴 수 있다. 마르크스주의 경제학자로 자처하는 일부 지도자급 동지들이 최근 몇달 간 이런 상태에 놓여 있다. 그들은 마르크스주의의 정치경제학을 읽을 때는 마르크스주의자이지만 현재의 경제실천사항 중의 일부 구체적인 문제에 부딪히기만 하면 그들의 마르크스주의는 에누리를 하게 된다. 지금은 독서를 하고 토론도 하는 것이 모든 동지들에게 다 유익할 것이다.

이런 목적에서 나는 상기의 두 권을 읽을 것을 건의한다. 장차 시간이 있으면 또 한 권을 더 읽을 것을 권한다. 그 책은 소련동지들이 편찬한 『정치경제학 교과서』다. 흥미만 있다면 향(鄕)급 동지들이 읽어도 된다. 대약진과 인민공사를 성공적으로 이끌기 위해서 이런 책을 읽는 것이 가장 흥미있는 일이라고 나는 생각하는데, 동지들은 어떻게 생각하는

가.

모 택 동
1958년 11월 9일 정주에서

모택동의 서한을 읽은 진백달은 벼랑끝에 선 것처럼 소름이 오싹 끼쳤다. 정주회의가 거의 끝날 무렵에 모택동은 진백달을 보고 말했다.

"자넨 마르크스-레닌주의를 아직 잘 배우지 못했소. 광동에 가 도주(陶鑄)동지한테서 배우시오." 이 말은 진백달의 뺨을 친거나 다름없었다.

이론가는 두 볼이 화끈거리는 것 같았다. '홍기' 잡지의 책임주필인 그가 마르크스-레닌주의를 아직 잘 배우지 못했다고 비판을 받은 것이다. 이미 중공중앙정치국 후보위원까지 되었지만 모택동의 말 한마디면 벼랑에서 허공에 굴러 떨어질 수도 있다.

모택동의 뒤를 바싹 따르지 않은 것이 이번에 비판당한 원인임을 그는 알았다. 모택동이 인민공사 제도를 추진한 이래의 좌경 착오를 바로잡기 시작하였을 때에 진백달은 그 뜻을 잘 모르고 그냥 좌경적인 것만 주장하였던 것이다.

팽덕회에 대한 공격

중국의 정치풍운은 어떻게 변할지 가늠하기 어렵다. 1959년 여름에 진백달은 모택동을 따라 여산에 갔다. 7월 2일부터 8월 16일까지, 짙은 안개가 자주 끼는 피서지 여산에서 정치국 확대 회의가 열렸고 이어서 8기8중전회가 열렸다.

당시 모택동이 180도의 방향전환을 할 줄은 그 누구도 몰랐다. 좌경을 시정한다던 것이 반우경(反右傾)으로 급전환하였던 것이다.

모택동이 팽덕회, 황극성, 주소주(周小舟), 장문천을 반당집단으로 본 것이 여산회의의 주제라 하겠다.

진백달은 어떠하였는가. 그는 그다지 현명하지 못한 입장을 취했다. 정주회의에서는 극좌적인 경제이론을 고취하다가 비판을 당하였다. 이번에 여산에 오기 전에 그는 여산회의의 주제(主題)가 좌경을 계속 시정하는 것이라는 말을 듣고, 자기도 좌경비판에 모든 것을 걸기로 마음 먹었다. 모택동이 여산에 온 후, 좌경을 시정한다던 회의가 멀지 않아 반우경(反右傾)으로 180도의 급전환할 줄을 진백달은 전혀 예상하지 못하였다. 이 급전환이 있을 때 진백달은 하마트면 허공에 나가 떨어질 뻔하였다.

1959년 제1차 여산회의때 진백달은 팽덕회 쪽으로 기울어졌으며 팽덕회의 「군사구락부」에 가담하였었다. 1959년 7월 14일에 팽덕회는 당을 공격하는 서한을 썼다. 그날 저녁에 진백달은 여러 사람이 있는 데서 팽덕회를 보고 "팽 사령님, 훌륭한 서한을 썼습니다. 우리는 다 사령님을 지지합니다……"하고 말하였다.

팽덕회의 자술(自述)에 의하면, 팽덕회는 13일 저녁식사 후에 그 편지를 쓰기 시작하였고(사실은 7월 12일 저녁에 구상을 모두 하였다) 7월 14일 아침에 주석에게 친전(親展)으로 보냈다. 7월 14일 당일에 진백달은 이 편지를 보았고 그날 저녁에 여러 사람 앞에서 팽덕회를 칭찬하였던 것이다.

가만히 한 말이 아니고 여러 사람이 보는 데서 한 말이니까 진백달의 말은 팽덕회 뿐 아니라 거기에 있던 사람은 모두 들었다.

정세의 급변은 이틀 후에 있었다. '팽덕회의 자술'은 다음과 같이 쓰고 있다.

7월 23일 오전에 있는 대회에서 주석이 연설하였다. (나의) 그 서한에 대하여 높은 원칙에서 비판하면서 그것을 우경기회주의의 강령이라고 하였고 계획적이고 조직적이며 목적이 있는 것이라고 하였다. 또 내가 군벌주의·대국주의의 착오를 범하였고 몇 차례의 노선투쟁에서도 착오를 범하였다고 지적하였다. 연설을 들은 나의 침울한 심정은 형언하기 어려웠다. 숙소에 돌아와서도 주석의 연설을 몇번이고 되새겨 봤고, 자기의 주관적인 염원과 동기가 과연 그런 것이었던가를 다시금 검토해 봤지만 납득되지 않았다. 그러니 위화감(違和感)과 반발심이 앞섰다.

이론가는 이번에도 박자가 틀렸다. 모택동이 좌적인 것을 반대할 때에 자기는 그냥 좌적인 것을 설명하다가 비판을 당했었다. 이번에는 모택동이 반우경(反右傾)으로 전환하려는데 자기는 우경기회주의자의 편에 섰다.

잘못됐구나 하는 것을 알고 진백달은 즉각 반우경투쟁에 투신하였다. 그는 극좌적인 태세로 팽덕회를 비판하였고 다년간의 직속상관이었던 장문천을 꾸짖었다. 팽덕회를 구 군벌이라고 매도하면서 "타고난 반심(叛心)"이 있다고 하였다. 이렇게 하여 결국은 재난을 모면하게 되었다.

진백달은 비상한 속도로 《자산계급의 세계관인가 아니면 무산계급의 세계관인가》하는 장편문장을 써서 팽덕회에게 일격을 가하였다.

진백달은 성공하였다.

1959년 10월 21일, 진백달은 상기의 장편문장을 모택동에게 보였다. 모택동의 마음에 딱 맞는지라, 이 문장은 "편자의 말"을 첨부한 후 중공중앙의 명의로 전당(全黨)에 하달되었다.

정치투기의 내기를 이번에는 옳게 하였다. 정주회의 이래의 우울한 정서는 일소되고 지금은 신바람이 나게 되었다.

모택동이 진백달의 문장 앞에 쓴 "편자의 말"은 지금도 당안에서 찾아볼 수 있다.

이 글은 잘 쓴 글이다. 각급 당위원회에 내려 보내니, 당원들이 8기8중전회 문건을 학습할 때의 참고로 될 것이다. 이 글은 당의 내부간행물에 발표해도 된다.

중 앙
1959년 10월 23일

진백달의 문장에서 핵심으로 되는 것은 9월 11일 중앙군사위원회 확대회의에서 한 모택동의 연설에 표현된 사상이다. 이 밖에 다른 회의에서 한 모택동의 연설 중 팽덕회에 언급한 부분도 참고하여 많이 가미하였으며 논조를 한 층 더 높였으며 팽덕회에게 '위군자(偽君子), 야심가(野心家), 음모가(陰謀家)'라는 세 개의 감투까지 씌웠다.

인민공사 60조

팽덕회 비판으로 영웅이 된 진백달은 다시금 모택동의 신임을 얻게 되었다. 모택동은 '농촌인민공사 사업조례'를 작성하는 책임을 진백달에게 맡겼다. 이 조례는 도합 9장(章) 60조인데 보통 '60조'라고 부른다.

진백달은 인민공사제도를 창안해 낸 사람이건만, 북대하에서 모택동의 지도 아래 '농촌에서의 인민공사 건립에 관한 결의'를 작성할 때에는 참가하지 않았다. 진백달의 말에 의하면 그때 자기도 북대하에 있었다고 한다.

하여간 무슨 문건을 작성하는가는 중요한 것이 아니다. 중요한 것은 진백달이 또다시 이전의 일자리에 복귀하였다는 것이고 위기를 벗어났다는 것이다. 위기는 정주회의 때에 조성되기 시작하였고 여산회의에 이르러 극도에 달하였었다. 위기일발의 시각에 팽덕회를 반격한 것이 전환점이 된 것이다.

광주에서 열리는 중앙사업회의에서 농촌인민공사 사업조례(초안)을 내 놓기 위하여, 1961년 1월 모택동은 자기의 비서 전가영, 호교목, 진백달이 인솔하는 조사조를 농촌에 파견하였다. 모택동은 1930년 5월에에 썼던 자기의 문장「조사사업」을 이번에 내려가는 조사조 성원들에게 나누어 주었다.

모택동은 그 옛날 작전을 지휘하던 것처럼 진백달, 호교목, 전가영에게 조사임무를 배정하였다. 그 후 모택동은 또 자신의 지도하에 집체토의를 하고 농촌인민공사 사업조례 초안을 작성하였다.

당시 진백달은 중공중앙 정치연구실 주임도 담임하고 있었다.

1961년 8월, 호교목이 병으로 휴양하게 되었다. 모택동은 그를 보고 시간을 걱정할 것 없이 병이 다 나을 때까지 장기휴양을 하라고 하였다. 이렇게 되자 모택동은 부득이 진백달에게 문건작성을 보다 많이 의뢰하게 되었다.

진백달은 또 유소기를 도와 이런 문서의 작성 작업을 다소 하기도 하였다. 유소기가 1962년 1월 27일 중공중앙사업회의(확대회의인데 이 회의를 보통 '7천명 대회'라고 한다)에서 보고를 하였다. 이 보고의 초고를 작성하는 일에 진백달은 관여하였었다. 진백달은 또 '공산당원의 수양을 논함'이라는 유소기의 저작을 정리·수정하여 자기가 주필을 담당하고 있는『홍기』잡지에 그 수정본을 발표하였다. 이 책의 초간본이 연안에서 출판될 때에도 원고 정리는 진백달이 도와준 것이다. 맹자(孟子)의 어록을 삽입한 것도 진백달의 의견이었다. 맹자의 고자편(告子篇) 어록은 이런 내용이다.

"고(故)로 하늘이 대임(大任)을 이 사람에게 내리려고 할 때면
반드시 우선 그이 마음을 괴롭게 하고, 뼈와 살을 피로케 하고,
굶주림을 체험케 하고, 살림을 곤궁하게 하고,
하자는 일을 뜻대로 하지못하게 방해한다.
이렇게 함으로써 착한 마음을 키워주고 굳센 성격을 양성해 주고
원래는 해내지 못하던 일도 점점 더 많이 해낼 수 있게 한다."
故 天將降大任於是人也, 必先苦其心志

勞其筋骨, 餓其體膚, 空乏其身
行拂亂其所爲, 所以動 心忍性
增益其所不能

그러나 뒷날 문화혁명에 이르러서는 진백달은 표변하여 유소기에게 반격을 가한다. 역시 진백달이 주필인 『홍기』잡지가 이번에는 유소기의 "수양(修養)"을 공격하는 주포(主砲)로 된다. 유 소기가 실각하자 그가 쓴 "수양"도 비판의 대상으로 된 것이다. "수양"을 수정하여 재발표한 것도 진백달 주필의 『홍기』요, "수양"을 검은 독초로 매도하고 비판한 것도 진백달 주필의 『홍기』이다. 모든 것이 정치시세의 변화에 따라 떨어지기도 하고 올라가기도 한다.

현대수정주의 비판

50년대 말부터 60년대 초기에 진백달은 반우경 투쟁에 투신하는 한편 현대 수정주의 비판에도 적극적으로 참가하였다. 진백달과 강생은 현대 수정주의 비판의 두 주장(主將)이었다.

그 당시에 있은 공산주의운동의 대논전은 물론 지금은 지나간 역사가 되었다.

이 대논전(大論戰)에 대하여 등소평은 1980년 5월 31일에 쓴 '형제당 관계의 처리에서 제기되는 하나의 중요한 원칙'이라는 글에서 객관적인 총정리를 하였다.

각국의 당이 제정한 국내 방침과 노선이 옳으냐, 그르냐 하는 것은 그 나라의 당과 인민들에 의하여 판단되어야 한다…… 구라파의 공산주의가 옳으냐 옳지 않느냐는 다른 사람이 판단을 내리거나 문장을 써서 긍정 또는 부정할 문제가 아니다. 응당 그곳의 당, 그곳의 인민들에 의하여, 결국은 그들의 실천에 의하여 답안을 얻어야 한다. 그 사람들이 자기 나라의 정황에 근거하여 이러저러하게 탐색하는 것을 우리가 나서서 책망해서는 안된다. 설령 잘못하였더라도 그들 자신이 경험을 총정리하고 다시 모색하게 해야 한다…… 우리는 남이 우리에게 이래라 저래라 간섭하는 것을 반대한다. 우리가 남을 이래라 저래라 지시해서도 안된다. 이것은 응당 하나의 중요한 원칙으로 되어야 한다.

현대 수정주의 비판의 대상은 소련공산당의 흐루시초프였지만 최초에는 유고슬라비아의 티토만을 지명(指名)비판하였다. 비판의 첫 포를 쏜 것이 『홍기』 창간호에 발표된 진백달의 문장이다. 제목이 《유고슬라비아 수정주의는 제국주의 정책의 산물》이다.

1963년 3월 30일, 소련공산당중앙은 중국공산당중앙에 서한을 보내왔다. 이 서한에서 그들은 국제공산주의운동에 대한 견해를 체계적으로 제기하였다.

이 서한에 대하여 중공중앙도 공개적인 회답을 하게 되었다. 조어대(釣魚臺)의 수재들 중에는 우리도 장편문장을 써서 소련공산당중앙의 이러저러한 관점을 체계적으로 논박하자고 주장하는 사람이 있었다. 그러나 이런 취지에서 쓴 초고를 보고 모택동은 부정해 버렸다.

그때 모택동은 아주 묘한 말을 한마디 하였다.

"내가 요구하는 것은 장칙동(蔣則棟)식이 아니라 장섭림(張燮林)식이요."

초고를 다시 집필하는 임무를 진백달이 맡게 되었다. 그는 모택동이 표현한 미묘한 의사를 재삼 음미하고 추측해 보았다. 모택동의 신변에서 다년간 일한 덕분으로 그는 끝내 모택동의 의사를 똑바로 깨달았다. 장칙동, 장섭림은 중국의 당시 유명한 탁구선수다. 그러나 스타일에서는 이 둘은 전혀 다르다. 장칙동은 속공의 공격형 선수이고 장섭림은 깎아치기로 유명한 방어형 선수이다. 돌파할 수 없는 장성(長城)이라고 할 정도로 장섭림은 방어에 능하다. 상대방이 들이대는 공이 아무리 괴상하고 위험한 것이라 하여도 다 여유있게 물리칠 수 있다.

진백달은 국제공산주의운동에 언급한 모택동의 수차의 연설기록을 찾아다 본후 왕역(王力), 범약우(范若愚)와 같이 문장을 쓰기 시작하였다. 우선 모택동의 관점을 정면으로 천명하였다. 장섭림식으로 씌여진 수만자에 달하는 이 문장을 모택동의 심사에 교부하였더니 무사통과되었다. 모택동의 생각에 딱 맞았던 것이다.

이 글은 1963년 6월 14일에 발표되었다. 제목이 '소련공산당 중앙위원회 1963년 3월 30일 내신(來信)에 대한 중국공산당 중앙위원회의 회신', 즉 '국제공산주의운동 총노선에 대한 건의'이다. 이 글을 약칭하여 「25조」라고도 한다.

4청운동의 23조

역사의 수레바퀴는 천붕지괴(天崩地壞)의 문화대혁명을 향하여 하루하루 다가갔다.

모택동은 중국에서의 자본주의 부활(復活)을 어떻게 하면 방지할 수 있겠는가, 흐루시초프와 같은 인물의 출현을 어떻게 하면 방지할 수 있겠는가를 매일 생각하였다. 그의 투쟁의 예봉은 다년간 생사고락을 같이 하여온 전우인 유소기에게로 돌려진다.

모택동이 유소기를 타도하려 한다는 이 놀라운 소식을 진백달이 처음 알게 된 것은 1965년 1월이다.

어느 날 밤이었다. 수면제를 먹고 잠을 청하던 진백달은 갑자기 울리는 전화소리에 놀라 깨어났다. 비상 전화가 울렸으니 무슨 급한 일이 생긴 모양이다. 잠기를 가시고 전화를 드니 과연 중대사였다. 모택동이 지금 진백달을 부른다는 것이다.

모택동의 부름이면 언제나 즉시로 달려 가야 한다. 모택동은 언제나 야간에 사무를 보는 사람이므로 그만큼 진백달도 고생이 많았다.

허둥지둥 달려가 보니 모택동이 하는 말이, 사회주의 교육운동에 대한 문건을 집필해야겠다는 것이었다. 자기가 이제 구술할 것이니 진백달한테 적으라고 하였다.

모택동의 말을 받아 쓰면서 진백달은 중요한 움직임(苗頭)을 감지하였다. '모택동 유소기를 비판하려는 것이구나' 하는 생각이 들었다.

사회주의교육운동을 둘러싸고 모택동과 유소기 사이에 의견 충돌이 생긴지는 오래다. 그 충돌이 이번에 끝내 표면화한 것이다. 훗날 문화혁명에서도 그랬지만, 사회주의 교육운동을 대하는 데 있어서도 모택동은 사전부터 그 어떤 위대한 전략적 포치가 있는 것이 아니다. 일단 시작해 놓고 생각을 계속하면서 운동을 지도해 나갔을 뿐이다.

모택동은 1962년 9월에 있은 중공 8기10중전회에서 계급투쟁을 절대 잊어서는 안된다고 강조하였다. 당시 그는 사회주의교육운동을 진행할 것을 제의하였고 유소기도 처음에는 이 제의에 찬성하였다.

그러나 후에 일련의 중요한 문제에서 유소기는 모택동과는 다른 견해를 가지게 되었다. 사회주의교육운동의 성격을 어떻게 보는가가 그 일례이다. 문제가 있는 대로 그것을 해결하면 그만이지 아무것이나 다 계급투쟁을 지침으로 하거나 두 갈래 노선·두 계급의 투쟁으로 다룰 필요는 없다. 이것이 유소기의 주장이다. 또 모택동이 제기한 사회주의교육운동의 주요대상은 자본주의의 길을 걷는 당내의 집권파라는 의견도 유소기는 찬성하지 않았다.

모·유 사이의 견해 차이는 1964년말에 이르러 점점 더 커진다.

1964년 12월 15일부터 12월 말까지 중공중앙은 사회주의 교육운동에 관한 사업회의를 소집하였는데 유소기가 주관하였다. 모택동의 건강상태가 좋지 않았기 때문에 그를 이 회의에 초청하지는 않았다. 회의는 12월 말에 유소기의 지도하에서 중공중앙 정치국에서 소집한 전국사업회의의 토론개요(討論槪要)를 작성하였는데 도합 17조(條)였다. 이 개요는 중공중앙문건으로 전국에 하달되었다.

1965년 원단이 지난 후 1월 14일까지 회의는 제2단계에 들어 갔고 사회는 등소평이 하였다. 등소평은 이 회의가 일반적인 사무회의이고 제1단계 회의에도 모택동을 청하지 않았다는 데서, 출석하지 않아도 된다고 모택동에게 말하였다. 모택동은 이 호의를 아니꼽게 여기고 스스로 회의에 나왔다. 이것은 뜻밖이었다.

모택동은 이 회의에서 부지명(不指名)의 방식으로, 유소기가 사회주의교육운동에서 취한 방법이 인해전술식이며 너무 광범위하고 폭우(暴雨)식이라 틀렸다고 비평하였다.

모택동의 연설이 사회주의교육운동의 모순을 언급하였을 때, 유소기가 몇마디 참견했다.

"각종 모순이 교차돼 있습니다. 4청(四淸:정치, 경제, 조직, 사상을 깨끗하게 한다는 사회주의 교육 운동 — 역자주)과 4불청(四不淸)의 모순도 있고 당내외 모순이 교차된 것도 있습니다. 하여간 모순은 아주 복잡합니다. 있는 대로 하나하나 해결하는 게 좋을 것 같습니다."

이 말을 듣고 모택동은 대뜸 노기를 띄었다. 한동안 담배만 피우면서 침묵을 지켰다. 회의는 삽시간에 난국에 빠지게 되었다.

이날 밤에 모택동은 진백달을 불러다가 자기가 구술하는 것을 적게 하였다. 모택동이 한마디, 한조목씩 말하는 것을 진백달이 그대로 받아 적었다.

시간이 오래 걸렸고 또 수면제가 작용해서 정신이 제대로 집중되지 않았지만 애써 기계적으로라도 한 조목 한 조목씩 써내려 갔다. 끝에 가서는 생각도 흐리멍텅해졌지만 어쨌든 다 써냈다.

기록한 것을 가지고 가서 다시 정리하라고 모택동이 말한 후에야 진백달은 한숨을 돌렸다.

집에 돌아오자 진백달은 한잠을 잤으나 수면제의 효력이 없어졌는지 평소보다 두 시간이나 앞당겨 기상하였다. 눈을 비비며 기록을 더듬어보던 그는 저도 모르게 긴장감을 느꼈다.

그는 물론 이전부터 모택동을 따랐다. 그러나 제2의 인물인 유소기도 따르지 않으면 안될 사람이라고 그는 생각하였다. 그는 모택동과 유소기에게 다 잘 보이려고 애썼고 사실 또 양자의 지지를 다 받아왔다. 그런데 지금은 양자 간에 심각한 분열이 있게 되었으니 진백달은 양자택일하지 않으면 안되었다. 물론 그는 모택동의 쪽으로 기울어지게 된다.

그는 정리를 서둘렀다. 그러나 정신이 몽롱한 때에 적은 것이여서인지 어떤 대목은 진백달 자신도 갈피를 잡을 수가 없었다.

그는 전화로 급히 왕역(王力)을 불렀다. 왕역이 아직 잠에서 깨어나지 않은 때였다.

왕 역은 대수재(大秀才)가 부르는지라 대뜸 일어나 달려 왔다. 왕 역은 그해 44살이였으니 진백달보다 17살 연하이고 두뇌도 더 명석하였다. 왕역은 진백달을 도와 혼란한 기록을 말끔히 정리하고 한 조목 한 조목씩 분류까지 하였다.

바로 이날에 회의장에는 또 한번 긴장사태가 생겼다. 모택동은 손에 책을 두 권 쥐고 회의장에 나타났다. 하나는 헌법이고 하나는 당규약이다. 오늘 회의는 헌법을 토론하는 회의도 아니고 당규약을 토론하는 회의도 아니다. 모택동이 어쩌자고 두 소책자를 가지고 왔는가. 사람들은 심상치 않다고 느꼈다.

모택동이 연설하기 시작하여서야 사람들은 문제의 심각성을 의식하게 된다. 모택동은 다음과 같이 서두를 떼었다.

"나는 여기 책을 두 권 가지고 왔습니다. 하나는 헌법입니다. 법의 규정에 의하면 나는 공민권이 있습니다. 다른 하나는 당규약입니다. 당규약의 규정에 의하면 나에게는 당원으로서의 권리가 있습니다. 지금 여러분 가운데서 한 분은 나를 당의 회의에 오지 말라고 하였습니다. 이건 당규약에 위반됩니다. 다른 한 분은 나를 발언을 못하게 하였습니다. 이건 헌법에 위반됩니다······."

모택동이 말한 한 사람은 회의를 사회하고 있는 등소평이다. 실은 그의 호의를 완전히 오해하고 있다. 다른 한 사람은 유소기이다.

이 회의에서 모택동은 신랄하게 유소기를 비평하였다. 말 참견을 한 것을 자기의 발언을 제지했다고 보면서 화가 치밀었던 것이다. 당의 주석인 모택동이 이처럼 성내면서 국가주석인 유소기를 꾸짖은 일은 근 수십년 내에는 없는 일이다.

회의 후에 팽진, 도주 등의 권고에 못이겨 유소기는 중앙정치국의 생활회에서 반성을 하였다.

유소기는 "말 참견을 하지 말았어야 했다. 말 참견을 한 것은 모택동을 존중하지 않는다는 표현이다"라고 하였다. 이렇게 반성했어도 모택동은 속이 풀리지 않았다.

"문제는 나를 존중하는가 존중하지 않는가가 아니라 피차 간에 생긴 원칙적 노선의 차이 즉 수정주의와 반수정주의의 중대한 문제이다"라고 모택동은 말하였다.

또 한차례의 노선 투쟁이 시작되었구나 하고 진백달은 직감하였다. 그의 유일한 선택은 계속 모택동을 따르는 것이었다.

모택동의 지시에 절대 복종하는 태세로 그는 사회주의교육운동에 관한 새로운 문건을 작성하기 시작하였다.

중남해에 있는 진백달의 숙소에 몇몇 수재들이 모여 문건을 작성하는데 집필자는 진백달이다.

문앞에는 승용차를 대기시켜 두었다.

수재들이 한참 토론하면 진백달이 그 의사를 종합하여 몇 페이지의 원고를 쓴다. 그 원고를 통신원이 가지고 승용차로 중앙판공청의 인쇄공장으로 가져 간다. 인쇄공장은 중남해 서문을 나와 1킬로미터 가량 되는 곳에 있다. 원고는 즉시 문선에 넘긴다. 돌아올 때 통신원은 지난번에 넘겨 주었던 원고에 의하여 찍혀 나온 교정지를 가지고 온다.

진백달은 이런 식으로 작업을 하였다.

중앙판공청의 인쇄공장에서는 문장 부호 하나도 틀리지 않게 문건인쇄를 완성하였다.

문건이 다 찍혀 나오자 페이지 순서대로 앞뒤를 맞추어 놓고 진백달은 수재들을 휴식하라고 돌려보냈다. 그러나 자기는 휴식도 못한 채 문건을 가지고 모택동을 찾아갔다. 모택동은 중남해 갑구에 거주하고 있었다.

문건은 모택동의 수정을 거친 후 1965년 1월 14일의 회의에서 토론에 교부하여 채택되었고 중공중앙의 명의로 전당에 하달되었다.

이 문건의 제목이 《농촌사회주의 교육운동에서 지금 제기되고 있는 몇가지 문제─중공중앙 정치국에서 소집한 전국사업회의의 토론개요》이다. 도합 23조로 나뉘여 진술되었기에 보통 「23조」라고 약칭하여 부른다.

모택동의 관장하에 진백달이 집필한 이 문건의 운동의 성격은 부지명(不指名)의 방식으로 유소기를 비평하였을 뿐만 아니라 '운동의 중점은 자본주의의 길로 나가는, 당내의 집권파를 징계하는 데 있다'고 처음으로 지적하였다. 모택동은 그의 권위에 도전하거나 그와 다른 뜻을 가진 사람은 가차없이 공격하였다.

"5·16통지"

1966년 2월이었다. 남북이 대치하는 긴장된 국면이 조성되었다. 강청은 상해에서 앞으로 당의 진로에 대한 새로운 문건 개요(概要)를 서둘러 작성하고 있었으며, 한편 팽진(彭眞)을 비롯한 5인소조는 북경에서 역시 같은 문건을 작성하고 있었는데 그것은 강 청의 개요(概要)와는 대립되는 것이었다. 역사의 우연한 일치라 할까, 상해 금강호텔에서 좌담회를 가지고 개요(概要)를 집필하는 자도 다섯이고, 북경 인민대회당 서대청(西大廳)에서 토론회를 가지고 문건을 집필하는 자도 다섯이었다.

북경 5인소조 성원은 팽진, 육정일(국무원 부총리·중앙선전부 부장 겸 문화부 부장), 강생(중공중앙서기처 서기), 주양(周揚, 중앙선전부

부부장), 오냉서(吳冷西, 신화사 사장)이다. 이 5인소조는 당중앙과 모택동의 제의에 따라 1964년 5~6월에 성립되었다. 중앙정치국과 서기처의 영도하에 문화혁명 관련의 사업을 하는 그룹이었는데 팽진이 조장이고 육정일이 부조장이었다.

이 5인소조는 요문원의 "신편 역사극 해서파관을 평함"이라는 거작 문장이 발표된 결과 형성된 일장 풍파에 비추어 '당면한 학술토론에 관한 회고 제강'을 작성하였다. 보통 '2월 제강'으로 약칭하여 부른다. 2월 제강의 주요한 내용이 여섯 항(項)으로 나누이는데 그 중 제4항에서 다음과 같은 점을 강조하였다.

학술에 종사하는 좌파학자들은 "적당한 방식으로 상호 비평과 상호 협조를 하여야 하며 저만 옳다는 태도를 취하지 말아야 한다. 학술에 종사하는 좌파 학자들이 자산계급 전문가・학벌의 길을 걷지 말도록 경각심을 높여야 한다."

"언제나 실사구시를 중시하여야 하며, 진리앞에서는 모든 사람이 평등하다는 원칙을 견지하여야 한다. 이치에 맞게 남을 설득하여야지 힘이 있다고 남을 내리 눌러서는 안된다."

이 대목은 이름은 거명하지 않았으나 요문원과 그의 일당을 비평하였음이 분명하다.

팽진 등이 2월 8일에 무한에 가서 모택동에게 보고하였고 2월 13일에는 '2월 제강'이 중앙당의 지시사항으로 전당에 하달되었다. 그런데 이 문건을 인쇄하게 되었을 때 5인소조라는 명칭이 의미가 명확하지 않기 때문에 요진(姚溱)이 임시로 문화혁명이라는 네 글자를 달아 '문화혁명 5인소조'로 고쳤다. 그 전까지는 그저 5인소조라고 불렀던 것이다. (요진은 중공중앙선전부 부부장이다.)

'2월 제강'이 정식으로 하달되기 전에 팽진 등이 직접 모택동에게 보고를 하였건만, 모택동은 곧 태도를 일변하였다. 그는 강청의 개요(概要)를 지지하고 '2월 제강'을 비난하였다. 1966년 3월이었다. 모택동은 상해에서 강생과 담화할 때 여러번 팽진을 욕하였다. 강생이 북경에 돌아와 중앙서기처에 모택동의 지시를 전하고 '2월 제강'은 철회하기로 결정하였다. 강생은 또 중앙당 지시문건으로 전당에 하달할 통지문을 작성하라고 왕역(王力)에게 전달하였다. 왕역이 필자에게 말한 바에 의하면, 그가 집필한 이 통지문은 기실은 하나의 구(句)로 된 것이었다. 즉 "중공중앙 통지—1966년 2월 12일에 중공중앙에서 비준 하달한 「당면한 학술토론에 관한 문화혁명5인소조의 회보제강」은 철회하기로 한다." 이 통지문은 정치국의 토의를 거쳐 그대로 채택되었으나 모택동의 마음에 들지 않았다. "통지문은 기술적인 것이 아니라 이론적인 것이어야 한다"고 모택동은 말하였다.

모택동은 진백달에게 통지문을 다시 쓰라고 부탁하였다.

진 백달이 필자에게 말한 데 의하면, 그는 "이론적인 것이어야 한다"는 모택동의 말을 이론적인 차원에서 '2월 제강'을 비판하라는 뜻으로 이해하였다고 한다. "이건 나더러 천하를 움직일 수 있는 큰 문장을 쓰라는 게구나!" 다년간 모택동의 비서로 있은 진백달은 모택동의 의도를 바로 직감하였던 것이다.

진백달은 이를 자기에 대한 모택동의 지대한 신임이라고 감지하였다. 강청이 장춘교·요문원과 합세하여 '해서파관(海瑞罷官)'을 비판할 적에는 진백달에게 전혀 알리지 않았다. 강청이 개요를 만들 때에는 수정을 하여 달라고 진백달에게 도움을 청하였다. 이번에는 이론적인 통지문을 집필하는 중임을 모택동이 직접 진백달에게 맡겼다.

진백달은 글을 빨리 쓰는 왕역을 파트너로 삼았다. 집필은 자기가 하고 왕역이 협조하는 식으로 작업을 추진한 결과 4월초에 초고를 완성하였다.

이 초고를 조어대(釣魚臺)에서 토론할 때, 아주 무게가 있는 말을 강생이 하였다—'2월 제강'은 "철두철미한 수정주의의 문건이다." 강생은 그 위인이 미꾸라지보다도 더 교활하다. 5인소조 성원으로 자기도 '2월

제강'의 토론에 참가하였지만, 팽진이 무한에 가 모택동에게 보고할 때에는 따라가지 않았다. 그리하여 이번에는 '2월 제강'은 자기를 따돌리고 만들어진 것이라고 하면서 비판의 선봉으로 나섰다. 이렇고 보니 '2월 제강'은 강생을 제외한 4인소조가 꾸며낸 것처럼 되었고 따라서 강생과는 아무 관계가 없는 것으로 되었다. 현대판 간웅(奸雄)을 논할진대 강생보다 더 교활한 자는 없을 것이다.

통지문의 초고가 모택동의 심사에 교부되었을 때, 강생은 또 한가지 중요한 제의를 하였다.

"통지만 내려 보내서는 미흡한 점이 없지 않습니다. 중국현대사 대사기(大事記)도 한 부 작성해서 부록으로 같이 하달합시다."

이렇게 통지문의 규모는 점점 더 커졌다.

모택동은 통지문을 작성할 기초(起草)소조를 구성하기로 결정하였다. 모택동은 진백달을 이 소조의 조장으로 정하였고 진백달은 그 구성원 명단을 다음과 같이 제출했다. 강생, 강청, 왕역, 오냉서, 장춘교, 진아정(陳亞丁), 관봉(關鋒), 척본우(戚本禹), 윤달(尹達), 목흔(穆欣). 이 소조의 구성원들이 훗날의 "중앙문화혁명소조"의 멤버로 된다. 진백달이 통지문의 집필을 관장하고 강생이 대사기(大事記)의 집필을 관장하였다.

1966년 4월 16일부터 26일까지 모택동은 항주에서 중공중앙정치국 상무위원회 확대회의를 열었다. 실지로는 이 회의가 문화대혁명을 발동하기 위한 준비회의였다. 각 대구(大區)의 서기들도 회의에 참가하였다. 모택동의 제의에 의하여 기초소조는 이때 상해에서 통지문을 집필하였다.

이 소조의 구성원들은 상해 금강(錦江)호텔의 뒤편 청사에 모였다. 명분상으로는 정치국회의를 위한 자료 준비를 한다는 것이었지만 실지는 통지문을 토론하여 수정하였다. 진백달과 강생이 항주에 남아 정치국 상무위원회 확대회의에 참가해야 하였으므로, 상해에 있는 소조의 영도

권은 사실상 강청이 장악하게 되었다.

　당시 중공 상해시위(上海市委) 서기처 서기에 불과하였던 장춘교가 이때에 중요한 역할을 담당하였다. 원고가 완성되는 즉시로, 장춘교가 파견한 사람이 항주로 가져간다. 모택동이 본 후 수정 의견을 써 놓으면 역시 사람을 시켜 장춘교에게 돌려 보낸다. 장춘교가 기초소조에 전하고 이 소조는 다시 모택동의 지시에 따라 토론과 수정을 가한다. 그리고는 다시 장춘교가 사람을 시켜 모택동에게 전하고 모택동이 또 이러이러하게 하라고 의견을 쓴 다음 장춘교에게 돌려 보낸다······ 왕역은 농담조로 장춘교를 비서장이라고 하였다. 장춘교의 친밀한 전우인 요문원(姚文元)은 그때까지는 금강호텔에 들어 오지 못했다. 아직 중앙급 무대에서 활동할 수 있는 수재로는 인정받지 못하였기 때문이다.

　상해와 항주 사이에 북 나들듯이 원고가 오고 갔다는 것은 이 통지문을 모택동이 대단히 주시하였음을 말한다. 상해의 기초소조가 마지막 회의를 할 때, 진백달과 강생도 항주에서 돌아와 참가하였다. 회의가 절반쯤 진행되었을 때, 모택동의 비서 서업부(徐業夫)가 상해에 전화를 걸어 모택동의 의견을 전달하였다. 왕역이 전화를 받았으나 말소리가 똑똑하지 않아 수화기를 오냉서에게 넘겨 주었다. 오냉서는 통지문에 첨가하라는 모택동의 말을 한 자 한 자씩 받아 썼다.

　통지문은 이렇게 탈고 되었는데 그것을 항주의 중앙정치국상무위원회 확대회의에는 가져가지 않고 강생이 직접 북경으로 가지고 왔다. 통지문의 인쇄를 강생은 중공중앙판공청 산하의 인쇄 공장에는 맡기지 않았다. 잘못 누설했다가는 팽진의 귀에 전해질 수 있기 때문이었다. 강생은 통지문의 인쇄를 공안부 부장 사부치(謝富治)의 장악하에 있는 공안부 인쇄공장에 의뢰하였다.

　짙은 안개에 강풍이 가세하듯이 중국의 정치분위기는 날로 긴장해졌다. 5·1절날 천안문 성루에는 팽진이 나타나지 않았다. 팽진은 북경시 시장이요 중공 북경시위(北京市委) 제1서기이다. 5·1절과 국경절에는 천안문에 꼭 올랐었다.

 1966년 5월 4일부터 중공중앙정치국 확대회의가 북경에서 열렸다. 이 회의는 이달 26일에야 끝났다. 회의의 주요한 취지는 팽진, 나서경(羅瑞卿), 육정일, 양상곤의 '반당착오'를 비판하는 것이었다. 이밖에 전가영(田家英)과 관련한 사항도 있었다.

 5월 16일, 회의에서는 통지문을 채택하였다. 이때부터 이 문건은 5·16통지라고 불리우게 된다. 사실 전칭은 중국공산당 중앙위원회 통지이다.

 5·16통지는 과연 이론적으로 씌여진 큰 문장이었다. 2월제강의 "10대죄상"을 열거하고 하나하나씩 논박하였으며 일련의 좌경적인 이론, 노선, 방침, 정책을 제기하였다. 5·16통지는 "무산계급문화대혁명"의 "강령적 문건"이었다. 넓은 중국 대륙을 흔들어 놓은 10년동란을 이 통지를 채택한 날부터 계산하는 것이 보통이다. 즉 이날을 "문화대혁명"이 정식으로 시작된 날로 공인하고 있다.

[제3장]
중국대지를 흔들다

"중앙문혁"의 출범

'중앙문화혁명소조'를 사람들은 보통 '중앙문혁'이라고 하는데 이 소조야말로 중국 역사에 전례가 없는 괴물이라 하겠다.

이 조그마한 소조가 중국 대지를 편한 날이 없게 하였으며 헤아릴 수 없는 재난을 도처에 빚어냈다.

처음에는 이 소조를 중앙상무위원회의 비서그룹이라고만 하였는데 그 후에 권력이 부단히 팽창되어 중공중앙서기처를 대체할 뿐 아니라 나중에는 중공중앙정치국까지 대체하게 된다. 이 소조는 중국의 '무산계급사령부'의 동의어로도 된다. 누가 이 소조를 헐뜯거나 이 소조성원을 비방하기만 하면 당장 '현행반혁명'으로 몰리게 된다.

모택동은 진백달을 이 소조의 소조장으로 지정하였다. 전하는 말에 의하면, '5·16통지'를 작성할 때에 모택동은 이 뜻을 진백달에게 알렸다고 한다. 원래는 소조가 아니라 '문화혁명위원회'라 하고 주임을 두기로 됐는데 진백달이 사양하였다고 한다. 아무래도 자기는 소조장이나 되는 게 적합하다는 주장이었다. 그 결과 5·16통지에 문화혁명소조로 되어있다.

모택동의 지명을 받은 진백달 소조장은 소조멤버 작성에 착수하였다.

진백달은 물론 강청의 세력이 대두하고 있는 현실을 똑똑히 인식하고 있었다. 그런데 모택동 본인이 공개적으로 강청에게 한 자리를 맡길 수는 없었다. 진백달은 약삭빠르게 강청의 요구를 대변하는 제의를 모택동에게 여쭈었다.

"강청 동지를 조장으로 씁시다. 저는 그를 도와 부조장이 되겠습니다."

이 제의를 모택동은 물론 거부하였다. 이런 일들이 있은 후에 진백달은 강청을 제1 부조장의 자리에 앉혔다.

이렇게 자기 자리가 확정되자 강청은 대뜸

"장춘교 동지도 부조장을 맡아야 한다"

고 제의하였다. 강청의 이 제의에 의하여 상해의 장춘교는 일약 중앙의 요원으로 된다.

진백달과 강청이 합의한 결과 중앙문화혁명소조의 명단 초안이 제출되었다. 이 명단은 중앙정치국 상무위원회의 동의를 거쳤고 모택동의 비준을 받았다.

1966년 5월 28일, 중앙문화혁명소조의 설립에 관한 중공중앙의 통지가 전당에 하달되었다.

조　　장 : 진백달

고　　문 : 도주, 강생

부조장 : 강청, 왕임중, 유지견, 장춘교

조　　원 : 왕역, 관봉, 척본우, 요문원, 사당충, 윤달, 목흔

그 후에 4명이 또 조원에 보충되었다. 즉, 곽영추(중공중앙화북국을 대표하여), 정계교(중공중앙화북국을 대표하여), 양식림(중공중앙 서북국을 대표하여), 유문진(중공중앙서남국을 대표하여)이다. 중공중앙 중남국과 화동국의 대표는 왕임중과 장춘교가 각기 겸하기로 하였다.

이 때가 중앙문혁의 전성기라 할 수 있으니 정식 성원이 도합 18명이다.

그러나 문화혁명이 차차 추진됨에 따라 중앙문혁의 성원은 자꾸 줄어들기만 한다.

후에 실지로 중앙문혁의 영도자들로 꼽힌 자는 아래와 같은 대좌파

(大左派)들 뿐이다.

조　　장 : 진백달
고　　문 : 강생
부조장 : 강청, 장춘교
조　　원 : 왕역, 관봉, 척본우, 요문원

이 무한한 권력을 행사하는 "소조장"으로 된 것이 진 백달에게 있어서는 그의 일생 중의 최고봉이었다. 이 "소조장"이라는 직무가 지난날 그가 담임했던 그 어떤 직무보다 비할 바 없이 높았던 것이다. 《홍기》잡지의 책임주필보다도 높았고 부(副)자가 달린 다른 직무-중국과학원 부원장, 중공중앙선전부 부장, 국가계획위원회 부주임보다도 높았다. 사실상 이 소조장은 50~60년대의 중공중앙 총서기에 해당하였고 조원들은 중공중앙서기처 서기에 해당하였다.

인민일보를 손 안에

사장 오냉서(吳冷西)가 관장하는 인민일보는 원래 문화혁명에 대하여 냉담한 태도를 취했었다. 요문원의 거작인 '신편(新編)역사극〈해서파관〉을 평함'이 상해에서 발표된 후, 인민일보는 아랑곳하지 않았다. 스무날만인 1965년 11월 30일에야 인민일보는 거듭되는 압력을 당해 내지 못하고 할 수 없이 제5면의 학술연구란에 요문원의 글을 전재하였다.

인민일보 사장 오냉서는 조어대(釣魚臺)에서 '9평(九評)'을 쓴 수재 멤버의 성원이었고 5·16통지 집필소조의 성원이었다. 중앙문혁의 최초 명단에도 그의 이름은 있었으나 후에 제명(除名)을 면치 못하였다. 이건 그의 처지가 아주 위태해졌음을 말한다.

오냉서를 면직해야 한다는 요구가 자꾸 제기되었.

북경에서 중앙의 일상정무를 관장하고 있던 유소기는 할 수 없이 1966년 5월 30일에 모택동에게 전보로 문의하였다.

"진백달 동지를 책임자로 하는 공작조를 파견하여 인민일보를 접수관리하게 하려고 하는데 어떻겠습니까."

항주에 있는 모택동은 즉시 답전을 보내어 동의한다고 하였다.

이에 진백달과 강생은 부랴부랴 비행기로 항주에 가서 모택동의 지시를 들었고 당일로(5월 31일) 북경에 돌아왔다. 진백달은 당평주 등을 성원으로 하는 공작조를 급히 결성하고 5월 31일 밤에 인민일보사에 들어갔다.

공작조가 들어 왔다는 성명도 신문에 나지 않았고 소식도 보도되지 않은 채 인민일보는 하룻밤 사이에 이렇게 진백달의 손에 들어갔다.

진백달이 인민일보사를 장악하게 되자 인민일보의 논조는 돌변하였다.

이튿날이 6월 1일이니 국제아동절이다. 어린이들이 춤추고 노래하는 명절을 맞아, 예년 같으면 인민일보도 수천수만의 어린이들을 위하여 꽃다발을 선물하였을 것이다. 그러나 1966년 6월 1일자의 인민일보는 살기등등하기만 하였다. 1면 첫머리의 사설은 아동절과는 전혀 상관이 없는 서릿발이 번뜩이었다. 제목이 '온갖 잡귀신들을 몰아내자!'였다.

5·16통지가 문화대혁명의 강령이라면 이 사설은 문화대혁명을 전국범위에서 공개적으로 발동하는 동원령이다. 이 사설을 조작해낸 자가 진백달이다. 5월 31일 밤에 탈고하여 이튿날 신문에 내는 것이라, 모택동이 있는 항주에 보내어 심사수정하지는 않았다.

그뒤 1980년 11월 29일 오전, 최고인민법원 특별법정 제1심판정(第一審判庭)에서는 '온갖 잡귀신들을 몰아내자'라는 사설과 관련하여 진백달을 심문하였다. 당시의 법정기록을 인용하면 다음과 같다.

이명귀 판사 : 1966년 6월 1일부 인민일보의 사설 '온갖 잡귀신들을 몰아내자'는 당신이 남을 시켜 쓰게 하였고 마지막에 당신이 심사수정

한 것입니까?

진백달 피고인 : 제가 쓴 것입니다. 제가 쓴 것이지요. 제가 썼다고 하는 것은 제가 직접 붓을 들었느냐 들지 않았느냐 하는 문제와는 관계 없습니다. 제가 구술하였습니다. 구술을 한 것이지요.

법정에서는 진백달이 직접 수정을 가한 사설 원고와 교정지를 제시하였다. 법정의 사무원이 설명을 하였다-1966년 6월 1일 부 인민일보의 사설은 진백달의 관장하에 씌여진 것이고 진백달이 수정하여 탈고한 것입니다. 사설 초고에는 제목이 '더욱 분발하여 무산계급 문화대혁명을 끝까지 진행하자'였습니다. 진백달이 심사수정할 때 그것을 '온갖 잡귀신들을 몰아내자'로 고쳤습니다.

진백달은 제시한 증거물을 본 후, 원고에 수정을 가한 문자가 자기가 쓴 것이고 제목도 자기가 고친 것임을 시인하였다.

임능운 판사가 이어 1980년 7월 25일에 전저천이 쓴 증언과 1980년 8월 12일에 주열붕이 쓴 증언을 낭독하였다.

진백달 피고인 : 들었습니다. 당시의 구체적인 경과가 어떠하였던지는 잘 기억나지 않습니다. 하여간 이 문장에 대한 전부의 책임, 일부가 아니라 전부의 책임을 제가 지겠습니다.

이명귀 판사 : 피고인 진백달은 1966년 6월 1일 부 인민일보의 사설 '온갖 잡귀신들을 몰아내자'를 쓰도록 직접 지시하였고 직접 심사수정하였다고 기소되어 있습니다. 이 사실에 대한 조사는 이상으로 마치겠습니다.

이 사설을 필자가 진백달에게 언급하였을 때 그는 탄식하고 말하였다.

"그땐 나는 미친거나 다름이 없었소. 그 사설은 아주 나쁜 작용을 하게 되었오. 책임은 다른 사람이 질 게 아니라 내가 져야 하오."

강청과 함께 북경대학에

7월 18일 저녁이었다. 유소기는 모택동이 돌아왔다는 말을 듣고 급히 만나러 갔으나 문전 거절을 당하였다. 진백달과 강생이 먼저 왔던 것이다. 그들이 타고 온 승용차가 문앞에 있었다.

중공중앙 부주석이고 중화인민공화국 주석인 유소기가 왔는데도, 모택동의 비서가 들여 놓지 않았다. 내일 다시 오라는 것이었다.

유소기는 이튿날에 다시 찾아왔다. 모택동은 이미 진백달, 강생한테서 보고를 들었는지라, 유소기의 말은 자세히 들으려고 하지 않았다. 몇 마디나 대강 듣더니 모택동은 엄숙한 어조로 말하는 것이었다.

"공작조 파견은 잘못된 것입니다. 북경에 돌아와 보니 분위기가 냉냉합니다. 가슴 아픈 일이지요. 어떤 학교는 문을 걸어 닫았고 어떤 학교는 학생운동을 진압하기까지 하였습니다. 누가 학생운동을 진압하였던가요? 북양군벌 밖에 없습니다. 학생운동을 진압하는 자에게는 좋은 결말이 절대 있을 수 없습니다. 이번 운동은 방향, 노선이 틀렸습니다. 시급히 돌려 잡아야 합니다. 모든 격식과 제도를 철저히 타파해야 합니다."

모택동의 말은 유소기에게 찬물을 마구 끼얹는 것이나 다름없었다.

모택동이 북경에 돌아와 사흘째 되는 날, 진백달은 신속히 한가지 행동을 공개적으로 취하였다 – 진백달이 파견한 사람이 청화대학에 가서 학생운동을 지도하고 있던 괴대부(繢大富)라는 학생을 위문하였다. 당시 괴대부 학생은 공작조에 의해 감금당하였었다.

그는 청화대학 화학공정학부 3학년에 다니는 21살나는 학생이다. 강소성 빈해현의 한 농민 가정에서 태어났다. 조부가 신사군(新四軍)의 전사였고 부모는 다 40년대에 입당한 중공당원이다. 출신 배경이 이처럼 좋았으니 괴대부에게는 무서운 게 없었다. 그가 7남매 중의 맏이고 동생 다섯에 여동생 하나가 집에 있었다. 18살에 청화대학에 합격하였을 때는 좀 소문난 인물로 각광을 받기도 하였다. '인민화보'가 그의 사진을 싣고 '농민의 자제가 대학생으로'라는 표제를 달았던 것이다. 이로 인하여 정치적으로 더욱 우월감을 가지게 되었고 간담도 더 커지게 되었다.

1966년 6월1일 밤이었다. 중앙인민방송국에서 섭원재(聶元梓) 등의 대자보를 방송하자 괴대부는 흥분된 김에 그날 밤으로 섭원재를 성원하는 서한을 썼다. 이튿날 그는 대자보를 구내에 내 붙이고 조반(造反 : 폭동, 데모, 사회운동을 일으킴-역자주)의 기치를 들었음을 표명하였다.

유 소기가 파견한 공작조가 머지않아 청화대학에 들어왔다. 조장이 엽림(葉林)이고 부조장이 유소기 부인 왕광미(王光美)였다. 학교당위(學校黨委)도 반대하고 공작조도 반대하는 괴대부는 청화대학 조반파(造反派)의 우두머리로 되었고 공작조는 그를 '우파'로 점찍었다. 이에 반항하여 괴대부는 단식투쟁을 선언하였고 이 거동이 또 전교에 큰 파문을 일으켰다.

진백달이 파견한 사람이 괴대부를 위문하자 괴대부는 더욱 득의양양하여 공작조와 왕광미를 반대하여 투쟁하였다.

진백달이 괴대부에게 이와같은 배려를 한 이튿날, 중앙문혁은 처음으로 북경대학에 얼굴을 보였다. 조장 진백달과 부조장 강청이 북경대학에 가더니 문화대혁명운동의 정황을 파악하러 왔노라고 하였다. 강청이 보기에는, 청화대학에는 왕광미가 가 있으니까 그 곳은 유소기가 장악하고 있는 시험대이다. 그러니까 자기는 북경대학을 삼아야겠다라는 심산일 것이다. 강 청은 모택동보다 이틀 후인 7월 20일에 북경에 돌아왔었다.

북경대학에서 진백달은 선동적인 연설을 한바탕 하였다. 요컨대 6·18사건을 반혁명사건이라고 하는 것은 틀렸다는 것이다. 그런데 한달 전에도 이 진백달이 6·18사건을 반혁명사건이라고 단정하면서 배후에 꼭 지하사령부가 있다고 말했었다. 정말 이랬다 저랬다 변덕이 많고 또 변신을 빨리 하는 사람이다.

진백달의 말 한마디로 북경대학에는 일장풍파가 일어났다. 6·18사건을 반혁명사건이 아니라고 진백달이 말했기 때문에 이 학교에 들어온 공작조는 일시에 수렁에 빠지게 되었다. 조반파(造反派)학생들이 장승선(張承先)을 조장으로 하는 공작조를 반대하여 나섰다. 이 공작조도 유소기가 파견한 것이었다. 공작조를 반대한다는 것은 유소기를 반대하기 위한 것이기도 하다.

북경대학이 일으킨 반공작조의 물결은 곧바로 시내의 여러 대학교 등에 파급되었다.

1966년 7월 28일, 중공 북경 신시위(新市委)는 거듭되는 압력 하에서 대·중학교 공작조를 철수하기로 결정하였다.

이튿날 '북경시 대학, 전문학교, 중등학교 문화혁명적극분자 대회'가 인민대회당에서 열렸다.

극심한 곤경에 처한 유소기가 연단에 나와 속마음과는 다른 연설을 하였다.

"무산계급 문화대혁명을 어떻게 진행하여야 할 것인가에 대하여는 여러분도 똑똑히 알지 못하고 있습니다. 우리에게 묻는다면, 솔직히 대답합니다만 나도 잘 모르겠습니다……."

임표(林彪)의 등장

모택동과 유소기가 결판을 낼 때가 끝내 왔다.

하나의 분명한 신호가 중공 고위층 정치권(政治圈)에 큰 진동을 일으켰다.

중공 8기11중전회의 예비회의가 1966년 7월 27일부터 30일까지 북경에서 열렸다. 8기11중전회는 열리지도 않았는데 이 전회의 공보(公報) 초고는 벌써 진백달의 관장하에 다 작성되었던 것이다.

왕역(王力)이 회고한 데 의하면 세가지 사항이 그에게 큰 충격을 주었다고 한다.

첫째, 공보 초고의 회람자 명단에 유소기의 이름이 없었다. 무엇 때문인가.

둘째, 회람자 명단에는 임표의 이름이 두번째에 놓여 있었다. 즉, 주석이 앞에 있고 그 버금이 임표였다.

셋째, 원래의 초고에는 며칠 전에 유소기가 한 말을 인용하였었는데 그 인용문이 삭제당하고 없다. 유소기의 말이란 7월 22일에 발표한 중화인민공화국 주석 유소기의 성명이다. 이 성명에서 유소기는 월남 호지명 주석이 7월 17일에 발표한 '전국 동포에게 고하는 글'을 중국인민은 가장 열렬히 지지한다고 표명하였다. 원래의 초고에는 유소기 성명에서 인용한 말이 있었다.

이 세가지 사항은 유소기가 8기11중전회에서 이제 곧 비판을 받으리라는 것을 명백히 예고하고 있다. 공보초고의 회람에서까지 그를 따돌렸다! 또한 임표가 유소기의 자리를 대체한다는 것도 명백한 사실로 되었다. 회의가 열리기도 전에 임표는 벌써 2인자로 부상하였다.

8월 4일, 모택동은 정치국상무위원장 확대회의에서 유소기를 비평하면서 공작조 파견은 군중운동을 진압하는 것이고 노선 착오를 범한 것이라고 하였다. 그는 유소기와 여러 상무위원들을 상대하여 말하기를 잡귀신은 이 자리에도 있다라고 하였다. 전하는 말에 의하면 장 춘교가 적지 않게 농간을 하였다고 한다. 그는 유소기가 '북경대학 문화혁명 간보(簡報)' 제9호에 쓴 의견을 모택동에게 갖다 보였다. 타고 있는 불에 키질하는 격이었으니 모택동은 더욱 유소기에게 반감을 가지게 되었고 유소기를 타도해 버려야겠다고 결심하였다.

8월 5일, 모택동은 '사령부를 포격한다-나의 대자보'를 썼다. 유소기의 자산계급 사령부에 중포를 쏘는 대자보였다. 중화인민공화국 주석이고 중공중앙 부 주석이며 중공의 제 2인자인 유소기는 이때로부터 재기하지 못하게 된다. '사령부를 포격한다는 모택동의 대자보'는 진백달의 관장 하에 쓴 인민일보 논평원의 글을 얼마나 잘 쓴 글인가! 하고 칭찬하였다. 그러니까 진백달이 발탁되리라는 것은 의심할 바 없었다.

진백달은 모택동의 대자보를 지지한다는 취지로 자기도 이어서 대자보를 썼다. 진백달은 유소기를 반대하는 영웅으로 되었고 그의 대자보는 회의문건에 인쇄되어 배포되었다.

임표는 그때 대련에 있었고 8기11중전회에는 오지도 않았다. 그 임표가 모택동이 유소기를 포격했다는 말을 듣고 8월 6일에 전용기를 타고 북경으로 날아왔다. 공군(空軍)사령원 오법헌이 비행장에 마중을 나갔다. 8월 8일, 임표는 진백달을 수반으로 하는 중앙문혁의 성원들을 접견하고 그들을 한차례 격려해 주었다. 임표는 이번 문화 대혁명의 최고사령은 모 주석이라고 하였다.

모택동과 임표의 호평을 받은 진백달의 지위가 크게 올라 갔다.

8기11중전회는 중앙정치국위원으로 6명을 보충선거하였는데 그중에 진백달이 있었다. 새로 당선된 정치국위원은 도주, 진백달, 강생, 서향전, 섭영진, 엽검영이다. 원래는 8차당 대회때의 정치국 후보위원이던 진백달은 이렇게 한급 올라 정치국위원으로 되었다.

8기11중전회는 또한 중앙정치국 상무위원을 새로 선거하기로 결정하였다. 모두 11명이 당선되었는데 그 중에 또 진백달이 있었다. 이렇게 그는 중앙정치국 위원으로부터 정치국 상무위원으로 올라 갔다.

진백달은 일약 중공에서 서열 다섯번째 인물이 되었다. 항상 자기를 조그마한 평백성이라고 자칭하지만 실지로는 대권을 장악한 대수장(大首長)급의 서열로 올라 가게 되었다.

1945년에 열린 7차당대회 때 진백달은 중앙후보위원이었다. 굳이 서열을 따지자면 47번째이다. 1956년에 열린 8차당대회 때에는 중앙정치국 후보위원으로 올랐고 서열로는 21번째였다. 이번에는 유소기, 주덕, 진운, 등소평을 초월하여 단번에 서열 다섯번째의 인물이 되었고 당내에서 지대한 영향력을 가진 인물로 되었다.

문화혁명의 "16조"

　진백달이 서열 다섯 번째 인물로 도약한 데는 몇가지 원인을 들 수 있다. 공작조의 착오노선을 반대하는 투쟁에서 대공을 세운 것, 5·16통지를 작성한 데 이어 또 하나의 중요한 문건을 작성한 것 등을 들 수 있다. 그 문건이 '무산계급 문화대혁명에 관한 결정'이다. 8기11중전회에서 채택된 이 문건은 '무산계급 문화대혁명의 강령'으로 된다.

　무산계급 문화대혁명에 관한 결정은 도합 16조(條)로 되어 있기 때문에 보통 16조라고 약칭하여 부른다. 8월 9일 부의 전국 주요 신문들은 하나같이 첫면 머리기사로 게재하였다. 16조의 전문(全文)이었다. 8월 13일 부 인민일보는 역시 첫 면 첫자리에 '16조를 학습하고 16조를 숙달하고 16조를 응용하자'라는 사설을 실었다. 이 사설은 16조가 모택동 동지의 직접적인 지도 하에서 제정된 것이며 16조는 모택동 동지가 제출한, 무산계급문화대혁명의 강령이라고 하였다.

　16조는 일시에 전체 중국인민의 학습문건으로 되었고 거리와 골목마다에 '16조를 학습하고 16조를 숙달하고 16조를 응용하자'는 표어가 나붙었다. 또 무슨 회의에서나 이 구호를 잘 불렀다.

　책임지고 16조를 작성하라고 지시를 내린 사람은 모택동이다. 진백달이 회상하는 바에 의하면 6월 하순부터 집필에 착수하였고 왕역도 같이 집필작업에 참가하였다고 한다. 왕역의 회고하는 바에 의하면, 주은래가 귀국하였을 때 자기는 한창 진백달과 같이 조어대(釣魚臺)에서 16조를 집필하였다고 한다. 왕역이 강생한테 급히 가서 주은래의 도착시간을 알리자 강생은 비행장으로 주은래를 마중 나갔다. 주은래는 파키스탄 방문을 마치고 1966년 6월 30일에 귀국하였는데, 도중에서 한 유도탄 실험기지를 시찰하고 북경에 돌아 왔다. 그러므로 진백달과 왕역의 회고는 일치한다고 할 수 있다.

　16조는 여러번 수정을 거쳤고 도주와 장춘교도 수정작업에 가끔 가담한 적이 있다.

1966년 7월 16일, 진백달은 토의에 교부하는 제1고(第一稿)를 제출하였다. 제목이 '무산계급 문화대혁명의 정세와 당의 방침과 정책문제'였다. 당시는 16조가 아니고 도합 13조 뿐이었다. 모택동이 보고서 수정을 가하였다.

7월 26일에 제2고가 인쇄 배포되었다. 이튿날에 열리는 중공 8기11중 전회 예비회의의 토론에 제공하는 것이었다. 제목은 '무산계급 문화대혁명의 정세와 당의 정책문제'로 고쳐졌다.

7월 29일, 토론에서 제기된 의견에 따라 약간의 수정을 가한 제3고가 배포되었다. 제목을 '무산계급 문화대혁명에 관한 결정'으로 또 고쳤다. 이 제목은 모택동이 제기한 것이다. 후에 정식으로 발표할 때도 그냥 이 제목을 그대로 썼다.

8월 3일, 중공 8기11중전회의 토론을 거친 후의 제4고가 나왔다.

8월 8일, 또 다시 수정을 가한 제5고가 8기11중전회에서 정식으로 채택되었다. 이 제5고가 신문에 공개된 것과 똑같은 완성고(完成稿)이다.

5·16통지를 좌경적인 면에서 이어 나가고 있는 16조는 무산계급 문화대혁명의 대강(大綱)이었다.

유소기·등소평 비판

또 한차례의 치열한 투쟁이 중공의 핵심권에서 진행되었다.

중공 8기11중전회가 끝난지 두달도 안되는 1966년 10월 9일부터 28일까지 중공중앙사업회의가 북경에서 열렸다.

모택동의 사회로 진행된 이 회의에는 중앙 각 부문, 각 중앙국, 각 성(시·자치구)의 당위원회 책임자들이 출석하였다. 회의의 주제(主題)는 '자산계급 반동노선을 철저히 비판'하는 것, 즉 유소기, 등소평을 비판하는 것이었다.

모택동의 제의에 의하여 소집된 이 회의가 원래는 사흘이면 끝난다고 하였는데 이레로 연장되고 나중에는 열아흐레로 재연장되었다.
　회의의 주역은 임표와 진백달이었다. 그들은 제각기 긴 연설을 하였는데 그 연설 기록이 후에 소책자로 인쇄되어 널리 배포되었고 소위 학습문건으로 지정되었다.
　임표는 자기의 연설에서 유소기와 등소평을 맹렬히 비판하였다.
　진백달은 이 회의에서 '무산계급 문화대혁명 중의 두갈래 노선'이라는 제목으로 긴 연설을 하였다. 후에 소책자로 발간되었을 때에는 제목을 '2개월간 운동에 대한 정리'라고 하였다. 2개월이라고 하는 것은 8기 11중전회가 끝난 후의 두 달 동안이라는 뜻이다.
　모택동은 진백달의 연설을 정리한 기록을 보고 다음과 같이 지시를 하였다.(이 자료를) 즉시 진백달 동지에게 보내시오.

　백달동지 :
　수정한 원고는 보았습니다. 아주 잘 됐습니다. 혁명을 주도하고 생산을 적극 추진하자는 말을 어느 부분에 첨가할 수 없겠는지 고려하기 바람. 소책자로 많이 발행하여 배포하도록 하시오. 각 개의 당지부나 각 개의 홍위병소대에 적어도 한 부는 있어야 합니다.
　　　　　　　　　　　　　　　　　　　　　　　　모 택 동
　　　　　　　　　　　　　　　　　　　　　　　10월 24일 23시

　어조의 격렬함에 있어서 진백달의 연설이 임표에 못지 않다. 그는 유소기, 등소평을 국민당과 같이 훈정(訓政)을 하였다고 비난하였다. 아래에 연설 원문을 일부 인용하기로 한다.

　위대한 홍위병운동은 전 사회를 감동하게 하였고 또한 전 세계의 관심을 불러 일으켰다. 홍위병 운동의 전과는 위대하다. 우리는 이렇게 떳떳이 말할 수 있다―전체의 문화혁명운동은 파리코뮌이나 시월혁명, 그리고 중국의 종래의 어느 민중운동보다도 심각하고 더 거세게 일고 있다. 이는 국제적으로 더 높은 단계에서 진행되는 무산계급의 혁명운동이다. 이 운동은 전세계 인민의 환호와 지지를 받았으며, 동시에 전세계의 제국주의자들과 현대수정주의자들의 공포와 증오를 야기하였다. 그런가 하면 허다한 용렬한 사람들은 아연실색하고 있다.

이런 아주 좋은 정세하에서 자산계급의 반혁명노선은 자연적으로 소실되었는가. 아니다. 자연적으로 소실될 리 없다…… 무산계급 문화대혁명에 관한 우리당의 16조는 먼저 단계의 착오노선―자산계급의 반동노선을 시정하였다. 그러나 이 착오노선이 다른 형식으로 재출현될 수도 있는 것이다. 무산계급의 혁명노선과 자산계급의 반혁명노선 간의 투쟁은 여전히 첨예하고 복잡하다. 이 투쟁은 여전히, 어떤 입장에서 군중을 대할 것인가, 어떤 태도로 군중을 대할 것인가를 둘러싸고 진행된다. 어떤 사람들은 당의 노선·무산계급의 노선·혁명의 노선, 즉 모 주석의 노선을 집행하려고 하지 않는다. 아직 잘 개조되지 못한 채 있는 일부 동지들의 자산계급 세계관이 모 주석의 군중노선과 철저히 불상용하기 때문이다.

모 주석이 제출한 무산계급문화대혁명의 노선은 민중 자신이 자기를 교육하며 민중 자신이 자기를 해방하는 노선이다. 그러나 착오노선을 제출한 몇몇 대표인물들은 민중 자신이 자기를 교육하는 것을 반대하였으며 민중 자신이 자기를 해방하는 것을 반대하였다. 사람들의 영혼을 감동시키는 이 대혁명 중에서 그들은 국민당처럼 훈정(訓政)을 하였다. 그들은 군중을 머저리로 업신 여기고 자기는 제갈량처럼 행세하였다. 이 착오노선은 결국은 상반되는 길로 무산계급문화대혁명을 오도하려고 한다. 그리하여 이 혁명을 무산계급의 문화대혁명이 아니라, 무산계급을 반대하는 자산계급의 반동적인 문화대혁명으로 되게 하려고 한다.

공작조는 일종의 조직 형식이다. 어떤 운동에서는 이런 조직 형식을 응용할 필요가 있으며, 적당히 응용하면 좋은 것이다. 그러나 이번 문화대혁명에서 착오노선을 제출한 일부 지도자들이 공작조라는 이런 조직 형식을 억지로 군중에게 군림시키는 것은 착오노선 추진의 편리를 도모하기 위해서였다.

공작조는 철수하였지만, 모 주석의 노선을 찬성하지 않는 일부 사람들은 여전히 직권을 이용하고 기타의 형식을 이용하여 공작조를 대체할 수 있다…… 어떤 사람은 완고하기 짝이 없다. 모 주석이 비평했는데도 대수롭게 여기지 않고 자기가 하고 싶은 데로만 한다. 이것은 자산계급의 본능이 그들의 두뇌와 행동을 지배하고 있는 게 아니고 무엇인가.

노선 문제는 물론 구별하여 보아야 한다. 노선을 제의한 자와 노선을 집행한 자는 다르다. 착오노선을 제의한 자들은 모종의 착오노선을 대표하는 인물이기 때문에 이 자들이 주요한 책임을 져야 한다.

당내의 노선투쟁은 사회의 계급투쟁의 반영이다. 착오노선은 그것이 제출될 수 있는 사회적 기초가 있는 것이다. 이 사회적 기초가 주로는 자산계급이다. 자산계급의 착오노선은 우리의 당내에서 일정한 비중을 가지고 있다. 자본주의의 길로 나가는 극소수의 집권파가 당내에 있고, 세계관을 개조하지 않았거나 잘 개조하지 않은 얼떨떨한 사람이 아직 당내에 적지 않게 있기 때문이다.

진백달의 연설은 정세는 아주 좋다라는 부분과 두 노선 간의 투쟁의 계속이라는 부분 이외에 두가지 문제를 더 언급하였다. 하나는 '두려워하지 말고 대담하게 군중을 궐기시키자'이고 다른 하나는 '모 주석이 제출한 계급노선을 견지하며 대다수 사람을 단결시키자'이다.

진백달이 자기의 연설을 마감하면서 외친 구호는 ―'위대한 모택동사상으로 무장한 중국 인민은 반드시 모든 잡귀신들을 소탕해 버릴 것이다!'였다.

진백달은 사흘간의 노력을 들여 이 연설의 원고를 집필했다고 한다.

강청을 칭찬

1966년 11월 26일은 모택동이 제8차로 홍위병을 접견한 날이다. 8월 18일 천안문 광장에서 제1차 접견이 있은 후, 석달 남짓한 동안에 모택동은 전국 각지에서 온 홍위병 1,100여만명을 접견하였다. 제8차로 홍위병접견은 막을 내린다.

중국의 정치무대에서 설 자리를 이미 얻은 강청은 자기도 군중 앞에 나서 봤으면 하고 간절히 희망하였다. 누구를 접견할 수 있겠는가? '무산계급 문예혁명의 명석한 기수'로 자처하는 강청은 자기의 문예대군을 접견하기로 하였다.

1966년 11월 28일, 북경 문예계는 성대한 집회를 열었다. 강청이 진백달과 중앙문혁의 여러 수재들을 데리고 주석단에 나타났다.

강청이 긴 연설을 하였다. 이 연설은 강청 동지가 임표 동지의 위탁을 받고 소집한 부대 문예사업좌담회 개요(概要)가 발표된 이후의 두번째 역작이라고 하겠다. 이 연설은 인민일보와 홍기 잡지에 게재되었으며 학습문건으로 지정되었다. 인민출판사가 1968년 2월에 펴낸 『강청동지의 연설 선편(選編)』이라는 책에도 이 연설이 수록되었다.

강청은 경극(京劇)혁명의 위대한 성적을 자화자찬하는 식으로 논하였다. 모 주석과 그의 친밀한 전우인 임표 동지, 백달 동지, 강생 동지와 기타 허다한 동지들이 "다 우리의 업적을 매우 긍정적으로 평가하였으며 우리에게 지대한 지지와 고무를 주었다"고 하였다.

진백달은 이날 연설에서 강청 동지를 특수한 기여를 하였다고 칭찬하였다. '강청 동지를 따라 배우자!, 강청 동지에게 경의를 표시한다!'의 구호 소리가 몇 번이고 진백달의 연설을 중단하였다. 이론가의 칭찬은 무대에 나선 강청을 조명하는 스포트 라이트의 작용을 하였다.

그 후에도 진백달은 강청에게 갈채를 자주 보내었다. 1967년 5월 23일, 진백달은 모택동의 연안 문예좌담회 석상에서 한 연설 발표 25주년을 기념하는 대회에서 연설하면서 강청을 문예혁명의 진두에서 싸웠다고 극구 찬양하였다.

　진백달이 이처럼 열심히 강청을 칭찬하고 심지어는 아첨하면서까지 잘 보이려고 애쓰는 것은 사실은 중앙문혁의 조장인 자기의 위치를 확보하기 위한 것이다. 강청의 말이면 감히 부정할 자가 없을 정도로, 강청은 실권을 장악하였다.

　강청도 물론 자기를 알아주는 이 이론가를 고맙게 생각하였다. 그러나 천성이 오만무례한 강청은 진백달이라는 이 늙은 두상을 그저 고리타분한 선비로 여겼을 뿐이다. 강생도 진백달을 깔보았다. 뒤에서는 진백달을 '오룡원(烏龍院, 오룡은 개의 별칭임-역주)'의 원장이라고 욕했다. 안하무인인 강청은 진백달을 유분자(劉盆子)라고 욕하였다.

　유분자란 어떤 사람인가. 동한(東漢)시기의 적미(赤眉)농민봉기 때에 새로운 임금을 내세우게 되었는데 유분자가 추대받게 되었다. 유분자는 서한(西漢) 황족의 먼 친족이었으니 어쨌든 유방(劉邦)의 후예라 할 수 있다. 워낙은 봉기군에서 소나 먹이는 목동(牛吏)에 불과 하였는데, 황족이라는 것 때문에 기원전 25년에 황제로 옹립된다. 연호가 건세(建世)였다. 유분자가 황제 노릇하듯이 진백달도 중앙문혁에서 조장으로 행세하게 되었다고, 강청은 야유한 것이다.

　강청은 또 진백달을 여원홍(黎元洪)에 비겨 조소하기도 하였다. 여원홍은 원래 호북신군(湖北新軍)의 제21 혼성협 통령이었다. 1911년 무창(武昌)봉기 때 그는 질겁하고 침대 밑에 기어 들어가 숨었다. 그러나 혁명군은 그를 끌어 내다가 군정의 대제독으로 임명하였다.

　진백달과 강청은 서로 떠받들기도 하고 물어 뜯기도 하면서 중앙문혁에서 옥신각신할 때가 많았다. 그러나 많은 경우에 진백달이 패자로 몰렸다. 제1부인과 싸움에서 승산이 있을 수 없었다. 부아가 난 진백달은 나는 유분자로 됐다고 자조(自潮)하기도 하였다.

　이론가와 제1부인이 이렇게 중앙문혁에서 아귀다툼은 하였으되 필경은 한 무리였으니 무산계급문화대혁명을 추진하는 면에서는 완전히 일치하였다.

자살 소동

진백달이 자살하려고 한다—이런 폭탄 뉴스가 왕역(王力) 한테서 나왔다. 소식의 확실성은 의심할 바 없다고 한다. 진백달 본인이 직접 왕역에게 말했기 때문이다—"너무 긴장해서 자살이라도 할까 하고 생각한다."

왕역은 진백달을 타일렀다.

"주석의 비평은 어디까지나 동지를 애호하자는 것입니다. 좋은 일이라고 생각하십시오. 희망이 없는 자라면 비평을 아니한다고 주석이 말씀하지 않았습니까. 동지를 희망있는 자로 인정하기 때문에 비평하신 겁니다."

진백달의 대답이 역시 심상치 않았다.

"책을 봤는데, 라파르그는 자살하였소. 그런데도 레닌은 라파르그를 기념하는 글을 썼소. 공산주의자가 자살해도 된다는 증거요."

확실히 이론가가 다르기는 다르다. 자살을 한다 해도 우선 책을 들춰본다.

진백달이 말하는 라파르그(1842~1911)는 마르크스의 차녀 로오라의 남편이다. 쿠바 산티아코 태생이고 1866년에 제1인터내셔널에 참가하였다. 파리 코뮌 때에는 노동자들을 영도하여 코뮌보위투쟁을 진행하였다. 1868년 4월 2일 런던에서 마르크스의 차녀와 결혼하였고 후에 자녀 셋을 보았다—사르·아이티예나, 지옌니, 마르코·롤랑이었다. 1911년 11월 25일, 라파르그는 로오라와 같이 델라웨이에서 타계하였다.

진백달은 라파르그를 기념하여 쓴 레닌의 문장을 찾아 보았다. 그는 엉뚱하게도 자기를 라파르그에 비겼고, 자살한 후이면 사람들이 자기를 "공산주의자"로 기념할 것이라고 생각하였다.

어째서 진백달은 자살하려고 하였는가. 2월 10일 모택동한테서 단단히 욕을 먹었기 때문이다. 그때 모택동이 하던 말이 자꾸 귓전에 쟁쟁 울리는 것 같았다. '진백달 이 사람아, 상무위원인 자네가 어찌 다른 상무위원을 타도할 수 있는가!(진백달이 돌연 습격의 방법으로 도주를 타도한 일을 가리킴-인용자 주) 이전에는 전문적으로 나하고 유소기 사이에서 저울질을 했겠다. 나는 자네와 이렇게 다년간 사귀어왔지만, 자네는 자기 개인과 관계되는 일 외에는 끝내 나를 찾지 않았지.' 모택동은 또 진백달과 강청은 반성을 해야 한다고 하면서 중앙문혁에서 회의를 열고 진백달과 강청을 비평하라고 하였다.

모택동은 왕역에게 전화로 장춘교, 요문원을 불러 오라고 하였다. 진백달, 강청을 비평하는 중앙문혁의 회의를 열기 위해서였다. 진백달은 자기가 모택동의 주변에서 멀어져 가고 있음을 직감하였다.

모택동의 신변에서 다년간 일하여 온 진백달이었으니 모택동의 말이 한사람의 운명을 좌지우지한다는 것을 누구보다도 잘 안다. 아무리 경력이 있고 지위가 높다 하더라도 모택동의 눈에 벗어 나기만 하면 타도당하고 만다. 팽덕회가 그랬고 유소기도 그랬다.

진백달의 앞에는 두 갈래의 길이 놓였다. 반성을 하느냐, 아니면 자살을 하느냐.

모택동의 지시에 따라 중앙문혁은 2월 14일 오후에 회의를 열고 진백달과 강청을 비평하기로 하였다.

정주회의 때보다도 더 어려운 이 정치 위기를 진백달은 어떻게 무사히 넘길 수 있었는가.

진백달은 자살을 할까 하고 생각하였지만 왕역은 그래도 반성하는 게 좋다고 타일렀다.

"이런 혼란한 심리 상태에서 어떻게 반성을 한단 말이요."

"그렇다면 먼저 간단히 몇 글자만 쓰시구려. 그걸 주석한테 우선 갖다 바치고 자세한 반성은 후에 다시 씁시다."

그래도 진백달은 머리를 흔들었다.

"간단한 몇 글자도 지금은 못 쓰겠소. 이렇게 하기오. 당신이 먼저 몇 글자 적어 주오, 내가 다시 베껴 쓰겠으니…"

이 이론가는 모택동에게 형식적으로 몇마디 반성을 하는 것까지 왕역의 도움을 빌어야 하였다.

진백달은 왕역에게 이렇게 말하였다.

"그날 나는 왕임중(王任重) 타도 조반단(造反團)을 접견하고 연설할 때 도주(陶鑄)타도에 관해 언급한 것 같소. 그런 말을 하리라고는 사전에 전혀 몰랐소."

"그날 수면제를 먹었더니 잠이 덜 깰 수도 있겠다, 하여간 이불 안에 누웠다가 불려나가서 그런 연설을 하게 된 게요. 강청이 나보고 연설하라는 바람에 아무 소리나 무턱대고 한 모양이오."

이건 책임을 강청에게 떠밀자는 심산임이 뻔하다. 왕역이 그 뜻을 알아채지 못할 리 없다.

"그건 맞지 않습니다. 그날 연설은 아주 조리정연했습니다. 아무 소리나 무턱대고 한 게 아닙니다."

진백달은 한숨을 쉬었다.

"방법이 없었다니까, 연설하라고 강청이 어찌도 볶아대는지, 말하지 않을 수는 없고, 하니…"

왕역은 주은래 총리에게 똑똑히 보고해야 한다고 진백달에게 말하였다.

왕역의 기억하는 바에 의하면 그후 전개가 다음과 같다.

"2월 14일 중앙문혁의 회의가 있기 전에 주은래는 조어대 14호 청사에서 진백달과 몇 시간 동안 담화하였다. 진백달은 자살을 단념하기로 하였고 그 후 또 강생을 찾아가 이야기를 한차례 하였다. 회의를 앞두고 나와 관봉(關鋒)이 강생을 청하러 갔었다. 강생은 책상을 탕치며 노발대발하였다. '이게 다 강청의 탓이오. 회의를 연다면 강청이를 비판하면 그만이야. 강청이 못살게 구는 바람에 백달이 자살하려고까지 생각했단 말이요.' 나는 아무 말도 하지 않았다. 그들이 싸우겠다면 싸우라는 태도였다. 관봉은 제발 이러지 말라고 강생을 말렸다. '이렇게 성화를 부려서는 안됩니다. 원인이야 어떻든 간에 꾹 참아야 합니다. 방금 말씀하신 것처럼 회의 석상에서 강청 동지를 욕해 보십시오, 큰일 납니다, 큰일이!' 강생은 못이기는체 하면서 참았다."

자기도 방금 정치위기를 모면한 강생이 이때는 진백달의 편을 들면서 당장 어쩔 것처럼 떠들었지만 이건 이불안에서 활개친데 불과하다. 제1부인과 맞서서 싸워서는 절대 안된다는 것을 그는 누구보다도 잘 알고 있었다.

비평회는 1967년 2월 14일 오후 3시에 열렸다. 장소는 중앙문혁의 소재지인 조어대 16호 청사였다. 참가자는 중앙문혁의 성원들 뿐이었다. 진백달, 강생, 강춘교, 왕역, 관봉, 척본우, 요문원, 중앙문혁의 제1부조장이고 이 회의의 비평대상이기도 한 강청은 응당 회의에 왔어야 했지만 병을 핑계하고 나오지를 않았다.

결과적으로는 진백달이 혼자 비평을 받은 꼴이 됐다. 강청은 오지도 않았지만 강청을 비평하는 말은 한마디도 없었다.

강생, 왕역, 관봉은 가볍게 그저 비평하는 체 하였다. 그들은 진백달이 자살하려는 움직임이 있었음을 아는지라, 엄히 비평했다가는 당사자가 참지 못하고 정말 자살할 지도 모른다고 판단했기 때문이다. 진백달이 자살할까봐 그러는지 아니면 의도적으로 진백달을 편들자고 그러는지, 그건 모를 일이었다.

한편 장춘교와 요문원은 에누리 없이 진백달을 비평했으며 그 포화가 상당히 맹렬했다. 장춘교는 하나하나 글자의 의미를 따지면서 진백달을 비난했다.

"주석께서 백달 동지와 강청 동지를 동시에 비평하였지만 용어는 같지 않습니다. 백달이는 '주석과 유소기 사이에서 저울질을 한다'고 지적했습니다. 이는 노선 문제입니다. 그러나 강청 동지에 대해서는 '눈은 높고 손은 설다(眠高手卑)', '뜻은 크나 능력이 모자란다(志大才疏)'라고 하였습니다. 이건 어디까지나 행태에 관한 문제입니다. 그러므로 착오의 성격을 보면 백달 동지는 강청 동지와 다르다고 봅니다. 양자를 혼동해서는 안됩니다. 투기를 하는 문제이니까 백달 동지가 범한 착오는 엄중한 것입니다…"

이런 발언만 보아도 장춘교, 요문원은 강청의 직계 부대임을 알 수 있다.

진백달은 물론 반성을 하느라고 하였다. '노선투쟁의 각오가 높지 못했다, 모택동사상을 이해하고 체득하는 면에서도 그 깊이가 모자란다'는 것이었다.

이에 강생이 결론적인 의견을 말했다.

"오늘은 제1차 회의라 하고 이만 하기로 합시다. 강청 동지가 병으로 오지 못했으니 완쾌한 다음에 회의를 다시 엽시다."

강생이 이렇게 말하자 회의는 끝났다. 그 후 중앙문혁은 이런 회의를 다시는 열지 않았다. 강청은 완쾌하였지만 그를 비평하는 회의는 유야무야로 되었다. 그러나 어쨌든 회의를 한번은 했으니 중앙문혁은 모택동의 지시대로 쫓은 것이요. 모택동에게 보고할 구실은 있게 되었다.

훗날에 관봉과 진백달 간에 갈등이 생겼는데, 홧김에 관봉은 진백달이 자살을 기도한 적이 있다고 강청에게 일러 바쳤다.

분통이 터진 강청은 진백달을 보자 손가락질을 하면서 욕설을 퍼부었다.

"자살한다면서? 어서 자살해 보시오, 이 자리에서! 자살만 하면 당장 당에서 제명해줄 테니까! 제명당하면 변절자야, 변절자! 그럴 용기나 있는가 용기가!"

이런 악담을 들으면서도 진백달은 찍소리도 못했다. 다시는 "라파르그가 자살은 하였지만 레닌은 그를 기념하는 문장을 썼다"는 자살 이론을 입밖에 내지 않았다. 하여간 이로써 진백달의 자살 소동은 막을 내리게 되었다.

진백달은 결국 자살하지 않았고 여전히 중앙문혁의 조장으로 있었다. 그러나 모택동에게 엄한 비평을 받은 것은 그에게 있어 심대한 타격이었다. 진백달에 대한 모택동의 신임 정도도 1967년 이후에는 현저히 저하되었다.

역사의 심판

무더운 여름철이었다. 1967년 7월 13일 모택동은 중앙문혁 협의회를 소집하였다. 평소라면 모택동은 이런 협의회에는 참가하지 않는다. 전하는 말에 의하면, 이날 모택동은 무한 양자강에 수영하러 갈까 하고 생각하였다고 한다. 일년 전인 1966년 7월 16일에 모택동은 무한(武漢) 양자강에서 수영을 하였었다. 그 1주년을 맞아 한번 더 헤엄칠 작정이었다. 북경을 떠나기 전에 "중앙문혁"의 성원들과 토의하자는 것이 모택동의 취지였다.

이 회의에서 모택동은 아주 중요한 말을 한가지 하였다.

"첫해에 시작을 해 놓고 두번째 해에 두서가 잡히고 기초를 닦았다가 세번째 해에 결말을 짓는 것 — 이것이 문화대혁명이요."

수재들은 모택동의 말을 긴장하여 받아 썼다. 모택동의 뜻은 문화대혁명을 이제 2년만 더하면 끝맺을 수 있다는 것이다.

그날 밤에 모택동은 전용열차를 타고 북경을 떠났다. 왕동흥, 양성무, 정유산이 수행하였다.

이튿날 이른아침, 무한에서의 모택동의 일정을 잡아 놓기 위하여 주은래는 비행기로 무한에 갔다.

이렇게 모택동, 주은래가 북경을 떠나자 중앙문혁은 하늘이 준 좋은 기회라 여기고 작지 않은 일연의 행동(小動作)을 취했다.

1980년 11월 28일 오전, 최고인민법원 제1심판정은 진백달을 심문할 때 위의 문제를 추궁하였다.

　판사 임능운이 피고인 진백달에게 선포하였다.
　"당신은 강청, 강생과 결탁하여 유소기를 비판 투쟁한다는 결정을 제멋대로 내렸으며, 척본우를 시켜 '유소기 비판대회'를 개최함과 동시에 가택 수색을 하였으며 유소기, 왕광미에게 인신 박해를 가하였다고 고소 당하였습니다. 법정에서는 이제부터 상기 사실에 대한 조사를 하겠습니다."
　임능운 판사 : 1967년 7월 18일, 척본우(戚本禹)는 유소기 투쟁대회를 열고 유소기, 왕광미에게 인신적인 박해를 가하였다. 이 일은 당신과 강청, 강생이 제멋대로 결정한 일이 아닙니까?
　진백달 피고인 : 똑똑히는 대답 못하겠습니다. 기억나지 않습니다.
　임능운 판사 : 1967년 7월 중순에 척본우가 당신에게 유소기 비판 투쟁에 관한 보고서를 가져 왔는데 당신은 어떤 지시를 하였습니까.
　진백달 피고인 : 정말 기억이 나지 않습니다. 양해해 주십시오. 나는 나이도 많고 또 당시에 겸임한 일도 많고 해서, 기억이 안납니다. 이런 일은 중요한 일이지만 여전히 기억나지 않습니다.
　법정에서는 중공중앙판공청이 1967년 7월 15일에 보내온 '유소기를 비판 투쟁한 데 관한 보고' 및 이 보고를 비준할 때 써놓은 강청, 강생, 진백달의 글씨를 증거물로 제시하고 내용을 읽었으며 이를 사진으로 제시하였다. 척본우의 의견은 '백달, 강청, 강로(康老)께서 결정하시기 바람'이었고, 강생은 동그라미를 치고 '동의'라고 썼으며, 진백달과 강청도 동그라미로 동의의 뜻을 표시하였다. 진백달은 보고서의 소기(小奇)라는 이름자를 지워 버리고 유(劉)자 뒤에 '등, 도부부(鄧·陶夫婦)'라는 네 글자를 첨가하였다. 이 증거물을 보고 진백달은 "그 글씨는 제가 쓴 것입니다. 제가 이름을 써 넣은 것입니다."하고 인정하였다.
　임능운 판사 : 보고문에다 첨가한 등, 도 부부라는 네 글자는 당신이

직접 쓴 것입니까?

진백달 피고인 : 그 글자를 한 번만 더 봅시다.

법정은 다시 한번 진백달에게 보였다. 이어 임능운 판사가 물었다. "당신이 직접 쓴 것입니까, 아닙니까?"

진백달 피고인 : 내가 쓴 겁니다. 내가 보기에는 내 글씨 입니다.

법정에서는 이어 필적감식 보고서를 읽었다.

임능운 판사 : 당신은 강청, 강생과 결탁하여 유소기를 비판 투쟁한다는 결정을 함부로 내렸으며 유소기, 왕광미에게 인신 박해를 가하였다. 이것은 사실입니까?

진백달 피고인 : 서명한 것을 보면 물론 사실입니다.

이어 기소인(起訴人) 곡문달 검찰원이 판사장의 동의 하에 발언을 하고 증거물을 제시할 것을 요구하였다.

이명귀 판사 : 1980년 2월 10일에 쓴 소맹의 증언과 1980년 7월 6일에 쓴 민요량의 증언을 이제부터 읽겠습니다.

증언 낭독이 있은 후 진백달 피고인이 말하였다.

"들었습니다. 나와 관계되는 문제가 무엇인지는 똑똑히 듣지 못하였습니다만."

법정에서는 민요량의 증언을 다시 한번 낭독하였다. 그 후 진백달 피고인은 "똑똑히 들었습니다."하고 말하였다.

임능운 판사 : 진백달 피고인은 강청, 강생과 결탁하여 유소기를 비판 투쟁하고 유소기, 왕광미에게 인신 박해를 가하기로 하였다고 고소당하였습니다. 이 사실에 대한 법정조사는 이로써 그치겠습니다.

모택동과 주은래가 북경을 떠나자마자 진백달은 강청, 강생, 척본우와 사전협의를 끝내고 유소기에게 돌연 습격을 가하였던 것이다.

[제4장]
여산에서의 패전

임표와의 연계

중앙문혁에서 진백달은 점점 더 곤란한 처지에 처하게 되었다.

왕역(王力), 관봉(關鋒), 척본우(戚本禹)가 타도된 후, 중앙문혁의 성원은 다섯 밖에 남지 않았으니 정말 문자 그대로 소조로 된 것이다. 이 다섯 중에서 장춘교, 요문원은 강청의 직계부대요 강생은 강청의 군사(軍師)이니, 결국 진백달 조장만 외톨로 남는다. 여섯번째의 대결에서는 아마 십중팔구 자기가 타도될 것을 그 자신도 점점 의식하게 되었다.

그는 새로운 정치적인 동조자를 찾아야 했다. 새로운 정치적인 연맹에 들어가야, 날로 악화되는 판국에서 자기의 입장을 다질 수 있는 것이다.

모택동의 힘에 의탁하는가. 물론 의탁해야 한다. 하지만 모택동에게서 거듭 비평만 받고 있는 터이므로, 자기에 대한 모택동의 신임 정도는 한계가 있음이 번연하다.

주은래의 힘을 빌면 어떤가. 그러나 주은래는 공명정대한 사람이라, 그와 결탁하는 것은 도저히 불가능하다.

제1인자인 모택동에게 힘입기는 곤란하고 제3인자의 위치인 주은래에게 접근하기는 어렵다. 그러니까 제2인자인 임표와 손잡는 것만이 유일한 선택이다.

역사적으로 보면 진백달과 임표는 별로 우의(友誼)라고 할 만한 교분은 없다. 분담한 사업을 보더라도 하나는 문인이고 하나는 무장(武將)이라 역시 별다른 연계는 없다. 그런데 왕역, 관봉, 척본우가 타도되고 양성무(楊成武), 여입금(余立金), 부숭벽(傅崇碧)의 사건이 있은 후에 진백달은 조어대(釣魚臺)와 점점 벌어지게 되었고 새로운 주인을 섬기고자 모가만(毛家灣)으로 드나들게 된다. 자신의 생존을 위하고 정계의 각축에서 이기기 위해서였다.

임표는 어떠한가? 양성무, 여입금, 부숭벽사건이 있은 후 황영승(黃永勝)으로 양성무를 대체하였다. 황영승이 중국인민해방군 총참모장이 됨에 따라 군대 내에서의 임표 세력은 날로 커졌다. 그런데 그의 일당은 모두가 무장이라 조금 결여된 것이 수재였다. 임표는 진백달이 중앙문혁에서 배척당하는 걸 보고 좋아라고 이 이론가를 자기 쪽으로 끌어 당겼던 것이다.

각자의 정치적인 필요성, 각자가 처한 정치적인 환경에 의하여 임표와 진백달은 내왕이 점점 많게 되었다. 나중에는 진백달이 부부싸움을 해도 엽군(葉群-임표의 부인-역자주)이 나서서 화해시키게 된다.

진백달과 임표 사이의 비밀 연락은 엽군이 중간에서 도왔다. 진백달은 엽군과 동향이고 연안에 있을 때부터 서로 아는 처지였기 때문에 진백달-임표 간의 직통 연계는 재빨리 이루어질 수 있었다.

진백달이 모가만을 자주 찾아 간 것은 아니다. 남의 눈에 띄면 남들이 이상하게 생각할 수 있기 때문이다. 그러니까 보통 엽군을 통해서 임표와 연락을 가지게 된다. 하루 건너나 다름없이 진백달은 엽군에게 전화를 하는데 어떤 때는 통화 시간이 한시간 가량 되기도 했다.

한번은 전화로 한담을 하다가 진백달이 바닷게가 먹고 싶다고 하였다는데 그까짓 일을 못해주랴, 엽군은 당장 '임표 판공실'의 이름으로 전화를 하여 군용기로 바닷게를 긴급 수송해 오게 하였고 그 해산물을 진백달에게 선물하였다.

이 선물을 받고 무엇을 답례로 보낼까 하고 진백달은 생각하였다. 그리하여 임표에게 시를 쓰고 엽군에게 시를 썼다. 후에는 임표 수하의 무장들인 황영승, 구회작에게도 진백달이 써준 시가 있게 되었다.

   비바람과 서리에도 끄떡없이 서 있구나
   만절(晚節)의 본보기가 네 아닌가 하노라
   꽃봉오리 그대로 가지에서 말라도
   서풍에 흔들리며 떨어지진 말아라

영국(咏菊)이라고 제목한 위의 시는 서예작품으로 진백달이 구회작에게 써 주었는데 구회작은 진백달의 필적을 국화연(菊花硯)에 새겨 엽군에게 선물하였다.

4인방과의 대결

1968년 10월 13일부터 31일까지 중공 8기12중전회가 북경에서 열렸다.

원래의 계획에 의하면 이 회의가 8기 12중전회가 아니라 중공 9차 당대회라야 한다.

1967년 11월 27일, 중공중앙과 중앙문혁은 '9차당대회 소집에 관한 의견을 청취하는 것에 대한 중앙의 통보(通報)'를 연명으로 하달하였었다. 그 중 제6항에는 다음과 같은 내용이 적혀 있다.

'9차당대회의 소집 일자에 대하여 다수의 동지들은 명년 가을 국경절 이전에 소집하자는 것, 그리고 9차당대회에 이어서 전국인민대표대회도 소집함으로써 유소기를 면직하고 국가주석 문제를 해결하자는 것을 제의하였다. 이렇게 되면 명년 국경절에는 모두 모 주석의 무산계급사령부에 속하는, 당과 국가의 새로운 지도자들이 천안문에 오르게 될 것이다.'

그런데 중공 고위층의 투쟁이 그냥 지속되는 불투명한 상태하에서,

1968년 국경절 전에 9차당대회를 소집하려던 원래의 계획은 자꾸 뒤로 미루게 되었다. 모택동은 할 수 없이 9차당대회의 예비회의로 8기12중전회를 먼저 열자고 제의하였다.

9차당대회를 열기 위한 준비 사업으로 주요 문건 두 가지를 작성하여야 한다. 하나가 정치보고, 다른 하나가 당규약 수정에 대한 보고이다.

누가 정치보고를 집필하느냐는 누가 당내에서 보다 큰 세력을 가지고 있느냐를 의미한다. 누가 집필하느냐를 둘러 싸고 실지로 치열한 각축이 벌어졌다.

모택동, 임표, 주은래가 이 두 문건을 집필할 리는 없다. 이론가인 진백달이 응당 집필해야 할 것 같았다. 진백달은 워낙 큰 문필가이고 중공의 많은 중요한 문건을 집필한 경험도 있다.

그런데 장춘교, 요문원이 선수를 쳐 당규약 수정의 권력을 먼저 장악하였다. 1967년 12월 16일, 중공중앙과 중앙문혁은 '당규약 수정사업의 진행에 관한 통지'를 연명으로 하달하였다. 이 통지문에는 다음과 같은 내용이 지적되어있다.

'모주석과 당중앙의 지시에 근거하여 상해시 혁명위원회는 군중적인 당규약 수정운동을 지금 전개하고 있다. 그들은 영도와 군중이 서로 결합하는 방법을 도입하였다. 구체적으로 아래와 같은 세가지 형식을 결합하였다.

(1) 시 일급의 수정소조를 성립하였다.

(2) 공장, 기관, 학교, 상점, 공사, 해방군 연대 가두에 약간의 실험구를 선택하고 수십개의 군중적인 수정소조를 성립하였다. 이 수정소조는 시 수정소조에 수정안을 참고로 제공하였다.

(3) 시 일급의 혁명군중조직과 상해주둔 인민해방군 육·해·공군은 제각기 약간의 기층 조직을 선택하여 당규약 수정에 대한 토론을 전개하고 군중 의견을 광범위하게 청취,

이상과 같은 조치는 좋은 효과를 보았다……'

이러고 보니 당규약 수정에 대해서는 진백달이 손댈 여지가 전혀 없게 되었다.

하지만 정치보고는 자기 밖에 집필할 사람이 없다고 진백달은 생각하였다.

그런데 모택동은 정치보고의 집필을 진백달, 장춘교, 요문원-이 세 사람에게 맡겼다.

당시 진백달은 미량고(米糧庫)호동에 있는 때가 많았고 조어대(釣魚臺)에는 별로 드나들지 않았다. 그만큼 진백달은 강생, 강청, 장춘교, 요문원과 사이가 멀어졌던 것이다. 진백달이 임표에 접근하게 되자 그와 중앙문혁 기타 성원 간의 거리는 점점 더 멀어지게 되었다. 이제 와서 장춘교, 요문원과 협력한다는 것은 아주 어려운 일이다.

진백달은 다음과 같이 회상하였다.

9차당대회 전에 원래는 나와 장춘교, 요문원이 같이 정치보고를 집필하기로 결정이 있었다. 나는 장, 요와 합작하기는 싫었다. 하여간 집필자 명단에 내 이름이 앞에 놓여 있으니까 나는 내가 집필하기로 하고 몇 사람을 불러다 자료수집 작업도 착수시켰다.

내가 집필한 초고에는 '유·등 노선(劉鄧路線)'에 대해 쓴 게 있는데 모 주석이 보더니 동의하지 않았다. 그는 중요한 지시를 한가지 하였다.

"등소평 동지는 유소기와 달리 전쟁에 참가하였던 사람이요. 보고에 그의 이름은 넣지 마시오."

모 주석의 말을 주은래 동지에게 보고한 기억이 있다.

자기네와 같이 집필하자고 장춘교가 몇번인가 전화로 나를 조어대에 오라고 한 적이 있다. 나는 자네들 대로 하면 되지 않는가라고 하였다. 결국 그들은 강생의 이름을 앞에 내 걸고 자기네의 원고를 만들어 내었다.

집필자의 명단은 모택동이 지정한 것이지만 실지로 집필 작업을 관장한 것은 임표였다. 정치보고를 임표가 하도록, 역시 모택동이 지정하였기 때문이다. 1968년 2월 하순에 임표는 모가만에 세 대수재(大秀才) '진백달, 장춘교, 요문원'을 불러다 놓고 자기의 의견을 말하였다. 임표의 의견을 듣자 장춘교와 요문원은 진백달에게 정치보고를 먼저 집필하라고 하면서, 필요시에는 아무 때고 자기들을 부르라고 하였다.

진백달은 여전히 미량고 호동(胡同)에서 정치보고의 집필을 재촉하였고 조어대(釣魚臺)와 맞서는 태세를 취했다.

진백달은 자료 수집을 위하여 비서 왕문요, 왕보춘을 시켜 사방에 전화를 걸었다.

신화사에서는 공장, 농촌의 생산 상황과 관련되는 자료를 보내 왔다.

중앙정치연구실에 있는 수재들은 마르크스-레닌주의 경전 저작에서 베낀 자료를 보내왔다.

이설봉(李雪峰)이 전화를 받더니 석가장으로부터 하북성의 자료를 보내왔다.

북경시의 자료도 얻자고는 하였으나 이것만은 거절 당했다. 전화에서 북경시 혁명위원회 주임 사부치(謝富治)는 진백달의 비서에게 이렇게 대답하였다.

"중앙에서 요구하는 자료라면 주겠지만 진백달 개인이 요구하는 자료라면 주지 못하겠습니다."

진백달이 집필한 9차당대회 정치 보고의 제목은 '우리 나라를 강대한 사회주의 나라로 건설하기 위하여 분투하자'였다. 전문이 열개 부분으로 나뉘어 있다. 모택동의 심사에 먼저 교부한 것은 전문(全文)의 서론과 제1부분이었다. 아직 전문은 다 쓰지 못했었다.

진백달은 중앙으로부터 1개월간 휴가를 맡아 가지고 정치보고의 집필에 전력하였다. 자기의 그만한 필력이면 정치보고를 저 혼자 얼마든지 써낼 수 있다고 그는 자신만만했다. 장춘교, 요문원에 대해서는 관계치 않았다.

장춘교, 요문원은 안달이 났다. 그들은 진백달이 너무 꾸물 거린다고 하면서, 이렇게 질질 끌다가는 9차당대회 소집에 영향을 미치게 된다. 아예 우리도 정치보고를 따로 집필해야 하겠다고 생각하였다.
　　장춘교, 요문원의 움직임을 안 진백달은 자기가 작성한 서두와 이미 완성한 세개 부분을 먼저 토론에 교부하였다.
　　토론회에서 장춘교, 요문원은 진백달의 원고는 생산 제일주의를 고취하였다고 비난하였다.
　　장춘교, 요문원은 강생까지 끌어다가 다른 원고를 집필하기로 하였다.
　　강생은 아주 교활한 사람이다. 그는 병 때문에 구체적인 토론에는 참가하지 못하겠노라고 하였다. 장춘교, 요문원은 이 기회야말로 집필권을 빼앗아 내는 절호의 기회라 생각하고 적극적으로 노력한 결과 일주일만에 정치보고를 써 내었다.
　　이때 강생이 입을 열었다. 그는 임표에게 전화를 하였다. 모가만에 있는 임표 사무실의 비서가 전화를 받으면서 써 놓은 기록이 지금 남아있다. 이 기록에 의하면 강생은 다음과 같이 말하였다.
　　"요즈음 나는 병 때문에 정치보고 초고의 토론에 직접 참가하지는 못했다. 춘교, 문원이 쓴 초고를 한 번 봤다. 임표 동지가 모 주석의 계승자로서 9차당대회에서 진술할 보고로는, 이 원고는 아직 비중이 적다고 나는 생각한다. 그러나 이처럼 짧은 시간에 그들이 이만한 수준의 초고를 써낸 것도 쉬운 일이 아니다. 내 보기에는 좀더 토론 수정할 기틀을 마련하면 원고에 일관된 기본 사상은 성립될 수 있다고 생각하였기 때문이다."
　　강생의 이 의견을 강청도 지지하였다. 그러니 진백달만이 완전히 외톨로 떨어졌다.
　　후에 강청은 모택동이 진백달의 원고에 대해 지시(의견)가 있었다는 것, 그러나 진백달은 자기에게도, 강생, 장춘교, 요문원에게도 그 지시를 봉쇄하였다는 것을 알았다.

강생과 강청은 노발대발하면서 진백달을 모 주석의 말씀을 전하지 않았다고 비난하였다. 이처럼 강청이 강생과 협의하여 진백달을 궁지에 몰아 넣으려고 한 일에 대하여, 진백달은 다음과 같이 회상하였다.

9차당대회가 열리기 전이었다. 강청과 강생의 획책하에 인민대회당 동대청에서 대회가 열렸다. 회의장이 거의 찰 정도로 많은 사람이 왔다. 내가 모 주석의 지시를 봉쇄하였다는 것이 이 회의를 열게 된 구실이었다.

강청이 자기가 사회를 한다고 선포하고 나더러 반성을 하라고 하였다.

강청과 강생은 서로 맞장구를 쳤다. 내가 한마디를 하자 강청은 나를 제지하였다.

"진백달이 반성하지 않는 이상 더 말을 시키지 않겠습니다."

그는 회의에 참가한 다른 사람도 발언을 못하게 하였다. 당시의 사업 인원들은 보통 다 군복을 입었다. 나도 그날 군복을 입었었다. 강청은 나의 모표와 영장(領章)을 뜯을 것을 제의하였다.

나는 이날 회의가 순전히 나를 타도하기 위한 회의임을 알았고 변명할 필요도 없다고 생각하였다. '대자보가 거리에 나붙어도 좋다'(즉 나를 타도한다는 대자보가 거리에 나붙어도 좋다)고 나는 외쳤다.

이때 엽군은 '강청 동지를 옹호하자!'라고 구호를 부르는 것이었다.

강청은 강생과 결탁하여 진백달을 거의 타도할 뻔 하였다. 진백달을 가장 놀라게 한 것은 이런 고비에서 엽군이 뜻밖에 강청 동지를 옹호한다고 구호를 불렀다는 사실이다.

그러나 회의가 끝나자 엽군은 바로 가만히 진백달에게 연락을 하였다. 그 장면에서는 그런 행동을 취할 수 밖에 없었다고……

중앙문혁의 비평회가 있은 후 진백달은 의연히 불복하였다. 정치보고의 집필을 그대로 계속하였고 강생, 장춘교, 요문원과 손을 잡으려고는 하지 않았다.
    그 결과 정치보고의 각각 상이한 원고가 두 가지 생기게 되었다. 모택동이 양자택일하여야 하였다－진백달의 원고를 쓸 것인가, 아니면 강생, 장춘교, 요문원의 원고를 쓸 것인가.
    강청이 배후에서 활동해 준 덕분에 강생, 장춘교, 요문원의 원고가 먼저 중앙의 토론에 교부되었다. 이것은 그들이 집필한 정치보고가 일단 채택되면 9차당대회에서 쓰게 된다는 것을 의미한다.
    그들의 원고를 토론할 때 진백달도 자기의 의견을 말하였다. 그러나 장춘교는 이전과는 달리 진백달 조장을 완전히 무시하였고 감히 공개적으로 다투기까지 하였다.
    이 일에 대하여 진백달은 다음과 같이 회고하였다.

    충돌은 9차당대회 준비기에 한차례 집중적으로 있었다. 나는 중앙회의에서 강생, 장춘교, 요문원이 집필한 정치보고의 원고(즉 임표가 9차당대회에서 읽은 그 원고)에 대하여 이런 의견을 제기하였다.
    "우리는 그래도 생산을 잘해야 하고 생산을 발전시켜야 하고 노동생산 능률을 높여야 한다. 운동만 운동이라고 한다면 '운동이 일체이다, 목적은 따로 없다'는 베른시타인의 주장과 같게 된다."
    장춘교가 대뜸 나의 의견을 반박해 나섰다. "그건 '생산제일주의'다. 세계적으로 보아도 노동생산 능률이 제일 높은 건 룩셈부르크, 벨기에 같은 작은 나라 밖에 없다. 중국의 예로 든 것도 중·소 도시 뿐이다……"
    모 주석은 여기까지 듣고는 화장실에 갔다. 회의장에 돌아온 후 모 주석이 하는 말이 진백달의 의견을 보고에 첨가하도록 생각해 보라는 것이었다.

이렇게 되고 보니 강청, 강생, 장춘교, 요문원은 몹시 화가 나게 됐다. 이틀 후에 있은 회의에서 그들은 나를 여지없이 비난하고 비평하였다. 이처럼 격한 어조로 나를 비평하기는 처음이다.

진백달은 여전히 원고를 계속 썼다. 그는 자기가 쓴 정치보고가 모택동의 칭찬을 받을 수 있기를 바랬다. 모택동만 인정해 주면 채택된다. 꼭 본때를 보여 주리라고 별렀다. 한 편의 원고를 위해서가 아니다. 강생, 장춘교, 요문원의 원고가 일단 정식으로 채용된다면 이론가인 자기는 한푼의 가치도 없게 된다는 것을 진백달은 잘 알고 있었다.

이와 때를 같이하여 조어대에서도 강생, 장춘교, 요문원이 바삐 일을 서둘렀다. 자기네가 집필한 정치보고의 원고를 몇 번이고 수정하고 손질하였다.

실로 치열한 경쟁이고 각축이었다. 9차당대회는 열리지도 않았는데 진백달은 강청, 강생, 장춘교, 요문원을 상대로 한바탕 싸움을 벌였다.

거듭되는 수정을 거쳐 진백달도 정치보고를 완성하였다. 그는 정성담아 모택동에게 서한을 쓰고 원고와 함께 큰 봉투에 넣었다. 꼼꼼히 봉한 후 겉봉에 '즉정 모 주석(卽呈毛主席)'이라고 썼다.

이전처럼 중남해 영춘당에 거주할 때라면 모택동에게 직접 자기가 가져 가는 게 옳다. 그러나 지금은 미량고 호동(胡同)에 있는지라 모택동을 쉽게 만나기는 어렵다. 진백달은 할 수 없이 사람을 시켜 원고를 전하기로 하였다.

좋은 소식이 오기만을 진백달은 집에서 기다렸다. 자기가 이처럼 한 달동안 전력을 기울여 쓴 것이니 모택동이 꼭 만족해야 할 것이고 9차당대회는 꼭 이 원고를 채택할 것이라고 그는 확신하였다. 어쨌든 자기는 모택동의 신변에서 다년간 보좌해온 이론가이고 수많은 중앙문건도 집필하였었다. 자기가 쓴 원고가 틀림없이 강, 장, 요의 것보다 훨씬 나을 것이다.

백달 동지에서 돌려 보냄(退伯達同志)

모택동

　진백달은 모택동이 친필 서한을 보내 왔는가 하고 생각했으나 그런 것이 아니었다. 원고를 넣은 봉투—크라프트지의 봉투가 원양 그대로였다. 모택동이 아예 뜯어 보지도 않았던 것이다.
　실로 청천벽력이었다. 진백달은 눈앞이 캄캄했다. 겉봉도 뜯지 않았으니 자기의 원고를 모택동은 거들떠 보지도 않았다. 아무리 살펴 보아도 봉투는 자기가 손수 봉했을 때의 그대로였다. 뜯어보지 않은 게 확실하다.
　그는 봉투를 뜯었다. 그 안에 자기가 공경히 쓴 서한이 그대로 있었다.
　필자에게 진백달은 이렇게 말하였다.
　"나는 그자리에서 울음이 터졌소. 얼마동안 울었는지 모르오. 나는 평생 그렇게 운 적이 없소. 너무도 낙심했기 때문이요."
　진백달은 낙심하지 않을 수 없었다. 자신의 한달 동안 노력이 수포로 돌아간 건 물론이고 강, 강, 장, 요와의 대결에서 자기가 패배했기 때문이다.
　그것보다도 더 중요한 것은 자기를 모택동이 신임하지 않는다는 사실이다. 자기의 원고를 모택동이 거들떠 보지도 않았다는 사실이 불신을 의미하는 게 아니고 무엇인가.
　울음을 그치고 진백달은 비서에게 말하였다.
　"중앙판공청의 인쇄공장에 가져다가 인쇄시키시오."
　"주석께서 채택하지 않았는데 인쇄하겠습니까?"
　비서는 도무지 이해할 수 없었다.
　"인쇄하오, 인쇄해. 기념삼아 남겨둬도 좋지."
　진백달은 힘없이 중얼거렸다.

진백달은 자기가 실각할 수도 있다는 마음의 준비가 되어 있었다.

임표와의 밀담

안개가 산허리를 휘감고 구름이 산봉우리마다 내리깔린 여산은 그 진면목을 좀체로 드러내지 않는다.

전번의 여산회의가 있은 후 어언간 21년이 지났다. 1970년 8월 20일 진백달은 비행기로 북경을 떠나 강서성 구강(九江)공항에 내렸고 이어 여산으로 향하였다. 그는 감개무량하였다. 21년 전의 여산회의-중공 8기8중전회가 열렸을 때 그는 먼저 팽덕회 편에 섰다가 임기응변으로 반격에로 돌아섰기 때문에 위기를 면하였다. 이제 곧 열리는 여산회의는 9기2중전회다. 이곳에 다시 돌아와 보니 21년 전에 겪었던 아슬아슬한 장면이 자꾸 눈 앞에 보이는 것만 같았다.

8월 21일 오전에는 임표와 엽군이 구강공항에 내렸다.

임표, 엽군과 같이 온 군사위원회 비서가 한사람 있었는데 생김새가 임표를 꼭 닮았다. 이 비서가 임표의 아들인 임입과(林立果)였다.

임표는 기풍이 이만저만이 아니었다. 임표가 여산에 이르기 전에 그의 숙소에는 벌써 여섯 대의 직통전화가 가설됐고 운작식(雲雀式) 직승기(헬기) 두 대가 여산에 대기하고 있었다. 이 부통수(副統帥)는 무슨 예측할 수 없는 변에 대처할 준비를 하는 것 같았다. 여산의 정세가 험악할 것이니 본인의 도착에 앞서 이런 조치부터 취한 것이리라.

이전 같으면 진백달은 모택동을 자주 찾아 갔는데 이번에는 임표를 새로운 주인으로 섬기게 된 입장이라 임표를 찾아 갔다. 임표가 여산에 도착한 날 오후, 이론가는 임표와 한시간 남짓 이야기를 나누었다-육정일과 같은 인물에게 어떻게 공격을 가할 것인가를 의논하였다.

육정일(陸定一)은 1966년 5월 벌써 타도된 사람이다. 그들이 말하는 육정일과 같은 인물은 특정한 의미가 있다. 그것은 장춘교를 두고 하는 말이다. 그들은 모택동과 감히 직접적으로 충돌하지는 못한다. 강청,

강생과 겨루는 것도 시기상조다. 그러니 제일 적당한 공격 대상이 장춘교다. 장춘교에게는 아직 이렇다 할 큰 실력이 없다. 약소한 적을 먼저 치라(先打弱小之敵) - 역대의 병가가 다 이렇게 가르치고 있다.

상(相)도 오고 장(將)도 왔다. 인민해방군 총참모장인 황영승만 북경에 남겨 두고 인민해방군의 최고 간부들인 오법헌(吳法憲), 이작붕(李作鵬), 구 회작(邱會作)이 다 임표의 숙소에 찾아와 밀담을 하였다.

오법헌은 다음과 같이 말하였다.

'1970년 8월 20일 황혼이 깃들 때였다. 엽군의 제의에 응하여 오법헌, 이작붕, 구회작은 여산 선인동(仙人洞)을 유람하였다. 국가주석은 꼭 설치해야 한다고 계속 주장합시다.' 하고 엽군은 말하였다. 나는 임표, 엽군이 시킨대로 8월 23~25일 사이를 전후하여 왕병장, 왕유국, 진여운 등과 국가주석 설정 문제를 이야기 하였다. '국가주석을 두지 않는다면 임표를 어쩌겠는가, 알맞는 자리가 없지 않으냐고 말한 적도 있다.'

이튿날 - 8월 22일은 폭풍 전야나 다름없었다. 이날 오후, 중공중앙정치국 상무위원회가 여산에서 열렸다. 모택동, 임표, 주은래, 진백달, 강생이 한자리에 앉았는데 분위기는 차분하고 이상은 없는 것 같았다. 모택동은 9차당대회에서 한 말을 그대로 중복하였다.

"이번 대회가 단결의 대회, 승리의 대회로 되기를 바랍니다."

모택동이 이처럼 단결을 또다시 강조한 것은 단결을 저해하고 있는 현상이 실재하고 있기 때문이었다.

주은래는 내일 대회의 개막회의를 어떻게 열 것인가와 3항 의정을 어떻게 실행할 것인가에 대하여 구체적인 의견을 말하였다.

임표는 헌법에 국가주석 관련의 조문을 넣어야 한다고 또 주장하고 나섰다가 모택동에게 그 자리에서 거절당하였다. 임표는 심히 불쾌해 하였고 자기가 개막회의에서 연설하겠다는 아무런 표시도 하지 않았다.

정치국상무위원회 5거두(五巨頭)의 회의가 끝나자 진백달은 또 임표를 찾아 갔다. 비밀리에 말해야 할 요긴한 사항을 전화로 말하기가 불편했기 때문이었다. 진백달과 임표의 비밀 접촉은 이상스레 여길 정도로 빈번해졌다.

정치국상무위원회는 중공 9기2중전회를 8월 23일 오후 3시에 열기로 결정하였다.

이날 오전 진백달은 또 임표를 찾아갔다.

이날 점심때였다. 진백달의 비서인 사경당은 식사 후 잠시 쉬려고 누웠다가 진백달이 전화로 부르는 바람에 무슨 일인가 하고 달려갔다.

사경당(史敬棠)이 필자에게 말한 데 의하면, 진백달의 숙소에 가 보니 책상 위에 1954년 판본의 『중화인민공화국 헌법』이 있더라고 한다. 진백달은 '제2장 제2절 중화인민공화국 주석'이라는 조목을 가리키면서 몇가지 수정 의견을 구술하였다. 사경당에게 진백달의 의사에 따라 새로운 조문으로 그 자리에서 고쳐 쓰라는 것이었다. 사경당이 쓴 것을 보고 진백달은 다시 약간의 수정을 가하였다. 이 작업이 대략 한시간 걸렸다. 수정이 끝나자 진백달은 비서를 돌려 보냈다. 비서는 도대체 무슨 영문인지 몰랐다―어째서 진백달이 국가주석에 관한 새로운 조문을 이처럼 조급히 고안해야 하는가.

전격적으로 들이대는 공격전이 한시간 남짓해서 중공 9기2중전회의 개막식에서 벌어졌다.

임표의 기습공격

8월 23일 오후 중공 9기2중전회가 안개낀 여산에서 열렸다. 3시에 시작한다던 회의가 3시 45분에야 시작되었다.

주은래가 어제 상무위원회가 결정한 3항 의정을 선포하고 회의시간 배정에 대한 설명을 하였으며 이번 회의를 '단결의 대회, 승리의 대회'로 하자는 모택동의 의견을 전하였다.

주은래의 설명이 끝나자 임표가 문득 연설하기 시작하였다. 누구도 예상치 않았던 장편연설이었다.

아마 출기제승(出奇制勝)의 군사전략을 정치무대에 옮긴 것 같았다. 이 연설을 많은 노력을 들여 생각하고 준비한게 틀림없었다. 이날 오전만 해도 임표는 엽군과 자세한 연구를 하였었다.

당시의 녹음에 의해 정리한 최초의 기록을 보면 임표는 다음과 같이 서두를 떼었다.

"어제 오후 주석은 상무위원회를 소집하고 오늘 열리는 이 회의에 대한 지시를 하였습니다. 최근 몇달동안 모두가 헌법을 수정하는 문제와 인민대표대회를 소집하는 문제에 큰 관심을 돌리고 있습니다. 헌법을 수정하는 문제와 인민대표대회를 소집하는 문제는 주석이 제출한 문제입니다. 나는 이 두 문제를 해결할 필요가 있으며 또 해결할 시기가 되었다고 봅니다. 지금과 같이 국내, 국외의 정세가 아주 좋은 때에 인민대표대회를 열고 헌법을 수정하는 것은 무산계급문화대혁명의 성과를 공고히 하는 데 있어, 그리고 반제, 반수정주의 투쟁과 국제공산주의운동에 있어 심각하고 거대한 영향이 있을 것입니다."

임표는 이처럼 그럴듯하게 서두를 뗀 다음 이전처럼 친밀한 전우이며 가장 훌륭한 학생의 자세를 보이면서 모택동사상은 전국의 모든 사업을 지도하는 방침이라고 칭송하였다.

이렇게 말하면서 화제를 점점 본문제로 끌고갔다―

"우리는 모 주석을 천재라고 합니다. 나는 지금도 이 관점을 견지합니다. 모주석의 천재와 그의 학문과 실제 경험은 부단히 새로운 내용을 첨가하고 있습니다."

"여러분은 노삼편(모택동의 저작『인민을 위하여 복무하자』·『우공이산(愚公移山)』·『베춘을 기념하여(紀念白求恩)』를 합쳐 노삼편(老三篇)이라고 한다―인용자 주)이 큰 작용을 못 하고 있다고 여길지 모르겠지만 나는 지금도 작용을 하고 있다고 봅니다. 어떤 사람은 마르크스―레닌주의에 대하여 모주석은 발전시킨 게 없다고 하였습니다. 형이

상학적인 관점에 의하면 사물은 고정불변하고 융통성이 전혀 없는 것이며, 생기있고 가변적이고 조건이 서로 상이함에 따라 달라지는 것이 아니라고 봅니다. 이런 관점은 마르크스-레닌주의의 초보적인 원칙에도 배치되는 반마르크스-레닌주의적인 관점입니다. 이 문제를 우리 동지들, 특히 중앙의 동지들은 깊이 생각해 보아야 하겠습니다. 왜냐하면 그가 말하는 중앙이 기실은 다른 중앙이기 때문입니다. 우리 나라는 무산계급이 독재하는 나라이며 공산당이 집권하는 나라입니다. 최고의 명령이 일단 내리고 바람이 쏴 하고 불면 전반 국면이 다 개변됩니다. 그러므로 이 문제에서 우리는 냉정히 잘 생각해 봐야 하겠습니다-문제가 이렇지 않은가를."

임표가 말하는 어떤 사람, 그가 말하는 중앙은 장춘교를 두고 하는 말임이 분명하다.

임표는 천재론을 한바탕 고취하고 나서 국가주석 문제에 대하여 아주 함축성있게 말하였다. 어제 모택동에게 사정없이 부결당한 일도 있고 하여, 국가주석이 있어야 한다고 다시 정면으로 주장하기는 곤란하다. 정면충돌이 안된다면 우회 공격을 하자는 격으로 임표는 다음과 같이 말했다.

"나도 이번에 이 헌법을 연구하였습니다. 나는 이런 정황 하에 있는 특징을 충분히 실현해야 한다고 생각합니다. 즉 위대한 영수이며 국가원수(國家元首)이며 최고통수인 모 주석의 지위를 명확히 표현할 것, 그리고 모택동사상을 전국인민의 지도사상으로 삼는다는 것. 이것이 제일 중요합니다. 이것이 헌법의 영혼입니다."

임표가 말하는 국가원수란 사실은 국가주석을 돌려서 표현했을 뿐이다. 그는 국가주석을 두어야 한다는 주장을 완곡하게 재차 제기하였던 것이다.

임표의 이런 주장은 모택동에 대한 공개적인 도전 이외의 아무것도 아니다. 문화혁명시기의 말을 빈다면 이건 홍기를 들고 홍기를 반대하는 수법이라 하겠다. 임표는 겉으로는 모택동의 기치를 높이 든체 하였지만 속으로는 모택동을 반대하고 있는 것이다. 모택동, 임표가 친밀한 전우로부터 반목하여 원수로 된 데는 물론 점진적인 발전변화과정이 있다. 그러나 기습공격의 방식으로 행한 이 연설은 그 전환점이였다고 할 수 있다.

필자는 이 역사적인 순간에 대하여 회고해 줄 것을 진백달에게 청하였다. 진백달은 다음과 같이 말하였다.

여산전회가 정식 개회하기 직전이었다. 임표와 모 주석의 단독대화가 있었다. 주은래 동지와 나와 기타 사람들은 다른 방에서 기다렸다. 기다린 시간이 꽤 오랬다.(일설에 의하면 모·임 단독대화가 진행될 때 엽군이 복도에서 망을 보았다고 한다. 강청의 돌연 개입을 막기 위해서였다 —인용자 주)

모주석과 임표의 대화가 끝나자 대회가 시작되었다.

원래는 헌법 수정초안에 대하여 강생이 보고하도록 되었는데 임표가 문득 연설하기 시작하였다. 내용은 헌법 수정 초안에서 모택동사상을 어떻게 제기할 것인가 하는 문제와 천재(天才)에 관한 문제였다고 기억된다.

임표의 연설이 끝나자 강생이 나더러 이어 발언하라고 하였다 이건 나에게 대한 도발이었다. 나는 아무 말도 하지 않았다.

결국 강생이 두서없이 되는대로 발언하였다. 방금 임표가 했던 말을 인용도 하면서.

임표의 연설은 모주석의 동의를 거친 것인가 아닌가. 회의가 끝나자 나는 이 일을 임표 본인에게 물어봐야겠다고 생각하였다. 자기의 연설에 대하여 모 주석이 알고 있다는 것이 임표의 대답이었다.

나는 임표의 숙소에서 나왔다. 그 아래편에 '군위(軍委)판사조' 성원들의 숙소가 있기에 나는 지나던 걸음에 들러봤다. 그들은 마르크스, 엥겔스, 레닌, 스탈린의 천재에 관한 어록을 찾아줄 수 없느냐고 나에게 묻는 것이었다. 한번 찾아보마 하고 나는 대답하였다.

이렇게 대답한 것은 실로 우둔한 짓이었다. 나는 이런 문제에 대해 무슨 의견을 발표할 생각도 없었거니와 자료도 가지고온 것이 없었다. 여산에 올 때『레닌선집』만은 가지고 온 기억이 있다. 그밖에 어떤 책을 몇 권 비치하였는지는 잘 모르겠다. 나는 내가 데리고 갔던 사람을 시켜 여산에 있는 자료를 얻어 오게 하였다. 메모한 어록을 그날 밤으로 한조목 한조목씩 오법헌에게 전화로 알려 주었다. 이밖에 한 부 더 베껴 두었다가 이튿날 회의장에서 왕동흥에게 주었다. (진백달의 회고는 오법헌이 1971년 12월 23일에 말한 것과 어긋난다. 오법헌이 지적한 데 의하면, 1970년 8월 13일 밤에 엽군이 진백달에게 전화를 걸어 "천재에 관한 어록을 준비해 달라"고 부탁하였다. 진백달이 여산에 가서야 이런 어록을 준비한 것은 아니다-인용자 주)

진백달이 말한 군위 판사조 성원들이란 오법헌, 이작붕, 구회작 등 최고 수뇌부 장군을 가리킨다.

진백달의 비서 사경당의 기억에 의하면, 여산에서 진백달이 비서 보고 어떤 저작들에게 천재에 대해 언급한 것이 있느냐, 대강 짐작나는 대로 원문을 시급히 찾아 달라고 하였다.

임표는 여러 차례의 연설에서 천재를 논한 적이 있다. 진백달은 임표의 어록도 몇조목 첨가할까 하고 생각하였으나 임표가 반대하는 바람에 그만두었다. 임표가 천재에 관한 어록을 필요로 한 것은 마르크스-레닌주의 시조(始祖)들의 말을 빌어 모택동을 누르자는 것이 목적이다. 그런 어록에다 임표의 어록을 가한다는 것은 화사첨족(畫蛇添足)이 아닌가.

이론가는 매우 바빴다. 이전에는 모택동에게 문건을 준비해 주느라고 분망했고 지금은 임표를 위하여 이처럼 분망하다. 그는 그날밤 집필한

『천재에 관하여 논한 엥겔스, 레닌, 모 주석의 일부 어록』을 전화로 오법헌에게 알려줬다. 오법헌은 그 기록을 바로 타자원에게 넘겨 타자하게 하였다.

배우와 감독

24일의 여명이 대지에 조용히 찾아왔다. 임표의 장상(將相)들은 하루 밤을 다망히 보냈지만 여느때보다 더 일찌기 일어났다. 그들은 극도의 흥분상태에 처했다. 어제 부통수(副統帥)가 진두에서 첫포를 울렸으니까 오늘은 자기들이 돌진해 나가야 한다.

이른 아침에 엽군은 장상들을 불러 놓고 임표의 의견을 알려 주었다.

"오늘 오후에는 소조토론을 하게 됩니다. 여러분이 각 조에서 발언해야 합니다. 여러분이 발언하지 않는다면 임 부주석의 연설이 근거 없는 걸로 되고 맙니다."

엽군은 또 다음과 같은 주의사항을 말했다.

첫째, 임 부주석의 연설을 옹호한다는 태도 표시가 있어야 하며 천재론의 관점을 견지하여야 한다.

둘째, 국가주석을 두어야 한다는 주장을 견지하여야 한다. 그러나 상무위원회가 이미 결정한 바 있으므로, 수동적 자세를 모면하기 위하여 잠시 동안은 이 주장을 제기하지 않기로 한다.

셋째, 임 부주석의 연설에서는 누구를 지명하여 비판하지는 않았다. 당신들도 발언시에 지명(指名)비판은 말아야 한다.

넷째, '육정일식 인물'을 비판하는 데에 화력을 집중하여야 한다. 강생이 4개위대(四個偉大 : 모택동 앞에 붙는 네개의 규정어 - 위대한 지도자 · 위대한 영수 · 위대한 통수 · 위대한 타수(舵手)를 일컬음 - 역주)를 반대했다는 말은 하지 말 것. 공격의 면이 너무 넓으면 주석이 동의하지 않기 때문이다. 장춘교의 배후에 강청이 있지만, 발언시 강청이라는 이름은 반 글자라도 언급해서는 안된다. 잘못 하다가는 난관에 봉착하고 문제만 폭로될 뿐 아무 일도 성사하지 못하게 된다.

다섯째, 발언할 때에는 눈동자로 자기의 감정을 표현할 것.

배우들에게 감독이 이처럼 자세하게 대사에서 표정에 이르기까지 일일이 규정해 주었다. 오후의 분조토론에서 배우들은 시키는 대로 일제히 행동하였다. 어제밤에 급히 찍어낸 천재에 관한 어록도 분조토론과 함께 각 회의장에 나타났다.

진백달이 말하는 몇글자 간단히 적었다는 것은 사전에 발언 개요를 준비했다는 것을 말한다. 지금 그 발언 개요를 찾을 수는 없지만 기록원이 남긴 발언기록은 당안에서 찾아볼 수 있다.

진백달은 그날 누구보다도 더 적극적으로 나왔다. 이론가의 체통을 지키면서 그는 중국혁명과 마르크스-레닌주의에 대한 모택동의 공헌에 관하여 논술하였고 모택동사상이 어떻게 빛나고 있는지를 말했다. 그리고 나서 말머리를 장춘교한테로 돌렸다.

그러나 어떤 사람은, 모택동 동지가 천재적으로, 창조적으로, 전면적으로 마르크스-레닌주의를 계승·수호하고 발전시켰다고 우리가 말하면 이건 일종의 풍자라고 하였다.

임표 동지는, 이번에 수정한 헌법 초안에다 모택동사상을 전국인민의 지도사상으로 규정하였는 바 이것이 헌법의 영혼이요, 30조 헌법에서 제일 중요한 조목이라고 지적하였고 이것이 우리나라 혁명에서 얻은 가장 근본적인 경험이라고 강조하였다. 임표 동지의 이같은 근본 관점을 나는 전적으로 동의한다. 그러나 이 조목을 헌법에 가하는 것이 결코 쉬운 일이 아니였으며 많은 투쟁을 거쳤어야 했다는 것을 동지들은 알아야 할 것이다.

오법헌 동지가 한 말이 옳다-어떤 사람은 모주석의 위대함과 겸허함을 이용하여 모 주석을 내리깎고 모택동사상을 내리깎으려고 망녕되이 시도하고 있다. 이런 망녕된 시도는 절대 허용할 수 없다. 모택동사상의 교육을 받아 각성하고 궐기한 위대한 중국인민은 그들을 얼마든지 식별해 낼 수 있으며 그들의 각종 허위적인 행위를 폭로할 수 있다.

문화혁명이 위대한 승리를 취득한 오늘, 어떤 사람은 심지어 무산계급문화 대혁명에 관한 8기11중전회의 공보(公報)를 의심한다. 이는 역사의 안(案)을 뒤집어 놓으려는 게 아니고 무엇인가!

얼마나 미쳐 날뛰고 있는가 보라. 어떤 반혁명분자는 모 주석이 국가주석으로 되지 않는다는 말을 듣고 너무도 기뻐서 수무족도(手舞足蹈)하였다고 한다. 즉 춤을 추듯이 기뻐하였다고 한다.

진백달이 이런 발언을 할 때에 임표 집단의 다른 성원들도 총 출동하여 임표가 시킨대로 각자(各自)의 소조에서 분분히 발언하였다.

그러나 무장(武將)들에 비하면 그래도 진백달이 선전의 능수였다. 진백달은 자기의 발언기록을 즉시 수정 보완해 가지고 화북조의 2호 간보(簡報)에 냈다. 그가 화북조에서 한 발언은 이렇게 바로 활자로 되어, 이 회의에 출석한 중앙위원전부에게 배포된다. 이 간보(簡報)는 화북조 이설봉(李雪峰)조장의 인가를 24일 밤 10시에 맡은 후 인쇄에 교부되었고 이튿날 25일 아침에 회의 참가자들에게 배포되었다.

24일 밤에 진백달은 또 한가지 중요한 일을 하였다. 23일 오후의 개막 회의에서 한 임표의 연설을 정리해 준 것이다. 대회사무원들이 녹음에 의해 정서한 기록을 임표는 진백달에게 넘겼다. 이전 같으면 모택동의 연설기록을 "문자 이발사"처럼 다듬어 주었는데 지금은 임표를 따르게 되었으니 임표를 돕는 문자 이발사라 하겠다. 기록만해서 24페이지이니 일만자가 넘는다. 진백달은 알뜰히 수정보완하였다. 그가 말하는 중앙과 같은 너무 자극적인 문구는 지워버리고 '최고의 호령이 일단 내리면'을 '상층의 일부 동지들이 일단 호령을 내리기만 하면'으로 고친 것 등이다.

8월 24일은 진백달이 홍분 속에서 제일 바삐 지낸 하루였다.

여산의 패배

여산은 또 하루의 여명을 맞았다.

25일 아침, 인쇄잉크의 냄새가 그대로 풍기는 화북조 2호 간보가 여산에서 배포되었다. 이 간보는 여산에서 큰 반향을 불러 일으켰다.

간보는, 개막회의에서 한 임표의 연설이 아주 중요하고 의미가 매우 심장하다고 하였으며 임표의 연설이 전당의 염원, 전군(全軍)의 염원, 전국인민의 염원을 대변하였다고 강조하였다.

간보는 또 모택동 동지가 국가주석으로, 임표 동지가 국가 부주석으로 할 것을 강렬히 요구하였다.(이건 특수한 언어 표현의 방식으로 국가주석을 설치하자는 주장을 되풀이한 것이다)

간보는 또 진백달의 발언에서 지적한 바와 같은, 위대한 영수 모 주석이 현시대의 가장 위대한 천재임을 부정하는 자들에게 지대한 분개를 표시하면서 그런 자들을 붙들어 내다가 철저히 비판하여야 한다고 하였다.

이 간보는 단숨에 여산의 정치 기온을 급상승시켰다.

비서가 간보를 읽어 주자 임표는 미소를 띠웠다.

"그 많은 간보를 보았어도 이 간보가 제일 무게가 있다. 문제의 핵심을 똑똑히 말했다. 다른 발언과 비하면 그래도 진백달의 발언이 더 낫다."

오법헌은 간보를 보고 자기가 진백달처럼 첫 공을 세우지 못한 걸 후회하였다. 그는 서남조에서도 간보를 내야 한다고 호령한 후 자기의 발언기록에다 첨예한 술어를 많이 써 넣었다 — '당과 국가의 권력을 탈취하려는 야심가·음모가는 시한폭탄'과도 같다. 그들은 만번 죽여 마땅하며, 전국의 성토를 받아야 하고 전당의 주륙을 받아야 한다.

이작붕도 간보를 보고 후끈달았다. 그는 구회작을 보고 "남들은 벌써 속보를 내었소. 자네 서북조의 열기가 아직 부족하오."라고 하였다. 구회작은 그렇다고 하면서

"열기를 올려야지, 올려야지."

하고 말했다.

　임표도 열기가 났다. 그의 장상들은 저마다 열기를 올리느라고 바삐 서둘렀다. 그러나 모택동은 자기의 손이 싸늘해지기만 한다고 말했다.

　모택동은 남경군구 사령원인 허세우 상장(上將)을 불렀다. 모택동은 자기의 손을 허세우(許世友)의 손위에 놓고 이렇게 말했다.

　"내 손을 만져보오, 얼마나 차가운가. 나는 감독은 할 수 있어도 배우 노릇은 못하는 사람이오. 돌아가서 잘 타이르시오, 제발 나를 국가 주석으로 선거하지 말라고."

　여산의 기후는 순식간에 변하였다. 25일 오전에 엽군은 중요한 정보를 한가지 입수하였다. 즉 강청이 장춘교, 요문원을 데리고 모택동에게 호소하러 갔다는 것이다.

　전하는 말에 의하면, 강청은 모택동을 보자 쨍쨍한 목소리로 급변을 고했다.

　"야단났어요 주석! 그 사람들이 사람을 붙잡아낸대요."

　일설에 의하면, 이때 모택동은 강청을 돌려 보내고 장춘교와 요문원만 만나 보았다고 한다.

　모택동이 장, 요에게 무엇이라고 하였을까, 그것까지는 엽군도 몰랐다. 하지만 대강 짐작을 할 수 있다―붙들려 나오게 될 곤경에 처한 장춘교는 모택동에게 구원을 청했을 것이다.

　모택동이 어떻게 결단하는가에 따라 여산회의의 투쟁방향이 결정된다. 장춘교를 붙잡아 내야 한다고 모택동이 말하기만 하면 여산회의는 장춘교를 비판하는 회의가 될 것이고 임표와 진백달은 전면적인 승리를 하게 된다. 그러나 모택동이 만일 장춘교를 지지한다면…

　원래의 일정에 의하면 이날 오후도 분조토론을 계속하게 된다. 모택동은 임시통지를 내어 정치국 상무위원과 각조의 조장이 참가하는 회의를 열었다. 한편 분조토론도 원래 일정대로 진행하게 하였다.

　모, 임, 주, 진, 강 '오거두(五巨頭)'가 또 한자리에 모이게 되었다.

모택동은 미소를 띄지 않았다. 회의 분위기가 엄숙하고 긴장하리라는 것을 예시한다. 문화혁명은 모택동을 지상(至上)의 지위에 올려 놓았다. 그의 최고 지시는 그대로 종심판결로 된다.

모택동은 3항 지시를 엄숙히 내렸다.

첫째, 당장 휴회하고, 임표의 개막회의 연설에 대한 토론은 정지한다.

둘째, 화북조 2호 간보(속보)는 회수한다.

셋째, 사람을 붙잡아 내지는 말아야 한다. 9차당대회의 정신에 따라 단결하여야 한다. 화북조의 회의에서 한 진백달의 발언은 9차당대회의 방침에 배치되는 것이다.

모택동은 진백달을 쏘아 보면서 아주 엄하게 말하였다.

"자네들이 이렇게 계속 떠들어 대면 나는 아예 하산(下山)하구 말겠소, 자네들이 마음대로 떠들게. 국가주석을 둔다 안둔다 더이상 말하지 맙시다. 나를 빨리 죽으라고 국가주석을 하라는 게 아니고 뭐요! 국가주석이 있어야 한다고 주장하는 사람을 국가주석을 시킵시다. 하여간 나는 싫소."

모택동이 이렇게 말하자 진백달은 혼비백산할 지경이었고 임표도 아주 난처하게 됐다. 임표의 체면을 좀 봐 주는 의미에서인지 모택동은 임표에게 이렇게 말하였다.

"국가주석은 하지 말라고 당신에게도 권하고 싶소. 그 의견을 고집하는 사람에게 국가주석을 시킵시다."

모택동이 이렇게 말했으니 여산의 정치기온은 급강하였다. 임표와 진백달은 이번 대결에서 자기네가 졌다는 것을 인식하였다.

앞으로의 진행방향에 대하여 지극히 큰 영향을 미친 이 중앙정치국 상무위원회 확대회의에 대하여 진백달은 다음과 같이 회상하였다.

모주석이 있는 데 가서 회의를 하였는데 강청과 장춘교는 둘 다 참석하지 않았다고 기억된다. 그들은 먼저 모 주석에게 고자질을 하였고 회의가 있기 전에 승리했으니까 출석하지 않아도 되었다. 이설봉과 나는 출석은 하였지만 도리어 피고로 몰리게 되었다.

화북소조의 간보가 큰 화를 일으켰다. 그 간보에 어떤 사람을 붙잡아 내자는 의미의 말이 있었을 것이다. 내 기억에 의하면 나는 그런 말을 하지 않았고 이설봉 동지의 화북조의 기타 동지들도 그런 말을 하지 않았다.

강청과 장춘교는 화북조의 간보를 보고 약간의 위구심을 가지게 된 것 같다. 남을 잡는 일만 하던 사람이 지금은 그들을 잡으려는 사람을 만났기 때문이다.

누가 사람을 붙잡아 내자고 주장하였는가를 그들은 알리라고 나는 짐작한다. 이를테면 곽 아무개가 화북조에 있는데 그는 자주 강생 내외를 찾아 갔다. 강생 내외는 강청, 장춘교와 자주 만난다. 그들이 들었다면 아마 곽 아무개 한테서 들었을 것이다.

모 주석이 있는 데 가서 회의를 할 때, 사람을 붙잡아 내자고 주장하였던 사람은 아무 일도 없었다. 이 회의에 그가 참석했는지 하지 않았는지는 명백히 기억나지 않는다.

이 회의가 있은 후 나는 다시는 이런 범위에서 열린 회의에 참석하지 않았다. 그런 통지를 다시는 받지 못했기 때문이다.

사건이 진행되는 도중에 나는 주은래 동지를 찾아간 적이 있다. 내 기억에 의하면 그는 당시 이렇게 말하였다.

"강청과 장춘교가 담화를 하겠다면서 먼저 나를 찾아왔다. 그러나 대면하기 전에 그들은 직접 모 주석을 찾아갔다."

정치국 상무위원회 확대회의가 끝나자 각 조의 조장들은 제각기 돌아가서 모택동의 지시를 긴급 전달하였다. 각 조는 일제히 긴급 제동을 걸었다. 임표 연설에 대한 토론은 중단되었고 화북조의 2호 간보(속보)는 회수되었다. 왕홍문은 대경실색하여 자기가 한 말을 수정하느라고 진땀을 흘렸다.

시간으로 계산한다면, 23일 오후 임표가 9기2중전회 개막회의에서 돌연습격을 한 때로부터 25일 오후 모택동의 명령에 의하여 화북조의 2호 간보가 회수되기까지 기껏해야 이틀반도 안되었다. 임표 일당은 여산에서 전격적인 패배를 당했다.

모택동의 엄한 문책

문서기록에 의하여 25일 이후의 일정은 대체로 다음과 같다.

26일, 중앙판공청은 이런 통지를 냈다 - '오늘은 분조회의를 열지 않는다. 각 성(省)끼리 좌담을 해도 되고 야산유람을 해도 된다. 저녁에는 영화를 감상한다.'

26일~27일, 주은래와 강생이 오법헌, 이작붕, 구회작을 불러 대화를 하였다. 분조회의에서의 그들의 발언 상황을 물어본 외에 오법헌에게는 반성 할 것을 촉구하였다.

28일 밤, 임표는 오법헌에게 의미있는 말을 하였다.

"우리와 같은 이런 사람들은 그들을 당해내지 못한다. 문적(文的)인 투쟁은 안되지만 무적(武的)인 투쟁은 된다"

"착오가 없는데 반성은 무슨 반성이요? 반성을 하지 마시오."

엽군도 전화로 오법헌을 위안하였다.

"착오를 범했다 해서 긴장할 건 없어요. 임부주석과 황영승이 있지 않습니까. 이 두 사람만 연루하지 않으면 '큰 가마솥에 밥이 있으니 작은 가마솥에 밥이 없어도 별문제'가 아니지 않겠습니까."

8월 29일 저녁 8시 5분, 진백달은 사무직원인 묘준승을 시켜 임표에게 전화를 하게 하였다. 저쪽에서 전화를 받은 사람은 임표의 비서인 우운심이였다. 우운심이 남긴 전화기록은 다음과 같다.

'백달 동지의 말 - 임부주석은 훌륭한 연설을 하였다. 연설은 주석의 사상을 실현하였다. 그런데, 주석이 여러번 강조한 바 있는 말인데 바로 인용됐는지 모르겠다. 주석은 '단결의 회의를 하는가 아니면 분열의 회의를 하는가, 승리의 회의를 하는가 아니면 실패의 회의를 하는가'라고 말하였다. 임부주석이 어떻게 인용했는지 잘 기억나지 않는데, 만약 이처럼 인용되지 않았다면 녹음에다 보충해 넣는 게 좋겠다. 이 의견이 가당한지 모르겠지만 참고하기 바란다.'

임표는 비서 우운심을 시켜 진백달에게 회답을 하였다. '백달 동지가 관심을 가져준데 대하여 감사를 드린다.'

한때 황공불안하던 진백달은 시름을 놓았다. 그는 모택동에게서 여러 번 비평받은 경험이 있다—소련방문을 할 때 회담멤버에서 돌연히 쫓겨났다. 1958년 정주회의 때 비평을 받았고 1967년 2월 10일 정치국회의에서도 비평을 받았다. 비평을 당할 때마다 반성을 하였고 결국은 무사히 고비를 넘겼다. 이번에도 그는 반성을 몇마디 하였더니 모택동도 별다른 말을 더 하지 않았다. 그는 이번에도 이로써 무사히 됐는가 하고 생각하였다. 그랬으니 임표의 연설기록을 재검토할 시간적 여유가 있었고, 무슨 말을 어떻게 보태라고 임표를 일깨워 주기까지 하였다.

진백달은 25일 이후에는 모택동이 있는 데로 간 적이 없기 때문에 소식을 잘 몰랐고 모택동의 움직임이 어떠한지도 몰랐다. 이 며칠동안 모택동은 큰 동정은 보이지 않았지만 기실은 여러 사람을 불러다 개별면담을 하였다. 그는 진백달의 막후 활동을 파악하였으며 임표와 진백달을 어떻게 갈라 놓을 것인가를 생각하였다. 필경 임표는 부통수요, 계승자요, 제2인자이고 그의 이름은 당규약에까지 명기되어 있다. 여산에서 비림(批林)운동을 지금 발동한다면 진동의 파장이 너무커서 전당·전국적으로 한꺼번에 급전환하기 곤란할 것이다. 진(陳)이 임(林)에 의지해 있고 임은 진을 이용하고 있다는 것, 임이 두목이고 진이 군사(軍師)임을 모택동은 빤히 알고있지만 그렇다 해서 양자를 한꺼번에 해결할 수는 없다. 갈라 놓고 해결하는 것만이 가능하다고 생각하였다.

8월 31일, 모택동은 드디어 진백달에게 총공격을 가하였다. 모택동은 진백달이 편찬한 『천재를 논한 엥겔스, 레닌, 모 주석의 간략한 어록』에 대하여 '나의 간략한 의견'이라는 유명한 글을 썼다. 간략한 의견이라고 하였지만 실로 일자천금인 이 글은 진백달에게 정치적인 사형을 언도하였다. 이로써 진백달의 정치생명은 종결된다.

'나의 간략한 의견'은 내용이 700자 가량 된다. 모택동이 몇해 전에 유소기를 공격하여 쓴 대자보 '사령부를 포격한다'가 200여자에 불과했다. 아래에 '나의 간략한 의견'의 전문을 인용하기로 한다.

이 자료는(진백달이 편찬한 『천재를 논한 엥겔스, 레닌, 모 주석의 간략한 어록』을 가리킴) 진백달 동지가 편찬한 것이다. 이 자료가 적지않은 동지들을 속여 넘겼다.

(1) 이 자료에는 마르크스가 한 말은 없다.

(2) 엥겔스의 어록은 한조목 뿐인데 『루이 보나파르트 정변기』는 마르크스의 주요 저작이 아니다.

(3) 레닌의 어록이 다섯 조목인데 그중 제5조에 이런 구절이 있다 — 시련을 겪었고 전문 훈련을 받았고 장기교육을 받은, 그리고 피차간에 서로 잘 협력할 수 있는 영수가 있어야 한다. 여기에는 네 가지 조건이 열거되어 있다. 다른 사람들이 어떤가는 차치하고 우리 중앙위원회 동지들을 보면 조건에 부합되는 자가 그리 많지 않을 것이다.

예를 들면 나는 천재이론가인 진백달과 30여년을 같이 일해 왔지만 일련의 중대한 문제에서 종래로 협력한 적이 없으며 잘 협력한 적은 더구나 없다. 세번 있은 여산회의만 예로 들자.

첫번째에 그는 팽덕회에게로 달려 갔다.

두번째는 공업 70조(條)를 토론할 때 였는데 그의 말에 의하면 며칠만 있다가 하산하였다고 한다. 무슨 원인으로 하산하였는지, 하산한 후 어디를 갔는지 나는 모른다.

이번에는 아주 잘 협력하였다. 돌연 습격의 방법으로 불을 지피고 풍구질을 하였다. 두려운 건 천하분란 뿐이다. 여산을 폭격하여 평지로 만들듯한 기세가 있었고 지구의 자전이라도 정지시킬 듯한 기세가 있었다.

내가 이렇게 말하는 것은 우리의 천재이론가의 마음(心)이 얼마나 광대한가를 형용할 따름이다.(그 마음이 무슨 마음인지는 모른다. 아마 양심이겠지, 야심은 절대 아니다)

그러면 무산계급의 천하가 혼란에 빠지고 여산이 평지로 내려 앉고 지구가 자전을 정지하게 되는가. 아마 그렇게는 되지 않을 것이다. 여산에 오른 바 있는 한 고인(古人)이 "기(杞)나라는 무사하건만 하늘이 무너질까봐 걱정하는 사람이 있었다"고 하였다. 이 기나라 사람의 본을 따라 배우지 말아야 한다.

마지막으로, 자료에 인용한 나의 말은 편찬자에게 별로 도움이 못되리라고 생각한다. 주요한 것은 사람이 천재이기 때문이 아니라 그의 사회실천 때문이라고 나는 강조하고 싶다.

나는 임표 동지와 의견을 교환하였다. 우리 둘은 다음과 같은 의견을 일치하게 주장한다.(모택동이 일치성을 강조함은 임, 진을 분할시키고 각개 격파하기 위해서다-인용자 주)

역사학자와 철학자들이 끊임없이 논쟁하여 온 문제 즉 일반이 말하는, 영웅이 역사를 창조하느냐 아니면 노예들이 역사를 창조하느냐, 인간의 지식은(재능도 지식의 범주에 속한다) 선천적인 것이냐 아니면 후천적인 것이냐, 유심주의의 선험적 관념론이냐 아니면 유물주의의 반영론이냐-이 문제에서 우리는 마르크스-레닌주의의 입장에 서야 한다. 진백달의 요언과 궤변을 식별하지 못하고 속임수에 넘어가서는 절대 안된다. 마르크스를 아노라고 자처하면서도 실지는 마르크스를 전혀 모르는 그런 자들의 속임수에 넘어 가서는 안된다.

동시에 우리 둘은 또 이렇게 인정한다. 마르크스주의의 인식문제에 대하여 우리는 연구를 계속하여야 한다. 모든 일이 지금 다 완결된 것은 아니다. 동지들도 우리와 같이 이런 태도를 취하고 일치단결하여 더 큰 승리를 쟁취할 것을 희망한다. 마르크스를 아노라고 자처하면서도 실지는 마르크스를 전혀 모르는 그런 자들에게 속아넘어가서는 안된다.

9월 1일, 모택동의 '나의 간략한 의견'이 전체 중공중앙위원에게 한부씩 배포되었다. 진백달의 머리 위에 원자탄이 터진 거나 다름 없었다. 9기2중전회는 원래의 일정을 변경하고 진백달비판으로 들어갔다. 역시 모택동은 전장에서 뿐만 아니라 모든면에서 위대한 전략가였다.

모택동과의 마지막 대화

모택동에게서 엄하고 신랄한 비평을 받은 진백달은 사면초가의 곤경에 빠졌다.

그는 최후의 한가닥 희망을 모택동에게 걸었다.

모택동이 한 번만 만나줄 것을, 그리고 자기를 너그러이 용서해 줄 것을 그는 갈망하였다. 여산에서 진백달을 구원할 수 있는 사람은 모택동 밖에 없었다.

아래에 인용하는 진백달의 회고는 그의 일생에서 모택동과 최후 대면을 하였을 때의 장면을 진술하였다. 그가 이런 진술을 하기는 처음이다.

나는 모 주석을 만나겠다고 하였다. 한참 후에 오라고 하는 전화가 왔다.

나는 더없이 기뻤다. 이 면담이 모 주석과의 최후의 면담이었다.

만나서 악수를 나누자 그는

"이 몇년간 자네는 나를 보러 오지도 않았어."

라고 하였다.

사실 근년에는 회의를 제하고는 혼자서 찾아간 일은 별로 없다. 이것은 이전까지 계속되어 온 다년간의 내왕과는 거리가 있었다.

해방 초기에 나는 당교(黨校)에서 투숙하였다. 일을 좀 할 수 있는 준비를 해야 하지 않는가라고 하면서 모 주석은 그후 나를 중남해에 이주시켰다. 당교에 있는 나를 부르는 경우, 적어도 반시간 또는 반시간 이상 걸려야 당도하였으니 정말 불편하였다. 중남해에 이사하면서부터는 편리하였다. 아무 때라도 부르기만 하면 바로 당도할 수 있었다.

그러나 문화혁명 후에는 강청이 나를 보고, 주석을 만나는 일을 자기가 간섭했노라고 하였다. 또 내가 매번 모 주석과 대화하는 시간이 너무 길다고 트집을 잡았다. 이런 일이 있은 얼마 후 여러가지 핑계를 대면서 강청은 나에게 축객령을 내렸다.

"중남해는 주석이 계시는 곳이다. 더이상 당신들을 있게 할 수 없으니 이사를 해야 한다."

나는 원래부터 집안에 책더미가 너무 많아 불편한 것도 있고, 사람들을 불러다가 무슨 일을 같이하는 데도 편리하게끔 하자고, 새 주소를 별도로 알선해 줄 것을 북경시위(北京市委)의 책임자에게 부탁하였다. 이런 경위로 찾은 새로운 주소가 신건호동(新建胡同)에 있었다. 결국 강청의 명령대로 우리는 중남해를 떠나 신건호동에 일가를 이사시켰다. 그 이후에는 모 주석과 면담하자면 전화로 우선 비서와 연락을 취해야 했다 —주석이 일어났는가, 다른 손님은 없는가를 일일이 물어야 한다. 아주 불쾌할 때도 몇 번 있었다. 어떤 때는 비서가

"난 이젠 퇴근해야겠습니다"

라고 퉁명스레 말한다. 모주석을 만나기가 이처럼 어려워서야… 이런 생각이 들면서 점점 단독으로는 만나려고 하지 않게 되었다. 모 주석을 자주 찾아가지 않은 것은 우선 강청과 관계된다. 그러나 이 일을 모 주석의 앞에서 밝힐 수도 없다. 당의 견지에서 보면 이 일은 극히 사소한 일이다. 그러나 모 주석은 만나자 첫 마디가 근년에 자기를 찾아오지 않았다는 불만조의 말이었다.

자넨 지위도 높아졌고 체통도 커져서 나를 보러 오지 않는다고 모 주석은 말하였다. 자넨 글도 쓰지 않는다, 입만 놀리는데 그치고 글은 남

한테 씌운다…고도 하였다.

모 주석과의 대화는 이제 끝났다. 헤어질 때 그는, 자네와 일한 몇몇 사람들을 찾아가 말해 보라고 하였다. 마지막 주고 받은 말은 '단결합시다'였다.

이 면담이 있은 후 나는 강청을 찾아 갔다. 여산에 온 후 강청은 나를 오라고 전화를 두번 걸어 왔지만 나는 가지 않았다. 그 후에는 또 자기가 오겠노라고 전화를 걸어 왔지만 결국은 오지 않았다. 그러니 내왕은 여전히 없었다. 강청은 나를 보자 보기드문 손님이라고 하면서 다른 말은 더 하지 않고 나를 강생에게로 데리고 갔다.

강생의 거처에서 조일구(강생 부인-역주)를 먼저 봤으나 인사를 나누지는 않았다. 강생의 방에 들어가니 장춘교, 요문원이 먼저 와 있었다 -그들은 자주 모여 의논한다.

대화가 시작되자 강청이 먼저 서두를 떼였다.

"당신들은 임 부주석을 옹호한다는 구실로 사실은 임 부주석을 반대한다"

고 말하였다. 후에는 여럿이서 차례로 나를 비판하였다. 누가 어떻게 말했는지는 잘 기억나지 않는다.

조직에서는 후에 주은래 동지와 강생의 협조로 반성을 하라고 나에게 통지하였다. 지금 기억에 의하면 주은래 동지는 침묵을 지키면서 별로 말을 하지 않았고 말은 주로 강생이 하였다. 내가 여산에서 한 반성발언은 기본적으로 강생이 시킨대로 한 것이다.

이런 반성회의가 열렸을 때 나는 주은래 동지를 아주 고맙게 생각하였다-강생이 시킨 대로 내가 쓴 반성문을 그가 대신하여 읽어 주었던 것이다. 물론 나의 표준어가 남이 알아듣기 곤란해서 주은래 동지가 대독했다고 말할 수도 있다.

회의가 끝나자 나는 기쁜 마음으로 주은래 동지에게 감사를 드렸다. 그 자리에 강생도 있었다.

"나에게 감사하지 말고 강생에게 감사드려야 하오."
하고 그는 말하였다.
주은래 동지의 말도 사실에 부합된다. 강생이 나 대신 반성문의 기본을 마련해 주었기 때문이다.
강생은 냉담한 어조로 말했다.
"제 잘못을 드러내 놓는 걸 부끄러워하면 안되오."
이런 회의가 있은 이튿날이었다. 일은 끝났다. 집에 가 농사나 지으려고 나는 생각하였다. 주은래 동지가 시름이 놓이지 않았던지 나에게 의사와 간호부를 보내왔다. 나에게 여산유람을 같이 하자는 것이었다. 나는 그들 이외에 초대소에서 일하는 동지들도 같이 가자고 청했다. 경치가 좋은 곳에서는 그 사람들과 사진도 몇장 찍었다. 사진을 찍은 후에도 여러 곳을 돌아 보았다. 이날은 여산에 온 후 제일 기분이 쾌적한 날이었다.
그러나 떠도는 소문을 들으니 홍진비래였다. 진백달은 뼈아프게 뉘우치긴 고사하고 산놀이 들놀이나 하고 있다는 것이다.
회의는 또 열렸다. 나는 이미 그 어떤 대회(大會)나 소회(小會)에도 참석하지 못하는 신세였지만 간보(속보)만은 그냥 받아볼 수 있는 것 같다.
후에 들은 이야기지만, 어떤 사람이 회의에서, 진 백달은 중대한 문제가 있을 때마다 모 주석과 협력하지 않았다고 비판하였다. 그때 그렇지는 않다.고 주은래 동지가 해석하였다.
"일부 중대한 문제에서는 협력하지 않았지만 모두 협력하지 않은 것은 아니다."
이렇게 말하고 예까지 들었다고 한다. 그런 분위기에서 주은래 동지가 이런 말을 하여주다니…사실에 대해서건 사람에 대해서건 그가 정말 공정한 태도로 임한다는 것을 나는 새삼스레 느꼈다.

9월 6일 오후, 중공 9기 2중전회는 마침내 폐막을 고하였다. 폐막회의에서 중공중앙은 진백달에 대하여 비판을 하기로 결정하였다고 선포하였다.

그리하여 진백달은 전당, 전국의 비판대상으로 되었고 전국 범위에서 「비진(批陳)정풍」이라는 운동을 일으키게 된다.

1971년 9월 13일, 그는 진성(秦城)감옥에 수감된다.

1980년 11월, 그는 임표·강청 반혁명집단의 주범의 일원으로 특별법정에 출정하였고 징역 18년을 언도받았다.

1989년 9월 20일, 그는 심근경색증으로 북경에서 사망하였다. 신중국 건설에 많은 증언을 남긴 한 시대의 이론가로서 일생을 마감하였다.

전가영
田家英

잘못잡힌 항로, 여산의 풍파를 개탄하다

[제1장]
지취상합(志趣相合)

5대 비서의 한사람으로

 북경 중남해에 있는 모택동의 주거지-근정전(勤政殿)과 지척의 거리에 있는 한 단층집에서 30세 전후의 한 젊은이가 팔을 걷어 올린채 일하고 있었다. 방안을 보니 책상 위건 걸상 위건 서가 위건 상자 위건 할 것없이 두꺼운 종이가 놓여 있고 그 한장 한장마다에 책을 얹어 놓았거나 신문지에 조심스레 싼 벽돌장을 얹어 놓았다. 바람에 날릴까봐 이렇게 눌러놓은 것이다.
 젊은이는 한장 한장씩 정성들여 붉은 인(印)을 찍는다. 날인하고는 책이나 벽돌로 눌러 놓고 인주가 천천히 마르기를 기다린다. 물론 책이나 벽돌이 인주위에 놓여서는 안된다.
 이 두꺼운 종이는 보통의 종이가 아니라 위임장이었다. 즉 중화인민공화국 중앙인민정부위원회 모택동 주석이 발급하는 위임장이다. 도장도 보통의 것이 아닌, 모택동의 인감이었다.
 모택동은 1949년 9월 하순에 열린 중국인민정치협상회의 제1기 전체회의에서 중앙인민정부위원회 주석으로 당선되었다.
 신 중국이 고고지성을 올리고 신 정부가 출범하였다. 모택동이 위임장을 일일이 발급하게 되는데 이때 그를 대신하여 인감을 보관·사용한 사람이 모택동의 일상생활과 총무에 관한 업무 비서인 전가영(田家英)이다.
 중화인민공화국 주석이 처음 발급하는 위임장이니 그 권위는 물론,

역사적으로도 의의가 있는 문헌인 것이다. 전가영은 일사불란하게 날인 작업을 하였다. 가로·세로가 조금치도 비뚤어도 안되고 날인위치가 십분 적중하여야 한다. 인발이 짙거나 옅은 차이가 있어도 안되고 글씨획이 모호해도 안된다. 날인한 후에는 완전히 건조될 때까지 기다려야 한다.

평소에는 아주 근검절약하던 그였건만 모택동을 대신하여 인주를 구입할 때만은 고가를 마다하지 않았다. 그는 유리창(琉璃廠)거리에 가서 갖가지 인주를 살펴 보았다. 이것저것 고르던 끝에 마침내 진짜 상등품을 골랐으니 그것은 청나라 황궁에서 쓴 것과 같은 팔보인니(八寶印泥)라는 것이었다. 전가영은 서슴치 않고 이걸 샀다. 빛깔이 선홍색이요 사향의 청향(淸香)까지 있고 수백년 가도 변색하는 일이 없다고 한다. 정중한 위임장에 날인하는 데에 적합한 이상적인 진품이었다.

모택동도 이 인주를 보고 아주 기뻐하였다. 전가영이 이 인주를 여러 해 보관하고 사용했지만 한번도 인유(印油)를 가한 일은 없다. 그렇지만 색깔은 원래 그대로였다. 산뜻하고 선명하고 인발이 고르고 치밀했다.

전가영은 1948년부터 모택동의 신변에서 근무하였다. 사람됨이 충실하고 솔직하였으며 일솜씨가 능하였고 매사에 빈틈이 없었다. 모택동은 그를 신뢰하였고 중히 여겼다. 모택동의 '옥새'를 관리하는 것은 각항 비서업무의 일환에 불과하였지만 전가영에 대한 신임정도를 충분히 설명할 수 있다.

모택동의 통장도 전가영이 보관하였다. 모택동에게 나오는 원고료는 전가영이 예금해 둔다. 친우가 모택동을 찾아온 경우, 아무아무에게 200원, 아무아무에게 300원을 부조하라는 쪽지를 전가영에게 쓴다. 그때마다 전가영은 경리관계 직원인 왕복서를 시켜 은행에 가 돈을 찾아 오게 한다. 부조금은 전가영에 의해 모택동의 친척이나 우인에게 전해진다.

건국초기에는 모택동의 전처인 고(故) 양개혜(楊開慧)의 친척들이 자주 북경에 찾아왔다. 그들을 접대하고 보살피는 일은 언제나 전가영이 하였다. 이처럼 모택동은 전가영을 한집 식구처럼 신임하였다.

화백 제백석(齊白石), 서비홍(徐悲鴻)이 모택동에게 작품을 기증했을 때도 전가영이 모택동을 대표하여 화가를 방문하고 사의를 표했다.

50년대에 하달한 한 중앙문건에 모택동의 비서 명단을 공표한 적이 있다. 진백달, 호교목, 전가영, 엽자룡, 강청의 순이었다. 이들을 통칭하여 보통 '5대 비서'라고 한다.

비서로서의 전가영은 모택동에게 필요한 일이면 대소사를 불문하고 노력을 아끼지 않았다. 문서도 집필하였고 필요한 지방의 조사에도 내려갔고 서신처리와 내방객 접대도 하였는가 하면 옥새도 관리하고 통장도 보관했다.

모택동의 단신(短信) 몇 편을 예로들어 보면,

〈1954년 3월 2일의 단신〉
가영 동지 :

1. 양수생(楊開慧의 族兄임)의 편지를 한 부 복사하여 장사에 있는 양개지 선생에게(양개혜의 오빠) 전하고, 편지에 서술된 사항의 확실여부를 물어 보시오. 나는 전혀 기억이 없오.

2. 금년에 양개지 일가에 1,200만원 부조할까 합니다.(구 인민폐임. 1만원이 지금 인민폐의 1원에 상당함-인용자 주) 상반년에 먼저 600만원 보내겠으니 곧바로 송금하기 바람.

3. 이숙일 여사는 장사(長沙) 유직순 동지(열사)의 미망인이요, 지금도 교원으로 있는데 나이도 많고 교단에 매일 나서기가 곤란하오. 그래서 북경문사관(北京文史館) 관원으로 전임시키면 좋지 않으냐고 나에게 청을 든 사람이 있소. 그러나 문사관은 자격심사가 엄하오. 몇사람 추천한 적이 있으나 다 퇴짜를 맞았으니 내가 또 추천한다는 것도 곤란한 일이요. 원고료를 좀 보내서 이 문제를 해결할까 하는데, 당사자가

이런 도움을 받으려고 하는지 잘 모르겠소. 양개혜와 친한 사이었으니 협조해도 안될 것은 없소. 양개지 선생에게 편지를 써서, 이숙일 선생의 의견이 어떠한가를 알아봐 달라고 부탁하시오.

모 택 동
3월 2일

편지를 필사한다, 송금을 한다, 모택동을 대신하여 서한을 쓴다…이 단신 한 장만 해도 전가영의 일은 이처럼 수두룩하다. 전가영은 물론 지체없이 일일이 처리하였다.

〈1955년 9월 27일의 단신〉
전가영 동지 :
이대로 고치도록 공장에 회부하시오. 각 성(省)의 제목과 매 편의 제목은 모두 내가 목록에다 고쳐 놓은대로 고치시오. 나머지 것은 오늘 나에게 가져오지 않아도 되오.
바로 8부(진운 동지의 한부까지)를 찍어서 될수만 있으면 오늘 오후나 저녁에 여러 동지들에게 배포하면 좋겠소.
자네와 교목(喬木)이 절반씩 나누어서 제목을 보다 생동하게 고치는 것을 포함한 문장의 수정을 철저히 해 주오. 이 일을 교목에게 알리기 바람.

모 택 동
9월 27일 4시

이 단신에서 말하고 있는 것은 당시 모택동의 관장 하에 편찬한 『중국 농촌에서의 사회주의 운동』이라는 책과 관련된 사항이다.
전가영은 또한 모택동의 '도서관 관장'이기도 하였다. 박람강기하는 모택동이 제일 좋아하는 것은 책이다. 그가 자는 넓은 침대는 기실 절반이 침상이고 절반이 〈책상〉인 셈이다. 해방초기만 해도 그의 장서는 그리 많지 않았다. 모택동의 신변에서 도서·신문잡지 관리를 하였던 방선지의 회고에 의하면, 해방초기의 장서가 서가 열개쯤 채우나마나 했는데 1966년 여름에는 수만권에 달했다고 한다. 어느 종류나 거의 다 겸비했고 모택동의 필요에 적응할 수 있는 개인장서실이라 할 수 있을 정도였다. 방선지는 다음과 같이 말하였다.

"모택동의 개인장서실을 준비하는데 있어서 전가영이 많은 심혈을 기울였다는 것을 잊지 말아야 한다. 그의 기여가 컸음을 특히 강조하고 싶다. 그의 지도와 구체적인 협조가 없었더라면 이런 규모로 도서실을 마련하기는 곤란했을 것이다."

전가영은 도서실 건립에만 심혈을 기울인 것이 아니다. 모택동은 때때로 무슨 책에 있는 무슨 내용을 확인해 달라는 쪽지를 전 가영에게 보내오곤 하였다. 모택동은 중국의 고전시사(古典詩詞)나 곡부(曲賦)를 대단히 즐기는 사람이다. 어릴때부터 수많은 명작·명구를 줄줄 외울 수 있는 정도였다. 그러나 사람의 기억력도 한계가 있는 것이니 기억에 있는 문구를 현시의 저작에 인용할 때면 꼭 원문을 다시 찾아 확인해 봐야 한다. 좋은 구절은 생각나는데 전시(全詩)가 아리송한 경우도 있고 전시는 무난히 생각되나 작자가 누구였던지 이름이 떠오르지 않을 때도 있다. 그러니까 자주 쪽지를 보내왔고 전가영이 언제나 하나하나 찾아주어야 했다. 예를 들면 1964년 12월 29일에 모택동은 전가영에게 이런 쪽지를 썼다.

'요즈음 오대사(五代史)의 후당(後唐) 장종전(莊宗傳)을 보니 삼수강전역에 대한 기재가 있더군. 젊었을 때 읽은 적이 있는 영사시(詠史詩) 한 수가 생각나는데 어느 조대(朝代)의 어느 사람이 썼던 것인지 생각이 안나오. 한 번 찾아봐 주기 바라오.'

모택동은 자기가 기억한 대로 『삼수강』을 적어 전가영에게 주었다.

英雄立馬起沙陀
奈此朱梁跋扈何
隻手難扶唐社稷
連域猶擁晋山河
風雲帳下奇兒在
鼓角燈前老淚多
簫瑟三垂岡下路
至今人唱百年歌

사타에서 기마 영웅 봉기를 하였나니
주량의 발호함을 그저 둘 수 없음이라
척수로는 당의 사직 떠 받들지 못했으니
강산은 끝끝내 후진(後晋)에게 뺐겼도다
풍운거센 장막안에 기아(奇兒)가 있었건만
고각등전 늙은이 낙루 또한 많더라
소슬한 삼수강 아래의 길에서는
사람들은 지금도 백년가를 부른다

전가영은 원시를 찾았고 작자도 확인했다. 그가 놀란 것은 모택동이 암기해 써낸 이 시가 오자가 두개 뿐이었다는 것이다.

절차탁마(切磋拓磨)

모택동의 서재에 정판교(정섭)의 서예 작품이 난데없이 걸렸다. 정판교(鄭板橋)는 청나라의 유명한 서화가이고 '양주팔괴(楊州八怪)' 중의 한사람이다. 초서가 힘이 있고 또렷또렷한데 그 자체가 일종의 서체로 인정받는 독특한 품격의 것이었다.

흡연하거나 찻물을 마실 때면 모택동은 머리를 기웃하면서 정판교의 필적을 자세히 감상하였다. 삐침획을 길게 긋는 것이 특징의 하나인데 모택동은 손바닥에 그렇게 써 보기도 하였다.

모택동도 서예를 즐긴다. 그의 글씨는 소탈하고 호방하며 운필(運筆)에 구속이 없다.

천마가 하늘을 날으고
(天馬行空)
교룡이 바다를 건너는 듯하다
(蛟龍過海)

한가할 때면 여러 서예가들의 필적을 감상하는 것이 그의 기호였다.
정판교의 작품이 모택동의 서재에 며칠 걸려 있더니 후에는 그것이 전가영네 집에 이동전시되었다.
또 며칠 후에는 청나라의 다른 한 서예가의 작품이 모택동의 서재에 걸렸는데 그것도 얼마 후엔 전 가영네 집에 전시되었다.
교육을 한다는 사람들은 자식에 대한 부모의 영향이나 학생에 대한 스승의 영향은 잘 논하고 있지만 비서에 대한 수장(首長)의 영향을 논한 적은 없다. 모택동은 전가영보다 29세 연장(年長)이니 아버지벌에 해당한다. 모택동의 신변에 있으면서 전가영은 그의 감화를 많이 받았다. 워낙 문사(文史)를 즐기던 젊은이었으니 모택동과 쉽게 어울릴 수가 있었다. 취미와 기호가 서로 비슷하였으므로 양자 간의 연령격차를 없애 주었고 양자는 같이 토론하고 연구하는 사이에 더욱 친밀하게 되었다.
솔직히 말해서 전가영의 글씨는 그리 대단하지 않다. 모택동의 부탁을 받고 자주 영보재(榮寶齋)에 서예 작품을 사러 다니다 보니 결국 전가영도 서예에 상당한 흥미를 가지게 되었다. 모택동은 회소(懷素)의 글씨를 제일 좋아했다. 모택동의 글씨도 '회소체'라 할 수 있다. 당나라 때의 회소는 장사(長沙) 출신이었으니 크게 말해서 모택동과 동향이라 할 수 있다. 회소는 특히 '광초(狂草)'로 유명하다. 그가 당나라 장욱(張旭)의 광초를 계승하고 더 발전시켰기 때문에 후세사람들은 그 둘을 합칭하여 '전장광소(顚張狂素)'라고 하였다. 회소의 필적(복제품)만 발견하면 전가영은 꼭 사온다. 전가영이 모택동을 위하여 수집한 서예진품 중에는 동진(東晉)서예가 왕희지의 초서탁본도 있고 현대 서예가 우우임(于右任)의 『표준초서 법본 천자문』, 그리고 『초결가(草訣歌)』도 있다.

영보재를 자주 드나들다 보니 전가영도 청나라 서화를 애호하게 되었다. 그는 생활비를 제하고는 노임이나 원고료를 청조서화 구입에 썼다. 서화라 해도 주로는 서예작품이었다. 서예연구는 또한 청사(淸史)연구에도 도움이 된다. 이렇게 수집한 청조서화가 후에는 천여 점에 달하였다. 일생동안 이룬 재산이라면 이것이 유일한 재산이었다. 그는 한가지 작품을 입수한 직후 먼저 모택동의 서재에 며칠 걸어 둔다. 모택동이 감상한 후에 자기 집으로 가져왔다. 한가할 때면 옛사람의 서예를 평론하는 것이 그와 모택동의 공통한 화제였다.

모택동은 시사(詩詞)를 쓰다가도 내용이 마음에 들지 않거나 글씨가 마음에 들지 않으면 제꺽 구겨서 휴지통에 버리는 습관이 있다. 모택동의 시와 서예를 애호하는 전가영에게 있어서는 그런 휴지도 다 국보였다. 매번 그는 휴지통에서 한장한장 꺼내서는 그 선지(宣紙)를 조심히 펴고 깨끗이 표구까지 해서 정히 보관한다. 여러해를 이렇게 수집하니 그 수량이 대단했다. 그중에는 모택동 자신의 시사도 있고 고인의 작품을 베껴 쓴 것도 있다. 당나라 시인 백거이(白居易)의 『비파행』이 그 일례이다.

1963년에 『모주석 시사』를 편집할 때였다. 전가영은 휴지통에서 얻어 두었던 『칠률·인민해방군 남경 점령』이라는 시를 모택동에게 보였다. 모택동이 보고 나서 허허 웃고나서 하는 말이 "아니, 내가 이런 시도 썼던가! 괜찮게 썼구만. 시사선(詩詞選)에 넣으라구."라는 것이었다.

　이 시는 1949년 4월에 쓴 시이다. 서백파(西柏坡)로부터 북평 서교의 향산(香山)에 온 모택동은 남경이 해방됐다는 첩보를 듣고 흔연히 이 칠언율시를 써놓았다. 그러나 만족스레 여기지 않았는지, 하여간 구겨서 휴지통에 버렸다. 전가영이 마침 보관했으니 다행이지 하마트면 이 수고(手槁)는 햇빛을 못볼뻔 했다.『모주석 시사』가 출판되자 이 시는 널리 알려졌고 사람들의 절찬을 받았다.

　　종산(鍾山)에 창황한 풍우가 이는데
　　백만웅사(百萬雄師) 큰 강을 단숨에 건넜도다.
　　호거용반(虎踞龍盤)의 남경성은 예보다 낫건마는
　　천번지복(天翻地覆)의 때를 맞아 개탄이 앞서누나.
　　여용을 분발하여 궁구(窮寇)를 쫓으려니
　　명예 탐낸 패왕(霸王)의 본 따르지 않으리라.
　　하늘이 유정(有情)타면 모를리 없으리니
　　이 세상의 바른 길은 창상(滄桑)인가 하노라.

　지금 이 시를 암송할 수 있는 사람은 얼마든지 있다. 그러나 배후에 이런 곡절이 있었다는 것을 전가영의 부인이 필자에게 알려주지 않았다면 이 고사(古事)를 아는 사람은 극히 적었을 것이다.

　모택동도 전가영도 시를 애호하였다. 따라서 1958년에 모택동 시사의 첫 판본『모주석 시사 19수』를 편찬할 때, 평소부터 모택동 시사를 수집·수록해온 전가영은 이 책의 편집자로 된다. 그가 1963년에 증보판을 편찬할 때에는 작품의 수량이 37수로 늘었다. 모택동의 시키는 대로 고시(古詩)를 찾는 일을 자주 하다보니 전 가영은 고전시사에도 더 큰 흥미를 가지게 되었다.

　옛일을 빌려 오늘의 거울로 삼는다는 말이 있다. 모택동은 평시에 중국의 고서를 많이 본다. 경·사·자·집(經史子集)에서 패사·소설까지 다 그의 열독범위에 속한다. 좋은 책을 읽었을 때마다 그는 자기가 감격하는 나머지, 전가영 보고도 한 번 읽어 보라고 권한다. 1958년에 쓴 단신 한 편을 예로 든다.

가영 동지 :

시간이 있거든 반고(班固)의 『가의전(賈誼傳)』을 읽어보오. 『굴원(屈原)을 추모하여』와 『붕조(鵬鳥)』라는 두 부(賦)는 읽지 않아도 무관하오. 가의의 작품은 태반이 유실되고 『사기(史記)』에 2편의 부·2편의 산문만이 수록되었소. 반고의 『한서(漢書)』에는 『과진론(過秦論)』은 빼고 2편의 부·1편의 산문만 있소. 『치안책(治安策)』은 서한(西漢)시기의 가장 훌륭한 정론문(正論文)이요. 가의가 남방에서 돌아와 쓴 것인데 태자를 논한 부분이 좀 진부하다는 것 외에는 전문(全文)은 당시의 사리를 투철히 논했으며 문풍도 명랑한 기운이 차있으므로 가히 읽어볼만하오. 진백달과 호교목이 흥미를 가진다면 한 번 보게 하오.

모 택 동
4월 27일

모택동은 이글이글한 불덩이와도 같은 사람이었으니 그의 주변에 있는 사람은 감화와 영향을 받기 마련이다. 후에 전가영은 문풍까지 모택동을 꼭 닮게 된다.

1956년 9월 15일, 중국공산당 제8차 전국대표대회가 북경에서 성황리에 개막되었다. 우뢰와 같은 박수 속에 모택동과 그의 전우들이 주석단에 나타났다. 모택동은 호주머니에서 원고를 꺼내 들더니 "동지들, 중국공산당 제8차 전국대표대회가 개막되었습니다…"

개막사는 불과 2천자 정도의 짧은 문장이었다. 당시의 기록에 의하면 개막사를 하는 도중에 박수가 서른네번 있었는데 그중 장시간의 열렬한 박수가 다섯번 있었다. 개막사가 대표들의 흉금을 울린 정도가 어떠하였는가를 잘 설명한다.

개막사 중의 명구는 그대로 〈모택동의 격언〉으로 되었고 자주 인용된다.

"나라는 크든 작든간에 장점과 단점이 있기 마련이다. 우리가 사업에서 극히 위대한 성과를 올렸다 하여도 교만하거나 스스로 과대평가할 이유는 하나도 없다. 사람은 허심하면 진보하고 교만하면 낙후해진다. 우리는 이 진리를 영원히 기억해야 한다."

〈모택동품격〉으로 일관된 이 개막사를 누구도 모택동 본인이 쓴 것이라고 믿어 의심치 않았다.

그러나 대표들이 개막사를 절찬하자 모택동은 솔직히 고백하였다. "개막사는 내가 쓴 게 아니오. 나의 비서인 소장파(少壯派) 전가영이 쓴 게요."

모택동이 이런 내막을 실토하지 않았더라면, 모택동의 필치 그대로 쓰여진 이 개막사가 다른 사람이 대필한 것이라고는 누구도 생각지 못했을 것이다.

모택동은 저술에서도 거장(巨匠)이다. 자기의 저작은 언제나 자기가 손수 쓴다. 그러나 8차당대회를 준비할 때는 사무가 다망하다보니 개막사의 집필을 진백달에게 의뢰하였다.

진백달이 그럴듯하게 써 바쳤으나 너무 장광설이라 모택동은 머리를 흔들었다. 그러나 개막의 날은 눈앞에 박두하였다.

"가영이, 자네가 쓰라구. 짧고 박력있게 쓰면 돼."

모택동은 개막사를 전가영더러 쓰게 하였다.

하룻밤을 꼬박 새우면서 전가영은 단숨에 개막사를 써냈다.

모택동이 보더니 빙그레 웃었다. 후에 개막사는 중공 중앙정치국의 토론을 거쳤고 몇 군데 다소 수정을 가하였다. 수정이 끝난 후의 원고를 모택동은 호주머니에 접어넣고 툭툭 두드려보면서 말했다.

"개막사가 이미 다 쓰여졌소. 시름을 놓았소!"

숭배하는 역사인물

전가영은 '문화혁명'의 첫 피해자 중의 한 사람이다. 그는 1966년 5월에 분연히 이 세상을 떠났다. 이승의 생자가 저승의 고인을 방문할 수는 없다.

나는 북경에 가 전가영의 부인 동변(董邊)을 두번 찾았다. 첫번에는 남방휴양을 떠난 후여서 방문이 성사되지 못했다. 그때는 추운 겨울이었다. 두번째는 늦여름이었는데 동변이 마침 집에 있었다. 전화로 방문할 의사를 전하니 흔쾌히 수락해 주었다.

동변은 고층 아파트에 살고 있었다. 객실에는 유리 책장이 한쪽 벽에 나란히 놓여 있고 책이 정연히 정돈돼 있었다.

동변은 솔직하고 열정적인 사람이고 특유한 침착성이 있는 사람이다. 머리는 단발이고 진한 갈색의 테를 한 안경을 썼다. 연안에서 온 여성간부의 관록이 있다. 동변은 이미 이직휴양하는 몸이고 천식도 앓고 있지만 말솜씨는 대단했다. 담화를 시작하기만 하면 매번 네시간 정도는 문제 없었고 때때로 낭랑대소까지 하였다.

나는 전가영에 대한 이야기를 하여 달라고 청했다. 동변은 자기가 손수 마르고 정히 장정한 전가영의 인보(印譜)를 내놓았다. 그것을 한장 한장 펼쳐보며 나는 이것이 전가영의 품격을 단적으로 보여 주는 축도(縮圖)이구나 하는 생각이 들었다. 인보는 전가영의 좌우명을 집대성한 것이었기 때문이다.

십여개의 인장(印章)에 다 '소망창창재(小莽蒼蒼齊)'라는 글씨가 새겨져 있었다. 무슨 의미인지 납득이 가지 않아 물으니 동변이 설명해 주었다.

"가영은 담사동(譚嗣同)을 숭배하였소. 담사동은 그의 서재를 망창창재(莽蒼蒼齋)라고 하였소. 그의 뒤를 이어 나가련다는 뜻으로 가영은 자기의 서재를 소망창창재라고 이름지었소. 담사동의 '망창창'이란 한없이 크고 넓다는 뜻이요."

전가영의 장서에는 다 '소망창창재'라는 낙관이 찍혀 있었다. 그는 서화를 입수하면 언제나 이 낙관을 찍었다. 그래서 이러한 낙관만 하여도 십여점에 달한 것이다.

"가영은 또 임칙서(林則徐)를 숭배하였소. 담사동과 임칙서는 다 애국애민하고 우국우민한 사람이었고 절개가 굳고 강직하며 아부할 줄 모르는 사람이었소. 가영은 이런 역사인물을 존경하고 흠모했소. 이것이 임칙서의 시구를 새긴 인장이요." 동변은 다른 페이지를 넘기고 설명하는 것이었다.

그 페이지에는 두개의 시구가 찍혀져 있었다.

苟利國家生死以
(생사가 나라에 이할진대)
敢因禍福避趨之
(내 어찌 화복을 가리리오)

1850년, 병중의 임칙서가 어명을 받들고 남정(南征)에 나섰을 때 읊은 시이다. 이 흠차대신은 광동 조주(潮州)에서 병이 위독할 때도 전장에 나가기를 굳이 주장하면서 이런 시구를 외웠다고 한다. 전가영은 각자(刻字)에 능한 이에게 부탁하여 이 인을 만들었다. 자기를 격려하기 위해서였다.

인보에는 전가영 자작의 격언을 새긴 것도 있었다.

理必歸於馬列
(도리는 마르크스-레닌주의에 부합되어야 하고)
文必切於時弊

(문장은 시폐를 바로잡는데 이바지해야 한다)

이밖에 이런 인장도 있었다.

實事求是
(실사구시)
忘我
(망아)

망아의 옆에 '무아유위재(無我有爲齋)'란 낙관이 찍혀 있었다. 이 '무아유위재'가 전가영의 또 하나의 재명(齋名)이었다.

격언을 새긴 인장은 실로 많았다. 그중 '향상응무쾌활인(向上應無快活人)'이라는 구가 잘 이해되지 않았다.

"분발향상하는 사람은 일신의 쾌락을 누릴 여가가 없다는 뜻일 거예요."

역시 동변이 해석해 주었다.

전가영은 실로 많은 인장을 소장하고 있었다. 이 인장들에 새겨진 하나하나의 격언을 통하여 당시 소장자의 내심세계와 정신적인 지주(支柱)를 이해할 수 있었다. 나는 소장자의 심성(心性)을 들었다고 확신한다.

전가영에 대한 회상담을 들려 달라고 하였다.

"그래, 평소에는 집에서 가영이! 하고 부릅니까?"

"아니예요. 집에선 종래로 그렇게 부른 적이 없소. 지금은 다른 사람과 말할 때만 가영이, 또는 가영동지라고 하지만…"

"그럼, 집에서는 어떻게 불렀습니까?"

"톈지(田鷄)라고 불러요."

"톈지(참개구리)라니…?"

동변은 하하 웃고나서 화제를 먼 옛날로 돌렸다.

'전가영'이 본명이 아니거니와 전(田)씨라는 것도 본성이 아니다. 그의 본명은 증정창(曾正昌)이다. 그는 중국공산당이 탄생한 이듬해인 1922년 1월 4일 사천성 성도(成都)의 한 평범한 가정에서 태어났다. 부친 증국융은 자그마한 약방을 경영했다. 어머니는 성이 주(周)가였다. 삼남일녀의 형제중 가영이 막내였다.

괜찮은 형편이던 이 가정은 후에 부모가 일찌기 타계하는 바람에 일시에 빈곤하게 되었다. 가영은 세살에 아버지를 여의었고 열두살에 어머니마저 여의었다. 그는 부득이 중학교 1학년을 중퇴하고 약방의 견습공이 돼야 했다.

빈곤은 사람의 의지를 갈아주는 여석(礪石)이었다. 그는 자기의 염원을 표현하는 대련을 침상의 모기장에 걸었다.

走遍天下路
(천하의 길을 다 걷고)
讀盡世上書
(세상의 책을 다 읽으리라)

그는 열세살인 1935년부터 신문·잡지에 글을 쓰기 시작했다. 필명이 몇가지 있었는데 제일 많이 사용한 것이 전가영이라는 필명이다. 그는 신문에 산문도 쓰고 시도 좀 썼다. 소설도 쓰고 서평도 썼다. 약간의 원고료를 타게 되자 그는 열네살에 성도현립중학교에 입학하였다. 공부를 하는 한편 계속하여 전가영이란 필명으로 글을 발표하였다. 어린 나이에 그는 재능도 과시하였고 남다른 의지도 과시하였다. 어려운 세상에서 그는 조숙하였다. 같은 나이 또래의 아이들이 아직 갈팡질팡하고 있을 때 그는 자기가 나가야 할 앞길을 환히 내다보았다. 열네살에 그는 '해연사(海燕社)'에 들었다. 해연사는 중공의 영도 하에 있는 항일구국단체였다. 15세에 그는 이어 '성도(成都)중화민족해방 선봉대'에 가입하였다. 약칭 '민선(民先)'인 이 선봉대는 중공의 외곽단체였다.

'민선'에 든지 얼마 안되어 그는 중국공산당 본부가 있는 연안에 보내달라고 탄원하였다. 중공당원 후방악이 그를 연안에 가도록 수속을 하여 주었다. 중공 초창기의 지도자의 한사람이었던 조세염(趙世炎)의 누님인 조세란이 손수 소개장을 써 주었다. 이리하여 15세의 전가영 소년은 희망과 꿈을 안고 연안을 찾아 떠난다.

동변과의 만남

전가영은 연안에 오자 이름을 전가영으로 아예 고쳐 버렸다. 그가 원명이 증정창이라는 것을 아는 사람은 그리 많지 않았다. 후에 동성동명의 전가영이 또 연안에 왔다. 후자는 시끄러움을 피하기 위하여 진야평(陣野苹)으로 개명하였다. 진야평은 후에 중공중앙조직부 부부장을 지내게 된다.

전가영은 먼저 섬북공학(陝北公學)에서 공부하였다. 섬북공학은 연안대학의 전신이었고 항일전쟁시기 중국공산당의 혁명간부를 양성하는 학교였다. 교장은 성방오(成傍吾)이다.

전가영은 섬북공학에서 몇달간 공부한 후 1938년 3월에 이 학교에 남아 일하게 되었다. 이에 앞서 1938년 2월에 그는 16세의 나이로 중국공산당에 입당하였다.

섬북공학에서 그는 두가지 직무를 맡았는데 일후의 그의 특징적인 면이 이때부터 과시되기 시작했다. 첫째직무는 중공섬북공학 총지부위원회 비서이다. 그는 무슨 일이나 빈틈없이 깔끔히 잘했다. 후에 모택동이 전가영의 이런 소질을 발견하고 비서로 데려다 쓰게 된다. 둘째 직무는 섬북공학의 중국근대사 교원이다. 문사(文史)를 즐기는 전가영은 후에 모택동과도 공통된 취미가 있게 된다.

1년후에 전가영은 연안 마르크스-레닌학원에 가 공부하였다. 1년의 학업이 끝나자 이 학원의 중국문제연구소에 남아 일하게 되었다.

1941년 7월, 모택동을 주임으로 하는 중공중앙 조사연구국을 성립하기로 결정하였다. 그 산하에 정치연구실을 두었는데 역시 모택동이 주임을 겸했다. 정치연구실 아래에 다시 몇개의 조를 두었다. 정치조의 조장이 등역군(鄧力郡)이고 국제조의 조장이 장중실이었다. 정치연구실은 초창기에 여러 곳에서 연구인원을 선발해 왔다. 이렇게 선발돼 온 40여명 중에 19세의 전가영도 있었다. 그는 경제조에 배치되었다가 후에 정치조에 넘어갔다. 거기서 전가영은 같은 정치조에 있는 동변을 알게 된다.

동변도 섬북공학 마르크스-레닌학원 출신이니까 전가영과 동학이긴 하나 서로 아는 사이는 아니었다.

1918년에 산서성 오대산(五臺山) 부근에서 태어난 동변은 전기적(傳奇的)인 경력을 가진 처녀였다.

동변은 당시 사업을 하던 집안의 삼녀로 태어났다. 부친은 딸을 둘이나 본 후, 이번에는 기어이 생남해야겠다면서 다시 여자까지 들여 앉혔는데 이때에 본처가 세번째 아이를 잉태하였다. 생남하기를 바랐는데 이번에도 계집아이였다. 당시 그곳 농촌에서는 여인들이 변기에 앉아 분만하는 것이 보통이었다. 동변의 생모는 실망한 나머지 아예 변기 뚜껑을 덮어 버렸다. 다행히 옆집 어머니가 이 일을 알고 달려와 아이를 꺼내주고 타일렀다.

"계집애도 사람인데 어찌 이렇게 버린단 말이요!"

이 아이가 동변이었다.

그러나 냉기를 맞은데다 간호가 게으른 탓으로 동변은 그때부터 천식을 앓게 됐고 오늘까지 그 병을 그냥 달고 있다.

계집애였기 때문에 동변은 어려서부터 푸대접만 받았다. 딸 셋을 낳은 생모도 위신이 전혀 없었다. 화가 나도 꾹 참으면서 동변은 장차 꼭 여성들의 당당한 권리를 위해 분발하리라는 의지를 굳혔다. 두 언니는 소학교를 나오자 시집을 갔다. 동변은 4학년까지 촌에서 다닌 후 시가지에 있는 고소(高小)에 진학하려고 하였다. 아버지가 그 말을 들어 주지 않으니 그는 집에서 단식투쟁을 벌였다. 기어이 진학하겠다는 것이다. 할 수 없이 아버지는 셋째딸을 흔현(忻縣) 현성에 보냈다. 거기서 동변은 고등소학교(5~6학년)와 초급중학(初級中學)을 다녔고 그 후에는 태원(太原)여자중학교 고급중학(高級中學)에 진학하였다.

산서성의 성소재지인 태원은 동변에게 있어 별세계였다. 이때부터 동변은 『여성생활(호유지의 부인 沈茲九가 주필인 잡지)』, 『세계지식』, 『동방잡지』와 같은 진보적인 간행물을 읽기 시작하였고 사상은 날로 급진하게 되었다. 후에 그는 산서성 임분(臨汾)에 있는 팔로군판사처를 찾아갔다. 당시 임분에서 팔로군 학병대(學兵隊)의 여성대장(女姓隊長)으로 있은 이가 양상곤의 부인 이백소였다. 양상곤이 항일유격대의 정치사업에 대한 강의를 하였고 팽설봉(팔로군 작전처장겸 산서성주재 판사처 주임)이 유격전술에 대한 강의를 하였고 진극한이 현대사를 가르쳤다.

두달 남짓한 훈련을 마치고 동변은 부대와 함께 황하를 건너 연안으로 갔다. 등영초(鄧穎超)가 그를 섬북공학에 배치하였다. 동변은 이 학교에서 1938년 4월에 중국공산당의 당원으로 된다. 두달 앞서 전가영이 역시 이 학교에서 입당하였었다.

동변에게 처음 맡겨진 일은 등사실에서 강판글씨를 쓰는 일이었다. 매일 아침마다 그는 문밖에 나와 휘발유로 강판을 깨끗이 닦았다. 그런데 찬바람 맞으며 이 준비작업을 하다가 휘발유 냄새에 자극받아 천식이 재발하였다. 일을 못하고 이듬해 봄까지 병고를 겪어야 했고 등사실에선 더 있지 못하게 됐다.

1939년 3월에 동변은 여자대학에 가서 공부하게 되었다. 1년 후에 졸업하고 이 학교의 간부처에 남게 되었는데 동료들 중에 엽군(葉郡)과 여문비(余文菲, 후에 진백달의 두번째 처가 된다)도 있었다.

1941년 7월, 연안에 중앙연구원이 건립되었다.(그 전신은 마르크스-레닌학원임) 동변은 엽군, 여문비, 하명, 제유인(당시의 진백달의 처)들과 같이 시험을 치르러 갔다.

필답시험에 이어 구두시험이 있었는데 시험관이 마르크스-레닌학원 교무장인 등역군(鄧力郡)이었다.

"『홍루몽』은 읽어봤습니까?"

"예, 읽어봤습니다."

"작중인물 중 누구를 제일 좋아합니까."

"저는 가보옥이를 제일 좋아합니다."

이런 대답이 튀어 나왔으니 시험관은 웃음을 금치 못하였다. 엄숙한 시험장에 종래로 없던 장면이다. 등역군 시험관은 소탈하게 웃고나서 질문을 계속했다.

"어째서 임대옥이를 좋아하지 않고 가보옥이를 좋아합니까?"

"가보옥이 봉건을 반대하기 때문입니다. 임대옥이는 찔끔찔끔 울기만 해요."

이렇게 대답하니 시험관은 아주 만족해하였다.

결과, 동변은 엽군, 하명, 여문비들과 같이 중앙연구원시험에 합격하였다. 처음에 맡겨진 임무가 '공산당선언'을 석달동안 연찬하는 일이었다. 마르크스주의의 경전인 이 소책자의 내용을 이해하기 위하여 동변은 많은 참고자료를 가져다 보았다.

'공산당선언' 학습이 끝난 후 동변은 금방 성립된 정치연구실 정치조에 배치받았다. 여기서 그는 전가영을 알게 된다. 그런데 누구나 다 전가영을 별명으로만 불렀다. 보통 '전계'라 하였고 간혹 '전아(田兒)'라고도 했다. 동변도 남을 따라 '전계, 전계' 하고 부르게 된 것이 그만 평생 그대로 부르게 된다.

당시 전가영은 기혼자였다. 아내는 중학교 동창인 유성지였다. 성도에서 같이 항일구국운동을 하였고 연안에 올때도 같이 왔다. 전가영은 마르크스-레닌학원에 있을때 유성지와 결혼하였다. 결혼해서 일년이 되는데 피차 성격이 맞지 않고 금슬이 좋지 않았다.
　결국 유성지가 먼저 이혼을 제기하였고 이로하여 전가영은 골머리를 앓게 됐다.
　연구실의 동료들은 전가영 부부를 화해시키려고 애썼다. 전가영은 좀처럼 무도장 출입을 하지 않는 사람인데 유성지나 동변은 춤추기를 좋아했다. 동변과 연구실의 여성들은 무도회가 끝난 후 의도적으로 유성지를 전가영의 숙소로 데리고 갔지만 역시 허사였다. 유성지가 끝내 뿌리치고 가버렸기 때문이다.
　조직에서는 전가영의 정신적 고통을 덜어 주자는 데서 사람을 파견하여 타일러 주기로 하였다. 누구를 보낼까고 연구한 끝에 역시 한 조에서 사업하는 동변을 보내기로 하였다.
　조직의 지시대로 동변은 전가영의 숙소를 찾아갔다. 속수무책인 전가영은 담배만 피웠다. 그 담뱃내를 맡고 동변은 연신 기침을 콜록콜록 하였다. 등사강판을 닦을 적에 휘발유 냄새를 맡고 천식이 발작했던 것과 같은 도리이다. 전가영은 급히 담배를 껐다.
　동변은 춤추러 가자고 전가영을 청했다. 고독한 사람의 번뇌를 덜어 주자는 생각에서였다.
　"많은 동무들이 다 춤추러 다녀요. 흥청흥청 즐기는 게 얼마나 좋아요! 나는 적극분자요."
　전가영이 퉁명스레 호의를 일축하였다.
　"춤은 무슨 춤이야. 서로 배꼽이나 마주대는 거지!"
　배꼽을 마주대다니, 동변은 너무도 우스워 대소하였다. 그러나 웃고 나서는 한바탕 토론을 벌였다. 무용을 모독한다고 한바탕 전가영을 비난하였다.
　양자 다 시원시원한 성격이었으니 이렇게 한바탕 떠들고 보니 피차 호흡이 맞고 이심전심으로 통하는 데가 있었다. 실로 의외의 느낌이고 발견이었다.

조직의 명을 받고 전가영을 타이르러 갔던 동변은 무심간에 전가영을 좋아하게 됐다. 양자에게 있어 남자가 결혼한 적이 있거나 여자가 네살 위이라는 것은 문제시되지 않았다.

이런 결합도 기연이라면 기연이다.

동변과의 결혼

아침저녁으로 만나고 한 조에서 일하는 전가영과 동변은 사이가 점점 더 좋아졌다. 당시 동변의 연구과제는 국민당통치구의 교육사업이고 전가영의 연구과제는 중국근대사였다.

두 젊은이는 드디어 결혼하기에 이르렀다. 그들은 1942년 12월 12일에 결혼하였다. 이날은 기억하기 쉬운 날이다. 6년전의 이날 서안사변, 일명 '12·12사변'이 일어났기 때문이다.

연안시대의 결혼수속은 아주 간단했다. 동변이 이날 지부서기인 주태화에게 쪽지를 썼다.

"저는 가영과 오늘 결혼하기로 하였습니다. 조직에서 비준해 주시기 바랍니다."

이게 말하자면 결혼신고였다. 기실 쪽지도 쓸 것 없이 구두로 신청해도 무방하다. 그런 방법을 취하긴 좀 어떠하고 해서 동변은 쪽지로 신고했던 것이다.

쪽지를 보고 주태화는 빙그레 웃으며 머리를 끄덕이었다. 비준한다는 표시였다.

지부서기 주태화는 아주 후한 사람이다. 그는 원래 당소조장과 한 움집에서 기거했는데 그 방을 내어주었다. 신혼부부의 화촉동방으로 제공한 것이다. 연안의 움집은 사실 문자 그대로 '동방(洞房)'이기도 하다.

저녁무렵이었다. 왕혜덕이 가영이와 동변이 결혼한다는 말을 듣고 찾아왔다. 들어와 보니 결혼한다는 당사자들은 묵묵히 책만 보고 있었다.

결혼한다는게 헛소문이 아닌가고 왕혜덕은 의심했다.
"아니, 자네들이 결혼한다면서?"
전가영이 아무 대답도 아니하는데 동변이 시치미를 뗐다.
"바보같은 소릴 하네. 우린 지금 책을 봐요."
동변이 그냥 책 보는 시늉을 하자 왕혜덕은 그런가부다 하고 가 버렸다.
왕혜덕이 돌아가자 두 젊은이는 크게 한바탕 웃었다.
날이 어두워지자 동변은 숯불을 피우고 섬북산 대추 한봉지를 가마에 넣고 끓였다. 그후에 당지부 조직위원이고 연장자(年長者)인 팽달장 동지를 청해왔다. 세사람은 같이 뜨거운 대춧물을 마셨다. 이것이 말하자면 결혼파티였다. 팽달장이 입회인이자 유일한 내빈이었다.
대춧물을 마시고 팽달장은 자리를 떴다.
결혼에 앞서 동변은 전가영에게 세가지 요구를 제기하였다. '제3항 약법'이라 하겠다.
첫째, 출세와 발전을 위하여 모든 노력을 경주할 것.
둘째, 두사람 간의 일은 여자측의 의사대로 할 것.
셋째, 일후에 갈라져 일하는 경우가 있더라도(전쟁시기였으니 부부가 별거해야 할 경우가 자주 있게 된다.) 변심하지 말 것.
전가영은 그러겠노라고 다 승낙하였다. 그 후 두사람은 이 '3항 약법' - 부부 공약을 잘 지켰다.
그들의 결혼은 이처럼 간소하였고 어떠한 허례허식도 없었다. 있다는 것은 열성과 참된 사랑이었다.
동변은 유성지(전가영의 전처)에 대해서도 별로 개의치 않았고 전가영과 같이 방문하기도 하였다. 당시 유성지는 조원(棗園)에 있는 의무실에서 일하였다.
부부공약에 규정한 권력을 동변이 처음 행사한 것은 제2항에 관해서였다. '두사람 간의 일은 여자측의 의사대로 한다'는 그 조목이었다. 그

때 동변이 임신하였는데 아이를 키우지 않겠다는 것이 그의 주장이었다. 뱃속의 아이는 그들 부부에게 있어 다 첫 아이이다. 그러나 당시의 전쟁환경에서는 수장(首長)이나 열사의 자제라야 보육원에서 길러 줄 수 있었다. 일반여성이 출산한 경우, 조직에서는 일을 그만두게 하고 집에서 육아에 전념하도록 배려한다. 그러나 동변은 맡은 일을 포기하면서까지 아이를 기르자는 생각은 애초부터 없었다. 전가영은 속으로는 아이가 욕심났지만 결국 부부공약을 준수하기로 하였다.

1944년 6월, 출산이 임박하자 동변은 중앙병원에 입원했다. 한 병실에 오계화라는 여성이 입원해 있었다. 조원향 서구촌 촌장의 며느리인데 아이 넷을 낳았건만 하나도 살리지 못했다. 이번에 낳은 다섯째도 출산하자 며칠만에 죽었으니 오계화는 매일 울기만 하였다.

이 광경을 목격한 동변은 자기 아이를 오계화에게 주기로 결심하였다.

"내가 생남하건 생녀하건 동무에게 주겠으니 우지 마오."

"정말 주겠어요?"

오계화는 놀라서 눈이 휘둥그래졌다.

"정말이요!"

동변은 뚜렷한 어조로 대답했다.

얼마 후에 오계화의 남편이 병문안을 왔다. 아이를 주겠다는 말을 듣고 그가 기뻐한 건 더 말할 것도 없다. 그러나 고려함이 없지는 않았으니 동변에게 재확인하는 의미에서 물었다.

"아이를 정말 가지지 않겠습니까? 아이가 자란 후에도 되달라고 하지 않겠습니까?"

"입으로만 말해 증거로 못된다면 문서라도 쓰자요. 영원히 이 아이를 되달라고 하지 않겠습니다라고 당장 써드려도 좋아요."

동변이 이렇게 말하자 그들 부부는 시름을 놓았다.―이 여성간부가 하는 말은 거짓말이 아니다.

동변은 생남하였다. 동변의 어머니는 생남 못하고 생녀만 했다고 한 평생 천대받았다. 동변 자신도 여성이라는 죄로 하마트면 삶의 권리를 박탈당할뻔 하였다. 그러나 동변은 생남했어도 자기 아이를 한번 보기만 하였을 뿐, 젖 한모금 먹이지 않은채 남에게 주었다. 전가영도 아이를 한번 피뜩 보았을 뿐이다. 전쟁시기였으니 그들에게는 아이를 편히 키울 수 있는 보금자리가 없었다. 아이를 훌륭하게 키워낼 정력도 따로 없었다.

동변은 말한대로 실천하는 사람이다. 아이를 되찾아 오겠다는 말은 한번도 꺼낸 적이 없다. 그러나 어머니로서 어찌 제 혈육의 운명을 관심하지 않으랴. 하지만 자기가 가볼 형편이 아니기에 다른 사람을 시켜 알아보게 하였다. 아이가 무사히 잘 자라더라고 알려 주었다. 그 말을 듣고 동변도 시름을 놓았다.

해방 후에도 동변은 그 아이를 찾지 않았다. 찾자는 생각만 있으면 얼마든지 찾을 수는 있었다. 양부모의 성명도 아는 바요 주소도 똑똑하기 때문이다. 그러나 영원히 되찾지 않는다고 문서까지 준 이상 신용을 지켜야 한다고 생각했고 기왕 한 일을 후회하지도 않았다.

그 사이 전 가영은 정치연구실을 떠나 중공중앙선전부에 가 일하게 되었다. 호교목의 지도 하에서 그는 증언수(필명은 嚴秀)와 같이 소학교 교과서를 집필하였다.

후에 전가영은 연안에서 〈수재〉로 알려지게 되었다. 그가 쓴 많은 글들이 연안『해방일보』에 실렸다. 그의 글의 내용이 가지각색인, 문자 그대로의 잡문이었다. 고금동서 할것없이 화제를 넓은 범위에서 찾았다. 개성이 있었고 작자가 정치・역사・문학・철학에 이르는 넓은 지식을 소유한 사람임을 말한다.

[제 2 장]
유능한 비서

모안영과 가정교사

동변과 결혼하면서 전가영은 담배를 끊었다. 동변이 담배연기를 맡으면 천식을 촉발하게 되기 때문이다. 그러나 술을 마셔서는 천식과 무관하니 전가영은 가끔 음주는 하였다.

하지만 출산의 산욕을 겪은 동변은 몸이 허약해졌고 끝내 천식이 재발하였다. 약품이 극히 귀할 때였으니 동변은 반년도 더 앓았다.

병이 나은 후에는 동변도 중앙선전부에 와 일하게 되었다.

모든 난관과 곡절을 겪을대로 겪은 후에 8년 항전은 끝났다. 승리의 흥분이 가라 앉을 사이도 없이 연안에서는 많은 간부들이 새로운 전선구역을 개척하러 떠났다.

동변도 전가영과 의논하고 전선에 가겠다고 자진해 나섰다. 그는 채창(蔡暢)한테 편지로 이 결심을 전달하였다. 이튿날에 채창(전국여성연합회 주임임 - 역주)은 동의한다는 답장을 보내 왔다. 이리하여 동변은 전가영과 작별하고 전선행 대오에 가담하였다.

이 이별로 하여 그들 부부가 3년을 만나지 못하리라고는 생각하지 못하였다.

동변은 하북성 동북부인 북평, 천진, 당산(唐山)을 정점으로 하는 삼각지대에 갔다. 거기서 그는 토색적인 비리의 숙청, 반악패투쟁, 토지개혁 재심사 등 사업에 종사하였다

전가영은 여전히 연안에서 일했다. 부부간이라 해도 천리밖에 있다보

니 아무 소식도 통할 수 없었다. 연안과 하북성 동북부 어간에는 넓다란 국민당통치구가 가로 놓여 있었고 우편물 내왕은 도저히 불가능하였다. 간혹 연안에 회의가는 사람이 있어야 편지를 한장 전할 수 있었다. 3년간에 이런 서신거래가 겨우 두세번 있었을 뿐이다.

하루는 이발사들에게 글을 가르치는데 창밖에서 "전선생님, 편지가 왔습니다!" 하는 소리가 들려왔다.

겉봉을 보니 틀림없는 동변의 글씨였다. 정말 '가서(家書)가 저만금(抵萬金)'이라, 전가영은 눈물이 시야를 흐리웠다. 그는 감격을 잘하는 성격이고 희로애락을 자제 못하는 사람이다. 학생들은 어리둥절했다 - 이 선생님은 왜 편지를 뜯어 보지도 않고 이렇게 눈물을 흘릴까?

"오늘은 강의를 하지 않겠습니다. 강의를 할 수가 없습니다."

전가영은 이렇게 학생들에게 말했다.

"오늘 못한 강의는 내일 꼭 보충하겠습니다. 오늘은 이로써 끝내겠습니다."

이 사건은 그대로 일화로 되어 여러 사람이 알게 되었다. 지금도 동변은 이 일을 회상하며 웃음을 참지 못했다.

천 여 일에 달하는 3년의 이별기간에 전가영이건 동변이건 부부공약의 제3항을 충실히 지켰다 - '갈라져 있게 되는 경우가 있더라도 변심하지 말 것.'

그 사이 전가영은 진수해방구 정락현에 토지개혁공작단으로 내려갔었다. 분하(汾河)유역의 한 궁벽한 마을에서 반년은 잘 있었다. 후에는 또 진찰기 해방구에도 갔다. 토지개혁의 수많은 열화같은 장면들이 밤마다 그의 뇌리에 재현되는 것이었다. 격정은 그의 시흥을 크게 자극하였고 그는 생각지도 않던 장시(長詩)를 써냈다. 토지개혁운동을 그린 '불탄아(不呑兒)'라는 시였다. 『〈불탄아〉의 교정을 마치고』라는 글에다 전가영은 다음과 같이 썼다.

"매일밤 기름 등잔을 켜 놓고 40~50행씩 20여일 쓰다 보니 지금과 같은 상·하 두 편, 세 절(節)로 된 장시가 되었다…"
그의 장시는 흙냄새가 풍기는 시였고 형식에서는 섬북민가(陝北民歌)의 색채를 다분히 띠고 있었다. 그의 시는 저명한 시인 소삼(蔬三)의 칭찬을 받았다. 시에 대한 애착－이는 훗날에 그와 모택동의 공통점이 되기도 한다.

1948년은 전국해방의 전야였다. 이해 5월에 중공중앙은 하북성 평산현 서백파촌으로 옮겨왔다. 전가영도 중앙기관을 따라 이곳에 왔다.

1948년 12월이였다. 동북에서 온 수십명의 간부들이 서백파로 가는 길에 기동(冀東)일대를 지났다. 조직에서는 3년째 부부별거하고 있는 동변을 배려하여 그를 서백파에 돌려 보내기로 하였다. 동변은 동북에서 나온 간부들과 같이 트럭을 타고 서백파로 향발하였다.

동변은 의기양양하게 서백파에 도착했다. 그러나 오랜만에 상봉하리라던 남편은 그곳에 없었다. 전가영은 동북에 출장갔던 것이다.

동변은 동백파촌에 주소를 정했다. 진백달이 있는 집에서 멀지 않은 곳이었다. 들자니 진백달은 세번째 부인을 고르는 중이라고 한다. 첫째번 부인 제유인과 갈라진 후 진백달은 여문비와 결혼했었다. 지금은 또 여문비와도 갈라졌다. 동변은 이전부터 제유인·여문비와는 아는 사이이다. 한두번도 아니고 이게 무슨 꼴인가－동변은 진백달의 이런 생활작풍을 아니꼽게 보았다.

등영초가 동변을 중앙부위(中央婦委)에 배치하여 주었다. 그때는 중국여성 제1차 전국대표대회를 준비하느라고 한창 바쁜 때였다. 동변은 도서편찬조에서 12종의 도서를 편찬하는 일에 참가하였다. 이런 경위로 하여 동변은 해방후에도 그냥 여성사업에 종사하게 된다.

동백파에 와 반달이 지난 어느날이었다. 20여세의 두 청년이 동변의 숙소를 찾아왔다. 앞에 선 청년이 동변을 보고 깍듯이 인사를 올렸다.

"사모님, 안녕하십니까?"

사모님이란 처음 듣는 소리라 동변은 얼굴이 화끈 달았다. 무슨 영문인지 몰라 정말 어리둥절했다.

　뒤에 선 다른 한 남자는 다름아닌 전가영이었다. 전가영이 하하 웃자 약간 이해가 되는 것 같기는 하였다.

　동변은 이렇게 된 사연을 전가영한테서 듣고야 그 사이에 있은 일을 알게 되었다 - 전가영은 모택동의 신변에서 일하게 되었다. 처음에는 모택동의 장남 모안영(毛岸英)에게 글을 가르쳤고 후에는 모택동의 비서로 되었다. 동변을 사모님이라고 부른 청년이 모안영이다.

　모안영은 중공 상해지하조직의 협조를 받아 1936년에 소련유학을 갔다. 1946년에야 귀국하였는데 다년간 국외에 있다보니 중어를 잘하지 못했다. 모택동은 안영에게 국어와 역사를 가르칠 선생을 청해왔다. 그 선생이 전가영이었다. 전가영은 이런 사연으로 모택동의 신변에 오게 되었다.(모안영은 그뒤 한국전쟁에 참전하였다가 전투초기에 미국공군의 폭격으로 전사하였음)

　모택동이 전가영에게 주의를 돌린 것은 여러해 전이었다. 1942년 1월 8일부 연안 『해방일보』에 전가영의 글 『후방역에 대하여』가 게재되었다. 모택동이 이 글을 보고 아주 인상이 좋았다. 천여 자에 불과한 단편적인 글이었으나 작자의 문사(文史)지식과 사상의 예민성을 알 수 있었다.

　후방역(候方域)은 명나라 말엽의 사공자(四公子)의 한사람이다. 청나라가 건립된 하남에서 지방과거시험에 응시하여 보결합격후보자에 들었고 총독에게 천거를 한 적도 있다. 전가영은 동란의 세월에 태어난 이 선비에 대하여 심각한 분석을 가하였다.

　"2년전에 후방역의 문집을 읽었다. 너무도 서글프고 처량하구나 하는 인상을 받았다. 두 시구(詩句)가 지금도 기억에 생생하다 - 연우(煙雨) 속에 내홀로 남릉을 돌아보며(烟雨南陵獨回首) 봉화의 날 못잊어 허연 머리 긁노라(愁絶烽火二毛)"

　변란의 때를 맞아 숱한 고생을 한 이 선비의 울분과 번민, 그리고 고국을 애처로히 그리는 심정을 잘 표현하였다.

"격변의 시대를 거친 사람이 어찌 감개가 많지 않으랴만 어디까지나 정의감과 정열이 있어야 하며 살짝 변신하는 짓은 말아야 한다. 그렇지 않으면 번복이 많을 것이고 전후가 모순될 것이다. 후방역의 경우를 보자. '연우속에 내 홀로 남릉을 돌아보며…' 여기서는 고국을 못잊는 자가 몇이나 되느냐 하는 기개를 보여 주는 것 같다. 그러나 얼마 안되어, 명나라의 공자(孔子)였던 후방역은 청나라 순천(順天)의 향시에 응했고 새 조정에 몸을 굽혔다. 너무 그를 꾸짖으려고는 하지 않는다. 천하가 다 청나라의 왕토로 변한 때이니, 이런 선비를 한간(漢奸)으로 매도해서는 안된다. 더구나 지난날에는 노예를 속박하던 앞잡이가 지금은 노예로 전락하였겠다, 그러니 일부 문인들이 등용문을 뛰어넘어 새 상전의 심부름꾼이나 될까하고 생각하는 것도 있을 법한 일이다. 후지시금(後之視今)은 금지시고(今之視古)와 같다 하겠다. 최근 연간에 우리는 이런 현상을 많이 보아오지 않았는가ㅡ투쟁도 묘사하고 광명도 구가했던 사람들이 지금은 버젓이 관가의 돈을 타먹으며 시비를 전도하는 일에만 몰두하고 있다. 우리는 이런 작가들의 추악한 몰골을 너무도 많이 보아왔다…"

문필이 이처럼 신랄하고 노련한데, 이런 글을 쓴 사람이 스무살 밖에 안되는 젊은이다. 모택동은 전가영의 정황을 대강 얻어듣고 자연히 그 이름을 기억해두게 되었다.

그 후에도 모택동은 이 소장파에게 주의를 돌렸었다. 모안영에게 선생 한분을 청하려고 할 때 모택동은 주저없이 전가영을 적임자로 택했다. 문사(文史)에 익숙하거니와 나이도 모안영과 비슷하니 국어와 역사를 가르치는 건 문제 없으리라고 생각했다.

이리하여 전가영은 자기와 같은 또래인 모안영의 선생으로 되었다. 그는 꼼꼼하고 착실하게 글을 가르쳤다. 국어교재로는 노신(魯迅)의 작품을 사용하였고 역사는 교재가 따로 없이 〈머릿속의 학문〉을 짜내어 상식적인 범위에서 가르쳤다. 교수 준비를 게을리 하지 않았으며 가르치는 태도도 진지하였다. 물론 학생은 한사람 뿐이었지만…

모안영도 자기의 선생이 무척 마음에 들었다. 가영이와 안영은 항상 그림자처럼 서로 떨어지는 법이 없었다. 외출도, 산보도, 한담도 같이했고 화장실에 갈때도 같이 갔다. 사제간이 아니라 형제간이었다. 그런 관계였기 때문에, 동북에서 서백파로 돌아온 전가영이 급급히 동변을 찾아 동백파로 갈때 모안영도 따라 나섰던 것이다.

서백파와 동백파 두 마을은 200~300미터 가량 떨어져 있다. 그날 저녁으로 동변은 숙소를 서백파로 옮겼다. 그들 부부는 3년만에 다시 만나 회포를 풀었다.

전가영은 동변에게 차근차근 이야기해 주었다 ― 모안영을 가르치게 되면서부터 모택동 주석과 접촉하는 기회가 점점 많아졌다. 당시는 역사적 승리를 눈앞에 둔 때였으니 모주석은 매우 분주하였고 비서들이 해야 할 일도 대량으로 증가되었다. 당시 모택동의 비서였던 진백달과 호교목은 일손이 딸렸다. 그래서 호교목은 새로운 비서로 전가영을 모택동에게 추천하였다. 일을 깔끔하고 빈틈없이 처리하며 재능도 있을 뿐 아니라 나이가 스물여섯이니 한창 일할 때라고 판단했기 때문이다.

호교목은 이전 중공중앙선전부에서 전가영과 같이 일한 적이 있고 그의 위인에 대하여도 상당한 이해가 있었다. 두사람의 합작으로 『동북문제의 진상』 등 문장을 집필하기도 하였다.

부름을 받고 전가영은 모택동 한테로 갔다. 어떠어떠한 내용의 전보문을 작성해 보라고 모택동이 명하였다.

전가영은 그자리에서 어렵잖게 써냈다. 이건 특수한 자격시험이었다. 답안을 보고 모택동은 만족해 하였다.

조직에서는 신중한 연구를 거친 후 그를 모택동의 비서로 정하였다.

전가영은 속박감도 느끼고 좀 두렵기도 하고 긴장하기도 했다고 당시의 심리상태를 술회하였다. 이런 중임을 자기가 과연 감당할 수 있겠는가 하고 걱정이 앞서기도 했다.
그는 호교목과 소삼에게 가르침을 청했다. 그들은 이렇게 그를 일깨워 주었다. 모택동의 유능한 비서가 되려면 모택동의 저작을 잘 배우고 모택동의 사상을 잘 체득하는 것이 근본이오.
전가영은 질낮은 종이로 만든 필기장을 하나하나 동변에게 보였다. 분류해서 알뜰히 베껴 놓은 모택동 저작의 내용, 그리고 자기가 적어 놓은 메모였다. 그는 호교목과 소삼의 분부대로 모택동의 저작을 진지하게 공부하였다(후에 중국청년출판사에서 『한 동지의 독서필기』라는 책을 내부독서로 간행했는데 그것이 전가영이 쓴 것이다).
모택동은 또 전가영을 동북에 〈실습〉보내기로 하였다. 그곳의 상공업 상황을 조사하는 것이 임무였다. 그는 대련을 거쳐 동북에 갔다. 경제문제라고는 전혀 경험이 없었지만 모택동이 부탁한 임무는 원만히 완수하였다. 그에게 있어 이 동북출장은 모택동 비서로서의 제1차 〈실습〉이었다.
〈시험〉도 치렀고 〈실습〉도 다녀온 전가영은 이렇게 정식으로 모택동의 비서가 되었고 18년이라는 긴긴 세월을 모택동의 그림자처럼 따라 다니게 된다.

모택동의 비서로

모택동의 비서가 된지 얼마 되지 않은 때였다. 전가영은 중요한 임무를 맡고 석가장(石家莊)에 가 손님을 영접하였다. 1949년 1월 31일 이른새벽에 신비한 비행기 한대가 석가장 비행장에 내렸다. 소련 군용기였다. 손님 네 분은 대기하고 있던 지이프를 타고 곧바로 서백파로 향하였다.
모택동, 주은래, 유소기, 주덕, 임필시가 총 출동하여 손님과 회견하였다. 먼곳에서 온 귀객이 미코얀이었다. 실무통역을 사철(師哲)이 맡았고 그밖의 통역을 모안영이 맡았다.

한달이 지난 후 전가영은 모택동을 따라 서북파를 떠나 북평으로 왔다. 서북파를 떠난 날이 1949년 3월 23일이었다.

방금 해방을 맞은 북평 시내는 그리 안정되지 않은 상태였다. 모택동은 당분간 향산에 있는 쌍청별장에 거처를 잡았고 전가영도 거기에 있었다. 동변은 시내에서 근무하여야 했다. 그러니 일요일이 되어야 향산에 찾아 갈 수 있었다.

동변을 보면 전가영은 일감을 맡겼다.

"빨리 오라구, 임무가 있다니까."

동변은 편지 겉봉을 쓰는 일을 도와 주었는데 그 양이 아주 많았다.

모택동에게 오는 수많은 편지를 전가영이 대신하여 일일이 처리하여야 했다. 매 주에 20~30건은 있었다(후에는 이보다 훨씬 더 많아진다). 그중 중요한 것은 골라서 모택동에게 넘겨 그의 의사에 따라 처리하고 나머지는 전가영이 대신하여 답장을 쓰는 것이 보통이다. 일요일에 동변이 오면 붓글씨로 겉봉에 주소와 수신자 이름을 쓴다.

"아니, 가영이! 자넨 아내를 자기 비서로 삼았구만."

동료들은 이렇게 그를 놀려 주었다.

동변은 흰천을 얻어다 편지꽂이를 만들어 벽에 붙여 주었다. 유형에 따라 분류하여 꽂아 넣으니 처리하기에 편리하였다. 큰 도시에 들어왔지만 이처럼 그들은 연안의 요동(움집)에서 사무볼 때와 같은 소박한 전통을 잊지 않았다.

모택동의 성망이 날로 높아짐에 따라 지도자에 대한 대중들의 신뢰감도 높아졌고 서신은 점점 더 많이 날아왔다. 전가영은 일일이 훑어 보고 요긴한 것만 골라서 직접 모택동에게 보였다.

1950년 5월, 강소성 무석(無錫)사범학교의 부속소학교에서 교편을 잡고 있는 오계서 선생(모택동이 호남성 제1사범에서 공부할 때의 수학 선생의 자부)이 모택동에게 편지를 썼다─나이 어린 자식을 여덟이나 두다보니 생활형편이 곤란하다. 영양실조로 아이들은 혈색도 좋지 않다.

인민의 수령께서 좀 배려하실 수 없겠는가 하는 내용이었다. 내신을 보고 전가영도 동정이 갔다. 비록 중대한 정치문제와 관련된 사항은 아니지만 전가영은 이 편지를 모택동에게 보였다.

모택동도 이 편지를 보고 옛 스승에 대한 정을 금치 못하였고 손수 답장을 썼다.

계서 선생에게
5월에 보내온 편지는 받아 보았습니다. 생활형편이 어렵다니 매우 염려됩니다. 생활부담을 조금이라도 덜기 위하여 세 아이를 소남(蘇南)간부자녀반에 넣을 수 없겠는가하고 청탁하였는데, 하여간 이 편지를 가지고 당지의 해당부문 책임자를 찾아가 혹시 될 수 있겠는지 상의하기 바랍니다. 누구를 찾아 상의하는가 하는 것은 선생이 생각해 보고 결정하십시오. 필요하다면 소남지구 당위서기인 진비현(陣丕顯) 동지를 찾아가 상의해도 됩니다. 내가 선생의 의견을 찬성하지 않을 리는 없지만 그 자녀반에서 학생을 좀 많이 받을 수 있겠는지 모르겠습니다. 선생은 자식 여덟을 둔 어머니니 신체건강에 주의를 하시기 바랍니다. 그리고 자식들에게 나의 문안을 전해 주십시오….

모 택 동
7월 19일

1951년 10월, 북경사범대학에서 교편을 잡았던 탕(湯) 교수의 미망인이 구원을 바라는 편지를 모택동에게 보내왔다. 교수의 미망인은 가정부인이었다. 딸셋에 아들 둘을 키워야 하는데 제일 크다는 아이가 열다섯살이고 제일 작은 아이는 여덟달 밖에 되지 않는다. 교수가 돌연히 서거하니 가정형편은 일시에 곤경에 처하게 되었다.

이 편지도 전가영은 모택동에게 보였다. 모택동은 편지에다 밑줄을 많이 그어 놓고 전가영에게 지시하는 글을 옆에다 써 놓았다.

"이 편지를 가지고 발신자를 한번 찾아가 보시오. 그리고 사범대학 책임자와도 상의를 해보시오. 탕교수가 사망하자 노임은 곧 중지됐고 가족에 대해 대책을 취해 주지도 않았다 하니 심히 타당치 못한 것 같소. 그러나 대책은 어디까지나 학교측에서 생각해야 하오. 그래야 가족들에게 살아나갈 길을 열어줄 수 있소."

전가영은 이 임무도 지시대로 수행하였고 교수의 미망인도 곤경에서 벗어나게 되었다.

전가영이 모택동의 지시를 받아 처리한 서신이 몇건이 되는가는 이루 다 헤아릴 수 없다. 이 일을 그는 당과 인민을 연계시켜 주는 중요한 교량으로 간주하였다. 모택동은 전가영의 하는 일에 만족을 표시했다. 그러나 한번은 거의 노발대발할 뻔 했다.

하루는 모택동이 전가영의 사무실에 들어왔다. 자기가 쓴 편지의 사본이 책상 위에 수두룩하게 쌓여 있는 걸 발견하고 심히 불쾌해하였다. 다른 의도는 없고 다만 사본을 당안(보관서류)으로 남겨 두기 위해서라고 전가영이 설명하자 모택동은 그제서야 전가영의 깊은 뜻을 알고 말을 하지 않았다.

중남해로 날아 오는 인민내신이 수천 수만 통에 달하니 전가영이 혼자서는 도저히 처리해 낼 수 없었다. 그래서 비서실을 따로 만들고 모택동 앞으로 오는 서신을 전부 처리하게끔 하였다. 후에 전가영은 보고서를 올렸다.

각급 기관에서는 서신을 책임지고 처리하는 담당 부서를 설치하든지 전담직원을 지정하여야 한다고 건의하였다. 이 보고서를 보고 모택동은 다음과 같은 지시를 내렸다.

"이 보고서는 서신 처리를 전담한 비서실에서 쓴 것이다. 보고서에 제기된 견해와 의견은 옳다. 국민들로부터의 서신을 중시해야 하며 올바르고 적당한 처리가 따라가야 한다. 많은 국민들이 제기한 정당한 요구는 들어주어야 한다. 이 일을 우리는 공산당·인민정부가 인민과의 연계를 강화하는 일종의 중요한 수단으로 삼아야 한다. 대수롭지 않게 여기면서 치지도외하는 관료주의 태도를 취해서는 안된다."

모택동의 지시와 비서실의 보고서가 전국에 하달된 후 각지에서는 점차로 내신(來信)·내방(來訪) 전담부처를 설치하였고 중공중앙판공청에는 따로 신방국(信訪局)을 설치하였다.

모택동사상의 선전

동변의 회고에 의하면 방금 북경에 왔을 때 그들 부부는 배급제 생활을 하였고 둘이 다 손목시계도 없었다.

섬북공학에서 같이 공부한 적이 있는 한 친구가 홍콩에 가 지하공작을 하다가 해방후에 북경에 왔다. 그 친구가 전가영에게 손목시계를 하나 주었다.

전가영은 그 시계를 동변에게 주었다. 동변이 방금 여자아이를 출산한 후였다. 시계가 있으면 젖주는 시간을 일정하게 하여 처리할 수 있었다. 자기보다는 동변에게 시계가 있어야 한다고 전가영은 생각하였다.

그들 부부는 북경에 오기 전까지는 만년필도 없었다. 이전에는 연필밖에 쓰지 않았다.

어떤 때는 전가영은 돈을 많이 가지고 부자처럼 행세하였다. 모택동이 그에게 맡긴 도서구입비였다.

전가영은 모택동에게 많은 도서를 구입해 주었다. 그러나 신화서점보다는 고서점에 자주 다녔다. 여러번 드나들다 보니 고서점 판매원과도 얼굴이 익게 되었다. 판매원의 손을 빌 것 없이 자기가 사닥다리를 척 갖다 놓고 먼지가 뽀얗게 낀 책더미를 일일이 조심스레 들추어 보았다. 수확이 있을 때는 항상 싱글벙글하며 돌아왔다.

고서더미에서 주어온 보배를 볼 때마다 모택동도 희색이 만면했다.

구입해서가 아니라 증정받아 입수한 건이 한 번 있었다. 공안부에서 전가영을 통하여 모택동에게 이 책을 전했다. 그 책을 모택동은 매우 좋아했다. 서재에 두고 수시로 펼쳐보곤 하였다.

네 권으로 된 이 책은 여느 책과 달랐다. 집집마다 서가에 『홍루몽』이 있지만 모택동이 입수한 이 『홍루몽』은 유일무이한 것이었다. 선장서 (線裝書)인데 인쇄본이 아니라 수초본(手抄本)이다. 그것도 감옥살이를 하는 한 문인(文人)이 모택동에게 써 바친 『홍루몽』의 수초본이다. 단정한 붓글씨로 깨알같이 한자한자 정성들여 쓴 것이다.

고전문학 명작 중에서 모택동이 제일 애독하는 책이 『홍루몽』이다. 수초본인 이 『홍루몽』은 얼핏 보기에는 인쇄한 것처럼 한자한자가 또렷하기 그지없다.

해방초기에 전가영은 중남해 안에 있는 정곡(靜谷)이라는 데에 거주하였다. 전국부련(全國婦聯)에서 일하고 있는 동변은 평시에는 춘수호동(椿樹胡同)에서 숙식하였고 토요일 저녁과 일요일에만 중남해에 왔다. 당시도 중남해 출입은 통제가 엄했다. 출입증을 제시해야 드나들게 하였다.

1950년에 동변은 큰딸을 낳았다. 전가영은 맡겨진 업무를 깔끔히 잘 했기에 모택동의 신임을 받았고 직무도 여러가지를 더 맡게 되었다. 그는 중공중앙판공청 비서실 주임, 중공중앙정치국 주석 비서, 중화인민공화국 주석판공청 부주임, 중공중앙 정치연구실 부주임, 중공중앙판공청 부주임 등 직무를 맡았다.

모택동 저작을 익숙히 알고 있었기 때문에 그는 『모택동선집』의 편집 사업에도 참가하였다. 문장 선정에서 주석(註釋) 집필, 심지어는 교정과 인쇄에 이르기까지 대소사 불문하고 직접 관여하였고 일사불란하게 일을 처리하였다. 『모택동선집』 1~4권에 주석이 도합 987조목이 있는데 그 집필을 책임진 자가 전가영이다.

이 책은 일반도서와는 다른, 수억만 인민의 사상에 영향을 줄 중요한 저작이며 절세의 저작임을 그는 알았다.

전가영을 포함한 전체 편집위원들의 노력 하에 『모택동선집』 제1권이

1951년 10월 12일에 출판되었고 제2권이 1952년 4월 10일, 제3권이 1953년 4월 10일, 제4권이 1960년 9월 29일에 차례로 출판되었다.

전가영은 제5권의 편집에도 참가하였다. 1960년에 교정지까지 나왔으나 모택동 본인이 정식간행을 유보하였다.

모택동사상에 대하여 누구보다도 더 잘 알고 있는 전가영은 선집의 편찬에 참가한 외에 학습체험을 적은 글도 많이 썼다. 이를테면 『'인민을 위하여 복무하자'를 읽고』·『혁명열정과 실천정신에 대하여』·『과학적인 지도방법을 배우자』 등이 그것이다. 이 문장들은 『학습』잡지와 『중국청년』잡지에 실렸고 『홍기』잡지가 창간된 후에는 이 잡지에도 자주 실렸다. 대부분 문장을 필명으로 발표했는데 그중 제일 많이 사용한 필명이 정창(鄭昌)이다.─원명 증정창에서 가운데 자를 빼버리고 증(曾)을 근사음의 정(鄭)으로 대체한 것이다.

모택동의 유능한 보조원인 전가영은 『중국 농촌에서의 사회주의운동』이라는 책의 편집에도 가담하였었다. 1955년에 큰 파문을 일으켰던 책이다.

그는 『모택동 시사(詩詞) 19수』와 그 증보판인 『모택동 시사(37수 수록)』도 편집하였다.

그는 1963년에 있은 농촌조사 과정에서 농촌간부들의 문화 수준이 낮다는 것, 『모택동선집』 네 권을 그대로 통독하기는 곤란하다는 것을 발견하고 이 실정에 비추어 『모택동저작 선독(選讀)』을 따로 출판함이 좋겠다고 중앙에 제의하였다. 중앙은 그의 제의를 받아들였다.

그리하여 일반간부들의 학습용으로 『모택동저작 선독(갑종본)』이 1964년 6월에 출판되었다. 이밖에 노농(勞農) 청년들의 학습용으로 『모택동저작 선독(을종본)』이 따로 출판되었다. 이 두가지 선독본은 모택동저작의 통속본이고 정화본(精畵本)이라고 할 수 있다. 전가영의 제의는 이같이 모택동사상의 보급(普及)에 큰 기여를 하였다.

1964년에는 또 『모택동저작 전제(專題) 색인』이라는 책도 편찬하여 내부용으로 제공하였다.

이밖에 전가영은 1965년에 『모주석어록』도 편찬한 일이 있다. 이에 앞서 해방군 총정치부의 이름으로 편찬된 『모주석어록』이 1964년 5월에 간행되었다(1966년 12월에 재판본이 나왔는데 그때 임표가 재판서문을 썼다). 전가영은 물론 해방군 총정치부가 펴낸 어록을 보았다.

그러나 그것이 군대사업의 시각에서 편찬된 것만큼 일반 간부용으로는 적합하지 않다고 판단하였다. 그래서 전가영은 따로 『모주석어록』을 편찬하기로 하고 내부용의 참고본까지 찍어 냈다. 항상 〈모택동 사상 연구의 권위자〉로 자처하는 진백달은 전가영이 이런 어록을 편찬하는 걸 보고 한몫 끼어 들려고 하다가 거절당하였고 양자는 한바탕 싸웠다. 진백달은 화가 동한 김에 자기도 따로 사람을 끌어다가 『모주석어록』을 편찬하기 시작하였다. 전가영이 편찬한 어록과 진백달이 편찬한 어록은 결국 공개간행에 이르지는 못하였다.

전가영은 전력을 다하여 모택동사상을 선전하였다. 그는 중앙당교, 중앙당소속기관, 당위(黨委), 전국부련, 공청단중앙, 중공중앙화북국(華北局) 등 기관에 가서 보고를 하였고 학습체험을 소개하였다.

모택동사상에 대한 심도있는 연구, 중국 근대사·현대사에 대한 절실한 이해가 있었기 때문에, 중학교도 변변히 다니지 못한 전가영은 『홍기』잡지의 상무편집, 중공당사편찬위원회 위원, 『중국사고(中國史稿)』편찬위원회 위원을 담임할 수 있었다. 그는 또 중국과학원 철학·사회과학학부의 학부위원이기도 하다. 평범한 중학생이 학부위원으로 성장하기까지 그는 형언할 수 없는 고난과 형극의 길을 걸어 오면서 열심히 공부하고 노력하였던 것이다.

조사연구 사업

모택동과 전가영의 협력관계가 순조로울 때도 있었다. 전가영에게 쓴 모택동의 허다한 서신 중에서 1961년의 한 편만 인용하려고 한다.

전가영 동지 :

(1) 『조사사업』(모택동이 1930년 5월에 쓴 조사연구에 관한 글이다. 후에 제목을 『서책주의를 반대하자』로 고쳤음-인용자 주)을 진백달과 호교목에게 한부씩 보내되 내가 그들에게 수정(문자와 내용 면에서)을 부탁한다는 말을 거기에 적어 주시오.

(2) 진백달과 호교목에게 그들도 자네와 마찬가지로 조사조를 인솔하라고 알렸소. 조사조는 모두 세개 조로 하며 각 조는 조원 6명에 조장까지 해서 7명으로 하고 진백달, 호교목, 전가영이 각각 조장을 맡도록 하시오. 오늘, 내일, 모레 사흘 간에 조사조를 구성하되 수준이 낮은 사람은 넣지 말고 수준이 높은 사람만 넣어야 하오. 그리고 각자에게 『조사사업(1930년 봄에 쓴 것)』을 한부씩 내 주고 한번 토론을 시키는 것이 좋겠소.

(3) 자네는 절강성에, 호교목은 호남성에, 진백달은 광동성에 가서 농촌조사를 해야겠소. 조원 6명을 다시 두개 소조로 나누어 조원 둘에 소조장 하나씩 두시오. 진백달, 호교목, 전가영은 큰 소조의 조장이요. 그리하여 한개 소조(3명)는 제일 낙후한 생산대를 조사하고 다른 한개 소조는 제일 잘된 생산대를 조사하시오. 중간상태의 생산대는 조사하지 마시오. 시간은 10일 내지 15일 동안이요. 그런 다음, 세개 조가 광동으로 가서 나와 회합하고 조사결과를 나에게 보고해야겠소. 그런 다음 또 광주시에서 조사를 진행해야 하오. 공업에 대한 조사를 하자면 한달은 걸릴 것이므로 전단계까지 합하면 모두 두달이요. 설은 함께 광동에서 쇠게 될게요.

모 택 동
1월 20일 오후 4시

이 편지를 조사조의 21명 성원에게 보인 다음 토론하게 하시오. 중요한 일이니 잘 부탁하오.

모 택 동 부언

　이 지시에 따라 전가영은 절강성 부양현 오성공사와 가선현 위당공사에 가서 조사를 하였다. 그후 예정대로 광주에 모였을 때 그는 모택동에게 건의하였다—인민공사 운영에서 발생된 허다한 문제는 해당 규정이나 제도가 미비한 데 원인이 있다, 각지에서 임의로 각자의 제도를 만들 것이 아니라 전국적으로 통일된 조례가 있어야 한다는 것이었다.
　모택동은 전가영의 건의를 받아들였다. 1961년 2월, 광주에 회합한 세 조사조는 모택동의 사회하에 『농촌인민공사 사업조례(초안)』을 토론 · 집필하기 시작하였다. 전가영은 집필자의 한사람이다. 이 조례가 도합 60조(條)로 되었기에 약칭하여 '농업 60조' 또는 '60조'로 불리우게 된다. '60조'의 제정은 전가영의 창안에 의한 것이었다고 모택동은 말한 적이 있다.
　전가영은 경치좋고 아늑한 중남해를 몇번이고 떠나 각지 농촌에 조사를 갔다. 밭머리에서 농민들과 이야기를 나누었고 그들과 같이 시내에 가서 인분뇨를 실어 오기도 하였다.
　1958년 10월에는 하남성 신향현 칠리영인민공사의 밭에 나타났다.
　1959년 상반년에는 사천성 신번현 대풍공사에서 완전히 반년을 지냈다.
　1961년에는 조사조를 인솔하여 산서성 장치현에서 인민공사의 기본적인 계산단위 문제를 조사하였다.
　1962년에는 조사조를 인솔하여 모택동의 고향인 호남성 상담현 소산(韶山)과 유소기의 고향인 호남성 영현 화명루에 갔었다….
　조사연구를 한 자에게 발언권이 있는 법이다. 전가영은 일련의 중앙문건 작성에 관여하였다. '60조'는 그 중의 일례에 불과하다. 1962년에 하달된 중공 중앙의 문건 『농촌인민공사의 기본계산단위를 개변하는 문제에 관한 지시』는 전가영이 집필한 것이다. 『농업생산합작사 시범장정

(示範章程) 초안』・『고급농업생산합작사 시범장정』등 문건을 작성할 때도 전가영은 집필성원 중의 하나였다.

동변의 회고하는 바에 의하면, 50년대 초기에 전가영은 또 여러 나라의 헌법과 그 관련자료를 수집한 일도 있다. 그 자료가 두 서가에 꽉 찰 정도로 많았다. 당시 그는 헌법연구에도 몰두하였다. 중화인민공화국 헌법이 1954년 9월에 반포되었는데, 전가영은 역시 집필자의 한사람이었다.

[제3장]
불굴의 인간

잘못잡힌 항로

모택동은 타수(舵手)이다. 중국이라는 비할바 없이 큰 배의 항로를 그가 장악한다.

그가 방향을 옳게 파악하였기에 중국혁명은 제국주의·봉건주의·관료자본주의를 타도하고 역사적 승리를 획득하였으며 신 중국은 전세계에 새롭고도 의연한 모습으로 일어서게 되었다.

모택동을 놓고 말하면 1957년은 타수가 항로를 비뚤게 잡기 시작한 한해였다. 등소평은 모택동을 평가할 때 이점을 똑바로 지적하였다.

"전체적으로 보아 1957년 이전까지는 모택동 동지의 영도는 정확하였다. 1957년 반우파투쟁 이후로는 착오가 점점 많아지게 되었다."(『'건국 이래 당의 간략한 역사문제에 관한 결의'를 작성하는 데 대한 의견』, 『등소평 문선(1975~1982)』 258~259 페이지)

1957년부터 모택동의 항로는 좌측으로 쏠리기 시작한다. 모택동과 다년간 긴밀히 협력하여온 전가영은 타수의 항로가 정확한 궤도에서 이탈하고 있음을 직감하였다. 지근한 거리에서 관찰할 수 있었기에 똑똑히 볼 수 있었는지도 모른다. 하여간 양자 간에 마찰이 일어나기 시작했는데 그것은 감정상의 마찰이 아니라 사상상의 마찰이었다. 전가영은 언제나 모택동을 존경하였다. 그에게 있어 모택동은 절대적인 존재였으며 또한 그에 대한 경애지심이 너무 열렬하였기에, 날로 드러나는 좌적인 경향에 대하여 전가영은 가슴아프게 우려하였다. 전가영은 상이한 정견을 가진 자도 아니고 모택동의 정적도 아니다. '나는 스승을 경애하지만 그이상 진리를 사랑한다'—그는 이런 태도로, 만년에 미로로 한걸음 한걸음 나아가는 일세의 위인 모택동을 지켜보았다. 그런데 전가영은 생각한 대로 말하는 사람이고 눈치볼 줄 모르는 사람이고 기회주의적으로 전향할 줄은 더구나 모르는 사람이다.

1959년에 있은, 여산에서 있었던 정치풍파는 전가영을 위기에 몰아넣을뻔 하였다.

이해 7월에 중공의 요인들은 강서성에 있는 유명한 피서지 여산에 운집하였다. 처음에는 이른바 '신선회(神仙會)'를 열었다. 신선회란 아무 구속도 없이 여러가지 의견을 내어놓고 토론하는 회의이다.

여산에 오른 후의 며칠간은 이곳저곳 유람도 하였다. 다른 사람들과 마찬가지로 전가영도 유쾌한 나날을 보내었다. 이예(李銳)가 쓴 『여산회의실록』이란 책에 의하면, 그때 전가영은 진백달, 강생과 같이 서로 연구(聯句)를 잇는 방식으로 이런 시를 썼다고 한다.

    셋이서 동무하여
    함파구에 올랐으나
    어찌하여 파양호가 보이지를 않느냐
    나운수(拿雲手) 없음이 한이라면 한이로다
    안달이 난 파양호는
    나운수는 싫다 한다
    다름이 아니라 성인이 온다기로
    수안(羞顏)을 감히 들지 못하나이다
    오로(五老)가 우마인양 달리는 곳에서
    어쨰선지 파양호는 입을 다물었고
    동해에서 성인이 온다기에
    군산(群山)은 일제히 읍을 하더라

제갈 량을 청하고자 하실진대
　　서풍을 타고가야 하오며
　　개인 날 이곳에 다시 오시면
　　심양루서 주흥을 돋우실 수 있으리다

　모택동도 시흥을 참지 못하여『소산(韶山)에 이르러』와『여산에 올라』라는 두 수를 써냈다. 이 시는 바로 여산에서 전송(傳誦)되었다.
　그러나 깊이를 가늠할 수 없고 풍운이 자주 변하는 곳이 여산이다. 신선회는 반달만에 끝나고 센 비바람이 몰아오자 신선같은 나날은 더는 없게 되었다.
　신선회의 주제가 좌경 시정이었기 때문이다. 참가자들의 발언은 모택동이 1958년에 실행한 대약진·인민공사·강철제련 등 일련의 좌경 착오에 점점 집중되었다. 이러한 의견을 집대성하여 제기한 자가 팽덕회였다. 그는 7월 14일 모택동에게 쓴 서한에서 '성적을 과장하여 보고하는 기풍이 어디서나 성행하고 있다', '소자산계급의 열성으로 인하여 우리는 좌경 착오를 범하기 쉽다' 하고 날카롭게 지적하였다.
　팽덕회는 모택동의 오랜 전우이다. 모택동이 중화인민공화국의 주석으로 되고, 당과 인민의 최고영수로 된 후에도 팽덕회는 모택동에 대한 이전의 말버릇을 고치지 않고 '노모(老毛)'라고 그대로 불렀다. 팽덕회는 자기를 장비(張飛)와 유사한 사람이라고 말한 적이 있다.
　팽덕회 원수(元帥)의 충언을 모택동은 우경기회주의, 반당으로 보고, 반격의 호령을 내렸다.
　"지금은 좌경을 반대할 것이 아니라 우경을 반대해야 한다!"
　이렇게 급전환을 하는 순간, 전가영은 하마트면 반당집단으로 몰릴뻔 하였다.
　전가영은 팽덕회와 그 어떤 조직적인 연계가 있는 건 아니나 1958년에 발생한 좌경착오에 대한 견해는 불모이동(不謀而同)이었다. 그러므로 자연히 팽덕회를 동정하게 되었다.

7월 23일 오전, 모택동은 격한 음성으로 장편연설을 하면서 팽덕회에게 맹렬한 포화를 퍼부었다.

모택동의 연설을 들은 후 전가영은 이예(李銳), 오냉서, 진백달과 같이 산보를 하였다. 전가영은 머리를 푹 숙인채 오래도록 입을 열지 않았다. 산허리에 있는 한 정자에 이르렀을 때(이 예는 그곳이 小天池였을 것이라고 하였다.) 전가영은 나뭇개비로 땅위에다 옛날의 연구(聯句)를 썼다. 당시의 고민을 토로하는 내용이었다.

사면 강산이 한눈에 보이는데
(四面江山來眼底)
만가의 우락(憂樂)이 이내가슴 태우도다
(萬家憂樂到心頭)

신선회때와 같은 자유토론의 분위기가 다시는 없었다. 가벼운 비판과도 같았던 여산의 안개는 숨막히는 초연으로 변하였다. 여산에 왔을 때만 해도 팽덕회를 찬양하던 진백달도 한때는 이정자 앞에서 방황하였으며 어찌하면 좋을지 몰랐다. 그러나 그는 신속히 '좌전(左轉)'을 하였고 모택동을 따랐다. 팽덕회를 비판하는 장편발언도 격앙된 어조로 하였다. 그 결과 이 〈이론가〉는 무난히 곤경에서 빠져나왔을 뿐 아니라 일약 '반우경'의 주장(主將)으로 변신하였다. 그는 숨돌릴 사이도 없이 장편문장까지 써냈다. 팽덕회 비판이 주제인『자산계급의 세계관이냐 아니면 무산계급의 세계관이냐』라는 문장이었다. 이글에 모택동은 중앙의 명의로 된 '편자의 말'을 써서 전 당의 학습문건으로 하달하였다. 이 글은 후에『홍기』잡지에도 실려 전국에 전해졌다.

전가영은 매끄러운 사람이 아니고 또한 견기이작(見機而作)하는 사람이 아니다. 특히 그의 호우(好友)인 이예(李銳)가 여산에서 집중공격을 받을 때 전가영은 그를 무척 동정하였다.

이예는 당시의 수리부(水利部) 부장이고 유능한 문필가였다.『모택동의 조기 혁명활동』이라는 책을 쓰기도 하였고 모택동과 그의 저작에 대하여 상당한 연구가 있는 사람이다. 감히 직언하는 사람이었기에 모택동은 그를 통신비서로 삼았다. 무슨 견해가 있으면 아무때고 서신으로 모택동에게 알려 주었다.

연안시기에 이예는『해방일보』의 편집인이었다. 전가영의 기고는 꼭 이예의 손을 거쳐 신문에 게재되었으므로 그때부터 양자간에 서로 많은 교분을 쌓아가고 있었다. 당시 이예의 아내였던 범원증은 정치연구실 국제조의 조장이었다. 토요일마다 이 예가 아내한테 다녔기에 전가영과도 자주 만나게 되었다. 허다한 문제에 대한 견해가 일치하였기 때문에 후에 전가영과 이예는 막역지우로 되었다.

여산에서 이예는 팽덕회 군사구락부의 성원으로 몰렸다. 모택동은 이예를 우파라고 하였다.

8월 1일에 열린 중공중앙정치국 상무위원회의에서 모택동은 이예를 여러번 비판하였고 전가영에 대해서도 언급하였다.

"전가영은 비교적 우(右)에 속합니다.『홍루몽』비판도 그러했고 인민내부모순을 처리하는 문제, 학생들의 소동을 대하는 문제에서도 그러했습니다."

전가영의 문제를 이예처럼 엄중하다고는 여기지 않았고 우파라고는 하지 않았지만 비교적 우파에 속했다고 명확히 지적하였다. 이건 모택동 본인도 전가영과의 사이에 생긴 다소의 견해 차이를 의식하고 있음을 말한다. 종래로 우파였다고 하나하나 예를 들었다는 것은 전가영의 우적(右的) 경향을 진작부터 주의하고 있었음을 말한다. 입으로 명백히 말하지 않았을 뿐이다.

모택동의 비평을 들은 전가영은 놀라움을 금치 못하였다.

안개와 구름에 싸인 여산을 내려와 전가영은 또다시 중남해로 돌아왔다. 얼마 후 그는 주소를 '영복당'으로 옮겼다. '증복당'의 육정일과 이웃이었다. 이예의 일이 근심스러워 전가영은 전화를 걸었다. 이예의 회고에 의하면 전후 사연이 다음과 같다.

"북경에 돌아온 후 가영은 모처럼 나에게 전화를 하였다. '우리는 도의(道義)로 사귀는 벗'이라고 그가 하던 말이 지금도 기억난다. 그러나 누가 알았으랴, 며칠 후에 전화기가 제거당하였다. 내가 전화받는 걸 엿들은 자가 있었던 것이다…"

그 후 이예는 북경에서 쫓겨나 머나먼 동북의 북대황으로 밀려 갔다.

전화를 도청하고 그 일을 고발한 자는 이예의 신변에 있던 사람이다. 이때까지 순탄한 일로를 걸어온 전가영은 이 사건으로 하여 처음으로 중대한 타격을 받았다. 그는 『경조서생(京兆書生)』이라는 시에다 당시의 무거운 심정을 토로하였다.

서울온지 십년되는 일개의 서생이
애서(愛書)하고 애자(愛字)하되 불애(不愛)명예 하노라
먹는 것이 일반(一飯) 고량(膏梁) 박한대우 아니로되
만가(萬家) 백성 대하기가 참 부끄럽기만 하구나

그는 자기를 위해서가 아니라 백성의 고통을 생각하고 나라의 운명을 걱정하여 가슴을 에이었다. 자기의 시작(詩作) 중에서 이 시를 그는 각별히 편애하였다. 1963년 구정을 쉴 때 그는 친구인 매행(梅行)에게 부탁하여 이 시를 인장(印章)에 새겨넣었다. 한자로 스물여덟자였다. 인생의 감고(甘苦)와 온갖 고초가 응축된 그의 무한한 감개를 표현한 것이었다.

강청·진백달의 적수

이예가 전가영의 말중 요긴한 세마디를 유포하지 않았기에 전가영은

이전대로 모택동의 비서로 그냥 있었다. 모택동은 전가영을 좀 우적(右的)이라고 여겼다. 이 점은 이미 여산에서 명언한 바 있다. 모택동에게 우적이란 인상을 준 사람이 한사람 뿐 아니라 수 많은 사람이란 것이 다행이었을런지는 모르겠다. 하여간 만년의 모택동은 자기가 자꾸 좌적(左的)으로 나갔으니 그가 보기에는 극좌노선을 반대하는 자는 모두 우파였다.

1962년 여름, 흰 파도 설레이는 북대하(北戴河)에서 중공중앙의 중요한 회의가 열렸다. 이 회의에서 모택동은 또 전가영을 우경(右傾)이라고 지명하여 비평했다. 전가영은 이 회의에서 지명당한 네사람의 우경분자 중의 한사람이다.

전가영이 비평받는 걸 보고 모택동의 측근들이 속시원해 하였다.

모택동의 좌우 측근들에 대하여 전가영은 이전부터 아니꼽게 보았다. 그런고로, 이예에게 한 세마디 요긴한 말 중의 첫마디가, 모택동은 "천하는 다스리되 좌우(측근)는 다스리지 못한다(能治天下, 不能治左右)"는 것이었다.

고서에서는 근시(近侍)·근신(近臣)을 좌우라고 한다. 실례로『좌전(左傳)』소공 6년에 "좌우가 문제가 있다"라는 기재가 있다.

다년간 모택동의 신변에서 일해온 전가영은 지근(至近)의 거리에서 똑똑히 관찰할 수 있었기 때문에 진작부터 강청의 정치야심을 의식하고 있었다.

처음에는 강청의 생활작풍이 꼴 사납게 보였을 뿐이다. 그는 강청에 대하여 경이원지(敬而遠之)가 아니라 불경이원지(不敬而遠之)하는 태도를 취했다. 후에 강청은 점점 두각을 나타내기 시작했고 중국의 정치에 손을 댈려고 벼르고 있었다. 강청의 사람됨이 어떤가를 잘 아는 전가영은 더 멀찌감치 피했다. 전가영이 강직한 사람이고 아부할 줄 모르는 사람임을 강청도 모를 리 없다. 제 편에 끌어들일 수 없는 바엔 제거해야겠다고 기회만 노렸다. 그랬으니 모택동이 전가영을 우경이라고 비평하자 강청은 사기가 올랐고 전가영을 자산계급분자, 우경기회주의분자, 노우(老右)라고 매도하였다.

모택동의 측근 중 자주 전가영과 정면으로 충돌하는 사람이 진백달이다.

전가영이 연안 중앙정치연구실에 있을 때 진백달은 그의 직속상관이었다. 두사람이 선후하여 모택동의 비서로 된 후에도 진백달의 지위가 전가영보다 높았다. 비서의 서열도 진백달, 호교목, 전가영, 엽자룡, 강청이다.

북경에 온 후 진백달도 중남해에 거주하였지만 그가 있는 '영춘당'은 모택동의 근정전(勤政殿)과는 상당한 거리가 있었다. 모택동이 그를 전화로 부르지 않는 이상 평시에는 날마다 오지는 않았다.

그런데 이 이론가는 모택동의 동정을 살피는 데 각별히 신경을 썼다. 모택동의 비위에 맞게 이론을 전개해야 하기 때문이다. 그래서 그는 자주 전가영에게 물었다—"주석께서 요즈음 무슨 책을 보던가? 무슨 문제에 주의를 돌리고 있던가?" 전가영을 통하여, 모택동의 맥박을 알려는 것이었다.

전가영은 진백달의 이런 정탐 행위를 심히 증오하였다. 처음에는 어물어물 대답해 주다가 후에는 아예 그 자리에서 면박을 주었다. 진백달은 무안해서 얼굴이 붉으락 푸르락 하였다.

이 이론가는 기회주의자와도 같았으니 그의 이론은 시장의 형편에 따라 변했다. 오늘은 이렇게 말하다가도 내일은 저렇게 말할 수 있다. 모든 것은 정치 시세에 따라 좌우된다. 1958년 11월에 열렸던 정주회의에서 진백달은 "좌풍(左風)이 득세하는가 해서 상품경제를 취소해야 한다, 화폐도 없애야 한다"고 잘못 떠들어대다가 모택동에게 호된 비평을 당했다. 그 후에는 또 1959년 여름에 열렸던 여산회의에서 진백달은 좌풍을 비판할 때라고만 여기고 전반(前半) 신선회때 떠들어대다가 역시 혼쌀이 났다. 후반에 이 회의가 우경비판에로 급전환하였던 것이다. 이론가의 이런 변덕스러운 기질을 환히 꿰뚫어 보는 전가영은 그를 〈야심은 있지만 주견이 없는 인간〉이라고 속으로 웃었다.

전가영은 강청에 대해서는 상대를 하지 않았지만 진백달에 대해서는 자주 맞 대꾸 하였다. 동변은 필자에게 이런 일화를 들려주었다.

전가영과 진백달은 다 서화를 좋아한다. 전가영은 자기가 사온 서화를 먼저 모택동의 서재에 며칠 걸어 놓는 경우도 있다. 후에는 진백달이 자주 전가영의 사무실에 찾아와 서화를 감상했고 빌려가기도 했다.

"가영이, 자넨 이 많은 서화를 가지고 있으니 조심해야 돼. 도적놈이 훔쳐가면 어쩔라구."

서화를 보면서 진백달이 이렇게 야유했다.

"내 서화가 도난당한다면 첫 용의자는 당신입니다."

전가영은 교묘하게 상대방을 풍자하였다.

두사람은 하하 하고 대소하였다. 웃고나서야 진백달은 전가영의 말에 가시가 돋혀 있음을 의식하였다.

시대의 수레바퀴는 점점 문화혁명에로 굴러갔다. 강청이 날로 활개를 쳤고 진백달과 빈번한 내왕을 하였다. 강청과 진백달의 제휴는 중국의 정치무대에 등장하는 한 패거리의 좌파 세력을 형성하는 데로 점점 발전된다.

이때 모택동의 측근에 또 하나의 인물이 불쑥 가담된다. 무명소졸이나 다름없던 척본우(戚本禹)가 좌파 진영에 들어온 것이다.

척본우는 전가영보다 열살 어리다. 원래는 전가영의 수하에서 인민들로부터 모택동에 보내오는 서신 처리를 돕다가 후에 신방국(信訪局)의 과장(課長)으로 되었다.

척본우에 대하여 동변은 한가지 실례를 들어 필자에게 이야기 하였다.

여름이었는데 하루는 낮잠에서 깨어나보니 서재에서 말소리가 들려왔다.

가영이가 왜 낮잠을 자지 않았을까. 가영이를 찾아온 사람은 누구일까.

동변이 들여다 보니 척본우가 가영과 이야기하는 것이었다.

척본우가 돌아간 후, 전가영 보고 왜 휴식시간에 하지 않으면 안되느냐고 물었다.

"그 사람이 지금은 강청한테 매우 가까운 사람이오. 이수성(李秀成)에 대한 글을 쓴다면서 자료를 찾아달라는군. 낸들 무슨 방법이 있겠소. 시키는 대로 해야지. 그래서 점심시간에 담화도 하구 자료도 찾아준게요."

전가영은 한숨을 지었다.

문화혁명을 알리는 북소리는 점점 더 가까이서 들려왔다. 강청, 진백달, 척본우가 내노라고 활개쳤다. 그들은 장춘교, 요문원 그리고 왕역(王力), 관봉(關鋒)이 합세하여 연합전선(훗날에 '중앙문혁'으로 탈바꿈한다)을 결성하기 위하여 분주하게 활동하였다. 그 자들은 일관하여 우경인 전가영을 눈에 가시처럼 보았다.

전가영의 죄명

사람을 비판하거나 타도하자면 무슨 구실이 있어야 한다. 1965년 12월에 전가영은 강청과 진백달한테 이런 구실을 잡혔다.

당시 전가영은 모택동을 따라 항주에 가있었다. 경치도 좋으려니와 겨울이 돼도 춥지 않은 곳이었으니 모택동은 항주를 잘 간다. 여러해 겨울을 항주에서 지냈다. 그런데 이해 겨울만은 아주 바쁜 나날을 보냈다. 모택동은 문화혁명을 발동하려는 미증유의 큰 문장을 한창 구상하는 중이었다.

12월 8일부터 전가영은 모택동을 따라 당분간 상해에 와 있었다. 중공 중앙정치국 상무위원회 확대회의가 상해에서 열렸던 것이다. 나서경(羅瑞卿)의 문제를 해결하는 것이 주제(主題)였으니 이 회의는 말하자면

'팽진, 나서경, 육정일, 양상곤 반당집단'을 비판하는 전초전이었다.

항주에 돌아온 후 모택동은 12월 21일 오전에 다섯 수재(秀才)를 불러 회의를 하였다. 다섯 수재란 진백달, 전가영, 호승(胡繩), 애사기(艾思奇), 관봉을 말한다.

이에 앞서 1965년 4월 하순에도 모택동이 이 다섯 수재를 장사(長沙)에 부른 일이 있다. 당시 모택동은 전당에서 마르크스-레닌주의의 경전저작 여섯권을 학습하기로 하고 매 권마다에 서문을 쓰기 위해 이 사람들을 불렀다. 모택동까지 합하여 한사람이 한편씩 분담하여 썼고 초고가 나오자 역시 장사에서 토론회도 하였다. 반년이 지나 그 화제를 다시 항주에서 토론하게 된 것이다.

모택동의 기분은 아주 좋았다. 생각나는 대로 아무거나 다 말하다보니 내용 면에서 "서문"과 동떨어진 데가 많았다. 당시는 이미 모택동의 말이 일언천금으로 통하던 때라, 애사기와 관봉은 한마디라도 놓칠세라 자세히 기록을 하였다. 전가영도 평소에 하던 대로 중요한 대목은 필기해놓았다.

담화도중에 모택동은 당시 전국적으로 큰 파문을 일으켰던 두 문장을 우연히 언급하게 되었다. 두 문장이란, 1965년 11월 10일자 『문회보』에 게재된 요문원의 글 『신편(新編)역사극〈해서파관〉을 평함』과 12월 8일에 간행된 『홍기』 제 13호에 실린 척본우의 글 『혁명을 위하여 역사를 연구하자』이다.

이 두 문장에 대하여 모택동은 다음과 같이 평했다.

"척본우의 글은 잘 쓴 글이요. 세 번 읽어봤는데 부족한 점은 이름을 지적하지 않은 게요. 요문원의 글도 잘 쓴 글이요. 희곡계·사학계·철학계에 큰 파문을 일으켰소. 부족한 점은 핵심을 더 파헤치지 못한 게요. 『해서파관』의 핵심은 파관(罷官)이요. 가정(嘉靖)황제는 해서를 파면하였고 우리는 1959년에 팽덕회를 파면하였소. 팽덕회도 해서와 같소."

모택동의 담화가 끝나자 진백달은 부랴부랴 이 '희소식'을 강청에게 알렸다. 강청이 장춘교와 요문원을 시켜『신편역사극〈해서파관〉을 평함』을 쓰게 하였기 때문이다. 이 문장은 발표된 후 팽진, 등탁(鄧拓)을 중심으로 하는 북경시위(北京市委)로부터 반대를 받았다. 그러므로 모택동의 담화는 강청에 대한 가장 유력한 지지임이 틀림없다.

이런 사연으로 하여, 결국은 생각나는대로 두서없이 한 말이지만 담화개요(談話槪要)라 하는 형식으로 정리하게 되었다.

정리하는 임무는 물론 전가영이 맡게 되었다. 다섯 "수재"의 한사람이고 모택동의 담화를 직접 들은 사람일 뿐 아니라 모택동의 비서이기 때문이다.

애사기와 관봉이 필기를 제일 자세하게 하였기에 전가영은 우선 그 두사람에게 초보적인 정리작업을 의뢰하였다.

애사기와 관봉은 하룻밤을 꼬빡 새우면서 담화개요를 정리해서 전가영에게 넘겨주었다.

전가영은 요문원, 척본우의 글을 평한 대목을 삭제해버렸다. 1959년의 여산회의에서 팽덕회를 비판한 데 대하여 전가영은 자기의 견해가 있었고 또 요문원의 글을 마땅찮게 여겼기 때문이다. 오함(吳晗)이 쓴 극본『해서파관』을 읽어보라고 모택동이 전가영에게 권한 적이 있다. 전가영이 보고나서 하는 말이 "읽기는 했지만『해서파관』에 무슨 문제가 있는지 저는 모르겠습니다."라는 것이었다. 척본우에 대해서는 원래부터 꼴사납게 보아왔다.

이 대목을 삭제하자 애사기가 일깨워주었다.

"주석의 담화니까 우리가 삭제한다는 건 좀 곤란하지 않을까?"

어떤 말썽이라도 일으키게 될까봐 걱정된다는 호의적인 충고였다.

"이 대목은 문예문제를 말한 것이니 전편(全篇) 담화와는 별로 관련이 없다고 봅니다. 그래서 아예 빼버렸습니다."

전가영이 이렇게 대답한 것도 구실이라면 구실이다. 당시의 그런 환경에서 전가영은 임칙서의 시구를 빌어 자기를 격려하였다.

"생사(生死)가 나라에 이할진대 내 어찌 화복(禍福)을 가리리오!"

정의감 있고 호협심 있는 전가영이 이렇게 모택동의 〈최고지시〉를 삭제하자 득의양양한 좌파들-강청, 진백달, 장춘교, 관봉, 척본우, 요문원 일당은 펄쩍 뛰었다. 강청은 당시 형편에서는 사형언도나 다름없는 죄명을 전가영에게 들씌웠다-"모주석의 저작을 제멋대로 뜯어 고쳤다"는 것이 죄명이었다.

비는 쏟아지려 하고 바람은 전국에 가득찼다.

계급투쟁의 분위기는 1966년에 들어서면서 날로 더 긴장되어져 갔다.

2월 『강청 동지가 임표 동지의 위탁하에 소집한 부대문예사업 좌담회 개요』가 상해에서 작성되었다.

4월 17일, 인민일보는 『해방전의 오함(吳晗) 동지의 정치면목을 보라』라는 글을 실었다.

5월 4~26일, 중공중앙정치국 확대회의가 북경에서 열렸다. 이 회의에서 팽진, 나서경, 육정일, 양상곤이 비판을 받았다.

5월 8일, 강청이 관장하는 집필소조가 '고거'라는 필명으로 해방군보에 『반당·반사회주의에 반격을 가하자』라는 글을 발표하였다. 이 글은 등탁(鄧拓), 오함, 요말사(廖沫沙)의 삼가촌(三家村)을 반당·반사회주의라고 단죄하였다.

5월 10일, 상해의 『해방일보』와 『문회보』가 요문원이 쓴 살기등등한 장편문장 『삼가촌을 평함』을 동시 게재하였다.

5월 16일, 문화대혁명의 정식 개시를 표시하는 '5·16통지'가 중공중앙정치국 확대회의에서 채택되었다.

5월 17일, 문화대혁명의 첫 수난자 등탁이 세상을 떠났다. 그는 이날 야밤에 유서를 남긴 후 대량의 수면제를 복용하고 이튿날 새벽에 숨을 거두었다.

등탁의 뒤를 밟아 캄캄한 저승으로 떠난 사람이 전가영이다. 그는 문화대혁명 중에 억울한 죽음을 당한 두 번째 사람이다.

강청의 모함과 축출

1966년 5월 23일(일요일)은 전가영이 매우 큰 타격을 받은 날이다.

전가영의 주소인 중남해 '영복당' 문앞에 돌연히 승용차 한대가 왔다. 세사람이 차에서 내렸다. 중공중앙조직부 부장 안자문(安子文)과 중공중앙대외연락부 부부장 왕역(王力)과 한창 득세하고 있는 척본우였다.

집안에 들어왔으나 전가영과 비서 방선지는 외출하고 없었다. 전가영이 곧 돌아올 거라고 동변이 그들에게 말하였다.

손님들은 앉아서 기다리기로 하였다. 안자문과 왕역이 긴소파에 같이 앉고 척본우가 옆의 소파에 앉았다. 셋이 다 엄숙한 표정이었다. 무슨 일이 있어 온 것이라고 생각했으나 물어보기도 거북해서 동변도 가만히 있었다.

무거운 분위기 가운데서 한참 기다리니 전가영과 방선지가 돌아왔다. 무슨 중요한 일이 있어 찾아 왔으리라고 판단한 동변은 그 자리를 피하려고 일어섰다. 이때 안자문이 그냥 앉아 있으라고 동변에게 말했다.

"동변이도 고급간부니까 같이 들으시오."

이날 안자문이 이야기한 요점을 동변은 다음과 같이 기억하고 있다.

"우리 3인소조는 중앙을 대표하여 당신에게 통고한다. 첫째, 당신과 양상곤의 관계가 정상적이 아니라고 중앙은 인정한다.(양상곤은 당시 중공중앙판공청 주임이고 전가영은 부주임이니 양자는 업무 면에서 허다한 연계가 있다-인용자 주) 양상곤은 반당·반사회주의자이다. 당신도 반성을 해야한다. 둘째, 중앙은 당신이 일관적으로 우경입장에 서있었다고 인정한다."

또한

"지금 우리는 중앙을 대표하여 다음과 같이 결정사항을 알리는 바이다-직무정지와 반성 그리고 모든 문건을 당에 반납할 것(비서실의 사업은 척본우가 대신하여 관리한다)과 중남해로부터 밖으로 이사할 것."
도 통고하였다.

전가영은 숨을 죽이고 안자문의 말을 끝까지 들었다. 자기들은 중앙을 대표하여 왔노라고 안자문이 명백히 말했으니 안자문 개인의 의견이 아님이 뻔하다. 중공중앙정치국 확대회의가 지금 북경에서 열리고 있다. 새로 득세한 강청, 진백달이 팽, 나, 육, 양 비판의 기회를 타서, 이전부터 눈에 가시처럼 미워하던 전가영을 숙청하려는 것이다.

3인 소조에 대해서는 왕역이 필자에게 다음과 같이 설명한 적이 있다.

"당시 정치국에서는 하나의 소조를 성립하기로 결정하였다. 그 아래에 네개 분조를 설치하여 각기 팽진, 육정일, 양상곤, 전가영의 문제를 분담하게 되었다.(나서경의 문제는 이에 앞서 상해회의 때에 처리하였다 — 인용자 주) 전가영을 맡은 분조의 조장이 안자문이고 조원이 왕역, 척본우였다."

안자문은 명령을 집행하였을 뿐이다. 당시 그의 직무가 중공중앙조직부부장이었다. 당시와 그 후의 일을 회상하면서 동변은 이렇게 말했다. "안자문 동지도 1966년 7월에 비판투쟁을 당했고 감금도 당했으며 갖은 박해를 다 받았습니다. 그의 문제는 11기 3중전회 후에야 시정을 받았습니다. 그는 병세가 위중할 때도 우리들의 문제에 관심을 가졌으며 전가영, 동변의 문제가 옳바르게 시정되었는가하고 물었답니다."

3인소조의 조장 안자문이 중앙의 의견을 전달하자 전가영은 양미간을 찌푸렸다. 그는 내심의 격분을 극력 억제하면서 냉정한 어조로 되물었다.

"『모택동선집』의 편집과 관련되는 원고도 바쳐야 합니까."

"다 바치시오." 안자문이 대답했다.

이때 척본우가 전가영에게 물었다.

"『해서파관』에 대한 모주석의 담화 기록도 있겠지요?"

척본우가 말하는 기록은 물론 모택동의 항주담화를 정리한 기록이다. 최초의 기록을 보고 도대체 어떻게 된 것인가를 알려는 것이 척본우의 비상한 관심사였다.

"없소."

전가영은 상대방의 물음을 한마디로 일축했다.

이야기는 이렇게 끝나고 문서회수작업이 시작됐다. 전가영이 한 건씩 척본우에게 넘겨주면 척본우는 일일이 기록하였다. 안자문과 왕역은 옆에서 보고만 있다가 오후 다섯시가 되자 먼저 돌아갔다.

척본우가 간 후 전가영은 손가락 하나 움직이지 않고 조각상처럼 그 자리에 앉아 있었다. 저녁식사를 해야지 않겠느냐고 동변이 청해도 그는 먹지 않았다. 그는 형언할 수 없이 고통스러웠고 울분을 가라앉힐 수가 없었다.

이날 밤중에 전화가 울렸다. 수화기를 드니 척본우의 말소리가 들렸다.

"비서실에 지금 와주십시오. 문건 이관(移管) 명세서에 서명해야 되겠는데요…"

마치 전가영의 상급자나 된듯이 오라가라 하는 것이었다.

쾅하고 전가영은 전화를 끊어버렸다.

"척본우가 도대체 뭐야! 강청의 졸개에 불과하지. 서명하러 안 가!"

전가영은 이렇게 격한 어조로 동변에게 말하였다.

한참 있다가 전가영은 이를 부득부득 갈았다.

"내 문제란 죄다 강청과 진백달이 모함한 것이다. 그러나 선(善)에는 반드시 선보(善報)가 있는 법이다. 그들의 결말이 좋으리라고는 나는 믿지 않는다."

동변은 이말의 깊은 뜻은 일시 이해하지 못했다. 하지만 전가영이 지금 가슴을 에어내는 듯한 고통을 겪고 있음을 알고 그의 옆에 조용히 앉아 있었다.

고통이 너무 심하면 사람은 무언의 인간으로 된다. 전가영은 묵묵히 앉아만 있었다.

동변은 안자문이 이날 오후 중앙을 대표해서 한 말을 몇번이고 되새겨 보았다. 그때까지도 그는 사태의 심각성을 제대로 의식하지 못했다. 이번 운동도 이전의 정치운동과 별로 다르지 않으려니 생각했다. 5·16 통지가 하달된지 며칠 밖에 안되는 때였으니 이번 문화혁명이 그처럼 처절하고 잔혹한 것일 줄은 생각도 못했다.

밤 12시가 되었다. 전가영은 동변을 먼저 가서 자라고 하였다.

그들이 사는 영복당은 작은 뜨락을 중심으로 뒷편 가운데 채에 안방이다. 그 오른켠에 모택동의 도서관이 있고 왼켠에 방선지의 사무실이 있다. 이날 전가영은 도서실에 있었다.

이튿날도 출근 해야기에 동변은 안방으로 자러갔다. 눈을 약간 붙였는가 했는데 깨어나보니 아침 5시였다. 도서실엔 아직도 전기가 켜진대로 있었다.

동변은 곧바로 일어나 전가영을 보러 나가보았다. 전가영은 침식을 전폐한채 여전히 그 자리에 앉아있었다.

마음고생을 하는 건 이해하였으나 불길한 예감은 가지지 않았다. 전가영에게 빨리 가서 휴식해야지 않겠는가하고 권하였다.

"오늘도 출근하오?" 전가영이 물었다.

"출근해요. 7시엔 집을 나서야 해요."

"내 걱정은 말고 출근하오."

동변은 이때까지도 사태의 심각함을 의식하지 못했다. 이번에도 우경착오나 반성하라구 하겠지, 기껏해야 중남해를 떠나 농촌에 가 노동하면 되겠지… 이런 정도로만 예상했다. 동변은 방선지를 찾아가 가영이 반성하는 문제를 좀 도와드리라고 부탁했다. 농촌으로 가는 경우에는 방선지도 같이 가라고 하였다.

아침식사를 하고 7시가 거의 될 때 동변은 여느때와 같이 전가영과 작별하고 출근길에 나섰다. 여느때와 다른 점이라면 전가영에게 어서 쉬라고 한마디 권고한 것 뿐이다.

전가영은 고개를 끄덕여보였다. 이상한 정서나 거동은 전혀 없었다.

동변은 이렇게 전가영과 갈라졌다. 이것이 생리사별로 될 줄은 꿈에도 생각지 못하였다.

비장한 최후

청나라 건륭황제의 친필로 된 영복당이란 편액이 걸려있는 이 정원이 5월 23일 오전만은 각별히 조용하였다. 방선지는 자료를 쓰러 나가고 없었고 근무원 진의국이도 볼일이 있어 외출하였다.

영복당도 조용했거니와 그 옆집인 증복당은 더 조용했다. 증복당은 육정일(陸定一) 일가가 살던 곳이다. 육정일의 부인 엄위빙은 1966년 4월 28일에 체포되어 갔다.

합비(合肥)에 출장갔던 육정일은 5월 8일에 북경에 돌아왔지만 중공중앙정치국 확대회의에서 임표의 꾸중을 들어야 했다. 그는 바로 중남해에서 추방되었고 지금은 안아호동(安兒胡同) 1호에 연금당해 있다. 일개 분대의 군인이 지키고 있다고 한다.

영복당도 조용했거니와 거기서 멀지 않은 모택동의 주거(住居)도 조용했다. 드나드는 사람이 전혀 없었다. 그것도 그럴것이, 당시 모택동은 항주에 있었다. 때로는 상해에도 있었고…중공중앙정치국 확대회의와 같은 중요한 회의가 열렸건만 그는 북경에 오지 않았다. 문화혁명 발동으로 여념이 없는 그는 행방이 일정하지 않았다.

이 조용한 환경속에서 영복당의 전가영은 일생의 최후의 시각을 홀로 지냈다.

여느때와 달리 조용하기 그지없었다. 전화도 울리지 않았고 찾아오는 사람도 없었다. 중남해로부터 추방당하는 그에게 전화할 사람이 있을 리 없다. 감히 찾아올 사람은 더구나 있을 수 없다.

정오가 되어서야 앞마당에 인기척이 났다. 외출했던 근무원 진의국이 돌아왔던 것이다. 그는 점심식사를 하자고 전가영을 찾았으나 아무도 없었다.

도서실의 문은 닫겼는데 밖에서 몇번이고 불렀지만 아무 응답이 없었다.

전가영이 도대체 어딜 갔을까…

진의국은 도서실의 문을 열려고 하였으나 안으로 걸려 있었다.

한참 기다리다가 다시 불러보았으나 여전히 응답은 없었다.

이상한 예감이 든 진의국이 열쇠를 가진 사람을 찾아갔다. 열쇠를 가지고 와서 도서실 문을 열어보았지만 사람은 보이지 않았다. 여러 줄로 놓인 서가를 한줄한줄 살펴보던 진의국은 전기에 닿은 사람처럼 비명을 질렀다. 전가영이 두 서가 사이에서 자살한 시체로 발견되었던 것이다.

진의국은 급히 전화를 들고 상부에 알렸다.

한편 오후 3시쯤 되었을 때 동변은 중공중앙조직부 안자문 부장의 전화를 돌연히 받았다.

"지금 곧 소기(少奇) 동지의 서청(西廳) 사무실로 오시오."

동변은 이상하다는 생각이 들었다. 평소에는 별로 내왕이 없는 안부장이 왜 직접 나한테 전화를 할까? 무슨 돌연사변이라도 생긴 게 아닐까?

동변은 급급히 중남해로 돌아와 지정된 장소에 갔다. 안자문이 벌써 기다리고 있었다. 옆에 왕동흥(汪東興)도 앉아 있었다.

동변이 자리에 앉자 안자문이 비보를 직접 알려주었다.

"전가영 동지가 자살하셨소."

동변은 정신이 아찔했다. 머리가 당장 터지는 것 같았고 전신에 소름이 끼쳤다. 눈물이 눈앞을 가리웠다. 정말 뜻밖이었다. 자기가 아침에 집을 나설때만 해도 멀쩡히 살아있던 남편이 저승으로 가버리다니…

동변이 마음을 좀 가라앉히자 안자문이 물었다.

"오늘의 일이 있기 전에 무슨 말을 남긴 건 없습니까?"

"저는 그가 죽으리라고는 전혀 생각도 아니했습니다. 그런 징조가 조금이라도 있었다면 저는 오늘 출근하지 않았을 겁니다."

동변은 솔직하게 대답했다.

안자문은 긴 한숨을 쉬었다. 그도 침통한 표정이었다. "자, 우리 함께 가영동지에게 가 봅시다."

안자문, 왕동홍과 함께 동변은 허겁지겁 '영복당'으로 향하였다. 유소기의 사무실에서 얼마되지 않는 거리였다.

문안에 들어서니 마당에는 군인이 3~4명 서 있었다. 의외의 사변이 생긴 곳이라 현장보호의 조치를 취했던 것이다.

도서실에 들어가보니 전가영은 두 서가사이에 누웠는데 몸에는 그가 평소에 덮던 회색나는 홑 이불이 덮혀져 있었다. 눈은 꽉 감았는데 두 입술 사이로는 혀끝이 좀 보였다.

"어서 이곳을 떠나야 합니다."

가슴이 미어지는 이 시각에 동변에게 내려진 명령조의 통지였다. 더는 남편을 지켜볼 수도 없게 된 동변은 무거운 걸음을 옮겼다. 안방에 들어오니 상 위에 전가영이 벗어놓은 시계가 있었다. 이승을 떠나면서 아내에게 남긴 유물이었다.

전가영은 짤막하나 일자천금의 유언도 써놓았다.

"당은 나의 문제를 똑똑히 해명해 줄 것이다. 원한이 풀릴 날은 꼭 있을 것이다."

동변은 이곳을 당분간만 떠나는 줄 알고 세수 주머니와 약간의 용돈만 가지고 평소에 출장나갈 때처럼 집을 나섰다. 밖에는 승용차가 대기하고 있었다. 이곳을 영원히 떠나는 구나 하는 생각은 꿈에도 없었다.

"굴종의 삶을 어찌 기뻐할 것이요(曲生何樂), 떳떳한 죽음을 어찌 슬퍼할 것인가(直死何悲)."

전가영은 "옳은 일로 잘못된 일을 도우지 않았고(直不輔曲), 밝은 것으로 어두운 것을 쫓지 않았으며(明不規暗)." "공목감은 위험한 곳에서는 자라지 않으며(拱木不生危) 송백은 비습한 땅에 뿌리를 안내린다(松柏不生坪)."

그의 호연지기는 채홍(彩虹)을 관통하였으며 천지를 진동케 하였다. 그의 죽음은 바야흐로 전국을 석권하고 있는 문화혁명의 광란에 대한 강경한 항거였다. 애석하게도 한창 나이에 이 세상을 떠나기는 하였어도 그는 주사승(朱絲繩)처럼 곧은 사람이요 옥호빙(玉壺冰)처럼 결백한 사람이다. 뜻있는 수 많은 중국 인민은 영원히 그를 잊지 않을 것이다.

그는 희로애락을 감추지 못하는 사람이다. 오랜만에 아내의 편지를 받고는 학생들 앞에서 기쁨의 눈물을 흘렸었다. 모함을 당하고는 분을 삭이지 못한채 죽음으로 항쟁하였다. 그는 숨길 줄을 몰랐고 무릎을 꿇을 줄을 몰랐으며 참을 줄도 몰랐다.

그는 44살에 이 세상을 작별하였다. 한창 일할 나이였고 생명의 꽃이 활짝 피어야 할 나이였다.

역사는 증언한다

죽은 사람은 훌훌 가버렸으나 살아남은 가족은 온갖 시달림을 겪어야 했다.

동변을 태운 승용차는 중남해를 나온 후 몇번인가 방향을 돌리더니 풍성호동(豊盛胡同)에 있는 중앙직속기관 숙사에 와 멎었다. 지정한 침실에 들어가니 세 아이가 벌써 거기와 앉아 있었다. 동변은 깜짝 놀랐다.

부모의 거처와 아이들이 자는 곳은 원래는 달랐다. 전가영과 동변이 있는 '영복당'은 을구(乙區)에 있다. 중공수뇌부의 거주지역이다. 아이들이 자는 곳은 중남해의 동팔소(東八所)였다. 세아이는 다 중학생·고교생이다. 지금은 아이들도 중남해에서 쫓겨나 임시 이 숙사에 있게 된 것이다.

아이들은 집에 무슨 일이 생겼는지 몰랐다. 동변도 입을 열지 못했다. 이날부터 아이들이 한 칸에서 자고 동변이 다른 칸에서 잤다. 동변은 행동의 자유를 박탈당한 연금상태에 처하게 되었다. 아이들이 이상히 여기고 "엄만 왜 출근 아니해요?" 하고 물으면 "오늘은 집에서 글을 쓰도록 됐어." 하고 얼버무려 넘겼다.

이 터지는 분통과 쌓이는 원한을 삭이면서 보내던 어느날 동변은 안자문의 사무실에 한번 불리워 갔다. 그후에는 또 안자문, 왕역, 척본우의 3인소조가 동변을 불러다가 이야기를 나누었다.

울분과 고독과 번뇌 속에서 동변은 이루 다 헤아릴 수 없는 정신적 고통을 겪어야 했다. 듣자니 전가영은 모주석 저작을 뜯어고쳤다는 대죄를 저질렀다고 한다. 지시대로라면 동변은 전가영의 문제를 철저히 적발해야 한다. 그러나 그런 적발자료는 도저히 쓸 수 없었고 천근의 무게를 가진 것 같은 붓을 들 수가 없었다. 하도 활달하고 낙관적인 천품이 있었으니 말이지, 그렇지만 않았어도 동변은 미쳤을 게고 살아갈 용기를 잃어버렸을 것이다.

이렇게 한달동안 연금돼 있다가 동변은 원래 일하던 전국부련(全國婦聯)에 돌아가라는 통지를 받았다. 당시 동변은 전국부련서기처 서기였고 『중국부녀』 잡지사의 사장이었다.

그가 떠날 준비를 하는데 수십명의 불청객이 살기등등하게 마중을 나왔다. 동변은 이 사람들에게 납치되듯이 자동차에 실려 전국부련으로 향하였다.

전국부련은 1층부터 4층까지 대자보 천지였다. 정확히 말하면 동변을 비판하는 대자보 천지였다.

동변은 이번에는 전국부련의 어느방에 연금됐다. 매일 그는 필기장을 펼쳐들고 대자보의 요지를 적어야 했다. 대자보에 의하면 그는 반혁명수정주의 분자였고 잡지 『중국부녀』를 통하여 봉건주의·자본주의·수정주의를 선전한 장본인이다.

동변을 적발한 대자보 중에는 세인을 놀라게 하는 엄중한 죄상을 지적한 것이 한장 있었다-지형을 정찰하도록 외국인을 중남해에 끌어 들였다는 것이다.

정말 웃지도 울지도 못할 일이었다. 원래는 이런 일이다-동변이 외국방문을 갔을때 한 여성잡지의 책임주필이 자기 집에다 동변을 초대한 적이 있다. 후에 그 분이 중국방문을 왔다. 이에 동변도 그 분을 자기 집에 청했다. "지형정찰"이란 이 일을 두고 하는 말이다. 기실 이 행사에 대하여 동변은 사전에 상부에 보고하였고 승인도 얻었었다. 그 손님은 당시 중국과 관계가 아주 좋았던 사회주의 나라에서 온 손님이다. 또 중남해라 해서 외국사람이 전혀 드나들지 못하는 곳은 아니다. 모택동만 해도 자주 중남해에서 외빈들과 회견하곤 하였던 것이다.

어처구니 없는 역사의 한순간, 황당한 대자보는 이처럼 황당한 유언비어를 유포하였다. 동변은 어두컴컴한 차고에 감금되었고 하루건너 다름없이 끌려나가 심문을 받았다.

제일 황당한 일막이 1968년 6월에 있었다. 동변은 격렬한 조사를 받았지만 그 사연만은 가히『문혁소화집(文革笑話集)』에나 수록될 수 있는 것이었다.

해방군 모택동사상 선전대(약칭 군선대)가 전국부련에도 들어오게 됐다. 군선대의 다수 성원이 남성이라, 그때까지 사용정지였던 남자변소를 사용하지 않으면 안되었다. 전국부련은 여성단체이고 간부나 사무원이 여성일 것은 더 말할 것도 없다. 군선대의 진주(進駐)를 앞두고(진주한 후에도 그렇지만) 남자변소를 청소하라는 명령이 동변에게 하달되었다.

동변은 시키는 일을 알뜰히 하였다. 청소가 끝난 후엔 소변기에 신문지를 덮어놓기까지 하였다. 신입자가 사용시에 신문지를 벗겨버리면 된다. 그런데 이 신문지가 후에 화단으로 되었다. 동변은 사전에 아무개의 사진은 없는가하고 주의해 살폈지만 무슨 활자가 찍혀있는가 하는 것까지는 자세히 검사하지 않았다. 후에 어떤 사람이 적발한 일이지만 그 신문지에 '홍태양(紅太陽, 모택동을 비유함-역주)'이라는 글자가 있었다고 한다.

그런 고로 군선대는 오자마자 동변부터 조사하고 비판했다.

문화혁명의 십년동안 동변은 인간 이하의 대우 밖에 받지 못했다.

동변은 사람이 아니라 소였으니 소가 보모를 둔다는 건 말이 안된다. 이런 이유로 그때까지 아이들의 생활을 돌봐주던 보모 이패(李佩)를 돌려보내야 했다. 후에 세 아이는 산지사방에 흩어졌다. 큰딸은 내몽고의 생산대에 가 노동하였고 작은딸은 길림성 농촌에, 아들은 사천성 농촌에 갔다.

그보다 더 끔찍한 일이 또 생겼으니 그것은 아들 증의(曾義, 아이들은 다 원래의 성을 따랐다)가 의외의 불상사로 인하여 자살한 것이다. 그때 나이 겨우 스물하나였다. 그는 총명한 아이였다. 중학교 1학년을 다니다가 사천성 농촌에 갔었다…

문자 그대로 가파인망(家破人亡)이었다. 동변은 외롭고 힘겨운 나날을 지내야 했다. 당에서는 제명당했다. 〈소〉라도 북경의 〈소〉가 될 자격은 없었으니 하남성에 있는 간부학교에 쫓겨 갔고 후에는 또 하북성 서수현 농촌에 가 노동하였다. 60킬로그램이였던 체중이 45킬로그램으로 감소되었고 사람은 여윌대로 여위었다. 일년 사시절 천식이 멎을 날이 없었다.

4인방 무리가 분쇄된지 일년 후에야 동변은 역경에서 벗어났다. 1977년 10월에 그동안 잘못되어졌던 그의 문제는 모두 시정을 받았다. 그는 또다시 전국부련서기처의 서기로 되었다. 후에는 전국부련의 당조서기(黨組書記)를 맡았다. 그는 중공 제12차 전국대표대회에 출석하는 대표로 당선되었고 이 대회의 주석단에 올랐다. 1983년부터 1988년까지는 전국정치협상회의의 상무위원으로도 있었다.

전가영의 유언은 옳았다. 그가 예견한 대로 당은 그의 문제를 시정하여 주었고 그의 원한은 풀어지고 그의 명예도 회복되었다. 부당하게 처리된 전가영 사건은 중공중앙의 직접적인 배려 하에 1980년 연초에 끝내 시정을 받았던 것이다.

1980년 3월 28일, 전가영 추도회가 북경 팔보산 공동묘지에서 장중하게 거행되었다. 중공중앙을 대표하여 등역군(鄧力群)이 추도문을 읽었다.

"전가영 동지는 당과 인민에 충실한 당원이었으며 장기적인 혁명수련을 거친 유능하고 우수한 공산당원이었다. 그는 공산주의 위업을 위하여 분투노력하였으며 많은 일을 하였다."

"수십년간의 실제행동을 증명하는 바, 전가영 동지는 실로 성실하고 정의로운 사람이었으며 꿋꿋한 혁명적 절개가 있는 사람이었다. 그는 언제나 언행이 일치하고 표리가 여일하였다. 남의 사주에 놀아나는 일이 없었고 마음에 없는 말을 한 적도 없었다…"

추도문은 전가영을 "진실하고 솔직하며 후덕하고 정직한 인간"이었다고 찬양하였다.

전가영이 억울한 죽음을 한지 거의 14년만에야 열린 추도회였지만 참석자 중에는 실성통곡하는 사람이 많았고 남이 부축하여서야 겨우 퇴장하는 사람도 있었다.

누구나 통석의 마음을 금치 못하였다.

당과 인민은 훌륭한 아들 전가영을 잃었다.

문화혁명은 강직한 동량지재인 전가영에게 참혹한 재난을 안기었다.

그가 너무도 일찍이 우리 곁을 떠난 일이 더 없이 애석한 일이다. 추도회가 열리는 그해 그 시각에 그가 만약 팔보산에서 인간세계에 환생한다 해도 쉰여덟살 밖에 되지 않는다. 활기가 있고 경험이 많으며 민심을 잘 알고 민중의 옹호를 받는 중공중앙의 지도간부로 활약할 것이다. 11기3중전회의 정확한 노선을 전력으로 추진해나갈 것이다. 그러나 인걸은 유수와도 같나니 한번 가면 돌아오지 않는 것이다….

강청
江青

끝없는 명예와 권력의 화신

[제1장]
3항 약장(約章)

모택동과의 만남

강청이 모택동을 어떻게 알게 되었는가에 대해서는 여러가지 설이 있다.

한가지 설은 강청이 연안에 당도한 이튿날 서명청(徐明淸)과 왕관란(王觀瀾)을 따라 모택동을 만나러 갔다는 것이다. 이 설은 사실에 부합되지 않는다고 단정해도 된다. 서명청은 강청과 같이 연안에 간 것이 아니라, 강청보다 한달 늦게 연안에 갔다. 그러므로 강청이 연안에 도착한 이튿날에 서명청이 데리고 모택동을 만나러 간다는 것은 불가능한 일이다.

이번에 필자가 취재할 때도 서명청 본인은 강청을 데리고 모택동을 찾아간 일이 없다고 말하였다. 그리고 왕관란은 모택동과는 친숙한 사이이지만 그렇다고 낯선 사람을 데리고 불쑥 찾아 간다는 것은 역시 있을 수 없는 일이다.

다른 한가지 설은 상해『문회보』의 책임주필을 지냈던 서주성(徐鑄城)이 주장하는 설이다. 그는『소계영진궁(蕭桂英進宮)』이라는 문장에 다음과 같이 썼다.

오랜 친구가 한사람 있는데 그는 중공의 노당원이다. 항일전쟁 초기에는 섬북에서 유격전을 하였다. 그는 연안을 지날 때에, 전성기를 지난 한 영화배우가 출연하는 경극을 구경한 적이 있다고 나에게 말하였다.

영화배우는 『타어살가(打漁殺家)』라는 경극의 소계영(蕭桂英) 역을 맡았다. 그날 소은(蕭恩)의 역을 맡은 사람은 해방후에 희곡개혁사업을 관장한 아갑(阿甲)이었다(문화혁명때 아갑이 심문을 많이 받았는데, 연안에서의 일이 "죄상"의 하나였을 것이다). 두 사람은 실력이 백중하는 관계였고 둘 다 뛰어난 연기를 보였다. 계영의 분장한 모습이 특히 출중하였다.

전하는 말에 의하면 이날 이 공연이 '소계영'의 등용문이었고 앞으로 화려한 변신을 하게 되는 계기였다고 한다. 모택동도 이날 관중석에 있었으며 공연이 잘 됐다고 찬사를 아끼지 않았고 박수도 여러번 쳤다고 한다. 그런 격려를 받은 '소계영'은 감격에 목이 멜 지경이었다. 이어 기발한 착상이 생긴 '소계영'은 이튿날 '이연영(李蓮英)'을 찾아 갔다. 자기도 문예 문제에 대하여 경험과 지식이 있으니 지도자의 가르침을 한번 받을 수 있도록 알선해 달라는 것이었다. '이연영'은 이것을 자신도 더 발전하고 윗사람들 비위를 맞춰 주는 좋은 기회라 생각하고 응낙하였다. 이렇게 삼자합의가 신속히 이루어졌으니 '소계영'은 일조에 심궁[실제로는 궁전이 아닌 요동(土窟)]으로 들어가게 되었다."

서주성이 말하는 때 지난 영화배우가 강청이고 이연영은 강생이다.

강청과 같이 출연한 아갑(阿甲)은 강소성 무진현 부두진(埠頭鎭) 사람이고 본명이 부율형(符律衡)이다. 어려서부터 경극을 좋아했고 회화와 서예에도 흥미가 있었다. 글도 가르친 적이 있고 노동자로 일한 적도 있고 편집관계 일을 맡은 적도 있다. 산서성 임분(臨汾)으로 해서 1938년 연초에 연안에 갔다. 처음에는 노신예술학원 미술학부에서 공부를 하였다. 얼마 안있어 이 학원의 평극(評劇)연구단 단장으로 되었고 강청과 같이 『타어살가』에 출연하게 되었다. 강생은 관중석에서 강청에게 박수와 갈채를 보냈다고 한다.

이것과 유사한 이야기가 또 한가지 있다. 모택동이 모스크바에서 돌아온 진소우(陣紹禹)를 환영하는 연회를 열었는데 이 환영연회에서 『유린당한 사람』이라는 연극을 관람하였다. 주역이 강청이었다.

　진소우 즉 왕명(王明)은 1937년 11월 19일에 비행기로 연안에 돌아왔다. 그를 환영하는 연회가 있었다면 며칠 후였을 것이다. 그런데, 『유린당한 사람』을 각색하고 감독한 최외(崔嵬)가 연안에 당도한 것이 1938년 봄이었으니 이 연극을 왕명을 환영하는 연회에서 관람했다는 사실 자체가 성립될 수 없다.

　최외는 산동성 제성현 사람이고 강청과는 동향이다. 산동실험극원에서 같이 공부하였고 상해연극인협회에서도 같이 출연에 참가하였었다. 연안에 온 후 최외는 노신예술학원의 창건사업에 참가하였다. 노신예술학원은 1938년 4월에 출범하였다. 이 학교는 중공의 문예간부를 육성하는 학교이다. 초대 원장(院長)이 모택동이었고 후에 오옥장(吳玉章)과 주양(周揚)이 차례로 원장직을 물려 받았다. 최외는 1938년 7월에 중공에 가입하였다. 그가 각색·감독한 연극 『유린당한 사람』에서 강청은 확실히 주역을 맡았었다.

　이것과 십분 유사한 이야기가 또 한가지 있다. 그것은 모택동이 『궤안에 갇힌 사람』이라는 연극을 구경하였고 역시 주역인 강청에게 주의를 돌리게 됐다는 것이다.

　필자는 1992년 5월 21일에 적임춘(翟林椿) 선생을 찾아간 적이 있다. 이분의 회고에 의하면, '8·13' 항전 1주년을 기념하는 집회가 1938년 8월 13일 연안에서 열렸다. 대회장소는 연안 종루(鍾樓) 동편에 있는 옛날 부의 관청(府衙門)이 있던 곳이다. 오전에 모택동의 연설을 들었고 오후에 문예 프로그램을 구경하였다. 그날 연극이 있었는데 주역이 정이(丁里)였다. 노신예술학원 출연의 3막 가극 『노촌곡(魯村曲)』이 선 보였다. 주역이 정이(丁里)이다. 가극에 이어 3막 연극 『유구대장(流寇隊長)』도 상연되었다.

　적임춘은 다음과 같이 회상하였다.

"제일 인기를 끈 것이 강청 주역의 경극『타어살가』였다. 나는 어릴 때부터 경극은 별로 좋아하지 않았다. 그러나 내가 보기에도 그날 강청이 분장한 소계영은 정말 흠잡을 데가 없었다. 노래와 대사, 몸매와 무대품격, 그리고 모든 부분에 이르기 까지 호평이 자자했다. 이 공연을 모주석과 다른 지도자들도 관람하였다. 공연이 끝나자 강청이 다른 배우들을 데리고 다시 무대에 나와 인사를 하였다. 모주석과 함께 관중들은 열렬한 박수로 그들을 축하하였다. 인사를 마치고 강청은 무대 뒤편의 준비실(임시로 사용한, 찌그러질 것 같은 빈 칸)에 들어가 분장을 벗었다."

적임춘은 이런 장면도 목격하였다.

"모택동을 포함한 여러 사람들이 준비실을 찾아가 배우들을 위문하였다. 나더러 지도자들에게 더운물을 대접하라고 하기에 나는 물주전자를 들고 준비실에 갔다. 강청이 모택동을 맞아 악수를 하고 환담하는 것을 나는 보았다."

적임춘이 목격한 장면이 강청에게 있어 처음으로 모택동과 만난 장면인지 아닌지는 모르겠다고 하였다.

하여간 경극『타어살가』를 봤건 연극『유린당한 사람』이나『궤 안에 든 사람』을 봤건 두가지 공통되는 사항은 긍정할 수 있다.

첫째, 강청은 당시 연안에서 상당히 활약하는 인물이었고 경극이나 연극에서 주역을 맡았다.

둘째, 모택동은 이전부터 희곡을 좋아하는 사람이었고 연안시절에는 강청이 출연하는 작품을 관람하였다.

이상의 주장과는 다른 세번째 설이 또 있으니 그것은 강청이 모택동의 보고를 들을 때 열심히 듣는체 하였으며 이로하여 모택동이 강청에게 주의를 돌리게 되었다는 것이다.

홍콩에 있는 성진(星辰) 출판사는 1987년에『강청비전(江靑秘傳)』을 펴내었다. 이책을 쓴 주산(珠珊)을 필자가 이번에 북경에서 만나 보앉다. 날짜는 1991년 7월 8일이다. 주산이란 왕가상(王稼祥)의 부인 주중려(朱仲麗)의 필명이다. 그들 부부의 성을 합쳐 '주(珠)'가 되고 '산(珊)'에도 임금 왕 자가 들어있다. '책(冊)'은 서인지서(西人之書)라는 뜻이다. 작가 본인이 필명의 유래를 이처럼 설명해 주었다.

모택동과 강청의 첫 대면에 대하여 『강청비전』은 다음과 같이 썼다.

중앙당학교는 연안성(延安城) 동편의 교아구(橋兒溝)에 위치해 있다. 원래는 외국인 선교사가 전도하는 장소였다. 대교당(大敎堂)을 중심으로 많은 단층집이 있다. 근래에는 새로운 가옥과 요동을 증축하였다. 학생들은 예외없이 중공당원이다. 그 중에는 국민당지구에서 온 사람도 있고 각 지방과 부대에서 온 사람도 있다. 강청이 이 당학교에 들어 가게 된 것은 그에게 있어 정치적 식견을 넓히게 되는 중요한 계기였다.

하루는 점심식사가 있기 전에 각 반별로 통지가 있었다 — 오늘 오후 2시에 강당에서 보고를 듣는다, 제시간에 입장할 것, 지각해서는 안된다는 내용이었다. 오후 1시가 지나자 학생들이 입장하기 시작했다.

제일 먼저 들어온 강청은 앞줄에 자리를 잡았다. 누가 보고를 하든지 꼭 돋보이는 자리에 앉는 것이 좋다고 생각하였다. 보고자가 중앙의 지도간부일 것은 틀림없기 때문이다.

강당은 학생들로 꽉 들어찼다.

2시가 되자 요란한 박수소리가 나면서 전체가 기립했다.

연단에 모택동이 나타났다. 수백쌍의 눈동자마다 희열의 빛이 어리었다.

강청도 일어나 박수를 쳤고 연단을 향하여 손을 흔들기도 했다. 박수치고 손을 흔드는 동작이 몇번이고 반복되었으니 이만하면 모택동이 자기를 발견했으리라고 믿어 의심치 않았다. 보고를 들으면서도 강청은 가만히 있지 않았다. 깊은 사색에 잠긴 것 같은 표정도 짓고 한참 필기를 부지런히 하다가는 손으로 턱을 고이고 갸웃이 연단 위를 쳐다봤다 하면서 변덕이 많았다.

두시간 후에 보고는 끝났다. 학생들은 흥분이 가라앉지 않은채 헤어질 생각도 아니하고 바로 필기장을 정리하였다. 서로 생각을 교환하는 학생도 있었다. 그날 저녁에 전교 학생들이 다 분조토론에 참가하였다.

그런데 강청은 우두커니 앉아만 있고 별로 발언을 하지 않았다. 그의 마음은 다른 데에 날아가 있었다. 여러가지 생각과 남에게는 말못할 사연이 머리 속에 있었다. 강청에게 있어 오늘은 모택동과 두번째로 만난 날이다. 혼자서만 가슴을 태워서는 안된다. 어떻게 해서든지 바로 행동으로 옮겨야겠다. 행동이 없는 한, 염원은 환상에 지나지 않는다. 반별토론이 거의 끝날 무렵에야 강청은 10분 가량 발언을 하였다. 남의 발언을 교묘하게 귀납하는 것으로 자기의 의견을 대체하는 총화식의 발언이었다. 멋진 형용사까지 삽입하며 그럴듯하게 엮어 놓으니 조리정연한 것 같기도 하였다.

소문대로라면 강청은 그후 면담을 요구하는 편지를 모택동에게 썼다고 한다.

이튿날 그 편지를 자기가 직접 모택동의 집 문앞까지 가져 갔고 그리고는 바로 당학교에 돌아왔다.

쟁취할 목표가 선정되었으니 더 이상 다른 사람과 사귀려고 하지도 않았다.

일요일 오후, 강청은 답장도 받지 않은채 제나름으로 예고한 시각에 모택동의 주거를 찾아갔다…

이유한(李維漢)의 회고한 바에 의하면 중공중앙당학교에서 모택동을 청해다 철학강의를 들은 일은 확실히 있다. 이유한은 1937년 5월부터 1938년 4월까지 당학교 교장을 지냈었다. 강청이 당학교에 입학한 때가 1937년 11월이니 이유한이 교장으로 있을 때였다.

이와 비슷한 주장이 하나 더 있는데 다른 것이라면 장소가 당학교가 아니라 노신예술학원인 것 뿐이다.
   "모택동의 주의를 환기시키려고 강청은 곱게 단장하고 항상 앞줄에 앉았다"
는 것이다. 강청이 중앙당학교에서 공부한 후 노신예술학원에 간 것은 사실이지만 시간적으로 볼 때 주중려의 설이 더 정확한 것 같다. 즉 중앙당학교에서 모택동의 보고를 들은 것이 계기였다는 설이 신빙성이 높다.

모택동의 신변으로

   역사에는 신통한 우연이 있는 모양이다. 이르지도 늦지도 않게, 하자진(賀子珍)이 연안을 떠나자 강청이 연안에 들어섰다.
   모택동과의 불화로 하자진은 한동안 서안(西安)에 가 있었고 아예 소련에 가서 병치료하자는 생각을 하게 되었다.
   그래서 하자진은 자동차를 타고 먼저 난주로 갔다. 당시 팔로군 난주주재 판사처 주임이던 사각재(謝覺哉)는 하자진을 연안에 돌아 가라고 타일렀지만 하자진은 말을 듣지 않았다.
   사각재는 모택동의 오랜 벗이다. 하자진의 일을 두고 후에 그는 아주 후회하였다.
   "그 후의 일이 그런 결과로 되리라는 것을 알기만 했어도 나는 절대 하자진을 소련에 보내지 않았을게다."
   하자진은 다시 자동차로 신강성 적화(迪化)에 갔고 거기서 소련행 비행기편이 있을 때까지 기다렸다.
   모택동은 하자진을 연안에 돌아 오라고 기별도 전했고 후에는 전보도 쳤다. 하지만 성격이 완강한 하자진은 끝내 제 주장을 고집했고 소련으로 갔다.
   모스크바에서 하자진은 동방대학에 입학하였고 얼마 후에 여섯째 아이를 해산하였다. 하자진이 소련에 도착한 후에도 모택동은 그가 연안으로 돌아오기를 희망하였다. 전보도 치고 편지도 썼다. 그러나 하자진은 급히 돌아 가려고는 하지 않았다. 기왕 동방대학에 온 이상 공부할 좋은 기회를 놓쳐 버려서는 안된다고 생각했던 것이다.

이와 때를 같이하여 강청이 하자진의 위치를 가로챈 것은 실로 유감스러운 일이다.

서명청(徐明淸)의 회고에 의하면, 강청이 모택동과 연애한다는 소문은 삽시간에 연안에 쫙 퍼졌다고 한다.

얼마 후, 당에서는 또 서명청을 찾아 강청의 내력을 알려고 하였다. 이번에 알려고 하려는 범위는 상해에서의 강청의 여러 면에 대한 정황이었다. 전번에 알려고 한 것처럼 당적(黨籍) 문제에 중점을 둔 것은 아니다. 강청과 모택동의 결혼을 염두에 두고 당에서 강청에 대한 두번째 심사를 하는 것임을 서명청은 명백히 의식하였다. 서명청은 이미 관련자료에 썼던 내용과 같이 다시 한번 설명한 외에 상해 시절의 강청의 생활정황과 로맨스에 대해서도 언급하였다.

당에서는 서명청을 통해 파악한 외에 국민당통치구에서 온 다른 사람을 통해서도 조사를 하였다.

필자가 방문하였을 때 서명청은 이렇게 말하였다.

"사람은 변할 수 있다. 강청의 변화는 하루이틀에 이루어진 것은 아니다. 처음에는 유계위(兪啓威)의 영향을 받아 중국공산당에 가입하였고 혁명의 길을 걸었다. 상해에 온 후에도 신경공학단(晨更工學團)에 있을 때는 일을 괜찮게 하였다. 그러나 후에 희곡계·영화계에 들어와서부터는 점점 변하기 시작했다. 명리만 탐내고 자기를 내세우려고 애썼으며 생활태도도 문란했다… 후에는 지위가 변함에 따라 점점 더 나쁜 데로 발전했고 나중에는 당과 나라의 권력을 탈취하려는 '4인방 무리'의 두목으로, 반혁명 집단의 두목으로 되었고 역사의 죄인으로 전락하였다."

3항 약장

모택동은 필경 중공의 최고 지도자이다. 강청은 한때 상해에서 불미스러운 소문이 자자했던 영화배우이다. 당시 모택동과 하자진은 이혼수속은 밟지 않았었다. 그러므로 강청이 모택동과 연애한다는 소식이 퍼지자 반대하고 나서는 사람이 적지 않았다.

제일 완강히 반대한 사람이 장문천이었다. 하자진은 영광스러운 투쟁경력을 가진 우수한 중공당원이며 장정(長征)의 시련을 이겨냈고 전투에서 여러번 부상도 입은 동지이므로 응당 존중해야 한다고 장문천은 주장하였다.

그러나 상반되는 의견을 주장하는 사람도 있었다 — 모택동이 누구와 결혼하든 그것은 모택동 개인의 일이니까 옆에서 이러쿵 저러쿵 할 필요가 없다. 남녀 결합이란 억지로 되는 일이 아니고 간부(幹部)감정을 하는 것과도 다르다. 이런 의견을 제일 뚜렷하게 주장하는 사람이 강생이었다.

전하는 말에 의하면 중공중앙정치국에서는 모택동의 결혼문제를 토론했다고 한다. 모택동 본인의 염원을 들어는 주었지만 강청에 대한 제한적인 조치를 정했다. 즉

"강청은 가정부겸 사무조수의 신분으로 모택동 동지의 생활과 건강을 책임질 뿐이다. 지금부터 당의 기관에서 직무를 맡아서는 안되며, 정치를 간섭해서도 안된다."

이 규정이 후에 '3항 약장'으로 알려지게 되었다. 아주 넓은 범위에 알려지기는 했어도 최초의 기초 문건에 의한 것이 아니므로 '3항'의 내용이 가지각색인 여러가지 '판본'이 있게 되었다.

이 문제에서 필자의 주의를 환기한 것은 최만추(崔萬秋)가 쓴 『강청전전(江靑前傳)』이다. 국민당군대가 연안을 점령하였을 때 왕약비의 일기책을 수색해 냈는데 거기에 '3항 약장'의 내용이 적혀 있었다고 『강청전전』은 썼다. 당시 왕약비(王若飛)는 중공중앙 비서장이었으므로 '3항

약장'을 적어 둔다는 것은 가능한 일이다.『강청전전』에 인용된 '3항 약장'은 다음과 같다.

첫째, 모(毛)·하(賀)의 부부관계가 아직 존재하고 있으며 그 관계가 정식으로 해제되지 않은 이상, 강청 동지는 모택동 부인으로 자처해서는 안된다.

둘째, 강청 동지가 모택동 동지의 생활기거(生活起居)와 건강을 책임지고 돌보기로 한다.

셋째, 강청 동지는 모택동의 개인적인 생활과 사무만 관여한다. 금후 20년 간은 당내의 어떠한 직무도 맡지 못하며 당내 인사(人事)에 관여하거나 정치생활에 관여해서는 안된다.

대만 측에서 공포한, 왕약비가 적었다는 '3항 약장'을 보면 내용이 비교적 정확하다. 일기장을 복사한 것을 아직 접하지 못했을 뿐이지만 이 판본이 '3항 약장'의 최초의 문서기록이라고 할 수 있다.

왕약비가 적었다는 '3항 약장'은 첫째로 모, 하, 강 삼인의 관계를 밝혔고 둘째로 강청의 임무를 규정하였으며 셋째로 강청에 대한 제한적 조치를 규정하였다. 세 조항을 보면 다 조리가 정연하고 용어도 타당하다. 여러가지 판본중 신빙성이 가장 높은 판본이라 하겠다.

모택동과의 결혼

24세의 강청은 45세의 모택동과 결혼하였다.

결혼날짜는 보통 1938년 가을이라고 한다. 주중려(朱仲麗)는 1938년 11월이라고 했지만 시간적으로는 역시 모호하다.

서명청은 1938년 11월의 어느 하루였다고 구체적으로 지적하였다. 그 날이 일본 비행기가 처음으로 연안을 폭격하던 날이기도 하였기 때문이다.

필자가『중국현대사 대사기(大事記)』를 찾아 보니 이런 기재가 있었다. '1938년 11월 20일, 일본비행기의 연안폭격이 있었고 30여명의 사상

자가 나왔다. 이튿날도 폭격이 계속됐다.'

필자는 또 섬감녕변구(陝甘寧邊區) 정부의 기관지인 『신중화보』를 찾아 보았다. 이 신문은 1938년 12월 20일에 『연안에 대한 적기의 무차별 폭격을 반대하여, 변방구의 각 단체가 전국 동포들에게 고하는 글』을 실었다. 이 글은 다음과 같이 썼다.

'적들은 최근에 다시 화북으로 돌아와 진찰기(晋察冀) 변구를 포위공격하였다. 우리 전체 인민에게 지대한 타격을 주고는 그 분풀이로 서안, 유림(楡林) 등 무방비 도시를 대거 폭격하였으며 11월 20일과 21일에는 연안까지 공습하였다. 두차례의 폭격에 연 30여대의 적기가 159개의 폭탄을 투하하였다. 사상자 150여명, 파괴된 가옥이 309칸, 피해 가축이 90여 마리에 달하며 기타 손실은 이루 다 헤아릴 수 없다…'

1990년 8월 20일자 『연안정신』이라는 신문에 『진운(陣雲)이 겪은 위난』이라는 글이 실렸는데 한 부분을 인용하기로 한다.

'1938년 11월 20일은 일요일이었다. 날은 다 밝았으나 해는 아직 청량산에 얼굴을 내밀지 않은 때였다. 갑자기 동북편 하늘에서 우릉우릉하는 소리가 들리더니 십여대의 까마귀(일본비행기를 말함)가 연안상공에 덮쳐 들었고 꽝꽝 하는 굉음이 사방에서 들려 왔다…'

이때 진운이 피신했던 요동의 앞 부분이 풀썩 무너졌다. 열여덟 사람이 밖으로부터 흙을 파헤쳤어야 겨우 진운을 구출해 냈다고 한다.

필자는 봉황산 아래에 있는 모택동이 거처했다는 요동을 찾아갔다. 옆으로 세칸이 나란히 있는 요동이다. 소개하는 바에 의하면 폭격시에 무너졌던 것을 다시 복구했다고 한다. 그날 폭격에 파괴를 입은 곳은 광화서국(光華書局)과 서북여사(西北旅社) 일대가 제일 피해가 심했다고 한다.

폭격이 있은 당일에 중공중앙기관은 서북 교외에 있는 양가령(楊家嶺)으로 옮기게 되었다. 그날 밤으로 모택동과 강청도 양가령으로 이사했다. 성방오(成傍吾)가 자기가 살던 요동을 모택동, 강청에게 물려 주었다.
 상기의 자료에 의하여, 강청이 모택동과 결혼한 날은 1938년 11월 20일이었다고 단정할 수 있다.
 서명청의 회상하는 바에 의하면 그날 모택동이 왕관란, 서명청 부부를 저녁식사에 초대하였다고 한다. 연도에서 서명청은 피해자의 주검을 많이 보았고 폭격의 참상을 목격하였다.
 모택동은 합작사에서가 아니라 당시 자기가 거처하던 봉황산 아래의 요동에서 손님을 초대하였다. 요리사를 한사람 불러다 요리를 하게 하였다. 이날 초대받은 손님 중에는 또 장문천, 이부춘(李富春), 채창(蔡暢), 나서경도 있었다. 주인과 손님은 한 상에 빙 둘러 앉았다.
 손님들은 이 자리가 모택동, 강청의 결혼 피로연임을 알았지만 모택동은 명언하지 않았다. 하여간 피차 다 알고 있는 일이니까 구태여 말할 필요가 없었을 게다. 강청은 모택동의 옆에 앉아 깍듯이 손님들에게 술을 권하였고 음식을 권하였다.
 당시 서명청은 진운의 부하였다. 중공중앙조직부의 부녀과(婦女科)의 부과장이다. 조직부 부장은 진운이다.
 서명청은 이렇게 설명을 가하였다.
 "우리가 초대받기 전과 후에도 모택동은 따로따로 몇번인가 손님을 청했었다. 요리사 한사람이 한꺼번에 많은 손님에게 봉사할 수 없었으니 이런 방법을 취한 것이다. 그러므로 어느날이 결혼날인가를 분명히 말하기는 곤란하나 11월 20일 전후인 것만은 사실이다."
 결혼한 후에도 강청은 명의상으로는 여전히 중공중앙 군위(軍委)의 당안 비서였다. 실지는 모택동의 신변에서 그의 생활을 돌보는 역(役)이었다.
 얼마 후에 모택동은 양가령에 신축한 삼칸 요동으로 이사하였다. 산 아래에 위치했는데 방바닥에는 벽돌을 깔았고 벽은 흰 회칠을 하였다. 창문에도 얇은 백지를 발랐으니 집안이 아주 환했다. 가구도 더러는 새로 짠 것인데 페인트칠은 하지 못했다. 페인트를 구할 수 없는 시대였다.

삼칸요동은 한칸이 거실, 한칸이 모택동의 서재 겸 침실, 한칸이 강청의 침실이었다.

문앞에 있는 평평히 다진 마당에는 돌로 된 상과 걸상이 놓여 있다. 자그마한 채소밭도 있다. 한가할 때면 모택동은 채소를 가꾸기도 하였다.

전기나 수도는 물론 없다. 촛불이나 기름등잔 밖에 없었고 물은 우물을 길어다 먹었다. 오지로 만든 대야를 물독으로 대용하였다.

강청은 완전히 가정부인으로 되었다. 우쭐대는 일은 없었고 매사에 조심하였다. 상해 시기의 로맨틱한 강청과는 판이한 사람으로 되었다. 고급간부의 부인 중 자기의 혁명경력이 제일 짧고 얕다는 것을 그는 알았다. 주은래의 부인 등영초는 노혁명가이고 주덕의 부인 강극청(康克淸)은 정강산 투쟁을 겪었고 장정(長征)의 시련을 이긴 사람이다. 임필시(任弼時)의 부인은 다년간 상해에서 지하공작을 하였고 장문천의 부인 유영(劉英)은 장정할 때 중앙대(中央隊)의 비서장이었다. 박고(博古)의 부인 유군선은 소련에 갔다온 적이 있는 간부요 역시 장정을 거쳤었다… 이런 여걸들과는 하자진(賀子珍)이라야 가히 어깨를 겨눌만한 혁명경력을 가지고 있다. 그렇기 때문에 금방 모택동과 결합된 강청은 매우 조심하였고 누구를 대하든 공손히 미소를 띤채 머리를 숙여 인사를 올리는 정도였고 말은 별로 하지 않았다. 이때의 강청은 새색시였고 젊은 아낙네였다.

강청은 중앙당학교의 학습을 마친 후 노신예술학원에 배치받았다. 강청의 전기(傳記)를 쓴 일부 책에는 강청이 연안에 오자마자 노신예술학원에 배치됐다고 기술되었는데 이건 사실에 맞지 않는다. 노신예술학원은 1938년 4월 10일에 성립되었다. 처음에는 연안 성내의 이도가(二道街)에서 임시로 방을 빌어 교사로 썼고 후에 북문 밖의 양편 산비탈로 옮겼다. 그 후 1939년 8월 3일 또다시 이사하여 연안 동교(東郊) 10여리 되는 곳인 교아구(橋兒溝)의 천주교당 자리로 갔다. 그곳이 원래는 중공중앙 당학교였다.

지금 남아있는 노신예술학원 자료에 의하면 희곡학부는 책임자 장경(張庚), 조리원(助理員) 황내일(黃乃一), 편극(編劇) 왕진지(王震之), 지도원 강청이다.

또 이 학교의 이러저러한 회의에 참가한 사람들의 명단이 있는데, 강청의 이름이 교무회의, 훈육(訓育)회의 참가자 명단에 있었다.

모택동과 결혼한 후에도 강청은 사회활동에 더러 참가하였다.

1939년 2월 10일, 전국희곡협회 섬감녕변구분회가 성립되었다. 강청은 이사(理事) 중의 한사람이다.

1940년 1월 4일부터 12일까지 섬감녕변구문화협회 제1차대표대회가 열렸다. 강청은 집행위원 중의 한사람이다.

1946년 7월 말에 연안영화촬영소가 발족하였다. 강청은 임원진 중의 한사람이다.

신혼 초기의 나날은 무사히 지냈다. 두사람의 관계가 좋았고 강청은 모택동에게 스웨터도 떠주었다. 식사할 때에는 매운 요리도 대접했고 한가할 때에는 구식 축음기도 틀어주었다. 이 축음기는 미국기자 스머들레(Agnes Smedley) 여사가 연안에 왔을 때 모택동에게 선물한 것이다. 강청은 소리판(레코드판)을 한장한장 척척 이어 대었다. 모택동이 경극을 좋아하므로 강청은 연안에서 입수할 수 있는 경극을 녹음한 소리판을 많이 수집해 왔다. 모택동도 흥이 날때면 발장단을 치면서 낮은 소리로 따라 부르기도 하였다.

모택동의 요동에는 모모한 손님들이 많이 찾아왔다. 모택동의 전우가 온 경우에는 강청은 담배나 찻물을 권하고는 바로 자리를 피했다. 외국기자가 오면 접대하는 자리에 나와야 했다. 그러나 악수를 나누고 인사를 하는 정도였고 다과상을 준비해서 들여다 놓고는 역시 자리를 피했다. 그는 처녀처럼 수줍어했다. 이러하였기에 한 외국기자는 강청에 대한 인상을 이렇게 썼다-강청은 '솔직하면서도 예절바른, 그리고 사리에 밝은 현처양모인 것 같았다.'

집을 뛰쳐나온 노라(입센의 희곡에 나오는 여성 주인공)의 역을 훌륭히 담당했던 이 배우는 노라와는 정반대인 현처양모형의 동방여성의 역도 훌륭히 담당하였다.

이눌(李訥)의 출생

모택동과 만나기 전에 강청은 네번 결혼한 일이 있으나 한번도 출산을 경험한 적은 없다.

모택동과 결혼한 후에는 빨리 아이가 있기를 소원하였다. 당시 연안에 있는 여성간부들은 대부분 아이를 낳기를 원하지 않았다. 아이만 있게 되면 하던 일을 그만두고 육아에 전념해야 하기 때문이다. 강청의 처지는 그들과는 다르다. 사업터가 가정이었고 맡은 임무가 모택동의 생활과 건강을 돌보는 일이다. 모택동은 몹시 분주한 사람이었지만 그에 비하여 강청은 너무도 한가한 사람이었다. 아이가 있으면 그만큼 할일이 있게 된다. 그보다 더 중요한 것은 아이가 있으면 모택동 부인으로서의 지위를 공고히 할 수 있다. '3항 약장'으로 하여 강청은 항상 주의와 경계를 하였다.

결혼해서 얼마 되지 않은 1939년 연초에 강청은 2~3개월간 남니만에 가서 노동에 참가하였다. 강청은 배려를 받아 황무지 개간이나 밭일노동에는 나가지 않았다. 강청은 자기의 장기를 발휘하여 털내의를 뜨기로 하였다. 섬북지방의 민간에서 생산한 털실로 두툼한 내의를 열몇 벌 뜬 것이 강청의 노동성과였다.

모택동과 결혼하여 1년이 되는 1939년 겨울에 강청은 임신하였다. 그리하여 1940년 8월에 계집아이를 낳았다. 당시 강청이 26세이고 모택동이 47세였다. 딸을 보게 된 모택동은 여간 기뻐하지 않았다. 그로 말하면 이 아이는 열번째 자식이다. 양개회가 세아들-모안영, 모안청, 모안룡을 낳았다. 모안영은 1922년 10월 출생, 모안청은 1923년 11월 출생이다. 모안룡은 1927년 4월 출생인데 급성세균성 이질에 걸려 1931년 5월에 상해 광자병원에서 숨졌다. 하자진은 아이 여섯을 낳았으나 교교(嬌嬌)라는 계집아이 밖에 살리지 못했다.

그러니 당시 모택동에게는 2남(안영, 안청) 2녀(교교, 그리고 강청이 낳은 아이)가 있는 셈이다.

모안영과 모안청은 1936년 6월에 상해를 떠나 이듬해 연초에 모스크바에 도착했고 그 후 그냥 거기서 생활하였다.

교교는 원래 모택동, 강청과 같이 생활했다. 하자진은 소련에서 남자 아이가 요사하자 교교를 몹시 그리워 했다. 그래서 모택동의 동의하에 네살 나는 교교를 하자진에게 보내 주었다. 강청이 생녀한 1940년의 일이다. 교교와 같이 있게 된 하자진은 적지 않은 정신적 위안을 받았다.

결국 모택동의 슬하에 남은 자식은 강청이 낳은 계집아이 뿐이다. 모택동은 이 아이에게 이눌(李訥)이라고 이름을 지어 주었다.

'이(李)'는 강청의 본성이다. 모택동은 1935년 1월의 준의(遵義)회의를 거쳤고 또 장국도(張國燾), 왕명(王明)과의 투쟁에서 승리함으로써 중공에서의 확고한 지도자 지위를 이미 확립하였다. 아이에게 모씨성을 달아주었다간 너무 눈에 뜨일 게고 불편한 일이 많으리라 생각하고 이씨 성을 가지게 한 것이다.

'눌(訥)'은 『논어』의 '이인편(里仁篇)'에 나오는 글자다. '군자는 언어는 지둔해야 하되 행동은 민첩해야 하느니라(君子欲訥於言 而敏於行).' 눌은 말을 생각하며 더듬으면서 한다는 뜻이다.

교교는 소련에 여러해 있다가 1948년에 모택동 한테로 돌아 왔다. 후에 교교가 북경사범대학 부속중학교에 입학하게 되자 '모교교'를 '이민(李敏)'이라고 개명해 주었다. 그 출전은 이눌의 경우와 같다. 같은 『논어』의 '공야장편(公冶長篇)'에 또 '민이호학(敏而好學), 불치하문(不

恥下問)'이라는 구절에서 생각해 낸 것이다.

이민의 이(李)는 강청의 본성과는 무관한 다른 뜻도 내포하고 있다. 1947년 3월, 호종남(胡宗南)이 장개석의 명을 받고 25만 대군으로 연안으로 진격하였다. 3월 19일, 모택동은 연안을 포기하고 적을 깊이 끌어들이는 전략 방침을 취하기로 하였다. 연안을 떠난 후 모택동은 섬북 각지를 전전하였다. 적군에게 목표를 감추기 위하여 모택동은 한때 이덕승(李德勝)이라는 가명을 사용하였다. 연안을 떠나면 승리하리라(離得勝)는 말과 음이 비슷하다 하여 이런 가명을 지었다고 한다. 교교는 이덕승의 딸이니 이씨 성을 따름이 마땅하지 않은가.

이눌은 깜찍하고 활발한 아이였다. 모택동의 집에는 웃음소리가 그치는 날이 없었고 부인으로서의 강청의 지위는 점점 확고한 것으로 되었다.

교태와 교만

강청은 이눌을 낳으면서부터 자기의 지반을 공고히 하였고 내노라는 듯이 뽐내기 시작했다. 이제는 소심하고 근신하는 각시가 아니다. 잘못하면 보모를 꾸짖었다.

집안에 초인종을 장치하고 아무때고 근무원·경위원을 불러 다가 이래라 저래라 하며 부려 먹었다.

식사에 대해서도 잔소리가 많았다. 취사원에게 이래야 한다느니 저래야 한다느니 부탁도 많았다.

점점 더 교태를 부리고 교만을 부렸다.

수줍음이란 이제는 없다. 공주처럼 아름다운 자태로 연안의 무도회에 나오기도 하였다. 무대가 울퉁불퉁하였지만 언제나 우아하고 숙련된 춤 자세를 취할 줄 알았다. 자연히 중심 인물로 각광을 받게 된다.

"저길 보라구. 아무래두 상해에서 온 영화배우가 다르기는 다르다."

사람들은 이렇게 수군거렸고 강청은 한결 더 우쭐하게 되었다.

강청은 기마운동을 좋아했다. 원래는 말을 탈 줄 몰랐다 - 서안에서 낙천(洛川)으로 향하는 도중에서 연일 비가 퍼붓는 바람에 자동차가 통하지 못하게 되었다. 할 수 없이 말을 타게 됐는데 무섭고도 긴장해서 여간 고생하지 않았다 - 지금은 소일거리로 말을 탄다. 연안의 거리를 말을 타고 지날 때는 기분이 더 없이 좋았다.

뉴질랜드 출신인 루이·아일리는 이런 회상담을 말한 적이 있다.

"한번은 연안 성외(城外)에서 백마를 타고 달려 오는 젊은 여성을 보았다. 달리는 속도가 좀 빠른지라 보는 사람이 긴장감을 느낄 정도였다. 그 여성이 누군지를 당시는 몰랐다. 돌아와서 목격한 바를 이야기하니 사람들은 이구동성으로 말했다. 아, 그 여성 말입니까? 주석의 새 부인입니다."

강청은 득의양양했다. 남이 자기를 주시하고 자기를 부러운 눈으로 보아 주기를 강청은 소원했다. 사람들이 자기를 보며 주석의 새 부인이라고 수군수군할 때는 가슴이 후련했고 지난날 상해의 무대에서 각광을 받았을 때처럼 만족감을 느꼈다.

무도회와 말타기 외에 혼자 집에 있을 때는 담배도 피우기 시작했다. 상해에서도 담배는 좀 피웠었다. 지금은 번민하는 일이 있거나 하면 담배를 피운다. 그러나 남이 보는 데서는 그리 피우지 않았다. 섬북지방에서는 젊은 여성이 흡연한다는 건 극히 희소한 일이기 때문이다.

강청은 현모양처형의 동방여성이 아니다. 개성적으로 완강한 그는 새 각시의 단계가 지나자 본색을 점점 드러 내었고 주인의 말을 고분고분 듣지도 않았다. 섬북시절에 강청은 모택동을 언제나 '주인(老板)'이라고 불렀다. 강청은 자기의 독립성을 과시하면서 자주 모택동과 입다툼을 하였다.

원래는 부부간에 의견이 맞지 않아 한 두마디 다투는 건 조금도 이상할 것 없다. 그런데 강청은 장소를 가리지 않고 싸운다. 사무원들이 보는 데서도 거리낌 없이 싸운다. 모택동은 강청이 이렇게 남들이 보는 데서 아웅다웅하면 난처하기 그지 없었다. 강청이 점점 더 목청을 높이며 덤벼들면 모택동은 참다못해 한마디 꽥 소리를 친다 - "입다물지 못할까!" 이 말을 들으면 강청은 좀 누그러든다.

모택동이 제일 불쾌히 여기는 것은 강청이 자기를 '촌티가 난다', '촌뜨기(土包子) 같다'고 욕하는 것이었다. 기실 이말은 강청의 영혼의 심처(深處)를 드러내 보이는 것이기도 하다. 그것은 연안에 대한 멸시이고 영화배우로 활약하던 상해에 대한 그리움이다.

전전하던 그날

국공담판은 무산되고 중경에서 체결한 '쌍10협정(雙十協定)'은 포화에 의하여 갈기리 찢어졌다. 1946년 6월 26일, 장개석 군대는 중원(中原) 해방구를 대거 공격하였다. 전면적인 내전이 폭발한 것이다.

1947년 3월 13일, 날개에 청천백일(靑天白日) 표식을 한 국민당 비행기가 까마귀떼처럼 연안 상공에 나타났다. 폭탄이 비오듯하고 사방에 불바다가 생기고 검은 연기가 치솟았다. 연안의 고요는 깨뜨려졌다.

강청이 모택동과 결혼한지도 어언간 9년이 된다. 생활은 비록 단순하였어도 안정된 것이었다. 연안의 요동에서 강청은 편안한 나날을 보냈다. 사실 강청은 연안에 온 후 이때까지 전화의 세례는 받은 적이 없다.

국민당 비행기가 연안을 폭격하던 날, 호종남 부대의 16개 여단, 25만 명에 달하는 병력이 두 갈래로 나누어 연안 공격을 시작하였다.

모택동의 집 근처에도 폭탄이 떨어졌다. 폭풍에 유리창이 깨어지고 실내의 가구가 마구 흔들렸다. 다년간 전쟁환경을 체험한 모택동은 비행기가 왔건 폭탄이 터졌건 아랑곳하지 않고 그냥 집안에서 하던 일을 계속했다. 강청은 이눌을 데리고 방공호에 피했다. 용기를 내느라고 노래를 힘껏 불렀다고 한다.

호종남부대의 강력한 공세를 눈앞에 둔 모택동은 정면 충돌을 피하고 연안을 내어 주기로 하였다. 이날이 1947년 3월 19일이다. 이때부터 강청은 말을 타고 모택동을 따라 각지를 전전하면서 전쟁의 나날을 보내야 했다.

7기1중전회에서 선거된 중공중앙서기처의 '5대서기(五大書記)'는 이때 두패로 나누어 행동하게 된다. 유소기와 주덕은 일부의 중앙위원들을 거느리고 진찰기(晋察冀) 해방구에 속하는 하북성 평산현 서백파촌에 갔다. 중앙의 위탁을 맡고 유소기를 책임자로 하는 중앙공작위원회가 나왔던 것이다. 모택동, 주은래, 임필시는 그냥 섬북에 남아 작전을 지휘하였다. 그들은 중공중앙 전위(前委)를 성립하였다.

비밀을 엄수하기 위하여 모택동은 '이덕승(李德勝)'이라는 가명을 썼다. 앞에서 말한 바와 같이 '이득승(離得勝)'이라는 뜻이다. 주은래의 가명은 '호필성(胡必成)'이다. '호(胡)'는 수염 호자와 통한다. 전쟁시기에 주은래는 면도질 할 겨를이 없다보니 수염을 깍지 않았다. 수염이 검고 길기로 유명했다. '필성'은 기필코 성공한다는 뜻이다. 임필시의 가명은 '사림(史林)'인데 발음이 '사령(司令)'과 비슷하다. 육정일 가명은 '정위(鄭位)'인데 발음이 '정위(政委)'와 비슷하다.

행군도중에서 휴식할 때면 언제나 견문이 넓은 주은래가 인기를 끈다. 외국인의 중국어 말투로 우스개 말놀이를 한다.

"사람은 땅콩알은 먹어도 껍질은 먹지 않는다(食花生之仁不食花生之皮)."

사람들은 배를 끌어안고 웃는다.

강청은 주석 부인이니까 노래나 경극을 하지는 않는다. 그대신 수수께끼를 곧잘 낸다. 일곱살 나는 이눌은 강청의 영향을 받아 이런 장면에서는 명배우로 된다. 경극도 꽤 잘 안다. 『타어살가(打魚殺家)』를 한 단락 곡조를 빼며 부르면 어른들이 좋아라고 박수를 친다. 강청의 품격 그대로였다. 강청은 입장단을 치면서 악기 대신 반주곡도 나직이 불러준다. 모택동이 이눌을 칭찬하면 강청은 시뚝해서 웃는다.

그러나 정세는 갈수록 어려워졌다. 아이를 데리고 행군하니 불편한 일도 많았다. 그래서 모택동은 강청과 의논한 끝에 이눌을 산서성 농촌에 보내기로 하였다. 중앙기관을 따라나선 일부 가족과 자녀들을 황하를 건너서 산서성에 피난시켰던 것이다. 조직에서는 이문방에게 이눌을 딸려 보냈다.

섬북에서 전전하는 기간, 강청의 임무는 여전히 모택동의 생활을 돌보는 것 뿐이었다.

중공중앙기관이 한때는 섬북 정변현 왕가만(王家灣)에 있었다. 십여호 밖에 없는 산간마을이었다. 빈농 살(薩)영감이 두칸 반 요동의 한칸을 모택동, 강청에게 내주었다. 하루는 모택동, 주은래, 임필시, 육정일이 회의를 하게 되었다. 모택동의 방을 회의장소로 할 수 밖에 없었으니 강청은 자리를 피하여 다른 집에 가서 하룻밤을 자야했다. 이날 회의가 군사회의였기 때문이다. 빈대가 어찌도 무는지 강청은 그날밤 잠을 도저히 잘 수가 없었고 화가 나기만 했다. 군사회의를 한다면서 자기를 쫓아낸 것은 여전히 그 '3항 약장'이 자기를 구속하는 탓이라고 강청은 생각했다.

이런 일에 대해 강청은 아주 민감하였다. 한번은 모택동이 전보문을 작성하는데 강청이 다가와 볼까 하니 모택동은 서랍에 넣어 버렸다. 강청은 단단히 무안을 당했다.

숙영·행군·재숙영이 반복되는 유동생활 중에서도 1947년 11월 하순부터 1948년 3월 하순까지의 넉달 동안은 편한 생활을 할 수 있었다. 섬북 미지현의 양가구(楊家溝)에서였다.

양가구도 200호 정도의 작은 마을이었으나 왕가만보다는 훨씬 컸다. 큰길에서 꽤 떨어져 있고 내왕하는 사람이 많지 않았으니 여기가 마음에 들었다. 목표가 쉬이 드러나지 않기 때문이다.

'부풍채(扶風寨)'라는 지주장원이 있은 것도 이곳을 선택한 이유의 하나라 하겠다. 섬북의 산간벽지로 말하면 부풍채는 호화판 요동이었다. 문밖에 유리복도가 쭉 뻗어있는 것이 으리으리해 보였다. 실내의 벽에는 녹색페인트를 칠했고 온돌 주변은 용과 봉의 무늬까지 새겨 놓았다. 모택동과 강청은 이 부풍채에서 넉달동안 거주했다. 지도에는 이름없는 이 산촌이 한때는 중공중앙의 소재지였다.

1947년 연말에 중공중앙은 부풍채에서 중요한 회의를 열었다. 이 회의에서 모택동은 『목전의 정세와 우리의 임무』라는 보고를 하였다. 보고문을 모택동은 여러번 수정하였다. 나중에 강청이 깨끗이 베껴 썼다. 이때 모택동은 강청에게 '5불(五不)'의 요구사항을 명시했다. 즉, 글자를 틀리게 쓰지 말 것(不要寫錯字), 글자를 날려 쓰지 말 것(不要寫草字), 괴벽한 글자를 쓰지 말 것(不要寫怪字), 다른 글자(別字)를 쓰지 말 것(不要寫別字), 약자를 쓰지 말 것(不要寫簡字) 등이다. 모택동은 이 보고문을 비상히 중시하였으니 인쇄할 때 한자라도 틀리면 안된다는 것이다. 이처럼 모택동은 글자 한자 한자에도 원칙과 철저를 기하였다. 후에 이 보고는 『모택동선집』제4권에 수록된다.

소련에 가다

1949년 3월, 강청은 모택동을 따라 북평에 왔다.

그러나 한달 후에 강청은 모택동을 남겨둔 채 북평을 떠났다.

어디로 갔는가 하니 우선 기차를 타고 심양으로 해서 대련으로 갔다. 동행자는 이눌과 경위원과 간호부, 그리고 소련의사 한 분이다. 대련공항에는 소련에서 보내온 전용기가 강청 일행을 기다리고 있었다.

강청은 소련을 간다는 것이다. 몸이 아프다고 하면서 소련에 가 검진을 받아야 겠다고 하였다. 또 이눌도 데리고 가서 편도선 절제 수술을 해야겠다고 하였다.

북평은 평화적으로 해방되었다. 큰 병원도 많고 유능한 의사도 얼마든지 있었지만 강청은 북평에서 치료할 생각은 없었다. 소련에 병치료 간다하고 실은 세상 구경도 할 겸 푹 쉬자는 계산이 앞섰던 것이다. 이때까지 강청은 출국한 경험이 없다. 출국이라 하면 당시에는 큰집이나 다름없는 소련이 제일 매력이 있었다.

강청은 처음으로 전용기를 탔고 퍼스트 레이디에 대한 예우와 그 영향력을 실감하였다.

모스크바에 착륙하자 강청은 교외에 있는 스탈린의 한 별장으로 안내되어 갔다. 거기가 강청의 거처였다. 산간벽지에 있다가 그런 곳에 와 있게 되었으니 강청은 일시에 구중천에 오른 것 같이 득의양양하였다.

주중려(朱仲麗)의 회고에 의하면 당시 강청은 대단한 병은 없었다. 소련의사가 보고, 관능성 신경과민 외에는 아무런 질환도 없으며 입원할 필요도 없다고 하였다. 그래서 강청은 요양원에 가서 요양하기로 하였다.

편도선 수술을 하고 곧바로 퇴원한 이눌도 강청과 같이 요양했다. 소련측에서는 모택동의 부인이라는 데서 강청을 크게 예우하였다. 남방 해변가에 있는 요양원에 모셔 갔고 고급 호실에 들게 하였다. 강청은 1937년 가을에 연안에 가서부터 1949년 봄에 북평으로 들어오기까지 만 12년을 산골에서 살았다. 35세가 되어 이런 요양을 하게 되니 실로 고진감래의 감이 없지 않았다.

소련에 있을 때의 최대의 일정은 스탈린과 만난 일이었다.

유소기가 중공중앙의 파견을 받고 소련을 비밀방문하였다. 스탈린은 유소기를 접견함과 동시에 모택동의 부인인 강청도 접견하였다.

연회에서 강청은 스탈린에게 술을 권하였다. 스탈린은 강청이 너무도 젊은지라 혹시 긴장하지 않을까 하고 생각했다. 배우인 강청은 침착하게 스탈린의 옆으로 걸어갔다. 술잔을 높이 들고, 무대에서처럼 또렷또렷하게 축사를 올렸다.

"스탈린동지께서 술잔을 드시기 바랍니다. 스탈린동지께서 건강하고 장수하시기를 축원합니다. 스탈린동지의 건강을 우리의 행복으로 알겠습니다."

축사를 듣고 스탈린은 미소를 띠었다.

"나의 건강이 당신들의 행복이라니, 이런 축사를 처음 듣습니다. 고맙습니다. 모택동 동지의 건강과 장수를 축원합니다."

이렇게 말하고 스탈린은 강청과 같이 축배를 들었다.

중남해의 국향서옥

강청은 1949년 가을에 귀국했다. 모택동이 서교(西郊) 향산에 있는 쌍청별장으로부터 중남해에 이주한 후였다.

중남해의 국향서옥(菊香書屋)이 스탈린의 별장과는 비할 수 없으되 연안의 요동보다는 훨씬 나았다. 강청의 거실은 국향서옥의 북쪽 채에 있었다. 모택동의 거실과 상대하는 위치였으니 이건 당당한 주석부인의 신분을 상징하는 것으로 이해해도 된다. 이제는 하자진이 귀국한다 해서 자기의 지위를 위협하지 않을까 근심할 건 없다.

1949년 9월 27일부터 북평(北平)은 원래의 이름을 회복하여 북경(北京)으로 부르게 되었다. 북평은 장개석 정부가 남경정부를 세우면서 「북쪽의 평화」를 의미하며 북평에 붙여준 북경의 옛이름이다. 1949년 10월 1일, 모택동은 첫 오성홍기를 천안문광장의 국기게양대에 올리고 북경을 수도로 하는 중화인민공화국의 수립을 내외에 선포하였다.

얼마 후 강청은 모택동의 위탁을 받고 중요한 임무를 한가지 수행하였다. 강청의 마음에 맞는 이 임무는 북경역에 가 송경령(宋慶齡)을 전송하는 일이었다.

손중산 부인인 송경령은 성망이 대단히 높은 분이다. 송경령이 이해 8월 28일 기차로 북평에 도착했을 때는 모택동이 주덕, 유소기, 주은래와 같이 역에 마중을 나갔었다. 10월 1일에는 중화인민공화국 부주석으로 천안문 성루에 올랐었다.

11월에 송경령은 볼일이 있어 상해에 돌아 가게 되었다. 모택동은 손님을 전송하는 일을 강청에게 위탁하였다. 떠나는 분이 여성이니까 강청이 나서는 게 적합한 것도 사실이다. 강청은 잘 차려입고 기쁜 마음으로 역전으로 갔다. 전송한다는 일 자체가 중요하다는 것보다 모택동을 대신하여 공무를 수행한다는 것이 강청에게는 더 중요했다. 즉 모택동 부인의 신분으로 공개장면에 나타난다는 데에 의미가 있었다.

[제2장]
정치에 손을 대다

영화지도위원회의 위원

모택동 부인이란 필경은 일종 신분일 뿐이요, 직무는 아니다. 이대로 국향서옥에서 한거하기만 해서는 안되겠다고 생각한 강청은 일을 하겠다고 자진해 나섰다.

조직에서는 재삼 고려한 후 강청을 중공중앙선전부 문예처 부처장으로 임명하였다. 그리 높다고는 할 수 없으나 과히 낮지도 않고 강청의 흥미에도 맞는 직무라 하겠다. 탄력성이 있는 부직(副職)이기도 하다. 매일 출근할 필요도 없고 아무 일도 관계치 않아도 무방한 명분뿐인 직이었지만 어쨌든 당내의 정식 직위임은 틀림없다. 급별로 말하면 강청은 전용차를 배치받을 급은 못된다. 하지만 모택동 부인이라는 신분으로 승용차를 탈 수 있었으니 편리하기는 마찬가지였다.

강청은 가만히 앉아 있지는 못하는 여인이다. 모택동이 당과 국가의 주석이 되자 자기도 활개쳐 보려는 생각이 났고 정치에도 손을 뻗쳐 보려고 하였다. 그 최초의 실험이 영화『청궁비사(淸宮秘事)』에 대한 비판이다.

『청궁비사』는 홍콩 영화(永華) 영화촬영소가 1948년 12월에 완성한 작품이다. 시나리오에 요극, 감독에 주석린이었다. 광서황제의 역에 서적, 진비역에 주선, 서태후 역에 당약청, 이연영 역에 홍파였다. 영화는 먼저 홍콩에서 개봉되었고 1950년 3월부터 5월까지 북경·상해 등 도시에서 상영되었다. 영화계를 떠난지 여러해 되지만 강청은 여전히 영화계의 동향에 관심을 돌렸으며 『청궁비사』를 포함한 많은 영화를 가져다 보았다.

『청궁비사』를 보고 강청은 이 영화는 '매국주의를 선양하는 반동영화'라고 인정하였다.

이런 소감을 모택동에게 말했더니 모택동도 강청의 견해를 지지하는 것이었다.

그후, 중앙선전부의 회의에서 문예처 부처장 강청이 다음과 같이 주장하였다.

"『청궁비사』는 아주 나쁜 영화이다. 이 영화를 우리는 비판해야 한다."

중공중앙선전부 부장 육정일과 부부장 주양(周揚)은 문예처 부처장의 의견을 지지하지 않았다. 다른 한 부부장인 호교목도 강청과 어긋나는 의견을 주장했다. 호교목은 1941년부터 모택동의 비서와 중공중앙정치국의 비서를 담임하였고 모택동과의 접촉이 많았다. 모택동 부인이라는 신분으로 강청이 다른 사람들을 위압할 수 있을지는 몰라도 육정일, 주양, 호교목과 같은 높은 간부를 좌지우지할 수는 없다. 섬북을 전전할 때 육정일은 정위(鄭位) 즉 정위(政委)로서 날마다 모택동과 같이 대사를 논의하였다. 주양은 벌써 30년대에 상해문화계에 중공지도자로 활약하였었다.

'지위가 낮으면 말도 무게가 없다'는 것을 강청은 통감하였다.

그러나 강청은 여전히 영화계에 관심을 돌렸다.

1950년 7월 11일, 문화부는 『신작 영화의 상영허가증 발급에 대한 규정』·『국산 영화의 수출에 대한 규정』·『국외 영화의 수입에 대한 규정』·『낡은 영화의 정리정돈에 대한 규정』을 반포하였다. 이 시행 규정들은 영화사업에 대한 관리를 강화하기 위해서였다. 동일한 목적에서 또 '영화산업 지도위원회'를 성립하기로 결정하였다. 이 지도위원회 위원 중에는 육정일, 주양, 호교목, 전한, 장남상, 정영, 등탁, 양한생 등이 있었고 강청도 있었다. 이날 문화부는 또 희곡발전위원회도 성립하였다.

『청궁비사』비판에서 뜻을 이루지 못한 강청은『무훈전(武訓傳)』이라는 영화를 비판하기로 하였다.

무훈은 본명이 무칠(武七)이고 산동성 당읍(堂邑) 출신이다. 행걸흥학(行乞興學)하여 이름을 날렸고 청나라 정부의 표창을 받았으며 의학정(義學正)이라는 칭호를 탔다.

무훈의 정신을 높이 평가하는 도행지(陶行知)가 1944년 여름 중경에서 손유(孫瑜)를 만났다. 후자는 극작가이고 연출가이다. 도행지는『무훈선생 화전(畵傳)』을 손유에게 주면서 영화『무훈전』을 찍으면 어떻겠느냐고 건의하였다.

수년 후 1947년에 손유가 미국에서 돌아왔다. 남경에 있는 중국영화촬영소가 반란진압을 내용으로 한 반공(反共) 영화를 찍으려고 할 때였다. 당시 지하공작에 종사하던 중공 문예계의 지도자였던 양한생(陽翰笙)은 손유가 이전부터 무훈에 흥미가 있음을 알고『무훈전』의 각본을 쓰라고 권하였다. 이 영화를 중국영화촬영소에서 찍게 함으로써 반공영화의 제작을 저지하자는 것이었다. 이리하여 손유가『무훈전』의 대본을 썼고 중국영화촬영소가 1948년에 촬영을 시작하였다. 조단(趙丹)이 무훈의 역을 맡았다.

그러나 동년 11월에 접어들면서 정세에 큰 변화가 생겼다. 회해(淮海)전역이 한창 전쟁에 빠져 들어가는 중이었고 남경도 아주 위태롭게 되었다. 중국영화촬영소는 경비 부족으로 인하여『무훈전』의 제작을 중지하였다.

이러한 사정으로 이 영화의 제작권이 1949년 2월에 상해 곤륜(昆崙) 영업공사에 넘어가게 되었다. 이러저러한 곡절을 거친후 1950년 12월에 영화가 마침내 완성되었고 이듬해 연초에 개봉되었다.

영화의 제작에 3년이 걸렸다. 국민당 시대에 시작하여 공산당시대에에 결실을 보았다. 영화제작자들은 새로운 정세에 순응하기 위하여 영화의 시작과 결말 부분에 다음과 같은 내용을 추가하였다.

"우리는 해방되었습니다. 우리의 중공중앙은 가난한 사람에게도 충분히 교육받을 기회를 마련해 주었습니다. 다시는 눈뜬 소경으로 되지 않을 것입니다. 무훈을 기념하여 우리 모두 야학에 나갑시다. 문맹을 퇴치하고 문화자질을 높입시다."

"중국의 인민대중은 수천년의 고난과 유혈투쟁을 경험하였습니다. 오늘에 이르러, 인민을 위해 복무하는 공산당이 있고 무산계급정당의 올바른 지도가 있었기에 우리는 제국주의와 국민당정권을 타도하고 해방을 맞이하였습니다. 무훈을 기념하여 우리 모두 문화지식을 잘 배워 문화건설의 새시대를 영접합시다."

국민당시대에 구상하고 창작한 이 영화를 새로운 시대의 필요에 순응시키려고 무척 애를 썼음을 가히 알 수 있다.

영화가 상영된 후 첫 3개월 간은 반향이 대단히 좋았다. 신문마다 칭찬하는 평론을 실었고 잡지『대중영화』는『무훈전』을 1950년도의 10대 국산 가작의 하나로 정했다.

영화지도위원회의 위원인 강청도 물론 이 영화를 보았다.

"모든 사람이 다 취했어도(衆人皆醉) 나만은 똑똑한 정신(吾獨醒)"이라 할까, 강청은 이 영화에서 커다란 문제점을 찾아 냈다.

강청은 이번에도 모택동에게 자기 견해를 말했다. 그래서 모택동도 필름을 가져다가 이 영화를 보았다. 모택동은 이 영화를 자산계급의 개량주의를 선전하는 영화라고 인정했다.

모택동의 평가를 듣고 강청은 무척 기뻤다. 임금에게서 보검을 받아 가진 것과도 같은지라, 강청은 주양한테 이렇게 말했다.

"『무훈전』은 자산계급 개량주의를 선전하는 영화니까 비판해야 합니다."

전번과 같이 강청은 모택동의 의견을 중복한 데 불과하지만 누가 말하더라고 밝히지는 않았다.

주양은 여전히 강청의 의견을 찬성하지 않았다. 자꾸 흠집만 잡아 낸다고 여기고 한마디 핀잔을 주었다.

"아니 이 사람아, 개량주의가 좀 있는게 무엇이 대단하다고 그러는가?"

무훈전 비판과 정치개입

1951년의 정세는 1950년과는 달랐다. 문화계는 번거롭고 혼란하던 건국초기와는 달리 1951년부터는 비판사업을 수행하기 시작하였다.

1951년 1월 10일 부의 『문예보』는 "분노의 화전(火箭)"·"나귀의 사"·"총을 들지 않은 적"을 비판하는 글을 게재하였다.

1951년 2월 10일 부의 『문예보』는 벽야(碧野)의 장편소설 "우리의 힘은 무적"을 비판하여 쓴 진기하(陣企霞)의 글을 게재하였다.

4월에는 신문·잡지들에서 예술영화 『영예는 누구에게 속하는가』를 비판하였다.

이리하여 『무훈전』에 대한 비판도 일정에 오르게 되었다.

4월 25일 부의 『문예보』가 『무훈전』을 비평하는 글 "교훈으로 삼을 수 없는 무훈"을 실었다. 『무훈전』 비판의 첫 화살을 쏘아 올린 문장이었다.

5월 10일 부의 『문예보』는 또 양이(楊耳)가 쓴 글 "도행지 선생이 찬양하는 무훈정신에 대한 비판"을 실었다. 비판의 불길은 이렇게 도행지(陶行知)에게도 파급되었다. 이날 『문예보』는 등우매(鄧友梅)가 쓴 "무훈에 대한 일부 자료"도 게재하였다.

5월 15~16일, 『인민일보』는 『무훈전』을 비판하는 『문예보』의 문장을 전재하면서 '편자의 말'을 앞에 놓았다. 즉 영화 『무훈전』에 대하여 깊이있는 토론을 진행할 것을 호소하였다. 중공중앙기관지가 영화 『무훈전』에 대한 비판을 주시하고 있음을 의미하는 것이었다.

나흘 후인 5월 20일, 『인민일보』가 극히 이례적인 거동을 취했다. 제

1면의 뚜렷한 자리에 "영화 '무훈전'에 대한 토론을 중시해야 한다"는 사설을 실었던 것이다. 『인민일보』가 일개 영화를 비판하기 위하여 사설을 쓴 일은 이때까지 없었다.

사설은 필봉이 날카로왔고 위압감을 띠고 있었다. 보통사람이 쓴 건 아닌 것 같았다. 26년이 지나 1977년에 『모택동선집』 제5권이 출판되었는데 이 사설이 수록돼 있었다. 이때에야 사람들은 이 사설이 국향서옥(菊香書屋)에서 나왔음을 알게 되었다.

사설은 영화 『무훈전』이 '봉건문화를 열광적으로 선전하였으며, 농민혁명투쟁을 모독하고 중국역사를 모독하였다'고 지적하였다. 『무훈전』을 이렇게 비판한 다음, 사설은 문화계의 지도자들을 예리하게 비평하였다.

영화 『무훈전』이 나오게 된 것, 특히 무훈과 영화 「무훈전」에 대한 찬미가 이렇게까지 많다는 것은 당시 중국의 문화계에 사상이 얼마나 혼란에 빠지고 있는가를 말하여 준다.

많은 문필가들은 역사의 발전이란 새 사물에 의하여 낡은 사물이 교체되는 것이 아니라, 온갖 노력을 다하여 낡은 사물을 사멸되지 않도록 보전하는 것이라고까지 하였다.

특히 주목하여야 할 것은 마르크스 주의를 습득하였다고 자처하는 일부 공산당원들이다. 그들은 사회발전사-역사적 유물론을 배우기는 하였지만 구체적인 역사적 사건, 구체적인 역사적 인물(예컨대 무훈과 같은 인물), 구체적인 반역사적 사상(예컨대 영화 '무훈전' 및 무훈에 관한 기타 저작들)에 부딪치면 그만 비판 능력을 잃어 버리며 심지어 어떤 사람은 이런 반동사상에 투항하기까지 한다. 자산계급의 반동사상이 공산당에 침입하였다는 이것이 그래 사실이 아니란 말인가. 일부 공산당원들이 제반에는 습득하였다고 하는 그 마르크스주의가 대체 어디로 갔는가.

사설은 하늘과 땅(乾坤)을 돌려 놓는 지대한 영향력이 있었다. 전국이 해방된 후, 문예계의 제1차로 되는 대규모적인 비판운동은 이렇게 일어났다.

　『무훈전』을 찬양했던『대중영화』편집부와 관련된 자들은 연신 신문에 반성하는 내용의 글을 썼다.

　곽말약(郭沫若)도 비판받지 않고는 안될 처지였다. 그는 "무훈화전"에 서명(書名)을 써 주었고 머리말도 써 주었다. 그는『인민일보』에 "무훈비판과 연계한 나의 반성"이라는 글을 썼다.

　『무훈전』의 각색·감독을 맡았던 손유와 주역을 맡았던 조단은 물론 중심인물이 되어 여러번 비판과 반성을 하여야 했다.

　곤륜영업공사(昆侖影業公司)는 각지에 전보로『무훈전』의 상영 정지를 알렸다.

　중앙문화부·교육부, 그리고 중공상해 시위는『무훈전』비판을 호소하는 통지문을 하달하였다.

　주양(周揚)도 조류에 순응할 수 밖에 없었다. 8월 8일부『인민일보』는 그가 쓴 문장 "반인민·반역사적 사상과 반현실주의의 예술 — 영화 '무훈전'을 비판하여"를 게재하였다.

　하연(夏衍)도 8월 26일부『인민일보』에 "'무훈전' 비판에 결부하여 상해문학계에서의 나의 사업을 반성한다"는 제목의 글을 썼다.

　비판이 최고조에 달하였을 때 강청은 제마음에 드는 일을 한가지 하였다.

　1951년 6월에 인민일보사와 중앙문화부가 조직한 '무훈역사조사단'이 산동성에 가서 현지조사를 하였다. 조사단 성원이 도합 13명이었는데 그중에 이진(李進, 즉 강청)도 있었다. 13명의 명단은 다음과 같다.

　원수박(인민일보사)
　종점비, 이진(중앙문화부)
　풍의지(중공중앙 산동분국 선전부)

우광, 양근인(중공 평원성위 선전부) (평원성은 1949년에 설치했다가 1952년에 폐지되었다. 그 지역이 지금은 산동·하남·하북 3성에 따로따로 속한다-인용자 주)

사낙로(중공 요성지위 선전부)

단준경, 조안방(중공 당읍현위)

한파(중공 임청현위 선전부)

조사단은 산동성의 당읍(堂邑), 임청(臨淸), 관도(館陶) 등 현에서 20여일간 조사를 하였다. 현지 사람들은 조사단이 무슨 일로 왔음을 알았고 이진(李進)의 특수한 신분에 대해서도 들은 바 있었으므로 조사단의 의사대로 여러가지 자료를 제공하여 주었다.

조사단이 북경에 돌아온 후 원수박, 종점비, 이진 셋이서『무훈역사조사기』를 써냈다. 이 조사기(調査記)는 모택동의 수정을 거친 후 1951년 7월 23일부터 28일까지『인민일보』에 연재되었고 다시 소책자로도 간행되었다.

『조사기』에 의하면, '무훈은 건달 출신이다. 반동적인 봉건통치자의 의지에 쫓았고 흥학(興學)을 출세의 발판으로 삼았다. 그는 본래의 계급을 배반하고 통치계급의 지위에까지 기어 올라간 봉건착취자이다.'

『조사기』는 무훈이라는 역사인물을 철저히 부정하였으며 따라서 영화『무훈전』에 대해서도 근본적으로 부정하는 태도를 취하였다.

솔직히 말하여『무훈전』은 중국혁명의 대혼란 시기에 여러가지 곡절을 거쳐 겨우 완성한 영화이다. 영화 자체에는 거치른 곳도 있고 쉽게 간파할 수 있는 결함도 수두룩이 있다. 그러나 제작에 참가한 손유, 조단 등 좌익영화인들의 제작 의도는 나무랄 데가 없다. 이러한 비판이 기실은 좌경 사조의 첫 출연이었다. 이 사조는 후에 점점 더 발전하여 '문화대혁명'에까지 악성팽창을 하게 된다.

1985년, 호교목이『무훈전』비판에 대하여 연설한 일이 있는데 이는 11기3중전회 이후 중공중앙이 50년대의『무훈전』비판에 대하여 부정적인 태도를 취하고 있음을 의미한다. 호교목은 다음과 같이 말하였다.

1951년에 영화『무훈전』에 대한 비판이 있었다. 처음에는 그렇지 않았지만 후에는 도행지 선생까지 비판의 대상으로 되었다. 이 비판과 관계되는 범위는 상당히 넓다. 우리는 지금 여기에서 무훈이라는 인물과『무훈전』이라는 영화에 대한 전면적인 평가는 하려고 하지 않는다. 이 문제는 역사학자·교육학자·영화예술가들이 선입견에서 출발하지 않은 자유토론을 걸쳐 해결해야 할 것이다. 그러나 내가 솔직하게 말하려고 하는 것은 당시의 비판이 아주 편파적이고 극단적이었다는 것이다.

그러므로 이 비판이 당시의 특별한 역사원인이 있기는 하지만 비판방법이 그러한 것이기 때문에, 비판 자체가 완전히 정확하였다고는 말할 수 없으며 기본적으로 정확하였다고도 말할 수 없다. 처음에는 비판이 각본을 쓰고 감독을 맡은 손유 동지, 주역을 맡았던 조단 등 동지들에게만 관련됐다. 그들은 당의 영향 하에서 다년간 분투하여 온 진보적인 예술가이다. 그들을 비판한 것은 전적으로 틀린 것이다. 그들은 당과 그리고 진보적인 문화계의 지지 하에서 이 영화를 찍기로 하였고 그 결정대로 실행하였다. 만일 결정 자체가 타당치 못하다고 하더라도 그 책임을 손유, 조단과 기타 제작자들에게 물어서는 안된다. 영화내용에 결함과 착오가 없다는 말은 아니다. 그러나 후에 이 영화에 가해진 죄명은 너무나 과장된 것이었고 믿기 어려울 정도였다. 이 영화에 대한 비판을 발단으로, 후에는 무훈이란 인물에게 긍정적인 평가를 내렸던 사람들과 심지어는 관련작품에 이르기까지 비판의 대상에 말려 들었다. 원래의 착오가 대대적으로 확대된 셈이다. 이런 극히 착오적인 비판방식은 그 후에도 장기간 계속되었으며 당의 11기3중전회에 이르러서야 마침내 시정되었다.

강청은『무훈전』비판으로하여 득의양양해 하였다. 강청은 모택동의 권위를 빌어 단번에 주양, 하연(夏衍) 등 이전의 상급직위까지 비판하지 않으면 안되게 하였다. 강청의 만만찮음을 물론 실감하게 되었다. 강청은 일반성원으로 무훈역사조사단에 참가하였지만 실지는 이 조사단의 지도자였다. 그는 '3항약장'의 구속을 타파하고 정치에 손을 뻗쳐 보려고 이리저리 시도하기 시작하였다.

제2차 소련행

처음으로 두각을 나타내면서 강청은 정말 무척 바쁜 나날들을 보냈다.

1951년 7월 28일, 영화지도위원회 회의에서 강청은 『영예는 누구에게 속하는가』라는 영화를 비판하였다.

9월초에는 중공중앙선전부의 회의에서 강청은 부부장들인 주양과 호교목을 지명하면서 『무훈전』 비판을 항거하였다고 꾸짖었다.

9월 6일, 영화지도위원회 제10차회의에서 강청은 영화 『남정북전(南征北戰)』을 촬영하자는 의견을 지지하면서 자기의 견해도 말하였다.

10월에 강청은 중공중앙에 이런 건의를 하였다. 자기가 영화계·미술계·음악계에서 조사한 광범위한 자료에 의하면 주양의 영도사업에는 심각한 문제가 있으니 문예계에서 정풍운동을 전개할 것을 건의하였다.

중공중앙선전부는 먼저 '소형(小型) 정풍회'를 열기로 하였다. 이 회의에서 강청은 주양을 신랄하게 비평하였다. 회의가 끝난 후 주양은 '강청 동지가 있고는 (나는) 사업을 수행하기 곤란하다'고 말했다고 한다. 이 말이 결국은 강청의 귀에까지 전해 졌고 강청은 주양에게 더욱 앙심을 품게 됐다. 주양은 할수 없이 동년 12월에 중공중앙선전부의 회의에서 영화 『무훈전』에 대한 비판과 반성을 하지 않을 수 없었다.

1952년 연초에 강청은 한가지 건의를 제출하였다. 즉 무훈역사조사단의 조사자료를 토대로 하여 경극 『송경시(宋景詩)』를 창작하자는 것이었다.

이렇게 거듭 자기의 존재를 과시하던 강청이 갑자기 안개 속에 자태를 감추고 말았다. 무대의 전면에서 막후에 물러서지 않으면 안되었다. 『무훈전』을 비판하느라고 너무 바삐 돌아 다니다가 과로 상태에 빠져버렸으며 결국에는 앓아 눕게 되었다. 그냥 미열이 계속됐고 밤에는 잠을 이루지 못했으며 오른편 옆가슴에 통증이 심했다.

그러던 차에 의사들을 불러다 종합진단해 본 결과 확실히 병이 있었다. 병명은 만성 담낭염이다.

흔히 있는 병이고 북경에서 얼마든지 치료할 수 있지만 강청은 소련에 가서 수술을 하겠노라고 고집하였다.

이번에도 모택동은 강청의 요구를 들어 주기로 하였다. 그리하여 강청은 1952년 8월에 또다시 비행기로 소련에 갔고 지난번과 같이 모스크바 교외에 있는 스탈린의 별장에 들게 되었다.

1953년 3월 5일, 스탈린이 서거하였다. 강청이 소련에 체류할 때다. 스탈린의 추도회에 모택동이 참석하는가 하였는데 오지 않았다. 중국당 정대표단을 인솔하여 소련에 온 사람은 주은래였다.

한해 남짓이 소련에서 휴양한 후 1953년 가을에야 강청은 북경에 돌아왔다. 돌아 와서도 중남해의 국향서옥에는 별로 있지 않고 만수로(萬壽路) 신육소(新六所)에 있는 경우가 많았다. 신육소란 1950년에 신축한 여섯 채의 작은 집을 말한다. 중공중앙서기처의 서기 다섯분-모택동, 유소기, 주은래, 주덕, 임필시가 한채씩 차지하고 나머지 한 채에는 관리인원들이 들었다. 강청은 거기서 영화감상, 트럼프놀이, 춤추기 등으로 소일하였다.

이렇게 2년 남짓이 작은 병을 핑계로 장기간 휴양한 후 강청은 또 다시 훌쩍 두각을 나타낸다.

홍루몽 연구 비판

1954년 9월 1일, 산동대학 교간(校刊) 『문사철(文史哲)』에 이희범(李希凡), 남영(藍翎)의 문장 『홍루몽간론(紅樓夢簡論) 및 기타에 관하여』가 발표되었다. 유평백(兪平佰)의 『홍루몽 간론』을 비평하는 문장이었다.

강청이 미국사람 위크트에게 토로한 것에 의하면 '이 문장은 내가 먼저 발견한 후에 모주석에게 보였다'고 한다.

이 문장이 중국에 큰 파문을 일으켰다.

유평백은 중국 『홍루몽』 연구의 가장 권위있는 학자이다. 북경대학 교수이고 중국과학원 문학연구소 연구원이기도 하다. 1919년에 북경대학을 졸업하였고 1922년에 『홍루몽변(紅樓夢辨)』이라는 저작을 썼다. 1952년에 수정본을 내면서 서명을 『홍루몽연구』로 고쳤다. 1954년 3월, 유평백은 『신건설』이라는 학술지의 제3호에 『홍루몽간론』을 발표하였다.

두 소인물(小人物)이 유평백의 『홍루몽간론』을 보고 동의할 수 없는지라 유평백의 견해를 비평하는 문장을 쓰기 시작하였다.

두 소인물이란 이희범과 남영이다. 이희범은 본명이 이석범(李錫範)이고 그해 27살이었다. 고향은 북경 통현(通縣)이다. 1953년에 산동대학 중문학부를 졸업한 후 북경 중국인민대학에 와 계속 공부했다.

남영은 본명이 양건중(楊建中)이고 그해 23살이었다. 고향은 산동성 선현(禪縣)이다. 이희범과는 대학교 동창이다. 역시 1953년에 산동대학 중문학부를 졸업한 후 북경사범대학 부설 노동속성중학교에 배치받아 국문을 가르쳤다.

이희범, 남영은 『〈홍루몽간론〉 및 기타에 관하여』를 『문예보』에 투고하려고 하였다. 유평백을 비평하는 논문을 썼는데 실릴 수 있겠느냐고, 그들은 먼저 편지로 『문예보』 편집부에 문의하였으나 아무런 회답도 없었다. 부득이 그들은 모교에 협조를 요청하였다. 모교 선생들의 지지하에 그들의 논문은 『문사철』 제9호에 게재되었다.

강청은 소설을 많이 읽지는 않지만 『홍루몽』만은 몇번이고 읽었다. 위크트에게 다음과 같이 말한 적이 있다.

"『홍루몽』을 몇번 읽었는지는 모르겠다. 적어도 일곱번은 더 읽었을 것이다. 연안에 가기 전에 세번 읽었다. 매번 임대옥(林黛玉)이 죽는 대목을 읽을 때마다 나는 울었다. 계속 읽어 내려갈 수가 없었다. 대옥의 결말이 너무도 비참하기 때문이다. 모택동 주석은 나를 비평했다-그게 무슨 꼴인가, 한권도 제대로 다 읽지 못하는가. 그러나 솔직히 말해서, 그 뒷부분은 묘사도 그렇고… 그러니까 대옥이 죽는 장면까지 읽으면 거의 비슷하다…"

강청은 이희범, 남영의 논문을 흥미있게 읽었고 잘 썼다고 칭찬했다. 모택동에게 한번 읽어 보라고 권했다. 모택동도 보고나서 괜찮다고 긍정하였으며 『인민일보』에서 전재하면 좋겠다고 하였다. 그러나 모택동 자신이 『인민일보』에 지시를 직접 내린다는 것은 타당치 못한 것 같기 때문에 강청더러 『인민일보』와 의논해 보라고 하였다.

이에 강청은 인민일보사에 전화를 걸었다. 9월 중순의 어느날 강청이 인민일보사에 가니 중공중앙선전부 부부장 주양, 임묵함(林默涵), 『인민일보』책임주필 등탁(鄧拓)이 기다리고 있었다. 강청은 『문사철』 제9호를 보이면서, 이희범, 남영의 문장을 모택동 주석은 높이 평가하였다. 『인민일보』에서 전재하기를 바란다고 하였다.

주양은 『인민일보』가 이런 문장을 전재하는 건 적합하지 않다고 인정하면서 『문예보』에 전재하면 좋겠다고 하였다.

결국 이희범, 남영의 논문은 『문예보』 제18호에 전재되었다. 『문예보』 주필 풍설봉(馮雪峰)이 쓴 '편자의 말'을 동시에 실었다. 이 '편자의 말'을 아래에 옮기기로 한다.

"이 글의 작자는 중국고전 문학을 연구하기 시작한 두 청년이다. 〈홍루몽간론〉에 제기된 유평백 선생의 논점에 대하여 작자는 과학적인 관점으로 비평하려고 시도하였다. 이는 주의할 만한 일이라고 생각한다.

작자의 의견은 아직 그다지 치밀하지 못하고 전문적이 못되는 점은 있다. 그러나 『홍루몽』에 대한 이런 인식은 기본적으로는 정확한 것이다. 우리 다같이 계속 심도있게 연구해야만 우리의 이해가 더 심각하고 주도 면밀해질 것이며 우리의 인식도 더 전문적인 것으로 될수 있다고 본다."

10월 16일, 모택동이 홍루몽연구 문제에 대한 서한을 썼다. 이 서한은 중국의 지식계에 큰 충격을 주었다. 이 서한은 중공중앙정치국의 성원들과 기타 관계인사들에게 쓴 것이다. 후에 이 서한은 『모택동선집』제5권에 수록되었다. 서한의 본문은 다음과 같다.

유평백을 논박하는 글 두편을 (이희범, 남영은 『문사철』제9호에 『〈홍루몽간론〉및 기타에 관하여』를 발표한 외에 10월 10일부 『광명일보』에 『〈홍루몽 연구〉를 평함』을 발표하였음—인용자 주) 이 서한과 함께 보내니 읽어 보기 바란다.

이것은 이른바 홍루몽연구에 있어서의 권위학자의 그릇된 관점에 대한, 30여년이래 처음으로 시도되는 본격적인 도전이다. 저자는 두 청년 당원이다. 그들은 처음에 『문예보』에 편지를 써서 유평백을 비평해도 되는가 라고 물어 보았으나 『문예보』는 거들떠 보지도 않았다. 그들은 하는 수 없이 자기들의 모교인 산동대학의 선생에게 편지를 보냈는데 지지를 받게 되었으며 『홍루몽간론』을 논박하는 그들의 글이 이 학교의 학술지 『문사철』에 실리게 되었다.

문제는 다시 북경으로 돌아 왔다. 즉 어떤 사람이 이글을 『인민일보』에 전재함으로써 논쟁을 일으키고 비평을 전개하게 하자고 요구했는데, 또 일부 사람들이 이러저러한 이유(주로는 '소인물의 글이다, 당의 기관지는 자유변론의 적소가 아니다'라는 이유)를 달아 이를 반대하여 나섰기 때문에 그 요구는 실현되지 못하였다.

결국에는 타협이 이루어져 『문예보』에 이 글을 전재하는 것이 허락되었다. 그후에는 또 유평백의 저서 『홍루몽연구』를 논박하는 이 두 청년의 글이 『광명일보』의 『문학유산』난(欄)에 발표되었다.

보아하니 고전문학 영역에서 30여년 동안이나 청년들을 해쳐온 호적(胡適)파의 자산계급유심론을 반대하는 투쟁이 전개될 수 있을 것 같다. 일은 두 소인물이 해냈다. 그런데 대인물(大人物)은 흔히 이에 주의를 돌리지 않으며 그것을 저해한다. 그들은 유심론 측면에서 자산계급의 학자들과 통일 전선을 도모하면서 자진하여 자산계급의 포로로 된다.

이것은 영화 『청궁비사』와 『무훈전』이 상영될 때의 정형과 거의 같다. 애국주의 영화라고 하는 사람이 있지만 기실은 매국주의영화인 『청궁비사』는 전국에서 상영된 후 지금까지도 비판되지 않은채 있다. 『무훈전』에 대하여 비록 비판은 하였으나 지금까지도 큰 교훈을 주지 못하고 있다.

그런데 또 유평백의 유심론을 용인하며 소인물의 극히 생기있는 비판문장을 막아 버리는 이상한 일까지 나타났다. 우리는 이에 대하여 주의를 돌리지 않으면 안된다.

유평백과 같은 그런 자산계급 지식인들에 대하여서는 물론 단결하는 태도를 취하여야 하지만 그러나 청년들을 해치는 그들의 그릇된 사상은 비판하여야 하며 그들에게 투항하여서는 안된다.

더 비교할수 없는 위력을 가진 모택동의 서한은 주양(周揚) 등에게 심대한 일격을 가하였다.

하루를 건너 10월 18일, 모택동의 지시를 관철하기 위하여 중공중앙 선전부와 중국작가협회 당조(黨組)는 회의를 소집하였다.

10월 28일, 『인민일보』는 『〈문예보〉 편집부에 질문한다』는 글을 발표하여 『문예보』를 준렬하게 비평하였다.

잇달아 중국문련(中國文聯) 주석단과 중국작가협회 주석단은 제8차 확대연석회의를 열고 모택동의 지시를 관철하였다.

이리하여 유평백의 『홍루몽연구』를 비판하는 운동이 전국 범위에서 일어나게 되었다.

유평백 비판이 또 호적(胡適)과 연계되었고 호적의 사상에 대한 비판이 또 전국적으로 전개되었다.

유평백의 『홍루몽연구』에 대한 1954년에 있은 전국적인 비판은 최초의 발기자가 강청이다. 영화 『청궁비사』와 『무훈전』에 대한 비판에서도 최초의 발기자는 역시 강청이었다. 강청은 주양 등과의 3차 대결에서 번번히 모택동의 권위를 제일 유력한 무기로 삼았다. 3차의 대결은 강청이 중국의 정치에 관여하는 시험무대였다. 이 대결은 세번 다 강청의 승리로 끝났다.

모택동의 서신은 또 지나간 일인 『청궁비사』와 『무훈전』에 대해서도 소급하고 있다. 따라서 주양은 강청을 만만히 봐서는 안되겠다고 생각하였다.

정치 부부

제3차로 두각을 나타냈던 강청은 유평백의 『홍루몽 연구』를 비판한 후 또 자취를 감추었다.

무대에서 막후로 물러난 것은 이번에도 병 때문이었다.

정기적인 신체검사를 하여보니 심장, 폐장, 간, 담, 혈액 등은 다 정상이었고 위장과 소화계통은 좀 약했다. 그러나 부인과 검사에서는 현저한 이상이 발견되었다. 검사를 맡은 북경협화병원의 의사가 말하기를 자궁경부에 장기간 염증이 있는 것 같다. 종양의 가능성이 80퍼센트는 되니까 치료를 받아야 한다고 하였다.

단순한 종양일까, 암일까. 40대에 방금 들어선 강청에게는 실로 청천벽력이었다.

뭐니뭐니 해도 살고 볼 판이다. 정치적인 야심은 잠시 제쳐 놓고 부득이 병치료에 전념하지 않으면 안되었다.

강청은 또 소련에 가겠다고 고집하였다. 보건담당의사가 강청을 대신하여 모택동에게 보고를 올렸고 모택동은 이번에도 순순히 동의했다.

이리하여 제3차의 소련행이 성사되고 강청은 또다시 모스크바 교외에 있는, 스탈린이 사용했던 별장에 숙소를 정했다.

주중려(朱仲麗)의 회고에 의하면, 소련의사들이 검사해 보고 자궁경부암이 아닌가 하고 의심하였는데 확신은 못하였다고 한다. 좀 관찰해 봐야겠으니 한동안 푹 휴양하라고 강청에게 말하였다.

강청은 확진을 받을까 하고 기다려 보았으나 허사였다. 하는 수 없이 강청은 귀국하여 휴양하기로 하였다.

강청이 귀국하자 의사들이 또다시 협의진단을 하였다. 결론은 자궁암종이었다. 자궁절제수술을 하면 병집을 근절할 수 있으니 수술하는 게 좋다고 하였다.

"여성에게 자궁이 없다니, 그건 절대 안된다."

강청은 한사코 반대했다. 기실 자궁절제는 부인과에서 항상 하는 수술이고 신체에 그리 큰 손해를 끼치는 것도 아니다.

자궁절제만은 아니하겠다고 하니까 방사선치료를 적용할 수 밖에 없다. 주중려가 말한 바와 같이

"이 문제에서 강청은 큰 손해를 보았다. 방사선을 쪼이다 보니 전신이 허약해지고 백혈구가 감소되는 등 여러가지 후유증이 났고 여러해를 휴양해야 했다. 하지만 다른 시각(視角)에서 보면 오히려 좋은 일이기도 하다. 적어도 그 몇해 동안은 나쁜 짓을 하지 못했기 때문이다."

강청은 언제나 소련의 의료수준이 중국보다 높다고 생각하였다. 소련의사가 확진해 주기를 바라마지 않았으며 방사선 치료도 소련에 가서 받기를 원하였다.

그래서 중국의사가 강청의 카르테와 병리 기록들을 가지고 모스크바에 협의진단하러 갔다. 결국은 강청을 모스크바에 보내서 방사선 치료를 받도록 합의를 보았다.

이리하여 강청의 제4차 소련행이 성사되고 또다시 모스크바 교외에 있는, 스탈린이 쓰던 별장에 투숙하게 되었다.

모택동은 1956년 1월에 송경령에게 쓴 편지에서 강청의 '외국에서의 병치료'에 언급하고 있다. 그 편지는 다음과 같다.

친애하는 누님 앞 :
연하장은 매우 반갑게 받았습니다. 깊은 사의를 표하는 바입니다. 강청은 외국으로 병치료를 가고 아직 돌아 오지 않았습니다. 누님은 무고하지요? 잠은 제대로 잘 주무시는지요? 나는 여느때와 다름없으며 식사도 잘하고 잠도 괜찮게 잡니다. 앞으로 몇해 동안은 하느님을 만나러 갈 것 같지 않으나 몸은 몹시 노쇠하여졌습니다. 몸을 잘 보양하기 바랍니다.

모 택 동
1956년 1월 26일

강청이 모택동 부인임을 알고 소련의사들은 치료에 최선을 다했다. 코발트 방사선치료의 세 단계가 순조롭게 진행되었다. 자궁경부의 종양은 철저히 근절되었다.

요양을 거쳐 백혈구의 수효도 5,000개에 달하게 되었다. 신체검사를 다시 해보니 결과가 좋았다. 건강이 회복되었으니 귀국해도 된다는 것이었다.

주 중려의 회상하는 바에 의하면 귀국을 앞두고 강청은 의사에게 물었다.

"예방은 어떻게 해야 하는가, 일후에 다른 합병증이 나면 어떻게 하는가 하고 물으니 소련교수가 차근차근 대답해 주었다. 그러나 금후 1년간은 방사(房事)를 삼가야 한다고 부언하였다. 강청은 그 자리에서 주저없이 대답했다―우리 부부간은 오래전부터 따로따로 잡니다. 저와 모택동 동지는 정치부부일 따름입니다."

기실 감정상에서 강청, 모택동 사이에 금이 가게 된 것은 강청이 부인

병을 앓기 때문이 아니다.

앓기 전부터 식사까지 따로따로 하는 정도였다.

이은교(李銀橋)의 회고에 의하면 이런 일이 있었다고 한다. 식사 때마다 강청은 이것저것 가리는 게 많고 잔소리가 많았다. 모택동은 보다 못해 아예 제각기 식사하기로 하였다.

"나는 촌뜨기(土包子)요. 농민의 아들이니 농민의 생활습관 그대로요. 강청은 촌뜨기가 아니라 양뜨기(洋包子)요. 같이 먹기 싫으면 갈라져서 먹으면 되지. 금후에 내가 어떤 방에 살든, 어떤 옷을 입든, 어떤 음식을 먹든 내 습관대로 할 거야. 강청이 어떤 방에 살든, 어떤 옷을 입든, 어떤 음식을 먹든 제 마음대로 하라지. 내 일은 일체 관계 말라구. 이렇게 결정했소!"

이때부터 모택동과 강청은 각자 식사와 생활을 하게 되었다. 한식탁에서 식사하는 경우에도 여전히 각자 각식이었다.

정치스타

1956년에 있는 중국중앙정치국 상무위원회에서 정식으로 모택동의 비서를 지정하게 되었다. 보통 '5대 비서'라고 통칭하는데 그 중 진백달과 호교목은 정치비서, 엽자룡은 기요(機要)비서, 전가영은 일상(日常)비서, 강청은 생활비서였다.

강청의 이름이 화제에 올랐을 때 모택동은 반대했다. 강청이 적임자가 아니라고 모택동이 주장했지만 다른 상무위원들이 토론한 결과 그래도 생활비서로는 강청이 적임자이고 강청이 맡으면 편리한 점도 있다는 합의에 이르렀다.

이로써 강청은 모택동의 생활비서라는 정식임명을 받은 셈이다. 강청의 직무는 이 밖에도 두가지가 더 있었다. 하나는 중공중앙선전부 문예처 부처장이고 다른 하나는 문화부 영화국고문(원래 있던 '영화지도위원회'는 해산되었음)이다.

당시의 강청에게 있어 가장 큰 고민거리는 여전히 질병이었다. 방사선치료가 철저하지 않았을까봐 근심했고 암종이 혹시 전이되지는 않았을까봐 근심했다. 정치에 손을 뻗칠 겨를이 없이 장기적인 요양에만 전념하였다.

무더운 여름에는 북대하에 가 있었다. 숙소는 해수욕장에 가까운 1호 단층 집이었다. 트럼프 치기와 산보와 수영이 일과라 하겠다. 다른 사람들은 해수욕장에 갈 때 맨발로 걸어 가거나 맨발에 슬리퍼 신고 다녔는데 강청만은 그렇지 않았다. 언제나 얇은 헝겊신을 신고 다녔고 바닷가에 가서야 신을 벗었다. 그것은 오른발이 육발인 걸 남에게 보이지 않으려고 했기 때문이라고 한다.

강청은 수영도 개헤엄 밖에 칠줄 몰랐다. 한번은 왕광미가 수영을 하는 걸 보았다. 유소기 부인은 모제비헤엄, 등헤엄, 개구리헤엄을 다 잘 했고 물 위에서는 그야말로 자유자재였다. 강청은 부끄럽기도 하고 해서 그 후에는 수영에 별로 흥미가 없게 되었다. 그 대신 더 많은 시간을 트럼프 놀이에 허비했다.

겨울에는 보통 남방에 가서 요양했다. 광주가 아니면 항주나 상해였다. 강청은 모택동의 이름을 내 걸고 항주서호의 뇌봉탑 우측과 상해 서교(西郊)에 별장도 짓게 하였다.

진운(陳雲)이 부인 우약목(于若木)과 같이 1962년 봄에 상해에 온 일이 있다. 상해 교제처가 관리하는 태원로의 한 숙사에 들게 되었는데, 진운은 방안에 들어서자 깜짝 놀랐다고 한다. 실내 설비나 장식이 특별히 호화로운데다 또 괴상하기 그지없기 때문이다. 주단과 소파와 커텐이 다 녹색인가 하면 책상, 변기, 변기 뚜껑까지도 역시 녹색우단을 씌워 놓았던 것이다.

이 방이 이렇지는 않았는데…이전에 여기서 투숙한 적이 있는 진운은 과연 이상하다고 생각했다. 무슨 영문인가 하고 물어보니 그사이 강청이 여기서 투숙했다는 것이다. 강청은 녹색을 즐긴다. 녹색을 보면 마음도

자연히 유쾌해진다고 하였다. 그 결과, 상해 교제처 사람들은 강청의 의견대로 방안의 장식을 이처럼 개조해 놓았다.
　경위처 처장에게 우약목은 이렇게 말했다.
　"교제처 책임자에게 우리의 의견을 전해 달라 - 이 방안의 장식은 정말 귀찮다. 커텐은 원래 쓰던 낡은 걸 바꾸는 게 좋겠다. 지금 저 커텐은 상점에 내다 팔아 버리면 된다."
　그러나 교제처의 책임자는 난색을 하였다. "이 일은 강청 동지에게 물어봐야 겠습니다." 어느날 강청이 돌아 오겠는지 누가 알랴. 방안의 장식을 뜯어 고쳤다가는 큰일 난다.
　전하는 말에 의하면 상해만 해도 강청의 분부대로 특수하게 장식한 숙소가 이 곳을 제외하고 세 곳이나 있다고 한다.
　숙소에 대한 요구는 지나칠 정도로 엄했다. 이를테면 소음을 절대 꺼린다. 수면을 방해하기 때문이다. 숙소는 조용하지 않으면 안된다. 심지어는 침대에서 돌아 누울 때 스프링이 약간이라도 삐걱거리는 소리를 내어서는 안된다. 여름에 실외의 나무에서 매미가 울어서는 더구나 안된다. 실내의 온도는 춘하추동을 막론하고 한결같이 22도라야 한다. 1도 높아도 안되고 1도 낮아도 안된다.
　트럼프놀이가 싫증이 나자 이번에는 원숭이 사냥을 흥미로 삼았다.
　요양을 장기간 한 결과, 방사선 치료에 의하면 백혈구가 감소되던 현상도 개선되어 정상치에 이르게 되었다. 방사선 치료가 유발했던 급성 방광염도 다 나았다. 만성담낭염은 물론 나은지도 오래다. 그러나 너무 무료한 데다가 병에 대해 지나친 공포감, 의혹감을 가지고 있었으니 신경과민증에 또 걸렸다.
　제1부인의 신분을 이용하여 고급간부 치료전담 의사들을 자주 불러다가 협의진단을 받았고 국외의 약품도 수입해 오게 하였다.
　강청은 외국영화를 자주 보았다. 영화감상시에 앉는 소파도 보통의 것과는 달랐다. 세시간을 줄곧 앉아 있어도 둔부가 조금치도 저리지 않는, 특제의 소파여야 한다.

　하루는 한 영화계 인사와 같이 영화구경을 하는데 그 분이 하는 말이 외국의 아무아무 촬영사가 화면의 녹색 효과를 각별히 중시한다는 것이었다. 화면에 녹색을 표현하는 것은 물론, 서로 상이한 녹색의 격차가 또한 선명하다고 평했다. 이 말이 마음에 들었던지 강청은 후에 자기 숙소도 녹색을 기조로 장식했고 녹색의 단계적 효과까지 추구하였다.

　배우출신은 원래부터 사진찍기를 좋아했다. 출연장면을 찍은 사진도 많고 생활장면을 찍은 사진도 많다. 물론 촬영사들의 수고를 빌지 않으면 안된다. 강청 자신은 촬영할 줄을 몰랐다. 소련에서 요양할 때는 신변에 촬영사가 없었으니 각 곳에 다니며 기념사진을 찍자고 해도 방법이 없었다. 그래서 사진기를 한대 사가지고 촬영을 배우기 시작했다. 국내에 돌아온 후에도 각처로 유람다니는 일이 많았고 촬영에도 더 열중하였다. 외화로 홍콩에서 고급사진기도 사왔다. 어디를 가든지 촬영이 주요한 소일거리라고 할 정도였다. 영화계에 있은 적도 있고 일정한 문화적 교양도 있었으니 촬영기술 면에서 빠른 시일내에 모든 것을 배웠다. 그만큼 중남해의 촬영사들이 뒤치닥거리를 많이 한 것도 사실이다. 강청이 찍은 필름을 일일이 현상하고 인화까지 해 주어야 하기 때문이다.

　모택동의 비서인 강청은 이와 같이 놀고 즐기는 일에 열중하였다. 1962년 9월에 모택동이 8기10중전회에서 "계급투쟁을 절대 잊어서는 안된다"고 호소한 후에야 강청은 자기가 활약해야 할 시기가 왔다고 생각하고 점차로 정치무대에 발을 들여놓았고 중국에서 대활약하는 새 정치스타로 등장하였고 '중앙문화혁명소조'의 제1부조장까지 하게 된다. 그 이후의 강청의 정치생애는 다른 편에서 계속 이어지므로 모택동의 비서라는 원래의 직무와는 무관한 것이므로 여기서는 더이상 서술하지 않기로 한다.

고지
高智

천하의 모주석도 '2사람 반' 밖에 관리 못한다고 실토

[제1장]
모택동의 유우머

홍도(紅都) 연안으로

중남해 풍택원(豊澤園)에서 어느날 저녁에 있었던 일이다. 모택동이 침실에서 독서하는 데 기밀비서 고지(高智)가 문서를 가져왔다. 고지가 돌아 가려고 하는데 모택동이 문득 그를 불러 세웠다.

"고지 동무, 자네가 보건대 내가 몇사람을 관리(지휘)할 수 있다고 생각하는가."

"주석님, 그거야…지금 전당·전국·전인민을 다 영도하고 있으니까 다 관리하는게 아니겠습니까?" 고지는 쉽게 대답할 수 있는 문제라고 여겼다.

"틀렸네. 나는 두사람 반 밖에 관리못해." 이건 고지에게 있어 실로 뜻밖이었다.

"두사람 반이라니, 누구누구를 말합니까?" 고지는 정말 이상하다고 느꼈다.

"그거야 우선 자네가 한사람이야, 나광록(羅光祿)이도 한사람이라 치고…" 모택동이 말하는 나광록이도 기요비서이다.

"나머지 반사람은 누굽니까?"

"강청이요. 강청을 나는 절반만을 관리할 수 있을 뿐이야. 나머지 절반은 관리하지 못한다니까."

여러해 전에 있은 일이지만, 필자가 취재하러 서안(西安)에 갔을 때 고지는 두사람 반에 대하여 모택동이 한 말을 지금도 똑똑히 기억하고 있었다.

고지는 낯이 좀 넙적한 편이고 눈섭이 짙고 이마에 주름살도 꽤 깊이 패인 사람이었다. 그의 집은 필자가 투숙한 서안 인민호텔에서 멀지 않은 곳에 있었다. 객실에는 모택동의 초상과 서예작품이 걸려 있었다. 서예작품은 당나라 시인 왕창령의 출새(出塞)였다.

'명월은 진나라 때의 명월과 다름없고 관문도 한나라 때의 관문 그대로건만
(秦時明月漢時關)
만리의 장정 길을 떠났던 사람은 돌아 오질 않는구나.
(萬里長征人未還)'

고지의 침실에는 그와 모택동이 같이 찍은 사진도 걸려 있었다.

고지는 1945년부터 중앙 기밀과에 근무하였고 1953년부터 모택동의 기밀담당비서로 일하였다. 1962년에 전근할 때까지 꼬빡 10년을 모택동의 신변에서 지냈다.

고지는 표준어와는 좀 다른 섬서말을 하였고 담배를 가끔 피웠다. 어떤 사연으로 자기가 모택동의 신변에서 근무하게 되었는가를 필자에게 알려 주었다.

"처음 만났을 때 모택동은 물론 이름이 뭐냐고 나에게 물었다. 고지라고 대답하였다. 고지라고 대답하니 모택동이 "오? 대단한 사람이군!"하고 말했다. 지혜(智)가 있는 데다 높기(高)까지 하니까 정말 보통사람이 아니라는 것이다."

기실 고지의 원명은 고점정(高占貞)이다. 1928년 10월 27일(음력으로는 무진년 9월 15일), 섬북 황하 강변에 있는 하현에서 태어났다. 점(占)자 항렬 중의 4남이었기에 원형이정(元亨利貞)의 마지막 글자인 정을 붙여 점정으로 됐다. 위의 세 형은 점원, 점형, 점리로 된다. 고지는 15살에 소학교를 졸업하고 섬북에 있는 수덕사범학교에 입학했다. 학생들은 그의 이름과 음이 비슷한 고전쟁(槁戰爭)이라고 그를 부르면

서 놀려 주는 것이었다. 의미가 '전쟁하다 또는 전쟁 도발자'로 통하니까 이래서야 되겠는가? 이름을 고쳐야겠다고 여럿이서 궁리한 결과 듣기도 좋고 의미도 좋은 지금의 고지(高智)로 되었다.

고지는 16살인 1944년 11월에 수덕에서 중국공산당에 가입하였다. 그는 섬북민가 동방홍(東方紅)을 잘 불렀다. '동방하늘 밝아오니 중국에 모택동이 나타났네…' 그는 연안에 가서 영수 모택동을 만나 뵈오면 얼마나 좋을까 하고 생각했었다.

그 기회가 마침내 왔다. 젊은 학생들을 연안에 보낸다는 소식이 교내에 퍼진 것은 1945년 7월이었다.

8~9명이나 서로 자기가 가겠다고 하면서 당조직으로 찾아갔다. 그 중에는 고지도 있었다. 수덕사범학교 유교도 주임은 고지를 보내기는 싫었다. 학생회 간부이기도 하고 여러일을 맡아서 해온 매우 성실한 사람이기 때문이었다. 그러나 본인이 꼭 가겠노라며 유 선생을 끈질기게 찾아 가는 바람에 하는 수 없이 동의해야 하였다.

선발된 학생들은 나귀를 끌고 연안으로 향하였다. 짐은 나귀등에 싣고 사람은 걷기만 하였으니 매일 70~80리는 걸었다. 그들 중의 인솔자가 설지학이었다. 닷새쯤 가니 산정에 높이 솟은 토황색의 탑이 바라보였다. 팔각 9층인 보탑이었다. 그 아래가 연안이다. 당시는 연안 가령산 위의 보탑이 마치 운무 속에서 찬란한 빛을 발하는 등대와도 같은 존재였다. 이 보탑은 사방의 진보주의 청년들을 흡인하는 연안의 상징이었다. 고지는 이렇게 오매불망 그리던 홍도(紅都) 연안으로 왔다. 당시 많은 인민들의 추앙을 받고있던 모택동을 언제나 만나볼 수 있을까 하고 고지는 기다렸다.

중남해로 가다

고지는 행운을 만났다. 연안에 오자 그는 중앙 기요과(機要科)에 배치되었다. 기요과는 직접 모택동 등 중앙간부들에게 봉사하는 부서이다.

숙소는 연안 근교(近郊) 양가령에 있는 한 요동(토굴집)이었다. 처음으로 받은 교육이 비밀엄수와 관련되는 주의사항이었다. 이곳의 규정에 의하면 기요(機要) 업무에 종사하는 사람은 다른 사람들과 허가없이 접촉해서는 안되며 시내로 외출할 때에는 두 세 사람이 같이 다녀야 한다.

고지는 전보문서 수발과 타전업무도 배웠다. 기요과는 무전을 통하여 10여개의 해방구와 연락을 취하기 때문에 매일 바쁘게 일해야 했다. 섬북지방을 전전할 때 고지는 대외 명칭이 곤륜지대(昆崙支隊)라는 부서에서 일했다. 비밀누설을 방지하기 위하여 통상 명칭을 자주 바꾼다. 한때는 '곤륜지대'가 아니라 '아세아부(亞洲部)'라고도 하였다.

고지는 상당히 흘려 쓴 전보문을 취급할 때가 자주 있었다. 누구의 필적이냐고 물으니 모택동의 친필이라는 것이었다. 더없이 친근감을 느꼈다. 그만큼 그는 알뜰하게 전보문의 타전과 수발작업을 하였다. 모택동에게 봉사한다는 생각만으로 그는 자기를 행운아라고 여겼다. 모택동을 만나보고 싶은 생각도 간절해졌다.

당시 모택동은 양가령에 투숙하기도 하였고 때로는 조원(棗園)에 투숙하기도 하였다. 고지는 후에 모택동이 철야하며 사무보는 경우가 많고 보통 오전에 휴식한다는 것도 알게 되었다. 기요과 사람들이 와자지껄하며 모택동의 침실 앞을 지날 때면 자주 보초병한테 제지당한다. 보초병의 손시늉을 보고 그들은 '아, 모 주석께서 지금 휴식 중이구나' 하고 조용조용히 그 앞을 지난다.

연안에 와 한달이 더 지난 어느날이었다. 고지는 키가 큰 어른이 양가령 중앙회관 옆을 산보하는 것을 보았다. 동료들이 저분이 모 주석이라고 고지에게 귀띔해 주었다. 거리는 꽤 멀었으나 흥분을 가라 앉히지 못한채 고지는 한참을 지켜 보았다. 모택동과의 만남은 이날이 처음이었다.

후에는 모택동을 보는 기회가 자주 있었다. 특히 섬북을 전전할 때 중앙기요과는 언제나 모택동과 행동을 같이하였으니 바로 옆방(역시 토굴집이긴 하지만)에 투숙한 일도 있었다. 그날도 모택동의 전보문을 받아 처리하여 주었다.

오대산(五臺山)에 있을 때 하루는 큰 눈이 내렸다. 모택동이 탄 지이프차가 무사히 통과할 수 있도록, 고지와 기요과의 젊은이들은 앞에서 보행하면서 노면을 일보일보 확인하였다. 차바퀴가 진흙탕에 빠지면 여럿이서 밀어 올리기도 하면서 하루낮을 악전고투하였다. 수고한 젊은이들을 위로하기 위해 모택동의 비서 엽자룡(葉子龍)이 술 한병을 선사했다.

1949년 북평이 해방되자 중앙기요과도 모택동과 같이 북평으로 옮겼는데, 한 때는 향산(香山)에 있었다. 군관회관에서 고지는 난생 처음으로 주단을 보았고 스프링침대를 보았다. 그 침대에 앉아도 보고 연신 드러누워 보기도 하면서 신기해 하였다. 고지가 21살 때의 일이다.

1952년에 고지는 휴가를 맡아 집에 한 번 다녀왔다. 부친이 3년 전에 돌아가셨다는 사실도 그 때서야 알았다. 북경에 돌아온 후 그는 중남해에 있는 중공중앙 판공청 기밀실에서 일하게 되었다. 얼마 안있어 조직에서는 그에게 중앙정치국회의 회무(會務)업무를 책임지게 하였다. 당시는 중앙정치국회의가 중남해의 서루(西樓) 회의실에서 열리는 경우가 많았다. 고지는 사전에 연필, 필기 용지를 준비해 두는 것 외에 문건도 배포해야하고 결의안을 관계부서에 독촉하기도 해야 했다. 또 준비사업 전반에 대하여 중공중앙판공청 주임 양상곤에게 보고하여야 했다. 때로는 모택동의 주거지이기도 한 풍택원에서 회의를 하기도 하였다. 회의 규모가 좀 큰 경우에는 근정전(勤政殿)을 회의장소로 할 때도 있었다. 그만큼 모택동을 만나는 기회는 많았다. 모택동은 언제나 제시간에 회의 장소에 나타났다. 어떤 때는 복잡한 여러가지 일들로 다른 참석자들이 다 모인 후에 모택동에게 알린 적도 있었다. 그러면 모택동은 일손을 멈추고 바로 회의실로 간다.

고지가 맡았던 회의관계 업무는 상당히 바쁘고 중요해졌다. 후에는 뇌규(賴奎)를 데려다가 고지를 돕게 하였고 나중에는 정치국회의의 회무전담기구인 회의과(會議科)를 설치하기에 이르렀다.

친절한 위인

1953년 연초의 어느날이었다. 중공중앙판공청 기밀실 주임 엽자룡이 고지를 찾았다. "조직에서 자네가 모 주석의 기밀담당비서를 담임하도록 결정하였소."

고지는 여간 놀라지 않았다.

"모 주석은 당의 영수이고 정부의 주석입니다. 제가 기밀비서의 중임을 맡을 수 있겠습니까? 착오라도 생기면 큰일이 아닙니까…"

"자네야 중앙 기밀과와 기밀실에 다년간 있었겠다, 그동안 일도 괜찮게 하지 않았는가. 그러니까 새로운 일터에서도 꼭 잘 할 수 있소."

"하지만…저의 섬북지방 사투리를 주석께서 못알아 들으면 어쩌겠습니까."

"걱정마오. 주석이 10여년을 섬북에 계셨는데 못알아 들을 리 없소."

"저도 주석이 하시는 호남말은 못알아듣습니다."

"그것도 시간문제요. 얼마 안있어 알아듣게 되오. 주석은 절대 까다로운 분이 아니오. 알아 듣지 못했으면 물어 보면 되오. 물어만 보면 잘 설명해 주니까 염려마오."

이에 고지는 용기를 좀 가지게 되었다.

"그렇다면 시험삼아 해보기는 하겠습니다. 하지만 불합격인 경우에는 바로 이동을 시켜주십시오. 주석께 영향을 끼쳐서는 안되니까요."

고지는 그 이튿날로 모택동에게 갔다. 실은 중남해 안의 서루(西樓)에서 풍택원으로 간 것이니 지척의 거리였다. 하지만 고지는 어쩐지 불안하기만 했다.

당시 나광록(羅光祿)은 이미 모택동의 기밀비서 일을 맡고 있었다. 사천사람인 나광록은 고지보다 나이가 12살 위였다. 장정(長征)하는 홍군이 사천성을 지날 때에 그는 홍군에 입대하였었다.

　나광록은 고지에게 말하였다. 기밀담당비서의 업무를 자기 혼자서는 도저히 다 해낼 수 없어서 한사람을 더 데려 오게 되었다는 것이다. 그 날 오전은 모택동이 휴식하는 중이어서 나광록이 우선 기요비서의 임무에 대한 설명을 하고 적지 않은 문건과 서한을 인계해 주었다. 어떤 서한은 겉봉투에 모택동 주석께 정송(呈送)한다고 써 있었지만 나 광록은 고지더러 뜯어 보라고 하였다. 기밀비서의 임무중 하나가 주석에게 온 문건, 서한, 전보들을 선별하는 일이라고 알려 주었다. 중요한 것은 주석께 보여야 하지만 그 외는 보이지 않아도 된다. 혹은 요점만 간단히 보고해도 된다. 어떻게 처리하든 주석의 시간을 절약하자는 것이다.

　고지는 문건, 서한, 전보를 보면서 마음이 조마조마했다-'이건 간단한 작업이 아니구나. 중요한 것과 중요하지 않은 걸 선별하자면 정확한 판단력이 있어야 한다…' 고지는 임무의 중대함을 실감하였다.

　정오에 모택동은 잠에서 깨어났다. 새로 부임해 온 비서가 기다린다고 나광록이 여쭈자 모택동은 고지를 들어 오라고 하였다. 고지는 나광록을 따라 조심조심 모택동의 침실로 들어섰다. 모택동의 주위에서 여러 해 일했지만 이렇게 정면으로 대하기는 처음이다. 모택동은 침대에 누운 채 책을 보다가 고지가 들어오자 일어나 앉아서 한담을 꺼내는 것이었다.

　"이름이 고지(高智)라? 오, 대단한 사람이요."

　이렇게 말을 시작하자 고지의 긴장감도 자연히 풀리었다.

　이어 고향은 어디며 부모는 계시는가, 결혼은 하였는가 하고 물었다.

　"1950년에 결혼했습니다."

　"부인의 이름은 뭐이고?"

　"곽벽영이라고 부릅니다."

　"무슨 곽자요?"

　"곽거병(霍去病)과 같은 곽자입니다."

"아, 곽거병과 한 집안이구만!"

모택동은 허허하고 크게 웃었다.

이런 담화가 있은 후 고지는 자연히 친근감을 가지게 되었고 양자 간의 간격이 줄어들었음을 느꼈다. 모택동이라는 위인의 주변에서 일하는 기밀비서니까 고지는 모택동의 사무실, 서재, 침실에 자주 드나들었다. 사실 가까이서 알고 보니 모택동은 사귀기 쉬운 상대였다. 말은 유우머러스한 데가 많았다. 한 집안 사람처럼 대할 수 있었으니 마음 놓고 일할 수 있었다.

문건선별을 하는 일은 처음에 어려움이 많았다. 문건이 너무 많다보니 열람만 해도 시간이 무척 걸렸다. 고지는 문건에 제목을 달거나 간단한 개요를 써 보았다. 제목을 어떻게 붙이나 하고 인민일보를 참조하여 비슷한 방식으로 처리하였고 때로는 부제목도 첨가했다.

모택동이 그걸 보고 하하 하고 웃었다.

"고지 이사람, 이건 수재(秀才)가 신문을 편집하는 식이구만. 신문은 대외선전을 하는 게지만 이 문건은 나에게만 보이는 것이니까 신문처럼 제목을 달 게 아니라 단도직입적으로 달면 그것으로 충분하오. 내용에 따라 일목요연하게 달면 되오. 이렇게 문자를 쓸것 없이."

고지는 문건에 제목을 어떻게 달아야 하는가를 알게 되었다. 단도직입적이래야 한다는 것을 그는 똑똑히 기억해 두었다.

거리의 식당에서

하루는 어떤 전람회를 구경하러 서교(西郊)에 나갔었다. 승용차 두대가 출동했을 뿐이다.

돌아오는 길에 부성문 근처에 거의 다다랐을 즈음, 모택동이 문득 배가 고프다고 하였다.

앞줄 오른편에 비스듬히 앉아 있던 고지는 모택동을 돌아 보며 말했다.

"주석님, 집에 곧 도착합니다."
"싫소."
모택동은 담배를 피우면서 대답했다.
"식당에 가서 먹겠소."
고지는 혹시 잘못 듣지나 않았는가 해서 되물었다. "거리의 식당 말입니까?"
"그럼."
하고 모택동은 똑똑히 대답했다.
이렇게 되자 정신없어지는 건 고지밖에 없었다. 평소에 모택동이 거리의 식당에 나와 식사한 적은 이때까지 없었기 때문이다. 외빈을 초대할 때는 물론 큰 호텔을 이용했지만 사전에 만반의 준비가 있었다. 모주석 주변의 안전과 보안을 철저히 하였기 때문이다. 모택동이 거리의 식당에 가리라고는 전혀 상상도 못했다. 그러나 고지는 모택동의 의사를 좇지 않으면 안된다.
고지도 평시에는 구내식당에서만 식사를 했고 북경시내에 어떤 음식점이 있는가는 잘 몰랐다.
그러나 고지에게도 갑자기 묘안이 떠 올랐다. 얼마 전에 공안부 나서경(羅瑞卿)부장이 하던 말이 생각났다 — 신가구(新街口)에서 '양육포막'을 먹어 봤는데 맛이 괜찮더라는 것이다.
'양육포막(羊肉泡膜)'이란 섬북지방에서 만드는 독특한 음식이다. 구은 떡(火嶢라고 한다)을 잘게 썰어 양고기국에 함께 넣어 먹는다. 섬북 태생인 고지는 나서경의 경험담을 기억해둔 것이 다행이었다. 그는 모택동에게 물었다.
"정 그러시다면 양육포막을 잡술까요?"
"좋소."
하고 모택동은 쾌히 승락하였다. 모택동도 장기간 섬북에 있었으니 당지의 별미를 좋아하였다.

"차를 좀 세워주오."

고지는 운전수에게 말했다.

운전수는 차를 천천히 길옆에 비켜세웠다. 앞에서 달리던 경위차도 이어 긴급정차하였다.

고지는 앞의 차에 달려가 경호원들에게 부탁했다. "시급히 신가구의 아무아무 식당에 가 보시오. 정차할 장소도 살펴 놓고. 급히 서두르시오"하고 일러 주었다.

잠시 후에 모택동의 차도 뒤를 따랐다. 이 차는 차문이 차광유리이므로 밖에서는 들여다 보이지 않았다. 신가구로 향하는 도중에서도 고지는 마음이 놓이지 않았다. 거리에 있는 보통식당이니까 모택동의 안전이 걱정됐다. 안전보위의 조치를 미리 취하지 못했기 때문이다.

신가구에 와 보니 먼저 당도한 경호원은 이미 식당 안에서 대기하고 있었다. 고지와 이은교는 모택동을 안내하여 식당에 들어섰다. 안쪽에 마치 특별실 같은 작은 방이 있기로 거기에 좌정하기로 하였다. 그 방에는 식탁이 하나 뿐이었다. 모택동, 고지, 이은교, 왕경선이 거기에 앉고 경호원과 운전사는 '귀빈실'어구에 가까운 한 식탁에 제꺽 자리를 잡았다. 다행히 누구도 모택동을 발견하지 못한 것 같았다.

고지는 양육포막 여덟그릇을 주문했다. 한 사람 앞에 한 그릇이었다. 양고기가 아주 부드럽고 좋아서 모택동은 맛있게 식사를 했다.

식사가 거의 끝날 무렵에 고지는 계산하러 주인한테 갔다. 주인은 도합 6원 30전이라고 알려 주었다.

문제는 이때 생겼다. 호주머니에 그만한 돈이 없었던 것이다. 모택동은 워낙 돈을 가지고 다니는 법이 없었다. 몇 사람이 있는 돈을 다 털어봐도 여전히 모자랐다.

하는 수 없이 고지는 식당주인에게 실토했다 — 아무 준비도 없이 이렇게 문득 찾아와 식사하고 보니 가지고 온 돈이 모자란다. 내일 아침에 값을 꼭 물겠으니 한번만 양해해 달라고 부탁하였다. 주인이 보니 이 손님들이 다 당의 간부인 것 같고 예절바른 사람들인 것 같았다.

"괜찮아요, 괜찮아요. 내일 갖다줘도 됩니다."

이 때 모택동이 식사를 마치고 걸어 나왔다. 식당에서 식사하던 손님들은 모택동을 보자 박수로 환영했고 모택동도 답례를 하며 손도 흔들어 보였다. 운전사 주서림은 식당 문어구에 대기하고 있다가 재빨리 모택동을 승차시켰다.

"아-니, 모 주석이 오셨던가!"

식당주인은 여간 기뻐하지 않았다.

승용차가 중남해에 들어 가서야 고지는 마음이 놓였다.

이튿날 아침 고지는 자전거를 타고 신가구에 와서 6원 30전되는 식사비를 치렀다. 식당주인은 그 돈을 받으려고 하지 않았다-"모 주석께서 여기 오셔서 식사를 했다는 것만 해도 우리 식당으로는 더없는 영광이오, 돈을 받는다니, 그 어디 될 말이요!" 그러나 고지는 끝내 돈을 쥐어주고 중남해로 돌아왔다.

[제2장]
'5대비서' 외의 비서들

영민한 사람들

모택동은 매일 많은 정무를 돌봐야 했다. 그의 업무는 실로 복잡다단하였다. 그의 사무를 돕기 위하여 중공중앙에서는 1956년에 비서 다섯을 정식 임명하였다 — 진백달, 호교목, 전가영, 엽자룡, 강청 — 그들은 보통 5대 비서 중 강청을 제외하고는 모택동과 같이 있지 않았다. 항상 모택동과 같이 있는 사람은 고지와 나광록이다. 두 사람은 한 사람이 24시간씩 교대로 근무했다. 이런 식으로 모택동 주변에서 항상 그림자처럼 지키고 있었기 때문에 모택동은 우스개 소리로 자기는 두사람 반밖에 관리하지 못한다고 하였던 것이다.

고지는 자기의 직무에 충실하였다. 자기가 근무할 때 모택동이 벨을 누르기만 하면 즉시 달려 가서 지시를 듣는다. 고지가 하는 일은 중요한 일이었다. 항상 긴장해 있어야 했고 매사를 조심스레 처리해야 하였다. 정신을 가다듬고 근무하였고 소설을 보거나 관계없는 책을 보는 일은 없었다. 약간이라도 방심했다간 대사를 그르치게 되기 때문이다.

주석부속실의 기밀비서인 고지는 모택동에게 오는 문건을 선별하는 일 외에 모택동이 시키는 다른 일도 처리해야 했다. 예를 들면 몇시에 회의를 하는가, 외빈과는 어느 때에 회견하는가, 내방(來訪)하러 온 손님과는 언제 만나는가 등이다. 모택동에게 오는 전화도 먼저 고지가 받는다. 급한 전화나 전보를 받았을 때는 회의도중이라도 바로 전해야 한다. 때로는 간단한 내용을 적은 쪽지를 침실의 책상 위에 놓아 두기도 한다. 모택동이 돌아 오면 먼저 그 쪽지를 보게 된다.

고지는 모택동의 지시면 한 마디 한 마디를 다 어김없이 착실히 집행하였고 조금도 소홀히 하지 않았다. 간혹 듣지 못해서 되묻는 경우는 있었지만, 그런 때는 절대 우물쭈물하지 않았다. 모택동도 고지가 되묻는다 해서 귀찮게 여기는 일은 한번도 없었다. 이건 엽자룡이 고지에게 알려 주었던 것과 똑같다. 그러나 일단 잘못 듣고 일을 그르치면 모택동은 에누리 없이 비평한다.

외출 시에는 언제나 넷이 한 차에 앉았다. 그들의 위치는 언제나 똑같았다. 앞줄 왼켠에 운전사 주서림(周西林), 그 오른켠에 고지, 뒷줄 왼켠에 위사장(衛士長) 이은교, 그 오른편에 모택동이다. 50년대에 모택동은 소련에서 선물한 지이스표 승용차를 탔다. 검은 색이고 차창엔 방탄유리를 장치했는데 출입문이 퍽이나 둔중했다. 차가 달릴 때면 고지는 항상 문가에 비스듬히 앉았다. 운전사를 정시하는 자세였다. 이렇게 앉으면 뒤켠에 있는 모택동의 시야를 넓혀 줄 수 있고 모택동과 의논하기에도 편리했으며 모택동의 지시를 운전사에게 전하기도 쉬웠다.

모택동의 승용차 앞에 항상 지프표 승용차가 한대 선도한다. 거기 앉은 경호원들이 모택동 전용차의 동향을 주시한다. 뒤에 오던 차가 서면 이 차도 선다. 앞의 차에 탄 경호원은 왕경선, 왕음청 등이다.

모택동의 측근에서 일하는 사람들은 다 영특하고 민첩한 사람들이었다고 고지는 강조했다. 모택동이 간단히 한 마디만 말해도 고지는 그 뜻을 이해하였다. 그가 다른 사람에게 전할 때에도 지시는 간단명료했고 군말을 더하는 법이 없었다. 어떤 때는 손시늉만으로도 의사소통이 충분했다. 그들은 모두 모택동에게 충직하였으며 전력을 다하여 자기의 임무를 수행하였다.

모택동의 측근에서 근무하는 만큼 규율은 아주 엄했다. 고지는 당과 국가의 허다한 비밀문건을 접하였지만 남에게 말한 적이 없음은 물론 자기가 약간의 메모를 적어 두는 일도 없다. 한 때 중앙간부들이 모택동의 일일동정을 전화로 자주 물은 적이 있었다. 모택동의 건강상태에 관심을 가지고 어느 시간에 보고하러 가면 좋겠는지를 알아보기 위해서였다. 그래서 비서들은 모택동의 기상시간, 취침시간 등을 종이에 적어 놓았다. 모택동이 그걸 보더니 화을 냈다. "고지, 이건 뭘 적어 놓은 건가?" 고지가 여차여차하여 적었노라고 설명했다.

"적지 말라구 이런 건. 태워버려요, 어서!"

고지와 나광록은 그 자리에서 그 메모지를 소각하였다.

고지는 매일 모택동의 친필로 된 원고를 수 없이 처리하였지만 전부 보관문서로 바쳤을 뿐, 자기 소유로 한 건 없다. 단 한 번의 예외라면 모택동이 글씨 연습을 하다가 휴지통에 버린 종이를 한장 주워 가진 것 밖에 없다. 그 종이에 왕창령(王昌齡)의 시 《출새(出塞)》가 적혀 있는데 그것도 '진시명월한시관(秦時明月漢時關)'의 '관'자가 빠진 것이었다. 이 필적을 고지는 지금 사진틀에 넣어 객실에 걸어 놓고 있다.

고향을 찾은 모택동

1959년 6월 18일 밤이었다. 고지를 부르기에 침실로 갔더니 모택동이 이렇게 말하는 것이었다.

"내일 호남, 강서를 갈까 하는데…자네 준비 좀 하라구. 이번엔 기차로 가겠소."

모택동은 이어 다음과 같이 부언하였다.

"이번 출장부터 자네와 나광록 둘이서 번갈아 나와 같이 다니도록 하는 것이 어때. 한 사람이 집에 남고 한사람이 출장하는 걸로 하자구. 출장기일이 길어지면 자네와 광록이가 반달에 한번씩 교대하면 돼, 숨도 좀 돌림겸, 이 의견이 어떤가. 나광록이와 한 번 의논해 보라구."

그때는 벌써 밤 10시가 지난 때였다. 고지는 우선 모택동이 내일 출발한다고 중앙경위국에 전화로 알렸다. 이튿날에 지시대로 나광록이와 의논하였고 이번에는 나광록이 풍택원(豊澤園)에 남아 있기로 합의하였다.

그 이튿날, 고지는 모택동과 같이 여행길에 올랐다. 모택동의 전용열차는 8~10개의 차량으로 되어있다. 처음에는 철도부 부부장이 수행하였다. 연도의 선로이용을 원활히 하기 위해서였다. 후에는 철도부의 국장 1명이 수행했다. 부장들이 모두 바쁜데 폐를 끼쳐서야 되겠느냐고 모택동이 말했기 때문이다. 경호원도 10여인 정도로 줄였다.

모택동의 전용열차는 대개 같은 선로를 왕복하는 일이 없었다. 이를테면 진포선(津浦線)으로 남하하였으며, 경한선(京漢線)으로 북상한다. 이번에는 경한선으로 남하하기로 하였다.

한 곳에 체류하는 시간이 그리 길지 않은 경우에는 모택동은 하차하지 않고 그냥 열차에서 침식을 하는 때가 많았다. 열차의 객실에서 당지의 간부들과 만난다.

이번 여행은 6월 하순에 시작한 것이라 남방은 벌써 더위가 심했다. 열차가 장사(長沙)에 이르러 대피선에 정차하였는데 차안이 무덥기가 말이 아니었다. 주변엔 나무 한 그루도 없었다. 밤낮 선풍기는 돌아가지만 차안은 여전히 시룻속이나 다름이 없었다. 전용열차라 해도 당시는 냉방장치가 없었다. 경호원들은 큰 얼음덩이를 얻어다가 모택동의 침실에 놓았다.

6월 24일이었다. 모택동은 상강(湘江)에 가 수영을 한 후 여전히 열차로 돌아왔다.

고지를 부르기에 침실에 가 보니 모택동은 잠옷만 걸친 채 앉아 있었다.

"더워서 못견디겠소. 여러날 잠도 제대로 못잤소. 어쩌면 좋을까…?"

"빨리 호텔로 갑시다."

고지는 진작부터 이 말을 하고 싶었다.

"그건 싫소. 난 고향에 가 봐야겠소. 양상곤에게 지금 전화하라구. 내가 이제 소산(韶山)을 갔다가 여산을 갈 예정이라고. 전화를 한 후에 곧 출발하자구."
 전용열차가 머무르면 즉시 전화 전용선부터 가설한다. 비밀전화의 전화줄을 전용선에 이어만 놓으면 장거리 전화를 할 수 있었다.
 장거리 전화는 바로 연결되었다. 북경의 교환수가 물었다.
 "거기는 어디십니까?"
 고지가
 "1호"
라고 대답하자 즉시 양상곤에게 이어주었다.
 "양주임입니까? 저는 고지입니다. 주석께서 지금 소산으로 떠나실까 하는데요……."
 "뭐이라구? 소산으로요?"
 양상곤에게도 좀 뜻밖의 소식인 것 같았다.
 "예, 그렇습니다. 소산에 들렀다가 그 뒤에 여산으로……."
 "알겠소. 관계부처에 곧 알리겠소."
 양상곤은 결단성있게 대답했다.
 고지는 양상곤과 통화했다고 모택동에게 보고한 후 호남성 관계 기관들과도 모두 전화로 협의하였다. 협의가 끝나자 열차는 서서히 움직이기 시작했다. 고지는 바깥에 늘인 전화선을 미처 걷어올 사이가 없었으니 그저 마구 당겨 끊어 버렸다.
 열차가 출발하자 차안에 바람이 들어와 기분이 좋았다. 모택동도 물론 기뻐하였다.
 한 시간 남짓하여 열차는 상담(湘潭)역에 도착했다. 차안은 또 열대 세계로 돌아왔다. 나광록을 북경에 남겨 두었기 때문에 고지의 업무를 교대해줄 사람은 없었다. 모택동이 어느때 자기를 불러다 지시를 내릴지 모르므로 고지는 감히 잠을 자지 못하였다. 그는 밤하늘의 별을 쳐다보며 비가 한 번 시원히 내렸으면 좋겠다고 생각을 하고 있었다. 비가 내리면 내일 소산으로 갈 때 먼지가 덜 일 것이다……

그가 바라던 대로 이튿날 과연 비가 한 바탕 내렸다. 모택동을 태운 승용차는 곧장 소산으로 달렸다. 담배를 피우며 깊은 사색에 잠긴 모택동은 차창 밖의 경치를 한참동안 바라 보았다. 모택동의 이런 분위기에 방해를 주지 않으려고 고지도 묵묵히 앉아만 있었다.

오후 5시가 지났을 때 승용차의 행렬이 소산에 이르렀다. 동행자들 중에 공안부 부장 나서경, 중공호북성위 제1서기 왕임중, 중공호남성위 제1서기 주소주가 있었다. 모택동은 여러해만에 고향에 돌아왔다. 일행은 소산초대소 노가만(蘆家灣) 1호에 자리를 잡았다.

그날 밤에 모택동은 고지를 불러다가 당부했다. "나는 여러해가 지나도록 고향에 못왔댔소. 만나봐야 할 사람이 많은데… 시간 배당을 해 주오. 누구를 어느 시간에 만나는가를 말이요. 그리고 내일 밤에 마을 사람들을 저녁식사에 초대할까 하오. 어느 분들을 청해야 할지, 아무아무개와 의논해서 정하오."

고지는 그날밤 그 이튿날의 일정에 대한 모든 결정을 내려야만 하였다.

여행에도 지친데다 밤에는 마을사람들과 이야기를 하였으니 아침에는 모택동이 푹 쉬리라고 생각했었다. 그런데 이른아침에 경호원 봉 요송이 고지를 찾아왔다. 주석께서 지금 산책하러 나가자고 한다는 것이었다.

고지가 허겁지겁 가보니 모택동은 벌써 밖으로 나갔다. 이 분이 어디로 가시려나 하고 고지는 안전문제부터 근심했다. 고지는 경호원들과 같이 모택동의 뒤를 부지런히 따랐다. 당지에서 자란 사람이라 모택동은 어디를 어떻게 가야 할지 물어볼 것도 없었다. 초대소를 나서자 그는 곧장 산으로 올라갔다.

뒤따르던 사람들은 그제야 모택동이 부모의 산소로 가고 있다는 것을 알았다. 경호원 심동(沈同)이 소나무가지를 하나 꺾어서 모택동에게 넘겨 주었다. 모택동은 그 소나무 가지를 화환 대신 무덤 앞에 놓고 세번 국궁(鞠躬)하는 것이었다. 그리고는

"전인(前人)이 고생한 덕분에 후인(後人)이 복을 누립니다."
하고 말하였다.

사람들은 이어 모택동을 따라 그의 옛집으로 갔다. 벽에 걸린 가족사진을 모택동은 한참 쳐다 보았다. 고지는 그때 모택동이 어머님의 사진을 보며 하던 말을 지금도 기억하고 있다.

"어머님은 목에 종창을 앓다가 사망했소. 후에 들으니 임파선염이었소. 지금과 같은 의료시설만 있어도 그처럼 일찍이 타계하지 않았을 거요."

부모에 대한 모택동의 깊은 애정은 그 자리에 있는 사람들에게 잊을 수 없는 감명을 주었다.

모택동은 1893년 호남성 상담현 소산마을에서 아버지 모순생(毛順生)과 어머니 문기미(文其美) 사이의 2남 1녀중 장남으로 태어났다. 아버지는 부지런하고 근검절약하는 농민이었으며 엄격하고 보수적인 가장이었다. 어머니는 역시 농민출신이었으며 인정이 깊고 관대하고 동정심이 많았다.

모택동은 서양식 학교에 입학하고 싶었으나 아버지의 반대에 부딪혔다. 그리하여 모택동은 친척인 왕계범을 찾아가 돈을 빌려 「삼국지연의」와 「수호지」가 담긴 바구니를 메고 그의 고향을 등지고 동산국민학교에 15세에 입학하였던 것이다.

모택동은 소산을 떠나 일단 장사에 들렀다가 무한으로 갔다. 고지의 기억에 의하면 6월 30일 오후 1시 45분에 배를 타고 무한을 떠났다. 그날 밤 12시에야 배는 구강(九江)에 도착했다. 원래 계획은 당일에 여산에 당도할 예정이었는데 고지는 그 계획을 단념하기로 하였다. 여산에 오르려면 300여개소의 굽이를 돌아야 한다니까 안전보장이 문제였다. 그렇기 때문에 오늘 밤은 쉬자고 권했고 모택동도 그 말이 옳다고 생각하였다. 이날은 결국 배 위에서 휴식하게 되었다.

고지는 그날 밤을 뜬눈으로 지냈다. 모택동이 잠이 들었는지 알아 보려고 문앞에 가보니 경위원은 보이지 않았다. 아마 수면제를 먹고 경호원한테서 안마를 받으면서 잠을 청하는 중이리라 짐작하고 고지는 들어가지 않고 문옆에 쪼그리고 앉았다. 얼마 후에 당직 경호원 이연성이 조용히 나왔다.

"주석께서 잠이 드셨소?"
하고 고지가 낮은 소리로 물으니 경호원은 고개를 끄덕여 보였다.
"잠이 들었다니 시름 놓았소. 내일은 여산에 오르셔야 하니까."
그제야 고지는 안심하고 자기의 침실로 돌아갔다.

지난밤에 고지가 왔었다는 말을 경호원이 하자 모택동은 이렇게 말했다고 한다.

"고지는 좋은 사람이오."

여산에 도착한 후 모택동은 중대한 회의인 여산회의를 소집한다. 여산회의의 전단계는 중공중앙정치국 확대회의, 후반단계는 중공 8기8중 전회였다.

극장구경

1960년 1월 16일, 고지는 모택동을 따라 상해 금강(錦江)호텔, 즉 금강 구락부에 투숙하였다.

"한 가지 임무가 있네."

모택동이 문득 고지에게 말했다. 무슨 중요한 지시가 있나보다 하고 하회를 기다리니 모택동은 웃으면서 부언했다.

"오늘은 토요일이 아닌가. 극장구경을 한 번 하라구."
"자네가 먼저 보라구. 자네가 재미있다하면 나도 볼까 하오.."
고지는 지시대로 극장구경을 갔다.

극장은 금강구락부에서 멀지 않은 건너편 옆쪽, 장낙로와 무명남로가 교차하는 곳에 있었다. 종려색 벽돌을 바깥면에 붙인 2층 건물이었다. 해방전에는 난심대극원이라 하였는데 상해에서 손꼽히는 호화로운 극장이었다. 해방후에 상해예술극장으로 개명했다가 지금은 다시 옛날 이름을 쓴다.

극장에 들어가서야 고지는 이날 저녁에 '소도회(小刀會)'라는 무용극을 공연한다는 것을 알았다. 상해가무극원에서 창작한 신편(新編) 민족무용극이었다. 상해의 농민수령 유여천이 청나라 봉건통치와 외국 침략자를 반대하여 투쟁한 이야기—이것이 소도회의 내용이었다. 고지는 난생 처음으로 무용극을 감상하는지라 신선감을 느꼈고 흥미진진하게 보았다. 또 모택동의 지시도 있고 해서 각별히 주의깊게 보았다.

극장에서 돌아오니 모택동이 소도회가 어떻냐고 물었다. 고지는 무용극의 줄거리는 물론 배우들의 연기까지 자세히 소개했다. 고지는 흥이 난 김에 무용동작까지 시늉해 보이면서 열심히 설명했다. 모택동은 하하하 하고 연신 웃었다.

고지는 자기가 재미있다고 하면 모택동도 가 본다고 했으니까 소도회가 참 좋더라고 찬사를 아끼지 않았다. 어떻게 해서든지 모택동을 동원시키려고 애썼다. 피로하기도 하니까 긴장도 좀 풀겸해서 극장에 다녀오는 것도 좋을성 싶었다.

고지는 자기가 이만큼 선동했으니까 모택동이 흔연히 응할 줄로 알았는데

"나는 안보겠소."
라고 하는 것이었다.

"그 좋은 극을 왜 보시지 않습니까?"

모택동은 익살궂게 느그적느그적 대답했다.

"자네가 그처럼 자세히 말하면서 동작까지 해 보였는데 내가 뭘하러 또 가 보겠소?"

고지는 일시에 맥이 탁 풀렸다. 소도회를 잘 선전한게 역효과를 빚어

냈으니 정말 후회막급이었다.

기실은 모택동의 해학적인 반어(反語)를 고지가 정말로 받아 들였던 것이다.

이튿날 저녁에 모택동은 주은래와 같이 상해예술극장에서 소도회를 관람하였다. 공연이 끝난 후 주은래가 모택동을 대신하여 무대에 올라가 배우들에게 사의를 표했다.

금강구락부에 돌아온 후 모택동은 상해가무극원의 책임자와 일부 배우들을 접견하였다. 여자주인공 주수영의 역을 맡았던 정운(鄭韻)의 회고에 의하면 모택동은 다음과 같이 말했다.

"소도회는 좋은 작품이오. 반제·반봉건적인 내용이니까. 북경에 가 공연해도 되오. 그곳 인민들도 환영할 게요."

모택동은 소도회에 경극의 무술격투(武打)가 가미된 것도 좋았다고 하였다. 그는 도대(道臺)의 역을 맡은 배우의 연기가 훌륭하다고 특히 칭찬했다.

후에 소도회는 북경에 와서 공연했고 평양에 가서도 공연했다. 공연은 어디서나 다 성황리에 진행되었다고 한다.

모택동과 작별

생일을 어떻게 지내든 모택동은 중시하지 않았으며 생일을 맞아 축수하는 활동은 일체 하지 않았다. 1960년 12월 하순은 모택동이 북경에서 중공중앙당회의를 열고 있을 때였다. 12월 25일, 모택동은 자기 신변에서 일하는 일곱명만 집에 초청했다. 초청한다 해도 3년재해를 겪던 때였으므로 극히 간단한 식사에 불과했고 술도 고기요리도 없었다.

이튿날 모택동은 그 7명에게 다음과 같이 서한을 썼다.

임극, 고지, 자룡, 이은교, 왕경선, 봉요송, 왕동홍 일곱 동지가 명심하여 회람하기 바람.

왕동흥을 제외한 여섯 동지는 다 농촌에 한 번 다녀와야겠소. 산동은 가지말고 (하남성)신양(信陽)지구로 가시오. 그곳 형편이 호전 중이라 구호양곡도 먹을 수 있다니까 자네들의 건강에 좋을 게요. 매 사람에게 상비약 주머니를 하나씩 챙겨줄 것이며, 나의 간호장이 사용방법을 가르쳐 줄 게요. 회하(悔河) 유역은 좀 따뜻할 것이니 산동보단 낫소. 충분한 정신적 준비를 갖추기 위해서 1월 2일부터 두 주일간 북경훈련반에 먼저 가서 교육을 받으시오. 이 일은 왕동흥 동지가 거들어 주기 바라오. 자네들이 배가 고프다면 소고기와 양고기를 보내 주겠소.

신양에서 보내온 보고문이 한 부 있으니 잘 읽어보기 바라오.

12월 26일은 나의 생일이요. 명년이면 나도 예순일곱이오. 나는 늙었소. 자네들은 할 일도 많고 전도가 유망하오.

모 택 동

이 지시에 따라 고지는 나머지 다섯사람과 같이 농촌조사를 나갔다. 지점은 신양이 아니라 허창(許昌)지구였다. 그들은 농촌의 실정을 상세히 보고하였다. 모택동은 그 보고서에 의하여 많은 기초자료를 파악할 수 있었고 그것을 당의 농촌정책 작성의 근거로 삼았다.

3년의 자연재해를 겪을 때 모택동은 전국인민과 고락을 같이하였고 고기붙이를 식단에 올리는 경우가 아주 적었다. 하루는 손님 몇 분이 왔기에 모택동은 부득이 주방에 고기요리를 한 가지 부탁했다. 고지도 배석하라기에 식탁에 같이 앉았다. 나물 반찬 외에 더 오른 건 고기찜(紅嶢肉) 한접시 뿐이었다. 식사 도중에 고기 한 점을 집어 손님에게 권하고 또 한점을 집어 모택동에게도 권했다. 약간 있다가 고지는 또 방금한 것과 같은 동작을 중복했다. 아까까지도 다른 반응이 없었는데 한 번 더 집어주니까 모택동은 심히 불쾌해 하며 고지를 쏘아 보는 것이었다. 고지는 더는 감히 권하지 못하였다. 모택동이 요리를 즐긴다는 걸 고지는 잘 안다. 그러나 이런 요리를 먹어본지도 이제는 퍽이나 오래되었다. 모택동은 손님을 초대하기 위해 이 요리를 특별히 주문했던 것이다.

모택동은 옷차림도 아주 수수했다. 평시에 당내의 동지들과 만날 때는 헝겊신을 잘 신는다. 외지에 시찰 나갈 때도 옷차림은 평시나 다름없다. 외빈과 만날 때만은 「예복」을 입지만 예복이라고해도 여러해를 입은 그 몇 벌 뿐이다. 고지는 옷장을 열고 미색의 중산복을 꺼내어 필자에게 보였다. 이 옷이 모택동의 옷과 똑같은 천으로 동시에 맞춘 것이라고 한다. 북경 서단(西單)의 한 양복점에서 만든 것이었다. 좀 회색이 나는 미색의 상의를 입은 모택동의 사진을 우리가 자주 보는데, 그 옷이 고지의 이 중산복과 동시에 맞춘 옷이다. 이 중산복을 소중히 여기는 고지는 이 옷을 자주 입지 않는다. 이 옷을 보기만 하면 모택동이 연상되기 때문이다.

고지는 근 10년을 모택동의 기밀비서로 있었다. 그 10년은 친절한 분위기 가운데서 행복을 누린 10년이었고 긴장하고 바쁘게 보낸 10년이고 한평생을 두고 잊을 수 없는 10년이었다고 고지는 말하였다.

1962년 4월 19일. 모택동은 고지를 찾아 이야기를 하였다. 이에 앞서 모택동의 주변에서 일하던 늙은 축들인 엽자룡이나 이은교는 이미 전근 가고 없었다. 모택동은 고지의 의견을 물었다. 고지는 지금 하는 일을 그냥 하고 싶었지만 늙은 축들이 기왕 전근 갔으니 자기도 고향으로 갔으면 하였다.

작별할 때 모택동은 고지와 같이 기념사진을 찍었다.

고지는 처자식을 데리고 섬북으로 돌아왔다. 후에 그는 서안에도 있었고 연안에도 있었다. 모택동의 곁을 떠났지만 하루도 그를 잊은 적은 없었다.

1965년 1월 13일, 고지는 북경으로 출장 왔다. 모택동은 그날로 고지를 접견하였다. 고지는

"정말 뵙고싶었습니다."

라는 한마디를 하고는 눈물을 글썽이며 다음말을 잇지 못하였다.

모택동은 그의 손을 굳게 잡아 주었다. 북경을 떠난 후의 일을 이것저것 묻기도 하였다. 이날 모택동은 고지와 45분간이나 환담했다.

그후에도 북경에 오면 꼭 들리라고 모택동은 부탁했다.

고지는 이것이 모택동과의 최후의 면담이 될 줄은 꿈에도 생각지 못하였다.

1973년 6월 9일, 주은래가 연안에 시찰을 갔다. 두 번이나 고지를 찾았으나 만나보지 못했다고 한다. 고지는 방금 연안에서 회의에 참가하고 낙천현으로 나갔던 것이다. 실로 유감스러운 일이었다.

1976년 9월 9일, 모택동이 서거하였다는 비보를 접한 고지는 대성통곡하였다. 당시 그는 서안에 있었다. 그는 비행기로 급히 북경으로 왔고 사후의 모택동과 대면하였다. 며칠 후에는 침통한 기분으로 모택동의 추도회에 참석하였다.

65세인 고지는 지금은 이직(離職)하여 휴양 중에 있다. 한시대의 절대 위인이었던 모택동에 대한 회고를 그는 곰곰히 되새기고 있다. 기억력은 매우 좋은 편이었다. 그는 자기의 회고하는 바를 역사와 인민앞에 알려 주어야 한다고 생각하고 있었다.

나광록
羅光祿

"그는 20세기 중국의 위인이요, 전략가요,
사상가요, 역사가요, 문학가다"

[제1장]
긴장된 나날

엽검영의 추천

전용기 한대가 북경에서 무한으로 향해 가고 있었다. 승객은 한사람 뿐이었다.

이 전용기가 무한에 착륙하기 전에, 중국인민해방군 중남군구(中南軍區) 정치위원 담정(譚政)은 벌써 비행장에 나와 기다리고 있었다.

전용기의 승객은 나광록(羅光祿)이라는 30여세의 젊은이었다. 그는 모택동의 기요비서이다. 모택동은 무한지구에서 올려보낸 3반·5반(三反五反)에 관한 보고에 대한 의견을 썼다. 그 문건을 휴대한 나광록이 이렇게 무한으로 긴급 출장가게 된 것이다.

당시 모택동은 기밀과 의전담당 비서를 두사람 두었다. 한사람은 고지(高智)이고 나머지 한사람은 나광록이다.

필자는 얼마 전에 서안에서 고지를 방문하였었다. 고지가 회상하는 바에 의하면, 하루는 모택동이 한담을 하다가 자기는 두사람 반 밖에 관리하지 못한다고 말하였다는 것이다. 두사람 반이란 누구누구인지 고지가 물으니 모택동은 "그거야 우선 자네가 한사람이야, 나광록이도 한 사람이라 치고…" 하고 대답하였다. 나머지 반사람은 누군가고 물어보니 강청이라고 대답했다.

"강청을 나는 절반만을 관리할 수 있을 뿐이야. 나머지 절반은 관리하지 못한다니까."

사실 모택동의 신변에서 생활하는 사람은 이 두사람 반 뿐이다. 고지와 나광록은 한사람이 24시간씩 교대로 근무한다. 고지는 나광록의 주소와 전화번호를 필자한테 적어 주었다. 그의 도움을 받아 필자는 1992년 11월 하순에 북경에서 나광록을 만나게 되었다. 75세인 나광록은 이직(離職)하여 휴양하고 있은지 오래다.

나광록은 광선이 잘 드는 조용한 거실에서 부인과 작은 손자를 데리고 필자와 이야기를 나누었다. 방바닥에는 합성수지장판이 깔려 있었다. 귀밑 머리는 희였어도 격동의 연대를 생각해보던 나광록은 여전히 격정을 금치 못했다. 그는 모택동의 측근에서 기밀과 의전을 담당하는 기요(機要)비서로 만 15년을 근무하였었다.

나광록은 1917년에 사천성 북부의 가릉강(嘉陵江) 중류에 위치한 창계현 농촌에서 태어났다. 1933년에 홍군에 입대하였다. 그가 속한 부대는 장국도(張國燾)가 거느리는 홍4방면군이었다. 장국도의 잘못된 지휘로 인하여 홍4방면군은 숱한 고생을 하였고 하마트면 감숙성의 사막지대에서 전멸될뻔 하였다. 감숙지역을 빠져나와 신강(新疆)에 나갔다가 후에 겨우 연안으로 돌아오게 되었다. 그는 1938년에 중국공산당에 가입하였고 동년에 중공중앙당학교에 들어가 공부하였다. 후에 그는 중앙군위(中央軍委) 1국에서 작전참모로 있었다.

1948년, 하북성 평산현 서백파촌에 있을 때다. 그곳이 당시의 중공중앙기관의 소재지였는데 하루는 중앙군위 부총참모장 엽검영(葉劍英)이 나광록을 찾아 이야기를 하였다.

"이제부터는 중앙기관이 한곳에 집중하여 사무를 보게 되오. 모주석이 있는 데에 일손이 모자라니, 검토한 결과 자네를 비서로 보내기로 하였소."

자기를 모택동의 비서로 보낸다니, 실로 상상 외의 일이었다. 기쁘기도 했지만 불안하기도 했다.

"제가 그런 중요한 임무를 감당할 수 있을까요?"

엽검영은 그를 격려하였다.

"앞으로 맡을 임무는 대단히 중요한 일이요. 반드시 정치적으로 신뢰할 수 있는 동지를 보내야 했는데 중앙에서도 자네를 신임하고 있으며, 이렇게 자네를 선발해서 보내는 것이니까 비서임무를 꼭 잘할 수 있다고 우리는 생각하오. 어렵고 모르는 문제가 있으면 모 주석에게 물어서 처리하면 될것이오."

이리하여 나광록은 모택동의 신변가까이 오게 되었고 모주석의 기밀업무를 15년동안 맡아서 근무하게 되었다.

독서로 휴식

모택동을 본 적은 여러번 있었지만 직접 대면하여 이야기를 하여본 일은 한번도 없다. 서백파에 있는 모택동의 사무실에 처음 들어갈 때 나광록은 아주 긴장했다.

"자네가 여기 와 일한다니 기쁘오."

나광록의 손을 잡고 모택동은 친절하게 말했다.

"잘할 수 있겠는지 모르겠습니다."

나광록은 불안한 심정을 실토하였다.

"너무 걱정하지말구 차츰 익숙해질 게니까."

모택동도 그를 이렇게 격려하는 것이었다.

이리하여 나광록은 모택동의 가장 가까운 신변에서 일하게 되었지만 처음에는 지나칠 정도로 조심스레 행동하였다. 모택동의 사무실을 드나들 때는 소리가 날까봐 발걸음을 가볍게 떼었다. 모택동은 당의 영수이고 역사적으로 위대한 인물이니까 자기는 매사에 조심해야 하고 모든 열과 정성을 다하여 성실히 일해야 한다고 생각하고 모 주석을 위하여 충성을 다할 것을 다짐하였다.

그의 이런 구속감은 미구에 사라졌다. 전적으로 모택동의 영향 때문이다. 모택동은 한담을 즐긴다. 유우머가 섞인 우스개소리를 곧 잘 한다. 식사 때면 혼자 묵묵히 식사하는 게 아니라 항상 한두 사람 불러다 같이 식사한다. 나광록을 불러서 같이 식사하는 때가 많다. 모택동은 식사 중에도 한담과 농담을 잘한다.

"일할 때는 나는 사무에만 정신을 집중하오. 식사를 혼자 하면 머리는 또 사무적인 생각에 빠져 들어가고 마오. 이렇게 다른 사람과 같이 식사해야 한담이라도 할 수 있게 되지. 생각하는 내용이 달라지므로 이것이 나에게는 좋은 휴식시간이 되는 게요."

아무런 제한도 없는 이런 한담을 하는 가운데에 나광록의 긴장감은 자연히 사라졌다.

나광록의 말에 의하면 모택동의 식사는 아주 검소했다. 채소요리가 위주이고 고추는 매 끼마다 있어야 한다. 사천출신인 나광록에 있어 고추를 먹는 건 오히려 바람직한 일이었다. 모택동은 현미밥을 즐겼고 거기에다 좁쌀이나 잡곡을 섞는 경우가 많았다.

모택동은 산책도 즐긴다. 산책을 하면서 한담하는 것도 그에게는 휴식의 한 방법이었다.

나광록에 있어 잘 이해되지 않는 것은 독서로 휴식을 대체하는 것이었다. 모택동은 독서를 즐긴다. 북경에 온 후에는 침대에도 책이요 차상(茶床)에도 책이요 심지어는 화장실에도 책이다. 산책을 나가도 손에 책을 쥐고 다닌다. 모택동은 이렇게 말했다.

"독서도 휴식이요. 사무를 볼 때 머리를 쓰는 것과 독서하면서 머리를 쓰는 것은 다르니까 역시 휴식하는 걸로되오."

모택동은 책을 많이 본다. 독서량이 많으니까 지식이 해박하다. 저작이나 연설에서 많은 자료를 인용할 수 있는 것은 그만큼 독서를 많이 했기 때문이다.

나광록은 모택동의 부탁을 받고 책을 구입하러 자주 서점에 다닌다. 나광록은 당시 모택동이 쓴 쪽지 한장을 지금도 소중히 보관하고 있다.

나비서 :

오늘 광주의 서점에 가 잡지 한 권을 사오시오. 『철학연구』라는 잡지의 1959년 11~12합간호요. 오후에 나한테 갖다주오.

모 택 동

15일 오전 5시

쪽지의 뒷면에 나광록이 당시에 연필로 써놓은 글씨가 있다 - '1960년 2월 15일'. 모택동은 그때 『철학연구』에 실린 논리학에 대한 지상토론에 관심을 돌리고 있었다. 이 해에 모택동은 『철학연구』를 한부씩 주문해 볼 것을 정치국위원들에게 제의한 바 있다.

도서구입과 관계되는 이런 쪽지를 나광록은 많이 접했지만 지금 자기가 보관하는 건 이 한장 뿐이다.

필자는 이 쪽지를 자세히 살펴보았다. 붉은연필로 선지(宣紙)에 쓴 글씨가 모택동의 필적이 틀림없다는 것은 한눈에 판단할 수 있다. 필자는 원본을 빌어서 복사할 수 있었다.

나광록의 말에 의하면, 연안시절에 모택동은 붓글씨를 쓰는 경우가 많았다. 북경에 온 후에 우연히 상해 시덕루(施德樓) 제품의 연필을 썼는데 아주 마음에 들어 있다. 경도(硬度)가 적중했고 필적이 새까만 게 좋았다. 그래서 후에도 그냥 이 연필을 애용하였고 붉은 연필·푸른연필도 시덕루의 것을 썼다.

주은래에게서 온 전화

모택동은 중남해 풍택원 안에 있는 국향서옥(菊香書屋)에 거주했다. 오래전에 지은 사합원(四合院)이다. 모택동의 사무실은 동편 채의 북쪽 두칸이었고 나광록의 사무실과는 40~50미터 떨어져 있다.

인민들로부터의 서신은 보통 전가영이 관장하는 비서실에서 뜯어보고 처리한다. 중요한 서신은 모택동에게 갖다 보인다. 모 주석에게 보내오는 문건이나 중요한 서한은 이 기밀 비서실에서 뜯어보고 처리하는데 유형별로 선별한 후 제목을 달아서 모택동에게 가져간다. 나광록이와 고지는 교대로 근무하면서 그날그날의 문건과 서한을 모택동에게 가져간다. 오후 1시나 2시경에 경호원이 기밀담당비서에게 모택동앞으로 오는 문건과 서한을 넘겨준다. 기요비서가 일단 선별, 처리해서 당일에 모택동에게 가져가는데 이건 모택동이 보통 야간에 사무를 보기 때문이다.

특급이라고 주명(註明)한 문건은 예외로 취급한다. 나광록이 뜯어보고 곧장 모택동을 찾아간다. 취침 중이라도 깨워야 한다. 이런 특급의 문건은 외교관련의 문건이 많다. 외교 상의 담판은 시간적으로 촉박한 것이 많으므로 모택동도 신속히 결단을 내려야 한다.

비밀등급으로 제일 높은 것이 '친계건(親啓件)'이다. 이런 친계건은 모택동이 친히 뜯어보라는 것이지만 실은 역시 기밀비서가 먼저 뜯어보게 된다. 이들이 대행하는 임무의 중요성을 설명하는 일례라 하겠다. 다른 수뇌들에게 모택동이 써보내는 친계건은 겉봉을 봉하는 법이 종래로 없다. 나광록이나 고지가 읽어보고 오자(誤字)가 없음을 확인한 후에, 역시 겉봉을 봉하지 않은 채 일일이 직접 송달해보낸다는 것이다.

모택동에게 오는 전화도 나광록이나 고지가 받는다. 교환수는 모택동을 찾는 전화라면 예외없이 기요비서에게 이어준다. 기요비서가 전화를 받아 보고 모택동 본인이 받아야 되겠다고 인정하는 경우에는 사무실에 가 모택동에게 알린다. 모택동은 책상 위의 송수화기만 들면 대화를 할 수 있다. 긴급한 내용의 전화가 왔을 때에는 취침 중이라도 나광록은 모택동에게 전화를 받으라고 알려주어야 한다.

모택동을 찾는 전화는 그리 많지 않다. 주은래에게서 오는전화는 자주 있다. 보통 밤 11시나 12시에 오는데 주석께서 휴식하는 중이 아니냐고 먼저 묻는다. 주은래임을 알고 나광록은 모택동에게 알리러 간다.

주은래는 외교도 관장하므로 긴급한 일을 처리할 때면 언제나 모택동에게 수시로 문의한다. 그러니까 전화도 자주 오고 친계건·특급건도 자주 보내온다.

주은래와 모택동사이에 소원한 관계가 가끔 있었지만 그래도 한결같이 모택동에게 충성을 다했다. 그래서 모택동은 마지막으로 주은래를 그의 후계자로 생각하였던 것이다.

모택동의 하루하루의 일정 스케줄은 기요비서가 정한다. 몇시 몇분에 누구를 만난다, 몇시 몇분에 무슨 회의에 출석한다……이런 일정을 사전에 짜놓아야 한다. 회의를 소집할 때면 모택동은 언제나 기요비서더러 출석자 명단을 작성하게 한다. 모택동이 이런 문서를 반드시 직접 보고 몇사람을 삭제하거나 몇사람을 보충하면 회의 통지를 발송하게 되는 것이다.

모택동의 가장 가까운 신변에서 일하는 사람은 기록을 하여서는 안된다. 그러므로 나광록은 개인일기도 쓰지 않았다.

【제 2 장】
수영을 못하면 혁명을 어떻게?

정신력을 더 강조

모택동은 사생활에서 여자문제를 제외하고는 항상 자기 스스로를 엄하게 단속하였다. 3년재해를 겪는 때였다. 북경시의 규정대로 하면 매 가정에 한달에 고기 반 킬로그램 정도 밖에 배급하지 못했다. 모택동도 이 규정을 지켰다.

모택동은 밤에 사무를 보고 낮에 잔다. 그러므로 그의 아침밥은 우리가 말하는 저녁밥에 해당한다. 하루는 조어대(釣魚臺)에서 아침식사를 하는데 여느때에 없는 고기요리가 한접시 더 나왔다. 어떻게 된 일이냐고 대뜸 나광록에게 질문하였다. 규정을 위반하여 가져온 것이라면 먹지 않는다는 뜻이었다. 북경에선 한집에 반 킬로그램의 고기도 이번달에는 공급못하고 있는 형편임을 알고 있는 것이다. 그러니 이 요리를 의심쩍게 생각했던 것이다.

나광록은 이 요리의 내력을 설명했다—주석이 어제 외빈을 청하여 식사를 하였는데 원래는 두 상을 차릴 예정이었는데 주은래 총리가 다른 용무로 배석하지 못하게 되었고 결국은 한 상만 차리게 되었다. 외빈을 청하는 경우 고기요리가 있어야 한다는 것은 규정에 있는 바이다. 엊저녁에 남은 한 상분의 요리는 주석과 그 신변에서 일하고 있는 직원들에게 똑같이 조금씩 나누어주었다.

여럿에게 다 공평하게 나누어주었다는 말을 듣고서야 모택동은 젓가락을 들었다.

모택동은 자녀들에 대해서도 매우 엄격했다. 학교에 갈 때면 자전거를 타거나 버스를 이용하게 하였으며 승용차를 사용한 적은 한번도 없다.
　모택동의 딸 이민(李敏)이 결혼하는 날에 여럿이 같이 기념사진을 찍었다. 그 사진을 나광록은 지금도 소중히 간직하고 있다. 사진 뒷면에 1959년 8월 30일이라고 적은 글씨가 있었다. 이민과 공영화(孔令華)의 결혼은 간단했다. 모택동은 사돈이 되는 공총주(孔叢洲)와 옛고향 친지 왕계범, 그리고 가까운 친척들과 같이 식사를 하고 사진을 한장 찍었을 뿐이다. 왜 사진에 강청이 없는가 하고 필자가 물으니 그 좌석을 강청이 피했다는 것이었다.
　"이민은 모택동과 하자진(賀子珍)에게서 생긴 아이요. 강청은 무슨 핑계를 대고 그 좌석을 피했소."
　사진을 보니 나광록은 제일 뒷줄에 섰다. 나광록은 사진찍기를 좋아하지 않는 사람이고, 부득이 찍어야 할 때는 언제나 제일 뒷편에 서는 모양이다. 그렇기 때문에 모택동의 신변에서 15년이나 있었건만 모택동과 단둘이서 찍은 사진은 한장도 없다. 지금 생각하면 나광록에게 있어 실로 유감스럽고 후회스런 일이 아닐 수 없었다.
　모택동의 아우 모택민(毛澤民)의 아들 모원신(毛遠新)도 한때 모택동의 집에 기숙하였다. 하루는 꽤 추운 날인데 모택동이 중남해의 수영장에서 수영을 하였다. 모원신은 옆에서 보고만 있었다. '너도 수영을 해라' 하고 모택동이 말하니 모원신은 물이 차갑다고 하면서 싫다는 것이었다.
　"야, 물이 차다고 수영도 못한다면 장차 혁명을 어떻게 하겠느냐!"고 나무랬더니 그제야 모원신은 찍소리도 못하고 물에 뛰어들었다.
　항주에 있을 때 한번은 모택동이 감기에 걸렸다. 열이 38도 반이나 되었다. 그래서 나광록은 모택동에게 보고서를 가져가지 않았다. 왜 보고문건을 가져오지 않느냐고 모택동이 묻자 나광록은 "주석께선 지금 고

열이지 않습니까. 잘 휴식해야 합니다."고 대답했다.

"괜찮소. 아직 39도는 안된다니까…"

나광록은 할 수 없이 문건을 갖다주었다. 모택동은 침상에 비스듬히 누운채 문건마다 일일이 처리의견을 썼다. 이 광경을 보는 나광록은 눈시울이 뜨거워졌고 감동을 금치 못하였다. 나광록은 자기의 의견을 솔직히 모택동에게 말했다.

"주석의 일하는 자세에 저는 실로 감동했습니다."

"이게 뭐 대단한 일이라구."

모택동은 웃으면서 대꾸했다.

"저는 주석님의 이러한 정신을 지부(支部)의 동지들에게 말해줄까 합니다. 동지들이 다 따라배우게 말입니다."

"정 그럴 생각이 있다면 이 말만 지부에 전하면 되오ー사람에게는 무엇보다도 정신력이 더 중요하다고."

모택동의 동의를 얻은 나광록은 먼저 엽자룡, 왕견선을 찾아 구체적인 조치를 의논했다. 후에 그들은 모택동의 신변주변근무자들을 모두 모아놓고 나광록이 자기가 본 바를 이야기하였다. 모택동이 병중에 있음에도 불구하고 당과 인민을 위해 일하고 있다는 말을 듣고 그들은 깊은 감동을 받았다. 모택동이 자기를 칭찬하는 것을 동의한 건, 나광록의 기억에 의하면 이 한번 뿐이었다고 한다.

모택동의 기요비서니까 나광록도 모택동을 따라 전국의 여러 곳을 다녔다. 한번은 무한에서 정월 보름을 보내게 되었는데, 황학루(黃鶴樓) 근처의 용등(龍燈) 놀이가 유명하다는 말을 들었다. 모택동이 구경가자고 주장하는 바람에 중공중앙판공청 주임 양상곤과 공안부 부장 나서경이 십여명의 경위원을 대동하여 따라나서게 되었다. 나광록도 물론 따라갔다. 일행은 산위로부터 강변으로 구경하면서 내내 걸었다. 모택동은 워낙 체격이 큰 사람이어서 쉽게 눈에 뜨인다. 약바른 소학생들이 먼저 알아보고 살금살금 뒤따라오기 시작했다. 따라오지 말라고 나광록이 자꾸 말렸지만 아이들은 말을 듣지 않았다. 한 소학생이 가만히 나광록에게 "저 분이 모 주석입니까?" 하고 물어보았다. 나광록이 머리를 저으며 부인했지만 그 소학생은 믿지 않았다.

"틀림없어요."

소학생은 자기의 아래턱을 가리키며 웃어보였다.

"모 주석은 여기에 사마귀가 있어요."

소학생들이 모 주석을 발견했다는 소식이 삽시간에 퍼졌고 많은 사람들이 몰려왔다. "모주석만세"를 외치기까지 하였으니 더 많은 사람이 따라왔고 길도 통하지 못할정도로 되었다. 나광록은 무슨사고라도 나면 어쩌나 하고 안절부절하였다. 이때 나서경이 앞에 나서며 큰소리로 말했다.

"여러분! 저는 공안부 부장 나서경입니다. 저의 지휘대로 협조해주어야 하겠습니다. 자, 우리가 통과할 수 있게 길을 좀 비켜주십시오."

이 말 한마디가 정말 효과가 있었다. 사람들은 일시에 길을 터주었다. 경위원들은 모택동을 호위하며 강변으로 걸음을 재촉했다. 모택동 본인은 대수롭게 생각하지 않았다. "모주석 만세"를 부르는 군중들에게 자주 손을 흔들어 답례도 하였다. 모택동이 무사히 배에 오른 후에야 나광록과 경위원들은 마음을 놓았다.

배 위에서 나광록은 모택동에게 말했다.

"오늘은 정말 위험했습니다. 군중속에 나쁜 사람이라도 섞여있었다면 어쨌겠습니까."

그러나 모택동은 태연히 대답했다.

"걱정할 건 없소. 나쁜 사람이 있었다해도 우리는 대처할 준비가 돼어 있지 있소. 상대방에게는 준비할 겨를이 없소." 하면서 오히려 안심시켜 주었다.

녹음기와 도청사건

이른바 '도청기사건'에 대해서는 이러저러한 많은 이야기들이 오고 갔다. 고지와 장요사(張耀祠)도 비슷한 기억이 있지만 필자가 들은 바에 의하면 나광록의 기억이 제일 자세하고 정확한 것 같다.

일은 50년대 말기에 있었던 일이다. 모택동이 어떤 문제에 대하여 연설하는 경우, 일반적인 상황하에서는 기록만 해두면 된다. 큰 회의에서서 중요한 연설을 할 때에만 녹음을 한다. 필기로는 미처 다 받아 쓸 수 없기 때문이다.

그런데 중공중앙판공청에서는 모택동의 평소의 담화도 녹음해두면 좋겠다고 생각하였다. 완전한 기록을 남겨두자는 생각에서였다. 모택동이 반대할까봐 그에게는 이 일을 보고하지 않은 채 소형녹음기 시설을 장치했다. 도청기라면 이 녹음기가 도청기인 셈이다. 녹음기 관리를 전담하는 녹음기사도 두게 되었다. 이렇게 모택동의 담화나 연설을 몇번 녹음한 적이 있으나 모택동 자신은 그런 줄을 몰랐다.

1959년 여름, 나광록이 모택동과 같이 전용열차로 장사(長沙)에 가던 때였다. 사진촬영을 담당하는 호(胡)아무개라는 젊은 여성이 모택동과 한참 한담을 하였었다. 잠시 후에 녹음기사가 이 여성을 보고 싱글벙글 웃는 것이었다.

"동무가 방금 모 주석과 무슨 얘기를 했는지 나는 다 알아."

녹음기사는 이야기의 내용까지 하나도 빼지 않고 상세하게 이야기 해주었다. 사진담당 여직원은 녹음기사가 한말을 듣고 깜짝 놀랐던 것이다.

그 여성이 이 말을 모택동에게 하니 모택동도 심히 불쾌해 하였다. 그러나 열차가 달리는 도중이기도 해서 책임추궁은 하지 않았다고 한다.

열차가 장사역에 이르렀다. 모택동이 차에서 내리려는데 수행원들은 잠깐만 기다리자고 하면서 모택동을 말렸다. 호남성위원회에서 보낸 승용차가 아직 역에 당도하지 않았기 때문이다. 모택동은 차창 밖으로 보이는 몇 대의 불가표 승용차를 가리켰다. 저기에 차가 와있지 않느냐는 뜻이었다. 수행원들은 저 차에는 다 타지 못한다고 하면서 전용열차에 온 인원을 하나하나 세어 보았다. 한사람씩 직무와 이름을 열거하던 중, 녹음기사 아무개라는 말이 나오자 모택동이 반문했다.

"이 차에 녹음기사도 있는가! 녹음기사는 왜 데리고 오는가!"

녹음기사가 수행하고있다는 사실을 모택동은 사전에 몰랐다. 그는 사진현상을 하는 호 아무개라는 여성이 하던 말을 이제사 연상하였다.

후에 모택동은 이 일을 추궁하였다. 유소기는 관계자를 모두 소집해 놓고 회의를 하였고 모택동의 비평의견을 전달하고 그 회의 결과를 유소기는 모택동에게 서면으로 보고하고 이 일을 이렇게 매듭지었다.

그런데 몇년 후, 문화혁명의 전야에 이 일이 소위 도청기사건으로 비약되어 또다시 거론되었다. 당의 비밀을 정탐했다는 엉뚱한 사건으로 변했고 많은 사람들이 연루되어 혼이 났다. 기실 최초에 녹음기를 장치하자고 한 사람들의 발상은 좋은 것이었다. 다른 의도는 없었고 다만 모택동의 담화를 보다 더 잘 기록하자는 일념뿐이었다. 물론에 모택동에게 보고하지 않고 사소한 얘기까지 녹음을 한 것은 잘못된 일이었다.

민성에 기울인 귀

모택동은 밑바닥 국민들로부터 전해오는 진실한 목소리를 언제나 주의하여 들었다. 주변사람들이 고향에 다녀올 때마다 모택동은 보고를 꼭 들었다. 정황이 어떤가를 잘 파악하고 오라고 사전에 부탁해 놓았던 것이다.

대약진 시기의 실속없는 허위보고나 과대평가의 교훈이 있는지라 모택동은 현실에 대한 정확한 조사연구보고를 듣는 것을 무엇보다도 중시하였다.

1960년 12월 26일, 이날은 모택동의 생일이었다. 그는 그의 가까운 주변에서 일하고 있는 직원들인 임극, 고지, 엽자룡, 이은교, 왕정선, 봉요송, 왕동흥 등에게 하남성에 가 농촌조사를 하고 오라고 지시했다.

1961년 1월 20일, 모택동은 진백달, 호교목, 전가영이 각각 인솔하는 세개의 조사조를 광동, 호남, 절강 3성의 농촌에 파견하기로 하였다.

1962년, 나광록도 모택동의 지시를 받고 농촌조사에 내려갔다. 지역은 호남성 상덕(常德)지구의 석문현(石門縣)이라는 빈궁한 작은 현이었다. 출발을 앞둔 나광록을 보고 왕동흥은 말했다.

"지난 밤에 모주석은 자네를 걱정하면서 잠을 잘 이루지 못했소. 북경에 있다가 갑자기 석문현에 가는 것이니까 생활문제를 비롯해서 다른 어려운 문제를 잘 이겨낼 수 있을까, 다른 정신적 문제는 생기지 않을까하고 염려하셨소." 나광록은 자기의 결심을 모택동에게 전해달라고 부탁하였다.

"주석께선 근심하지 말라고 하십시오. 저는 유쾌한 마음으로 다녀오겠습니다."

나광록은 석문현에 내려가 농민들과 농사를 같이 지으면서 농촌실정을 정확하게 파악하였다.

얼마 후에 중공중앙에서는 각 사업기구의 인원을 줄이기로 하였다. 모택동은 솔선하여 우선 자기 신변의 인원부터 줄이었다. 고지가 먼저 전근되어 갔고 1963년 5월에는 나광록도 자리를 옮겼다.

나광록은 핵(核)공업부에 전근했으므로 여전히 북경에 있었다. 모택동은 1965년에 그를 불러 많은 이야기를 나누었다. 그가 참가한 농촌사회주의 교육운동(정치, 경제, 조직, 사상 등 4가지 분야를 깨끗이 한다는 뜻으로 보통 사청(四淸)운동이라고 약칭함)의 정황을 자세히 묻는 것이었다.

나광록은 그 후에는 모택동과 만난 적이 없다.

그에게 지금 남아있는 필적이라면, 앞에서 말한, 『철학연구』잡지의 구입에 관한 쪽지 외에 두 장의 쪽지가 또 있다. 그에게 있어 더 없이 귀중한 기념품이다. 나 광록은 나머지 두 장의 모택동 친필원본도 필자에게 보였다. 1959년 12월 30일과 31일에 쓴 것이었다. 이틀에 두 장이니까, 당시 이런 쪽지가 적지 않았으리라는 것을 상상할 수 있다.

두 장의 쪽지는 이때까지 공개한 일이 없다. 아래에 전문(全文)을 인용하려고 한다.

〈1959년 12월 30일의 단신(短信)〉

나비서(羅秘書) :
시(詩) 한 수를 회의 참가자들에게 한장씩 오전 중으로 배포하시오. 하위(何偉), 포수창(浦壽昌)과 군위(軍委)에서 온 동지(이름은 생각나지 않는군)에게도 한장씩 드리시오. 도합 21장이요.
강청에게도 따로 한장 보낼 것.

모 택 동
30일 아침

나광록의 기억하는 바에 의하면 하위는 기실 하영(何英)이어야 한다. 하영과 포수창은 당시 정치부에서 노어번역을 하였다. 이름이 생각나지 않는다는 군위의 그 동지란 뇌영부(雷英夫)이다. 시 한수가 어느 시였던지는 기억나지 않는다. 그러한 원고가 너무도 많기 때문이다.

〈1959년 12월 31일의 단신〉

나광록 동지 :
시 두 수가 있소. 매 수 다섯 부인데 진, 전, 호, 등, 임 극 다섯 동지에게 오늘 내로 배포하기 바라오.

모 택 동
31일 아침

'진, 전, 호'는 진백달, 전가영, 호교목인데 '등'이 등역군(鄧力群)인지 아닌지는 기억나지 않는다고 한다.

모택동의 신변에서 15년을 긴장하면서 근무를 하였고 밤과 낮이 뒤바뀐 나날을 보내야 했으니 나광록은 신경쇠약에 걸렸다. 지금도 잠을 잘 자지 못하며 기억력은 많이 쇠퇴해졌다. 그렇지만 15년간의 일을 잊을 수 없고 모택동을 잊을 수는 없다. 그는 감격어린 목소리로 필자에게 다음과 같이 말하는 것이었다.

"모택동은 20세기의 중국의 위인이요. 그는 군사전략가인 동시에 역사가요, 또한 사상가인 동시에 시인이오. 중국혁명에 대한 그의 기여는 실로 지대하오. 그 이가 중화인민공화국을 세웠고 국민대중을 해방하였소. 나는 그 위인의 신변에서 일할 기회가 있었음을 영원히 자랑스럽게 생각하오. 모택동은 인위적으로 만들어 세운 영수가 아니요. 중국혁명의 실천이 그가 우리의 떳떳한 영수임을 실증하였소. 그러기에 우리는 진심으로 그를 사랑하고 존경했던 게요."

장요사
張耀祠

모택동의 의식주행(衣食住行)의 총책

[제1장]
지워지지 않는 이야기

짙은 안개 속에서

'아침에 일어나 창문을 열고 밖을 보니 안개가 자욱하다. 항해 중의 배가 사면의 파도에 휩싸인 것과도 같으니 이밖에 다른 세상은 있을 것 같지 않다.'

여산의 아침 안개를 묘사한 글이다. 청나라의 오선사가 쓴 유람기『광여기유(匡廬記游)』에 있다.

여산에는 안개가 자주 낀다. 여름철의 아침안개가 특별히 유명하다. 군봉이 안개바다에 잠기는 여산은 우유의 세계라 할까, 그 진면목을 알 도리가 없다.

1970년 여름의 어느날이었다. 이날도 이른 아침에 승용차 한대가 '노림 1호' 별장에서 천천히 미끌어져 나왔다. 안개가 자욱하여 차는 사람의 걷는 속도보다도 더 늦게 달린다. 승용차 앞에서 석유램프를 든 두 군인이 승용차를 인도하고 있다.

승용차에 앉아 있는 피곤한 모습의 체격이 큰 사람은 모택동이었다. 중공중앙의 9기2중전회가 여산에서 지금 열리고 있다. 이 회의는 여느 회의와는 달랐다. 모택동은 임표 집단의 심각한 도전에 직면하고 있었다.

모택동의 집무 장소는 공개적인 의미에서는 노림 1호 별장이다. 큼직한 사무용 책상도 있고 모택동을 위해 특별히 제작한 나무침대도 있다. 얼핏 보기에는 모택동이 거기서 기거하는 것 같았다.

노림 1호는 강서성위(江西省委)가 모택동에게 제공한 별장이다. 노림호 기슭의 경치좋은 곳에 위치한 이 별장은 건평이 2,700평방미터이다. 번지가 1호이기에 노림 1호라고 부르게 되었다. 이번 회의기간에도 모택동이 주로 묵고 있는 장소이기도 하다. 그러나 당자는 여기서 주숙하기를 원하지 않았다. 모택동은 1959년의 여산회의때 들었던 '미려'라는 별장에 이번에도 들었다. 원래는 장개석의 별장이었다. 별장 이름은 '미려'라고 하는데 송미령의 이름에서 따온 것이다. 모택동은 집무를 노림 1호에서 본다. 각 부문의 책임자들을 불러 회의를 매일 열고 하였는데 그 장소도 노림 1호였다.

임표, 진백달의 돌발적인 도전으로 하여 여산의 분위기는 더 긴장해졌다.

모택동은 8월 31일에 쓴 『나의 간략한 의견』이라는 글에서 진백달을 날카롭게 비판하였다. 이로써 진백달은 실각한다. 그러나 모택동은 전략적인 계산에서 임표의 이름은 거명하지 않고 그가 뉘우치기를 기다리기로 하였다.

8월 31일부터 왕동홍은 모택동이 머무를 장소를 '미려'에서 멀지 않은 지홍로 175호라는 비밀 장소에 옮기기로 하였다. 다른 사람들은 별로 알지 못하는 단층 별장이다.

이 별장은 미국의 아세아은행이 1920년에 건조한 것인데 1924년에는 토크라는 미국인 소유로 되었었다. 건평은 664평방미터이다.

여산에서도 모택동은 밤에 사무를 보았다. 당시의 정세는 험악했다. 임표, 진백달, 그리고 황영승, 오법헌, 엽군, 이작붕, 구회작 등이 단짝이 돼 가지고 영도권 탈취의 음모를 획책하고 있었다. 모택동은 이에 대처하여 밤새껏 노림1호에서 사람을 불러 대화를 하였으며 한사람 한사람씩 일깨워 주었다. 날이 샐 무렵에 모택동은 일을 마치고 지홍로 175호에 돌아가 휴식하기로 하였다. 그런데 문자그대로 오리무중이라 승용차는 조심조심 길을 더듬으며 천천히 달려야 했다. 길 한 옆이 절벽인

데가 많으므로 잘못하면 큰일이다. 모주석의 안전에 만전을 기하기 위하여 경위원들은 석유램프를 들고 차를 인도하였던 것이다.

17세의 보초병

이상과 같은 비사를 필자에게 들려준 사람이 장요사(張耀祠)이다. 당시 그는 중공중앙판공청 부주임 겸 중앙경위단 단장이었다. 그의 말대로라면 자기는 모택동의 의·식·주·행(衣食住行)을 책임졌을 뿐이었다고 한다. 램프를 들고 승용차를 인도한 것은 행(行)이라 하겠으니 그의 임무범위에 속하는 일이라고 할 수는 있다.

필자는 허다한 문건과 당안에서 장요사의 이름을 본 적이 있다. 1990년에 필자가 북경에 출장갔을 때에는 중앙판공청 비서국의 초대소에 투숙하였었다. 그 기회에 장요사의 집을 찾아 갔으나 소원은 이루지 못했다. 그가 평소에는 북경에 있지 않고 서남 모지(某地)에 가 있기 때문이다. 그곳으로 필자는 1991년 5월, 1992년 10월, 1994년 5월에 찾아갔다. 군인이 경위하는 주택구에서 끝내 그와 만날 수 있었다.

70고령인 장요사는 푸른색이 감도는 적삼을 입고 있었다. 조금도 꾸밈이 없고 말주변도 좋았다. 북경을 멀리 떨어져 있어 그런지 장요사를 찾아오는 사람은 별로 없는 모양이다. 담화는 우선 그의 이름자를 놓고 시작되었다. 필자가 본 문건에는 이름이 두가지로 적혀 있었다. 장요사(張耀祠)도 있고 장요사(張耀詞)도 있다. 어느 것이 옳은가 하고 물으니 그는 껄껄 웃었다. 그렇게 된 사연이 있다는 것이다.

그는 1916년에 강서성 우도현(雩都縣)에서 태어났다. 이름은 장요사(張耀祠)이다. 비림비공(批林批孔)때 강청이 그의 이름이 너무도 봉건적이며 공자나 선양하는 그따위 의미가 아니냐고 트집잡으면서 장요사(張耀詞)로 고치게 하였다. 강청이 타도되자 그는 여전히 원래의 이름자를 쓰기로 하였다.

옛날에는 서금(瑞金)이 중국의 홍도(紅都)였고 중화소비에트 임시중앙정부의 소재지였다. 1933년, 열일곱살인 장요사는 홍군에 입대하였다. 미구에 그는 중앙 정부 경위련(련은 중대에 해당함-역주)에 가게 되었고 서금에 있는 중화소비에트 임시중앙정부의 대문을 지키는 보초병이 되었다. 회색군복을 입고 붉은 금장(襟章)을 단, 키가 후리후리한 사람이 자주 드나들었다. 사람들은 그를 '모주석'이라고 불렀다. 모택동은 중화소비에트 공화국 임시중앙정부의 주석이었다. 이때부터 장요사는 풍운이라도 질타하는 이 혁명 영수를 알게 되었다.

후에 장요사는 국가보위국 정찰과에 전근하였다. 당시의 국가보위국 국장은 등발(鄧發)이었다.

장요사는 세상에 널리 이름난 장정(長征)에도 참가하였다. 부대가 귀주성의 이름있는 도시 준의(遵義)에 이르렀을 때 장요사는 돼지를 잡는 일 때문에 바쁜 시간을 보내야 했다. 승리를 경축하기 위해서였다. 유명한 준의회의는 박고(博古)와 이덕(李德)의 좌경군사노선을 비판하고 모택동의 영도지위를 확립하였다. 장요사도 이 덕을 본적이 있다. 그는 키가 훤칠한 독일사람으로 장정에 참가한 유일한 외국사람이다. 준의회의가 끝난 후 그의 지위가 떨어져 모택동의 영도 밑으로 들어가게 되어 국가보위국은 이 덕이 자살이나 하지 않을까 신경을 쓴 적이 있다. 국가보위국의 국장인 등발이 이덕의 행동을 주의해 살피라고 지시한 바 있다.

그뒤 장요사는 1953년 5월에 중남해에 들어왔다. 그가 맡은 직무는 중앙경위단 단장겸 중공중앙판공청 경위국 부국장이었다.(당시 경위국 국장은 왕동흥이다) 장요사는 그때부터 모택동이 서거하기까지 줄곧 모택동의 안전보위를 관장하였다. 1955년에 그는 대령계급을 수여받았고 1964년에 소장으로 승진하였다. 『중국인민해방군 장령명록』에 그의 약력과 사진이 실려있다.

장요사는 중앙경위단의 단장인데 기실은 사단장이다. 그가 말해준 바에 의하면 연안시기에 중앙경비단을 두었다. 임무는 중공중앙 수뇌기관보위사업을 책임지는 것이었다. 당시는 여단급에 해당하는 부대였다. 북경에 들어온 후에는 업무량이 몇 배로 불었다. 중앙의 당·정·군 수뇌기관을 경위해야 하거니와 중요한 민주인사를 경위하는 임무도 맡아야 했다. 한개 여단 규모로는 도저히 안되기 때문에 중앙종대(中央縱隊)로 확충하게 되었다. 중앙종대에 두개 사단이 있었는데 항미원조시기 1사(師)는 조선에 갔다. 북경에 남은 2사(師)는 중앙경위사(中央警衛司)로 이름을 바꾸었다. 1953년 5월 장요사는 중앙경위단 단장으로 임명되었다. 이 경위단의 인원이 후에는 8천명이 더 되었다. 전부가 진짜 정병(精兵)이었고 인원수도 보통의 사단보다 오히려 많았다.

외국기자들이 모택동의 근위군이라고 하는, 유명한 8341부대가 실은 중앙경위단이다. 8341이라는 이 숫자에 대하여 한때 이런 설이 나돌았다. 즉 83은 모택동이 83살까지 산다는 것을 의미하고 41은 1935년의 준의회의(1935년 1월 귀주성 준의(遵義)의 당군사확대회의에서 모택동이 최고 영도권을 확립함-역자주)부터 1976년에 서거할 때까지 41년간 중국공산당영수로 있었다는 것을 의미한다.

'8341부대'라는 이름은 어떻게 지어진 것이냐고 필자가 물으니 장요사는 허허 웃고 대답하였다. 요컨대 군중가운데서 떠도는 말은 순전히 우연한 일치에 불과하다는 것이다. 50년대 초기에 중앙경위단이 창설되었다. 전사들이 가정과 서신내왕을 하는데 자기의 주소를 어떻게 쓰느냐고 물었다. 그래서 해방군 총참모부에서도 이 문제를 연구하게 되었다. '중앙경위단 아무개 앞'이라는 편지가 와도 거북하고 '중앙경위단 아무개 보냄'이라는 편지를 발송하기도 거북하다. 그러니까 차라리 대외적 명칭으로 '북경 8341부대'라고 쓰자고 한 것이지 달리 큰 의미가 있는 것은 아니다라고 설명해 주었다.

'문화혁명' 중에 8341부대가 명성을 떨치게 되자 군중들은 이 부대가 보통의 군대가 아닌 중앙경위단임을 차차 알게 되었다.

장요사는 자기의 직책은 모택동과 당중앙을 보위하고 모택동의 의·

식·주·행을 책임지는 것이었다고 말한다. 그는 모택동의 신변에서 다년간 생활했다. 특히 모택동의 만년에도 그는 모택동의 침실과 지척의 거리를 둔 탈의실에 있었다. 모택동의 침실은 수영장 옆에 있다. 그러니까 수영장의 탈의실을 장요사의 사무실 겸 침실로 쓰게 된 것이다. 그는 아침저녁으로 모택동과 만났다.

올해에 장요사는 일흔여섯이다. 여러해 전에 이직휴양(離職休養)한 그는 지금 서남 모지(某地)의 군인주택에서 산다. 대문 어구에는 보초병이 서있다. 장요사는 술담배는 하지 않는다. 체격이 건장하고 말주변이 좋다. 객실의 긴소파에 앉아 필자에게 많은 이야기를 들려 주었다. 소파 한 구석에 흰고양이가 잠자고 있었다.

그는 산전수전을 다 겪은 사람이다. 역사의 격동기를 곰곰히 더듬는 그의 얼굴은 깊은 사색에 잠긴 표정을 하고 있었다.

임표와 9·13 전야

매번 모택동이 외지시찰을 나갈 때마다 장요사는 분주히 서둘러야 했다. 모택동의 행(行)에 만전을 기해야 하기 때문이다.

50년대에 모택동은 비행기를 몇번인가 이용하였었다. 후에는 안전을 배려하여 비행기는 별로 타지 않았고 대신으로 기차를 이용하였다. 주은래는 그냥 비행기를 이용하였다.

모택동에게는 전용열차가 있다. 모택동의 차량은 중간쯤에 있다. 거기에는 회의실, 침실, 화장실이 있다. 전용열차에는 이밖에 식당차, 공무차 등이 달려 있다. '문화혁명' 기간에는 정세가 긴장되었기 때문에 전용열차 둘을 앞과 뒤에 동행시켰다. 앞의 것이 선도(先導)라면 뒤의 것은 물론 후호(後護)로 된다. 모택동의 안전을 고려하여 백여명의 무장한 전사가 동승한다. 장요사의 지휘하에 있는 8341부대의 전사들이었다.

보통열차에는 어디로부터 어디로 간다는 구간표시가 있지만 전용열차에는 그런 표시가 없다.

　모택동의 전용열차는 통행정지를 당하는 법이 없고 다른 열차는 길을 비켜 주어야 한다. 역에 정거하는 일이 별로 없고 간혹 어느 역에 정거한다해도 10여분만 머무를 뿐이다.

　모택동은 수불석권(手不釋卷)하는 독서광이다. 매번 외출할 때면 평시에 보는 책들을 적잖게 가지고 가야 하는데 이 서적운반도 장요사가 관장하게 된다. 여행중에도 보려는 책을 제때에 제공해야 하기 때문이다.

　여행 도중에 가장 험악한 사태가 나타난 것은 1971년 '9·13사건'의 전야였다.

　1970년의 여산회의가 있은 후 임표는 뉘우치기는 고사하고 임입과(林立果, 임표의 아들), 주우치(周宇馳) 등을 시켜『571공정기요(五七一工程紀要, 五七一의 중어발음은 武裝起義에 유래)』를 작성하게 하였다. 즉 모택동을 살해하는 무장봉기를 책동하였다. 실로 일촉즉발의 위험한 정세였다.

　모택동은 드디어 반격에 나섰다. 1971년 8월 중순부터 9월 12일까지 그는 남방시찰을 하였다. 연도에서 그는 각지의 당·정·군 책임자들과 일일이 담화를 하였고 "어떤 사람이 지금 국가 주석이 되려고 성급히 서두르고 있으며 당을 분열하고 권력을 탈취하려고 한다"고 알려 주었다. 수행하는 장요사는 이런 긴장한 시각에 모택동의 남방시찰의 절대적인 안전을 책임져야 했다.

　상해를 지나갈 때가 제일 아슬아슬한 고비였다. 전용열차는 상해 서교(西郊)에 정거하였지만 모택동은 차를 내리지 않았다. 9월 10일 밤, 모택동은 열차 안에서 마천수(馬天水), 왕홍문(王洪文), 왕유국(王維國)을 접견하였다. 당시 공4군(空四軍)의 정치위원이었던 왕유국은 임표의 일당이다. 전하는 말에 의하면 당시 왕유국이 권총을 가진 채 열차에 올라 갔다는데, 사실이냐고 필자는 장요사에게 물었다. 장요사는 당시 자기가 왕유국의 신병(身柄)을 수색하지 않은 이상 권총 휴대 여부는 판단할 수 없다고 하였다.

　9월 11일 오전, 모택동은 역시 전용열차 안에서 허세우(許世友), 마천수, 왕홍문을 접견하였다. 남경군구(南京軍區) 사령원인 허세우는 모택동의 급전을 받고 비행기로 상해에 왔던 것이다. 한편 이와 때를 같이하여 임입과의 행동계획-상해·남경 구간에서 모택동의 전용열차를 폭격하는 것-도 초읽기 단계에 들어갔다.

　오후 한시, 허세우가 점심식사하러 상해 금강호텔로 가자 모택동은 즉시 발차를 명하였다.

　열차는 정거하는 일 없이 곧장 남경으로 달렸다. 남경역에 정거하였을 때는 저녁무렵이었다. 비행기로 먼저 남경에 돌아온 허세우가 남경역에 마중 나왔다. 열차는 남경에서 10분 밖에 서지 않았다. 장요사가 내려오니 허세우가 물었다.

　"주석께서 하차하시오?"

　장요사와 왕동흥은 "주석께선 지금 휴식 중이니까 하차하지 않으십니다."라고 대답하였다.

　떠도는 말대로라면, 열차는 정거하지 않은채 남경역을 통과했고 허세우는 그저 손을 흔들어 열차를 전송하고 말았다고 한다. 장요사는 이 설을 순전한 허구라고 일축하였다.

　12일 이른 아침, 열차는 제남(濟南)역에 도착하였다. 역시 10분간 정거하였다. 양득지(楊得志)를 찾았으나 외지에 가고 없었다.

　이날 정오에 열차는 천진에 도착했다. 장요사는 모택동의 지시를 받고 북경의 이덕생(李德生), 기등규(紀登奎), 오덕(吳德), 오충(吳忠)에게 전화를 하였다. 그들을 풍대(豊臺)역에 시급히 나오라는 통지였다. 통화는 천진역의 전화를 이용하였다. 전화를 다 걸고 열차에 돌아오자 차는 서서히 북경으로 향발하였다. 그때의 일을 장요사는 이렇게 말했다.

　"당시 나는 이상한 감촉이 있었다. 북경에 곧 도착하겠는데 왜 인민대회당에서 그 분들을 접견하지 않고 풍대역에서 만나자고 하실까?"

열차가 풍대역에 이르니 기다리고 있던 이덕생 등 4명이 모택동의 지시를 들으러 올라 왔다.

이야기가 끝나자 그들은 바로 하차하였다. 모택동의 긴급지시를 집행하기 위해서였다.

열차는 이어 북경역으로 직행하였다. 모택동은 거기서 열차를 내렸다. 승용차로 중남해에 무사히 돌아온 시각이(장요사는 시계를 보고 확인하였음) 1971년 9월 12일 오후 4시 정각이었다.

모택동이 무사히 북경에 귀환했다는 소식을 북대하에서 접한 임표는 혼비백산하였다. 8시간 후에 그는 부인과 아들과 함께 허둥지둥 승용차를 타고 산해관 비행장으로 달려갔고 삼차극(三叉戟) 전용기를 타고 이륙, 소련으로 탈출하려고 하였다. 2시간 남짓한 후 이 비행기는 몽고의 온두르한이라는 황야에 추락하였다. 당정치국 제1부주석이며 당중앙군사위원회 제1부주석이며 모택동의 후계자로 지명된 임표의 주석 찬탈 구테타 음모는 이렇게 절극침사(折戟枕沙)의 고사를 재연하였다. 이것이 세인을 놀라게 한 이른바 "9·13사건"이다.

등산과 수영의 명수

항주는 모택동이 즐겨 가는 곳이다. 북경에 삭풍이 불어칠 때면 강남의 지상낙원인 항주로 자주 가곤하였다.

집무중에는 여가에 그는 등산을 잘했다. 항주 주변의 열 몇에 달하는 산을 거의 다 올라가 보았다. 등산도 행(行)에 속하므로 역시 장요사의 관할 범위의 일이다. 장요사는 언제나 같이 따라 다니면서 경위를 하였다.

모택동은 보통 오후 4시 좌우에 등산하러 나갔다가 9시쯤 돼서 돌아온다. 소산이 고향인 모택동은 어릴 때부터 등산을 좋아했다. 중국공산당의 영수가 된 후에는 그에게 있어 등산은 일종 휴식이고 신체단련이기도 하였다. 한참 걷다가는 앉아서 휴식도 하면서 걸었다. 빠르지도 늦지도 않은 일반속도라 하겠다. 이 덕분에 그는 그래도 좋은 건강상태를 유지한 것 같다.

사전에 어느 산을 몇시에 등정한다는 계획은 없었고 흥미가 나는대로 산책하는 그런 유의 등산이었다. 승용차는 산아래에 대기시켜 둔다. 이렇다보니 경위업무에 적잖은 곤란이 있게 된다. 사전에 도로를 정찰하거나 연도에 경계를 배치할 수 없기 때문이다. 오후 4시를 지난 시점이니까 유람객이 적다는 것이 다행이라면 다행이다. 그대신 장요사는 경위원을 증파하였고 앞뒤에서 호위하는 태세를 취하였다.

산중턱에 사묘(寺廟)가 있으면 모택동은 곧잘 들어가 본다. 화상(和尙)을 만나면 유쾌히 한담도 한다. 승려들은 손님이 모택동 주석임을 발견하고 놀라움과 기쁨을 금치 못한다. 어떻게 이런 귀한 손님이 오셨는지 의심할 정도였다.

모택동은 항주의 북고봉(北高峰)을 세번이나 올라갔고 악앙묘(岳央廟)도 두번 가 보았다. 기타의 명산을 어디어디 가 보았는가를 장요사는 일일이 기억하지는 못한다. 하여간 매일이나 다름없이 등산하였고 항주의 명산이라는 명산은 다 정복하였다.

장요사는 안전을 생각하여 처음에는 모택동더러 여러가지 색깔의 안경과 마스크 등을 착용하게 하였다. 워낙 몸집이 큰 때문에 어떻게 변장하든 사람들은 그를 곧 알아 보았다. 사실이 이러한바 안경이나 마스크는 아예 집어 던지고 자유자재로 걸어 다니는 것이 좋다고 생각하였다. 모택동 자신이 변장을 하거나 위장을 하는것 자체를 싫어하였으므로 이와같은 일들을 매우 불쾌하게 생각하였다.

모택동에게 있어 등산 이외에는 수영을 매우 좋아하였다. 어려서부터 집 근처에 있는 연못에서 헤엄을 쳤기에 모택동은 헤엄치기를 매우 좋아하였다. 수영도 일종의 행(行)이므로 역시 장요사가 신경을 써야했다. 장요사의 기억에 의하면 모택동은 북대하의 해변과 양자강, 주강, 상강,

전당강 등에서 수영을 한 적이 있다. 한번의 수영거리는 놀라울 정도이다. 무려 2,000~8,000미터나 된다. 때로는 주위에서 강물이 상당히 위험하고 더럽다고 말해도 아랑곳 하지 않고 보통 1~2시간 정도 수영을 즐긴다. 조용한 강물이나 물살이 소용돌이치는 강물을 가리지 않고 수영을 한다. 어떤때는 흙탕물이나 인분이 둥둥 떠내려 오는 강물도 가리지 않았다. 그는 이세상에서 흙이나 공기, 물같이 순수하고 깨끗한 것은 없다고 생각한다. "깨끗한 물에는 고기가 살 수 없다"고 한마디로 일축한다.

모택동은 여러가지 헤엄을 다 칠줄 안다. 개구리 헤엄을 하는가 하면 배영도 잘한다. 제일 경탄할 만한 것은 부동의 자세로 수면 위에 오랫동안 누워있는 것이다. 이 기술을 장요사는 끝내 배우지 못했다. 모택동은 아마 체격이 큰것 만큼 부력도 많이 작용하는 모양이다. 이렇게 누웠을 때의 모택동의 기분은 최상이었다. 주변엔 잔잔한 물결이 넘실거리고 푸른하늘에는 흰구름이 떠있다. 모택동은 이런 대자연의 품안에서 일신의 피로를 풀었다.

도서구입비

모택동의 식생활은 검소했다. 고추는 끼니마다 있어야 했고 50년대에는 홍소육(紅燒肉)이라는 고기찜을 즐겨했다. 후에는 의사의 권고를 듣고 지방이 과다한 홍소육은 그만두고 물고기를 택했다. 평시에는 연어가 식탁에 자주 올랐다. 제일 즐겨하는 물고기는 무창어(武昌魚)였다.

장요사는 식품조달처에 특별히 부탁하여 가끔 무한에서 무창어를 조달해왔다.

모택동의 평시의 식사는 일상의 밥상정도이지 진수성찬이나 산해진미는 아니다.

모택동은 자기 신변에서 일하고 있는 사람들을 잘 대해 주었다. 장요사는 실례를 한가지 들었다. 필리핀 대통령 마르코스의 부인이 중국방문을 왔을 때의 일이다. 모택동의 면담을 중국외교부에 희망하였다. 모택동은 당시 무한에 있었다. 외교부는 대통령 부인을 무한에 보내기는 불편하리라 여기고 모택동과의 회견을 찬성하지 않았다. 낙심한 부인은 눈물을 흘렸다고 한다. 이 일을 전해들은 외교부는 어쨌으면 좋겠는가 하고 모택동에게 긴급보고를 올렸다.

"그렇다면 만나 봐야지."
하고 모택동은 말하였다.

결국 마르코스 부인은 무한에 와서 모택동과 만났다. 부인은 모택동에게 이런 희소식도 알렸다―싱싱한 망고를 몇상자 모택동 주석과 자녀분에게 선물하겠다고 하였다. 항공편으로 필리핀에서 긴급 수송해 오도록 북경에 있는 대사관에 이미 부탁해 놓았다.

얼마 안돼서 정말 그 망고가 무한에 송달되었다. 그런데 모택동은 과일을 그다지 좋아하지 않는다. 오래 놓아 두었다가 변질하면 어쩌나 하고 장요사는 장옥봉(張玉鳳)이더러 모택동에게 어떻게 하면 좋을지 물어 보게 하였다. 망고를 북경에 있는 자녀에게 좀 보내줘야 하지 않겠느냐고.

모택동은 웃으면서 그 호의를 사양하였다.

"자네들이 내 자식보다 더 잘 나를 돌보고 있지 않는가. 언제나 고맙게 생각하오. 그러니 망고는 여기에 있는 취사원, 경위원, 간호원들에게 나누어 주시오."

장요사는 이 의견대로 망고를 처분하였다.

외빈한테서 받은 귀중한 선물은 평시에는 모두 공적으로 처리하도록 한다. 지방에서 보내 온 선물은 받지 않는 경우가 대부분이다. 간혹 돌려보낼 수 없는 것은 대금을 치르고 받는다. 한번은 친구 한 분이 모택동에게 좁쌀을 보내 왔는데 그건 다 받았다. 모택동은 잡곡을 좋아하였던 것이다.

무릇 지방에서 보내 온 선물은 다 자기에게 보고해야 한다고 모택동은 규정을 지었다. 보고를 받고는 두 부서에 의뢰하여 처리하는 것이 보통이다—조달처에서는 값을 쳐서 대금을 당자에게 지불하여 보낼 것. 신방처(信訪處)에서는 감사문을 써서 보내되 다시는 선물을 보내지 말라고 당부를 꼭하도록 한다.

오랜 친구들한테서 보내온 기념품 같은 것은 그저 받는다. 그 대신 답례를 꼭 한다.

모택동은 찻물을 잘 마신다. 그가 용정차(龍井茶)만 선호하기 때문에 장요사는 해마다 항주에서 이 명품을 구입해 왔다.

보건담당 의사가 신변에 있었지만 모택동은 주사맞기를 싫어한다. 약도 잘 먹지 않는 편이다. 그래도 장요사는 수면제, 감기약 같은 자주 사용하는 약을 비치해 둔다. 웬만한 병은 이런 방법으로 대처한다. 건강상태가 좋기 때문에 별로 앓지 않는 것도 사실이다.

모택동은 옷차림도 아주 검소하다. 옷을 새로 만들 때는 꼭 먼저 동의를 얻어야 한다. 장요사는 몇번이고 제의했다가 몇번이고 다 퇴짜를 맞았다. 잠옷도 여러해 입어 기운 데가 많았지만 새것을 바꿀 생각은 아니했다. 잠옷은 낡았지만 그래도 입던 걸 그냥 입는 게 편하다는 것이다. 몇번을 기웠는지도 모를 그 잠옷을 모택동은 그냥 착용하였다.

북경에 입성하게 되자 외빈을 접견하는 일이 많게 되었다. 구두 한켤레는 꼭 있어야 했다. 구두를 주문하러 갔던 사람이 누르스름한 빛깔의 구두가 좋을 것 같아 그걸 주문하였다. 그런데 외사관계 직원이 그것을 마땅치 않게 여겼다.

"외교 행사시는 검은 구두를 신는 것이 좋습니다. 그래야 정중해 보입니다. 검은 걸로 한켤레 더 준비합시다."

모택동은 이런 의전을 무시했다. 한켤레 있으면 됐지 뭘 두켤레씩이나 만들겠느냐는 것이었다. 그는 누르스름한 구두를 신고 외빈을 접견했고 이 구두를 여러해 신었다.

모택동의 주택도 몇번인가 수선해야 하였으나 매 번마다 모택동은 동의하지 않았다. 집을 수선하자면 많은 경비가 든다, 지금 있는 대로 둬도 무방하지 않느냐고 하였다.

모택동은 언제나 나무침대에서 잔다. 장정(長征)시기에는 나무판자를 놓고 취침하였고 백성들의 침대를 이용한 적은 없다. 중남해에 들어온 후에는 본인이 원하면 종붕(棕棚)침대나 스프링침대에서 잘 수가 있었지만 이전과 다름없이 나무침대에서 잤다.

옷은 매우 검소하게 입었으나 위생에 주의했고 자주 빨거나 갈아 입었다. 전쟁시기에도 이와같은 습관을 그냥 유지했다.

제일 아끼지 않는 것은 도서구입이다. 그의 서고(書庫)는 가히 소형도서관이라고 할 수 있다. 만년에는 백내장 때문에 독서가 불가능하였다. 모택동은 장요사에게 부탁하여 북경대학의 노적(蘆荻)선생을 청해다가 고문(古文)과 시사(詩詞)를 읽게 하였다. 노적이 필자에게 말한데 의하면 매일 밤 두세시간씩 고서를 읽어 주었다고 한다. 듣다가는 중간중간에 많은 토론도 하였다. 그는 실로 책이 없이는 잠시도 못사는 사람이었다.

유머와 해학적인 인간

장요사는 장옥봉(張玉鳳)에 대해서도 언급했다. 만년의 모택동의 생활은 주로 이 여성이 돌보아 주었다. 옥봉이는 원래는 모택동의 전용열차에서 복무하는 접대원이었다. 후에 모택동의 마지막까지 가까운 신변에서 일하는 근무원으로 되었다. 모택동의 기요비서(機要秘書)를 순서대로 하면 처음에는 엽자룡이었다. 그 다음이 서업부(徐業夫)인데 암으로 사망하였다. 고지(高智), 나광록(羅光祿), 고벽잠(高碧岑)등인데 고벽잠은 '9·13사건'후 다른 데로 전근되어 갔다. 마지막으로 기요비서로 임용된 사람이 열차 접대원으로 있다가 모택동 신변 접대원으로 온 장옥봉이다. 사람들은 옥봉이를 모택동의 신임과 권한이 상당하였으므로 소장(小張)이라고 불렀다.

모택동은 성실한 사람을 좋아했다고 장요사는 말했다. 모택동의 신변에서 일하는 사람들은 거의 다 성실하고 부지런한 사람들이었다. 그들은 진심으로 모택동을 섬겼다. 모택동이 제일 싫어하는 것은 제멋대로 사전보고를 하지 않고(각자의 정해진 직무범위에 속하는 일은 별문제이다) 일을 처리하는 것이다.

이른바 '도청기 사건'에 대해서는 이러저러한 설이 있다. 장요사의 기억에 의하면, 회의를 할때는 기록을 해야 한다고 1958년에 모택동이 말했다고 한다. 그 후 어느 한 비서가 전용열차의 회의실에 녹음기를 장치하였다. 마이크는 보이지 않게 전기스탠드 아래에 부착시켰다. 후에 이 일을 알게 된 모택동은 심히 화가 동했고 단단히 비평을 하였다. 원래는 호의에서 한 일이다. 열차가 운행할 때는 기록하기 불편하므로 녹음기를 쓰자는 것이었다. 만일 사전에 보고하고 모택동의 승락을 받았더라면 그렇게 화를 내는 일도 없었을 것이고 훗날 문화혁명때에도 소위 도청기 사건이 거론되지 않았을 것이다.

여기까지 말하고 장요사는 이어 다음과 같이 덧붙여 말했다. 평시에는 모택동이 자기 주변 신변인원들에게 화를 내는 일은 별로 없다. 화를 낸다해도 "대변이 차있으면 빨리 배변하고 가스가 차있으면 빨리 배기하라"고 하면서 남도 통쾌하게 말하게 하고 자기도 통쾌하게 말한다. 일단 이렇게 말한 후에는 불문에 붙이고 다시는 이러쿵저러쿵 하지 않는다.

그러나 강청에 대해서는 자주 화를 냈다. 강청을 이렇게 평가한 적도 있다.

"강청은 누구하고도 어울리지 않으며 누구를 대하든 업신여긴다. 내게 대해서도 마찬가지다."

평시에도 그랬거니와 만년에도 모택동은 손에서 책을 놓지 않았다. 돋보기는 그리 쓰지 않고 확대경을 이용했다.

모택동은 학문적인 식견이 넓고 또한 스스로 많은 학식을 쌓았다. 그의 언어는 유우머가 있고 해학적인 데가 많았다. 만년에 중병으로 고생하면서도 우스개 말을 곧잘 하였다. 임종을 앞둔 한 시기는 엽검영, 화국봉, 왕동흥, 왕홍문, 장춘교가 교대로 야간 당직을 섰다. 낮 일직은 언제나 장요사가 섰다. 잠옷을 입고 침대에 누워있는 모택동의 얼굴에는 군데군데 희여스럼한 수염이 자랐다.

주은래의 서거와 침묵

1974년 10월 13일, 장요사는 모택동과 같이 전용열차로 장사에 갔다. 1975년 2월 3일까지 114일간 모택동은 줄곧 장사에만 있었다.

한편 북경에 남아있는 주은래와 등소평은 4인방 무리와 치열한 투쟁을 하지 않으면 안되었다.

1974년 10월 17일 밤, 4인방 무리인 왕홍문, 장춘교, 강청, 요문원은 조어대(釣魚臺) 17호 청사에 모여 밀의를 하였다. 그들은 며칠 후에 등소평이 외빈을 배동하여 장사에 모택동을 만나러 간다는 것을 알았다. 등소평보다 앞서 장사에 가 고자질을 해야 한다고 그들은 생각했다. 강청은 왕홍문 보고 이튿날에 비행기로 장사로 가라고 하였다. 이것이 우리가 보통 말하는 왕홍문의 '장사행각'이다.

전하는 말에 의하면, 주은래에게는 알리지 않고 하는 일이므로 왕홍문이 야간에 장사로 비행기를 타고 갔다고 한다. 장요사는 그렇지 않다고 부정하였다. 장요사가 모택동의 명을 받고 장사비행장에서 왕홍문을 영접하였기 때문이다. 시간은 밤이 아니라 정오였다. 장요사는 왕홍문을 모택동한테 데려간 후에 점심식사를 하였다. 모-왕의 대화시간은 그리 길지 않았다. 왕홍문은 북경의 정세가 "여산회의 때와 아주 비슷하다"고 말했다가 모택동한테 면박을 당했다. 이야기가 끝나자 역시 장요사가 비행장까지 전송했고 당일에 왕홍문은 북경에 돌아왔다.

왕홍문의 제2차 '장사행각'에 대해서는 필자가 따로 요조강(寥祖康)을 취재한 적이 있다. 항간에 떠도는 말에 의하면 선수를 쓰기 위해 왕홍문이 주은래보다 하루 앞서 장사에 갔다는 것이다. 왕홍문과 동행했던 그의 비서 요조강은 이 설을 부인했다. 왕홍문의 전용기와 주은래의 전용기는 동시에 북경에서 이륙하였고 동시에 장사에 착륙하였다. 필자가 이번에 장요사를 방문한 결과 장요사도 이 일을 긍정하였다.

장요사는 다음과 같이 말했다. 주은래는 당시 중병으로 입원해 있었다. 제4기 전국인민대표대회가 곧 열리는데 강청은 자기들의 새로운 내각을 출범시키려고 분주히 서둘렀다. 강청의 안(案)대로라면 전국인대(全國人大) 상무위원회 위원장은 왕홍문이어야 하고 국무원 총리는 장춘교여야 한다. 주은래는 강청의 교란을 배제하기 위하여 병을 무릅쓰고 자기가 직접 장사에 다녀 오기로 하였다. 4기 인민대표대회와 관계되는 인사배치를 타결하자는 것이었다.

원래 주은래는 비용도 절약할 겸 왕홍문 보고 한 비행기에 동승하자고 제의했다. 그러나 왕홍문은 자기도 중공중앙 부주석이라고 위세를 차리면서 자기의 전용기를 따로 준비하였다. 그 결과 두대의 전용기가 북경에서 동시에 장사로 향발하게 되었다. 장사에서 그들을 영접한 사람은 역시 장요사였다.

장요사는 이어 이렇게 말했다. 모택동도 처음에는 왕홍문에 대한 인상이 좋았다. 노동자도 경험했고 농사도 지었고 군대에 나간 적도 있는, 노농병을 다 거친 간부라고 하였다. 그래서 왕홍문을 발탁하였고 중공중앙 부주석도 시켰으며 한때는 후계자로 양성하려고도 하였다. 그러나 모택동은 얼마 안있어 왕홍문에게 문제를 발견하였다. 그가 항상 강청, 장춘교, 요문원과만 어울렸던 것이다. 몇번이고 주의를 줬지만 그 꼴이 그 꼴이었다. 먼젓번에도 고자질하러 장사에 왔다가 모택동에게서 비평을 받았다. 이번에는 강청의 "내각 구상"을 토로했다가 또 모택동한테 더 엄한 비평을 받았다. 왕홍문은 부득이 장사에서 비판을 받고 반성을 하여야 했다.

한편 모택동은 주은래와 같이 4차 인민대표대회와 관련된 인사배정을 확정하였다. 결국 강청의 "내각 구상"은 무산되고 말았다.

장요사의 말에 의하면 주은래와 모택동의 관계는 줄곧 좋았다. 북경에 있을때 주은래는 자주 모택동을 찾아갔다. 언제나 그는 모택동의 비서에게 먼저 전화를 건 후에 온다. 두 사람은 의논을 잘하였고 마음이 맞았다. 주은래는 언제나 모택동을 존중하였고 모택동도 주은래를 신임하였고 소중히 대했다.

1976년 1월 8일 오전 10시가 지났을 때였다. 장요사는 북경 305병원에서 온 전화를 받았다. 모택동이 마지막으로 자신의 후계자로 지목해왔던 주은래의 서거를 알리는 비보였다.

수화기를 놓자 장요사는 즉시 모택동의 침실로 갔다. 병중의 모택동은 소파에 앉아 있었고 장옥봉이 옆에서 부축하고 있었다. 장요사는 급보를 전하지 않으면 안되었다.

"방금 전화가 왔습니다. 주은래 총리께서 오전 9시 57분에 운명하셨습니다."

비보를 접한 모택동은 한동안 아무말도 하지 못하였다. 집안은 사람의 숨쉬는 소리가 들릴 정도로 조용하기만 했다. 장요사는 까딱 않고 모택동 앞에 서 있었다. 모택동은 무거운 표정을 한채 여전히 침묵하기만 하였다. 한참 후에 모택동은 맥없이 손을 한번 흔들었다. 장요사는 그제서야 천천히 물러 나왔다.

모택동의 연속작전

필자는 장요사에게 재미있는 문제를 하나 제기하였다.

"모주석의 신변에서 장기간 일하셨는데 지금 상영되는 많은 영화를 보고 어떻게 느낍니까. 모택동의 형상이 실제로 비슷하다고 봅니까?"

장요사는 껄껄 웃으면서 말했다.

"비슷하기도 하지만 비슷하지 않기도 하오."

다년간의 습관대로 모택동을 언급할 때면 장요사는 보통 주석이라고

만 한다. 배우가 분장한 주석을 얼핏 보기에는 비슷한 것 같지만 실은 완전히 그런 건 아니라고 하였다. 어떤 동작은 너무 과장됐다. 한손을 옆구리에 대고 다른 한손을 자꾸 흔드는데 실은 신통하지 않다. 어떤 중요한 문제를 앞두고 사색하는 장면은 항상 실내에서 왔다갔다하는데 장요사는 그런 장면을 별로 보지 못했다.

"사색할 때면 보통 소파에 안은채 사색한다든지 한 다리를 다른 다리에 올려놓는 그런 자세이다. 담배를 연신 이어댄다. 이건 그가 문제를 깊이 사색할 때 자주 있는 현상이다. 그런 때면 우리는 될수록 다른 일은 제기하지 않는다."

영화에 나오는 주석의 호남말도 실지는 그런 호남말이 아니다. 관중들을 알아 듣게 하려구 그러는지, 영화의 주석은 호남식 표준말을 하는데 실은 그런 말을 하지 않는다.

모택동은 키가 크고 걸음걸이가 빠르다. 50년대만 해도 장요사는 부지런히 걸어야 그를 따라 잡을 수 있었다. 만년에는 빨리 걷지 못했다. 승용차를 오르내리기 편리하도록 작은 등상을 받치기도 하였다. 그걸 먼저 밟고 차에 오르도록 한 것이다. 모택동은 산보를 좋아하는 사람이었다. 갔던 길로 되돌아 오는 건 싫어했다. "좋은 말은 돌아서서 풀을 뜯지 않는다(好馬不吃回頭草)"는 것이 그의 이유였다.

식생활은 검소하였고 산해진미는 먹지 않았다. 전쟁기에는 홍소육(고기찜)을 몇점 드는 것이 영양식이었다. 북경에 온 후에는 홍소육(紅燒肉)이 지방이 너무 많으므로 별로 들지 않았고 후에는 햄이나 소시지 같은 것도 먹지 않았다. 우유도 싫어했다. 술이나 사이다는 마시지 않았고 찻물만 마신다. 손님이 왔을 때는 간혹 모태주를 든다. 만년에는 물고기를 좋아했고 연어(璉魚)의 꼬리부분을 별미로 여겼다. 과일은 50년대에는 귤, 복숭아, 수박 같은 것을 들었는데 만년에는 별로 들지 않았다. 여름철에는 마치현(쇠비름)이라는 채소요리를 즐겨했다.

모택동은 심야에 사무를 보고 오전에 휴식한다. 커어튼은 일년내내 열지 않는다. 실내에만 있고 햇빛을 보지 않는 건 건강에 해롭다고 하면서 의사들은 산보나 수영을 하라고 자꾸 권하였다. 모택동의 일에 대한 욕심은 대단할 정도였다. 긴급한 중대한 일을 처리할 때는 2~3일씩, 심지어는 4~5일을 자지 않는다. 그의 말대로면 "연속작전"을 한다는 것이다.

노쇠한 증상은 다리에서부터 생긴다. 대개 1970년부터였을까, 모택동은 별로 외출하지 않고 하루 종일 집안에만 있었다. 후에는 병마에 시달렸다. 외빈을 접견할 때는 사전에 서재에 가 앉아 기다린다. 손님이 온 후에 걸어 나오자면 옆에서 부축해야 하기 때문이다. 위독한 단계에 이르러서는 침대에 누워있을 수 밖에 없었으니 더 이상 외빈을 접견하지 못하였다. 식생활도 끼니때마다 옆에서 밥을 한술한술 떠 주어야 했다. 후에는 고무관으로 유동식을 식도에 불어 넣어 주는 방법까지 시도하였다. 그런 형편에서도 청각은 좋았고 정신은 똑똑했다. 하지만 말할 때는 발음이 분명치 않았고 글을 쓰면 손이 떨렸고 글자를 겹쳐 쓰기도 하였으므로 알아 보기 힘들었다.

모원신(毛遠新)을 연락원으로 데려온 게 이때였다. 강청한테만 다닌다고 모원신을 타이른 적이 있다. 모택동에게서 이런 주의를 받고도 모원신은 가만히 자주 찾아 갔으며 4인방 무리와만 어울려 다녔다. 이러한 관계로 '10. 6 행동(강청의 체포와 4인방의 붕괴)'을 취할 때 모원신을 보호심사하여야 했다.

모택동의 주변인사들은 모택동을 더 없이 존경하였고 진심으로 보살피고 간호하였다. 만년의 모택동이 운신을 잘 못하자 차를 타기 편하라고 작은 등상을 받쳐 주었다는 예는 앞에서도 언급하였다. 장요사는 또 이런 예도 들었다.

한번은 모택동에게 소파를 새로 만들어 주게 되었다. 통풍과 산열이 잘 되도록 방석부분에 구멍을 뚫어야 한다고 주장했다. 그런 방석이면 오래 앉아도 피로하지 않으리라고 생각했기 때문이다.

'문화혁명' 전에 모택동은 중남해 풍택원의 국향서옥에 거주하였다. 오래전에 지은 사합원(四合院)이다. '문화혁명'이 시작된 후 모택동은 수영장 근처의 단층집으로 자리를 옮겼다. 장요사는 후에야 모택동이 그 집을 선택한 이유를 깨달았다. 넓은 객실이 있어 외빈을 접견하기도 편리했고 소형 회의 장소로도 안성맞춤이기 때문이었다. 그러니 고령의 모택동은 외출하지 않아도 되었다.

모택동은 동남편의 한칸을 주로 사용하였고 장요사는 서북편의 한칸에서 근무했다. 모택동의 침실은 15평방미터 정도이니 그리 크지 않다. 그때의 모택동은 강청과 따로따로 지내고 있었다.

대화가 중남해의 수영장에 언급되자 필자는 어느 신문에선가 보았던 기사를 연상하고 장요사에게 물었다－그 수영장을 모택동의 원고료로 지었다는 말이 있는데 그게 사실인가요?

장요사는 머리를 흔들며 그건 잘못 전해진 것이라고 하였다. 모택동이 수영을 즐기는 건 사실이다. 그런데 어떤 사람이 모택동에게 보고하지 않고 옥천산 아래에다 모택동 전용의 수영장을 만들었다. 모택동이 옥천산(玉泉山)에 갔다가 이런 수영장이 신축된 걸 보고 심히 불쾌해하였고 수영장을 지은 사람을 비평했다. 이 일로 하여 모택동은 1954년 4월 25일에 유소기, 진운, 등소평 등에게 편지를 썼다－'수영장 건조 비용은 나의 원고료에서 지불하되 수영장은 폐쇄하도록 한다'는 내용이었다. 이 이야기가 중남해의 수영장을 모택동의 원고료로 지었다는 설이 후에 떠돌게 된 것 같다.

60년대에는 북대하의 바닷가나 큰 강에 자주 가서 수영을 하였다. 모택동은 양자강, 주강, 상강 등에서 수영을 즐겼다. 장요사도 수영을 꽤 했지만 모택동처럼 잘하지는 못했다. 수영할 때는 안전보위 때문에 평시부터 장요사는 8341부대에서 헤엄 잘하는 전사들을 선발하여 훈련을 시켰다. 모택동이 밖에 나가 수영할 때는 이 전사들이 그의 신변을 떠나지 않았다. 만전을 기하기 위하여 인근에 구조선도 대비해 두고 천천히 뒤를 따르게 하였다.

필자는 장요사를 방문하기에 앞서 여산에 갔었다. 거기에 있는 친구가 말하기를 모택동이 여산에 있는 노림호에서 수영을 하였다. 모택동이 노림1호 별장에서 호수에 갈 때에는 이 때문에 파 놓은 지하통로를 이용했다는 것이다. 이 설에 대하여 장요사는 다음과 같이 말했다-주석이 노림호에 나가 수영을 한 적은 있으나 지하통로로 해서 다닌 일은 없다. 그런 통로는 상상에 불과하지 실제로 있는 것은 아니다.

강청 체포의 내막

'신문기자는 자면서도 귀를 쭈뼛한다'는 말이 있다. 일리가 있는 말이다. 1976년 10월 12일 이른아침, 영국의 일간지 데일리 테레그라프지가 수백만 독자의 가정에 배포되었다. 이 신문의 북경 특파원이 10월 11일에 보낸 뉴스가 런던에 큰 파문을 일으켰다.

니겨르 위드가 쓴 이 독점기사의 제목은 『모(택동)의 미망인 체포』, 부제목은 『화(국봉)가 극좌분자를 분쇄』였다.

이 뉴스는 강청을 두목으로 하는 4인방무리가 분쇄된데 대한 국외의 첫 보도이다. 중국의 역사를 바로 잡은 "10. 6행동"이 있은지 엿새만이다.

강청은 도대체 어떻게 붙잡혔는가-이건 그 후 세인들의 관심을 끈 문제이다. 하지만 한해한해가 지났어도 자세한 내막을 알리는 보도는 여지껏 없었다. 그 결과 가지각색의 뜬소문만 떠돌게 되었다. 강청이 울면서 항거했다는 설도 있고 심지어는 땅바닥에 나뒹굴면서 광태를 부렸다는 설도 있다.

그런데 필자가 알고 보니 강청을 체포한 당사자가 장요사이다.

그를 두번째로 방문하였을 때 그는 마침내 이 민감한 문제에 언급하였고 강청 체포의 실정을 처음으로 소개하였다. 제3차 방문 시엔 또 보충 설명도 하였다.

장요사는 지금도 그날의 일을 똑똑히 기억하고 있다. 1976년 10월 6일 호수 3시, 장요사는 왕동홍의 전화를 받았다. 급히 와 달라는 통지였다.

왕동홍은 당시의 중공중앙정치국위원이고 중공중앙판공청 주임이다. 그를 보좌한 사람이 중공중앙판공청 부주임인 장요사이다. 두사람은 자주 만난다.

장요사는 평시와 다름없이 왕동홍의 사무실에 들어 오더니 자리를 찾아 앉았다. 그런데 이날의 왕동홍은 전에 없이 엄숙한 표정이다. 무슨 중대한 임무를 하달하리라는 징조다. 장요사와 동시에 불려 들어온 사람이 무건화(武健華)다. 그는 중공중앙판공청 경위국 부국장이다.

예측이 과연 옳았다. 왕동홍은 낮은 목소리로 느릿느릿 말하였다.

"당중앙은 4인방 무리를 분쇄하기로 결정했소."

이런 결정을 처음 듣는 장요사였지만 그는 내심의 격동을 금치 못하였다. 모택동이 생전에 여러번 4인방 무리를 비평했다는 것은 장요사는 진작부터 알고 있다.

왕동홍은 이에 이렇게 말하였다. "4인방 무리에 대해서는 격리심사(隔離審査)를 하게 되니까 네개 소조로 나누어 행동해야겠소."

강청을 붙드는 일은 장요사가 맡게 되었다. 왕동홍은 장요사, 무건화에게 부탁했다.

"저녁 8시에 행동을 개시하오. 지금 돌아 가서 준비하시오. 그리고 모원신도 동시에 해결해야겠소."

장요사는 이렇게 역사적인 사명을 접수하였다.

이 행동은 극비리에 진행된 것이다. 화국봉, 엽검영, 왕동홍이 어떻게 '10. 6행동'의 계획을 짰는가, 다른 세 소조가 중남해 회인당(懷仁堂)에서 어떻게 왕홍문, 장춘교, 요문원을 붙들었는가에 대해서는 장요사는 알지 못한다. 왕동홍의 사무실에서 나온 후 장요사는 무건화와 같이 세부적인 실시계획을 의논하였고 극비의 임무를 몇몇 경위들에게만 사전

통지하였다.

　저녁 8시가 되자 장요사는 경위원 몇명을 데리고 모원신의 숙소로 갔다. 당시 모원신은 중남해 이년당(頤年堂)의 후원(後院)에 숙소가 있었다. 강청의 있는 데와 아주 가깝다. 중남해 안이라면 장요사는 손금 보듯이 잘 알았으니 임무를 집행하기는 아주 편리했다.

　당시 장요사는 사복차림이었고 권총도 휴대하지 않았다. 경위원들은 군복은 입었지만 역시 무기는 휴대하지 않았다. 그런 중대한 사명을 집행하는데 어떻게 권총을 가지지 않을 수 있느냐고 필자가 묻자 장요사는 웃으면서 대답하는 것이었다 — 주변에서 보초서는 전사들이 다 나의 부하요, 강청이 떠들어댄들 겁날게 뭐요? 그들을 붙잡는 건 여반장이요.

　모원신을 해결할 때에는 시끄러운 일이 좀 있기는 하였다.

　집안에 들어가자 장요사는 모원신을 보호심사(모원신은 4인방 무리와는 다르다. 격리심사가 아닌 보호심사라고 장요사는 강조했다)하도록 중앙에서 결정했다는 것을 통고하고 권총을 내 놓으라고 모원신에게 명령했다.

　이 말은 듣자 모원신은 떠들어 대면서 무기를 내 놓으려고 하지 않았다. "주석의 유해가 식기도 전에 당신들은 이게……"

　장요사의 뒤에 섰던 경위원들이 와락 덮치더니 무장해제를 하고 제꺽 밖으로 끌고 갔다.

　모원신을 이렇게 해결한 다음 장요사와 무건화는 세 경위원을 대동하고 강청의 숙소로 갔다.

　'문화혁명'기간에 강청은 늘 조어대에 기거하고 있었다. 이외에 강청은 중남해 만자랑(萬子廊) 201호에도 숙소가 있다. 모택동의 병세가 위중해지자 강청은 중남해에 돌아왔다. 모택동이 서거한 후에도 조어대에는 가지 않고 그대로 중남해에 있었다.

　업무상의 관계로 장요사는 강청한테로 자주 다니게 된다. 하루에 두번 갔다오는 때도 있다. 그러므로 강청 체포의 사명을 집행하면서도 문입구에 서 있는 경위원에게 머리만 끄덕여 보이면 되었다.

금방 저녁을 먹은 강청은 하는 일 없이 소파에 앉아 있었다. 장요사가 들어 오니 머리를 끄덕이고는 밑도 끝도 없이 "동흥(東興)은 왜(오지 않았느냐)?"하고 한마디 물었다. 여전히 부동의 자세였다.

여느때와는 달리 장요사는 강청의 정면에 서서 정중하고 엄숙하게 선포하였다. 요컨대 다음과 같은 내용이다.

'강청(이전에는 언제나 '강청동지'라고 불렀으나 이번만은 '동지'라는 두 글자가 없다. 강청의 눈에는 이상한 감이 어렸다). 화국봉 총리의 전화 지시를 받고 왔다. 당신을 격리심사하기로 당중앙에서 결정했으니 지금 곧 자리를 옮겨야겠다.'

"당신은 지금도 분열활동을 하고 있다. 성실하게 당 앞에 자기의 죄상을 모두 고백해야 할 것이다. 규율은 지켜야 한다. 서류상자의 열쇠를 내 놓아야겠다."

장요사는 자기가 당시 이런 말 밖에 하지 않았다고 필자에게 설명하였다. 그 중, 성실하게 모든 죄상을 자백하라는 말과 규율을 지켜야 한다는 말은 장요사 자신이 임시로 덧붙인 것이라고 한다. 그 외의 부분은 모두 왕동흥의 구두(口頭)지시 그대로이다.

강청은 한마디도 말대꾸는 아니하고 앉아 있었다. 노기를 띠고 눈을 부릅뜨긴 했으나, 떠도는 말처럼 야단을 피우지는 않았으며 방바닥에 나뒹굴지도 않았다. 후에 강청이 법정에서는 마구 떠들어대는 거동이 있었다. 텔레비전 화면을 통하여 그 장면을 인상깊게 지켜본 사람들이, "강청은 붙들릴 때에도 저렇게 행패를 부렸으리라"고 추측하지 않았겠는가 —이것이 장요사의 해설이다.

강청은 자기가 이런 결말을 보리라고 의식하고 있은 것 같았다. 그러므로 장요사가 전하는 중앙의 결정을 듣고도 너무도 뜻밖이라는 그런 놀라는 기색은 보이지 않았다—이것이 장요사의 기억이다.

강청은 한참 침묵을 지키다가 천천히 일어서더니 허리춤에서 열쇠묶음을 떼어냈다. 서류상자로 쓰는 금고의 열쇠를 강청은 언제나 자기가 항상 관리하고 있었다. 비서에게 내어 주는 법은 없다.

　강청은 봉투를 하나 꺼내더니 연필로 '화국봉 동지 친계(親啓)'라고 쓴 다음 열쇠묶음을 봉투 안에 넣었다. 그리고는 밀봉한 후 장요사에게 주었다.

　장요사는 강청의 운전사에게 차량대기를 명하였다. 강청은 자기의 승용차에 압송되어 갔다. 그 차에 무건화가 동승하였다. 운전사는 강청의 운전사였다.

　항간에 떠도는 말에 의하면 강청을 체포할 때 번쩍번쩍하는 수갑을 짤칵 채웠으며 강청은 수인차(囚人車)에 실려 갔다고 한다. 그런 것은 순전히 떠도는 소문에 불과하다고 장요사는 말했다. 강청에게 수갑을 채운 일도 없거니와 강청을 수인차에 태운 일도 없다. 강청의 운전사도 장요사의 부하니까 물론 장요사의 명령을 집행해야 한다.

　승용차는 그리 멀지 않는 곳에 가 멈추어 섰다. 10월 6일 밤, 강청은 중남해의 한 지하실로 인도되었다. 왕홍문, 장춘교, 요문원도 그 곳에 있게 되었으나 서로 다른 별도의 별실이었다. '그날 밤으로 진성(秦城) 감옥에 압송되어 갔다'는 설은 사실에 맞지 않는다.

　국내외는 깜짝 놀라게한 '10. 6 행동'은 칼에 피 한방울 묻히지 않고 탄알 하나도 쏘지 않은채 강청을 두목으로 하는 4인방무리를 일망타진하였다. 모든 것이 계획대로 순조롭게 실현되었다. 장요사는 이렇게 강조하였다. 4인방 무리는 인심을 잃을대로 잃었다. 그러길래 그 자들을 붙잡는다는 말을 듣고 누구나 다 기뻐하였다. 강청의 신변에서 일하는 사람들도 우리를 지지해 나섰다.

　이러한 관계로 장요사의 임무는 순조롭게 집행되었고 극적인 장면은 별로 없었다. 그 대신 항간에 떠도는 그럴듯한 소문들은 모두 신빙성이 없는 것으로 되고 말았다.

일대의 위인

모택동이 타계한지도 18년이 된다. 지금도 장요사는 그를 잊지 않고 있으며 역사의 거인의 신변에서 보낸 격동의 나날을 잊지 않고 있다. 필자와 장시간 이야기를 나누면서도 장요사의 화제는 언제나 주석과 관계되는 것 뿐이었다.

모택동의 병세가 위중할 때 의사와 간호원들은 하루종일 그의 신변을 떠나지 않았다. 1976년 9월 8일 자정이었다. 형광판에 나타난 모택동의 심전곡선은 파동이 점점 약해졌다. 장요사와 의무의원들은 숨을 죽이고 그 곡선만 지켜 보았다. 9월 9일 0시 10분, 심전곡선은 곡선이 아닌 일직선으로 변하였다. 모든 조치를 다 취했건만 모택동의 심장은 끝내 고동을 멈추었다. 장요사와 의무의원들은 눈물이 비오듯 하였다.

중국대지를 울리며 일세를 풍미하던 위대한 인간 모택동을 우리는 영원히 잊지 않을 것이다. 70고령이고 지금은 이직휴양 중에 있는 장요사는 진심으로 말하였다. "나는 주석의 신변에서 다년간 일한 사람이다. 그이에 대해서는 언제나 깊은 감정을 가지고 있다. 생각해 보라-1935년의 준의(遵義)회의에서 영도자로서 지위가 확정되고 1949년의 전국적인 승리에 이르기까지 불과 14년 밖에 걸리지 않았다. 우리 당이 1921년에 창건되어 1935년까지도 역시 14년이다. 우리당은 이 14년 간에 좌경·우경 착오를 얼마나 많이 범하였던가! 모택동 동지가 우리 당의 위대한 영수라는 것을 역사는 충분히 증명하였다. 해방 후에도 그 이는 우리를 영도하여 사회주의 혁명과 건설을 진행하였고 역시 위대한 성취를 이룩하였다. 만년에 비록 착오는 범하였지만 그래도 그 이는 위대한 마르크스-레닌주의자이고 무산계급혁명가이다. 나는 영원히 모 주석을 존경한다."

장요사는 자기는 모택동의 신변에서 구체적인 일을 좀 했을 뿐이라고 겸손하게 말한다. 그러나 그가 회고한 이러저러한 구체적인 일을 통하여 우리는 모택동의 진실된 인물상을 선명히 보았다.

노적
蘆荻

모택동과 시(詩), 문(文), 사(史)의 강독과 토론

[제1장]
수불석권(手不釋卷)의 위인

시문(詩文) 선생초빙

모택동은 문사(文史)에 정통한 사람이지만 원래는 선생을 청해다 문사에 대한 지도를 받은 건 아니다. 그런데 만년의 모택동이 1975년의 어느날, 문사를 잘 아는 선생을 한분 청해 달라고 중공중앙판공청에 부탁하였다. 실로 뜻밖의 일이었다.

그 원인은 모택동의 시력장애에 있었다. 1974년 봄부터 시력이 현저히 감퇴되고 글자를 똑똑히 볼 수 없게 되었다. 문건을 보고 의견을 쓰는 일을 이전에는 자기가 손수 하였었는데 시력이 이렇게 된 이상 기요비서가 읽어 주고, 모택동이 써야 할 의견도 기요비서가 대필해야 하였다. 이해 8월, 모택동은 무한에 잠시 체류할 때 동호(東湖)호텔에서 안과의의 진단을 받았다. 노인성 백내장이었는데 오른눈이 더 심했다.

모택동은 워낙 서치(書癡)라고 부를 정도의 독서가였다. 그는 침대가에도 책을 쌓아 놓고 아무 때나 펼쳐 읽었다. 제일 애독하는 것이 고대의 시(詩)·문(文)·사(史) 관계의 책이다. 눈병 때문에 독서를 못하는 것이 그에게 있어서는 불면(不眠), 불식(不食)보다 더 큰 고통이었다. 기요비서가 문건을 대독할 수는 있지만 역사와 고문을 담론할 상대는 아니다.

그러므로 중공중앙판공청 주임 왕동흥과 부주임 장요사는 모택동에게 고문을 강독할 선생을 찾게 되었다. 그 선생은 우선 표준어를 하는 사람, 말주변이 좋은 사람이어야 한다. 가히 모택동과 대담할 수 있는 고

전문학의 실력을 가진 사람이라야 한다. 그리고 모택동의 생활에 적응할 수 있어야 하니까 나이도 적중해야 한다. 너무 나이가 많으면 신체가 감당해 내기 곤란할 것이고 너무 젊으면 학식이 문제가 되기 때문이다. 중남해에 드나 드는 사람이니까 정치적으로도 신뢰할 수 있는 사람이라야 함은 더 말할 것도 없다. 이상의 사항이 선발 조건이었다고 할 수 있다.

선발작업은 은밀히 진행되었다.

이런 적임자가 있을 만한 곳으로 우선 북경대학 중문학부를 짚게 되었다. 왕동흥, 장요사는 이 학교에 가 선생을 고르는 임무를 당시의 중공북경시위 서기인 사정의(謝靜宜)에게 맡겼다. 사정의는 하남성 상구현 사람이다. 16살 나던 1952년에 중학교를 졸업하고 중공중앙판공청에 기요원(機要員)으로 배치받은 여성이다. '문화혁명'기간에 벼락출세를 한 이 여성은 강청과 사이가 좋았다.

며칠 후 사정의는 북경대학 중문학부 몇몇 선생의 자료를 보내왔다. 그 자료를 기요비서 장옥봉이 한장한장 모택동에게 읽어 주었다. 모택동은 다 듣고 나서 '그 노적(蘆荻)이라는 선생을 데려다 옵시다'고 하였다.

노적은 문학간행물에 자주 이름이 오르는 노작가(老作家)이다. 시도 산문도 쓰지만 그는 광동에 있었으며, 그와 동성동명인 북경대학 중문학부의 노적은 중년의 여선생이다. 학계의 명류는 아닌 극히 평범한 선생이다. 모택동이 노적을 선택한 데는 원인이 있다. 모택동은 중국청년출판사가 1963년에 펴낸 『역대문선』(歷代文選)이라는 책도 보았었다. 이 책의 편집・주석(註釋)을 한 사람들은 중국인민대학 어문학부의 문학사강좌에 있는 선생들이다. 즉 이 책은 풍기용, 유억선, 노적, 유서련, 이영호, 오추근의 선주(選註)로 되어 있다. 이 책에 실린 고문 중에서 모택동이 가장 즐겨 읽는 문장이 『촉용이 조태후를 설득하다(觸龍說趙太后-戰國策)』와 강엄(江淹)의 『별부(別賦)』, 왕발(王勃)의 『등왕각서(藤王閣序)』였다. 공교롭게도 이 문장들을 선주한 자가 노적이었다.

이런 사연으로 노적의 이름을 알아 두었으니 모택동의 기억력은 실로 이만저만이 아니다.

노적은 1970년 연말에 중국인민대학 어문학부로부터 북경대학 중문학부에 전근되었다. 정말 우연에 우연이 겹쳤다 하겠다. 그 결과 북경대학에서 노적의 자료를 보내 왔고 모택동은 『역대문선』 선주자(選註者)의 한사람이었던 노적을 지명하게 된다.

이런 경과에 대하여 노적(그해 44세) 본인은 아무것도 몰랐다.

갑작스런 고문 강독

1975년 5월 중순이었다. 노적은 돌연히 학부의 통지를 접하였다. 그더러 북대당위(北大黨委)의 위원들에게 『이소』(離騷)를 강의하라는 것이다.

무슨 영문인지 몰라 노적은 어안이 벙벙했다. 당위원회 위원들이 왜 『이소』에 흥미를 느끼는지 도무지 이해되지 않는다 또 어째서 다른 선생이 아니라 자기가 이런 임무를 맡아야 하는가, 이것도 모를 일이다. 그래서 몸이 불편하다는 구실로 못하겠다고 말했다. 우유를 끓이다가 그만 왼손과 왼발을 데운 건 사실이었다. 그런데 무슨 단단한 지령을 받았는지 당위에서는 기어이 노적이 강의해야 한다고 고집하였다. 하는수 없이 노적은 명령에 복종하겠노라고 하였다. 그는 집에서 『이소』를 열심히 보면서 강의 준비를 서둘렀다.

며칠 후 노적은 상처에 염증이 생겨 부득이 시내 안에 있는 협화병원 이료과(理療科)에 가 치료를 받았다. 『이소』라는 책은 휴대하였었다. 오전 9시에 사 아무개라는 노동자(북대 중문학부에 와 있는 공선대(工宣隊) 성원)가 노적을 찾아왔다. 급한 일이 있으니 치료는 후일로 미루고 즉시 학교로 가자는 것이었다. 의사가 화를 냈다.

"이 선생은 저의 환자입니다. 아무리 급한 사정이라도 치료는 다 하고 가야지 않겠습니까."

그래서는 안된다고 사 아무개가 고집하는 바람에 두 사람은 언쟁을 벌이게 됐다.

노적은 학교에 무슨 의외의 사고라도 생긴 줄로 알고 부득이 치료를 중단한 채 사 아무개를 따라 차를 탔다. 그 차가 지나치게 질주하는지라 노적은 현기증이 났고 구토까지 하였다. 어느 학생이 무슨 사고를 저지른 게 틀림없어. 그 조사를 협조해 달라고 나를 불렀을 거야─노적은 속으로 이렇게만 생각했다.

차는 북대 4원(四院)에 있는 당위청사에 이르렀다. 거기에는 사정의가 기다리고 있었는데 노적은 사정의(북경시위 서기 겸 북대당위 서기)와는 처음 만난다.

"노 선생님, 여기 있는 몇몇 사람에게 고문을 가르쳐 주십시오."

사정의는 깍듯이 말하고 왕연룡 등을 가리켜 보였다.

"『이소』에 대해 설명하랍니까?"

노적이 들가방에서 책을 꺼내려는데 사정의가 말렸다.

"아닙니다. 오늘은 『이소』 말고 다른 고문을 두편 이야기 하십시오. 강엄의 『별부』, 그리고 『전국책(戰國策)』에 나오는 『촉용이 조태후를 설득하다』입니다."

노적은 어리둥절했다. 원래는 『이소』를 강의하라 해 놓고 왜 제목을 갑자기 바꾸는가. 이 두 편도 이전에 주석(註釋)을 단적이 있으니까 강의하지 못할 건 아니되, 필경 그것도 여러해 전의 일이라, 지금 강의한다 해도 좀 준비할 시간이 있어야지 않겠는가. 『고대문선』을 오늘은 가지고 오지도 않았다.

하는 수 없이 노적은 기억만을 밑천으로 생각나는대로 강의를 하였다. 하도 고문실력이 있는 사람이었으니 예상치 못한 이런 시험도 여유있게 대처할 수 있었다.

노적은 『별부』의 원문을 줄줄 외웠다.

"암연히 소혼(消魂)하게 됨은 오직 갈라짐 때문이로다. 진(秦)나라,

오(吳)나라는 망하였고 연(燕)나라, 송(宋)나라가 다시 선다 해도 천리 밖의 일이니 어찌하리오. 봄날의 이끼면 재생할 수 있을까, 추풍이 불 때면 재기할 수 있을까……"

이렇게 외우면서 열심히 뜻 풀이를 하는데 반응을 보니 소 귀에 경 읽기라. 하여간 강의를 하라니까 계속 이대로 하는 수 밖에 없었다.

두번째 문장을 강의하기 시작했을 때 사정의가 질문을 한가지 하였다. "용(聾)자의 발음은 섭이라야 합니까, 룡이라야 합니까."

"이 글자를 이전에는 섭이라고 읽었지만 근년에 발굴한 출토 문물에 의하여 고증한 결과 룡으로 읽는 게 옳다고 판명되었습니다."

노적의 대답을 듣고 사정의는 만족해 하는 표정이었다. 노적은 강의를 계속하였다.

강의가 끝나자 사정의는

"됐습니다. 오늘은 돌아가십시오."

하고 말했다.

노적은 무거운 짐을 벗어 놓은 듯한 거뜬한 기분으로 삼리하(三里河)에 있는 자택으로 돌아왔다. 사정의가 어째서 그런 고문을 갑자기 강의하라고 하였는지 노적으로서는 알길이 없었으나 하여간 특수한 강의는 이로써 끝난 줄로 알게 됐다고 생각했다.

사정의가 그를 찾은 것이 한차례의 면접시험(面接試驗)이었음을 노적은 전혀 몰랐다.

모택동과의 만남

5월 23일, 북경대학의 마이크로 버스 한대가 삼리하에 있는 노적의 집 문앞에 와 멎었다. 중문학의 책임자와 양효(梁效)의 사람이 노적을 모시러 온 것이다.

양효란 양교(兩校)라는 음을 따서 지은 필명이다. '문화혁명'중의 많은 대비판(大批判)문장을 양효 즉 북경대학·청화대학의 집필조가 썼다. 모두가 강청의 낙인이 뚜렷이 찍힌 문장이었다. 일반교원인 노적은 양효와는 아무런 내용도 없었다.

손님들은 노적 보고 급히 가야 할 곳이 있으니 빨리 가야겠다고 하였다. 갈아 입을 옷가지와 세면도구, 그리고 고문을 몇 권 가지고 가면 충분하다고 하였다. 물론 노적은 이야기하는 대로 하였다. 마이크로 버스는 북경대학에 들어서더니 미명호(未名湖)옆의 한 청사에 와 멎어섰다. 그제야 노적은 그곳이 양효라는 집필조의 대본영임을 알았다. 노적은 청사 내의 한 방에 안내되었다. 또 강의를 해야 한다니까 하여간 집에서 교수준비를 하는 것과 다름없이, 문을 걸어 잠그고 책만 보았다. 여전히 양효와는 아무런 접촉도 없었다.

이렇게 사흘이 지난 후인 5월 26일 밤이었다. 하루종일 책을 본 노적은 피곤하기도 해서 취침할 준비를 하였다. 이때 문을 똑똑 두드리는 소리가 났다. 무슨 불청객인가 하고 열어 보니 복도에 사정의가 서 있는 것이었다.

옷가지랑 생활용품이랑 준비해 가지고 곧 떠나자고 하였다.

노적은 도대체 어찌 된 일인지 몰라서

"이런 야밤에도 고문을 강의하랍니까"

하고 물어 볼려고 했으나 당분간 참기로 하였다.

청사 앞에 대기하였던 승용차에 오른 후에야 사정의는 이렇게 말하는 것이었다.

"모 주석한테로 같이 갑시다."

노적에게는 그 말이 도저히 믿어지지 않았다.

"아니, 모 주석한테로요?"

"그렇습니다. 모 주석께 시·사·가·부(詩詞歌賦)를 강독해야 합니다."

사정의의 설명을 듣고도 노적은 혹시 자기가 잘못 듣지 않았나 하고 의심하였다. 모택동 주석은 전국인민의 위대한 수령이다. 중국고전문학에 대하여도 아주 조예가 깊다. 어찌 내가 그분에게 시·사·가·부를 강의할 수 있단 말인가.

그는 자기가 도저히 이해할 수 없는 환각의 세계에 있는 것만 같았지만 사정의에게 꼬치꼬치 질문하기도 어려웠다. 승용차는 전속력으로 질주한다. 모택동 주석이 어찌하여 나와 같은 이런 평범한 사람을 부르는 걸까. 아무리 생각해도 모를 일이었다.

승용차는 서단(西單)을 지나자 중남해에 접어들더니 곧 멈춰 섰다.

너무도 긴장했던 탓으로 노적은 하차하다가 그만 짐을 떨어뜨렸다. 세수대야며 만년필이며 빗이며 할것 없이 갈아 입을 옷가지와 함께 차안에 산산이 널려졌다.

"제가 정리해 놓겠으니 먼저 가보십시오."

운전사가 하는 말이 고맙기 그지 없었다.

시계를 보니 10시 18분이었다. 노적은 사정의를 따라 모택동의 숙소로 들어갔다. 영화나 텔레비전에서 보던 눈에 익숙한 위인이 눈앞에 있었다. 노적은 이것이 꿈이 아닌가고 의심하였다. 그런데 지금 보는 모택동은 기자들이 항상 형용하는 원기왕성한 그런 모습은 아니다. 많이 늙어보였고 병색도 좀 있는데 정신은 여전히 좋았다.

노적을 보자 모택동은 병상에 누은채 반갑게 악수를 하였다.

"유우석(劉禹錫)이 쓴 『서새산 회고(西塞山懷古)』라는 시를 외울만 하오?"

너무도 긴장한 노적은 생각이 미처 유우석의 시에 닿을 수가 없었다.

모택동은 병상에 누운채 또렷또렷한 목소리로 그 당시(唐詩)를 천천히 읊었다.

'왕준이 누선(樓船)타고 익주성을 떠나니
금릉의 왕기(王氣)는 암연히 사라졌다
천발의 쇠사슬을 양자강에 쳤지마는

한폭의 항기(降旗)는 석두성(石頭城)에 걸렸도다
이 세상에 상심사(傷心事)가 그 몇번 있었더냐
저 산만은 영구히 강기슭에 솟았구나
오늘 비록 천하통일 이루기는 하였다만
추풍 부는 산아래서 노적(蘆狄)이 떠는구나'

노적은 물론 이 시를 외울 수 있다. 그런 모택동이 이렇게 호남말로 낭송하니까 일종 특유한 시정을 느끼게 된다.
시를 읊고난 모택동은 싱긋이 웃으면서 물었다.
"선생의 이름은 이 시에서 따온 게 아니오?"
노적도 웃었다. 긴장했던 마음이 웃음소리와 함께 좀 늦추어진 것 같았다.
모택동은 자기의 눈을 가리키면서 지금 안질을 앓고 있다고 하였다. 그래서 고문을 대독할 선생을 청해 오게 되었다고 부언하였다. 그제야 노적은 자기의 용무가 무엇임을 알고 시름을 놓았다.
노적이 그냥 서 있으니까 모택동은 앉아도 된다고 하면서 자리를 권하는 것이었다. 모택동은 유우석의 작품을 좋아했다. 특히 그의 명구

沉丹側畔千帆過
가라앉은 배 옆으로는 수많은 배들이 지나가고
病樹前頭萬木春
병든 고목 앞에서는 갖가지 나무들이 봄을 맞는다

를 절찬하였다. 지금의 자기 심경을 아주 절묘하게 표현해 준 것인지도 모른다. 모택동은 누실명(陋室銘), 오의항(烏衣巷), 죽지사(竹枝詞), 양류지사(楊柳枝詞) 등 유우석의 많은 작품을 암송할 수 있다.
노적은 한쪽 옆에 앉은 채 숨을 죽이고 귀담아 듣기만 하였다. 모택동

의 비서와 의무인원 그리고 사정의도 동석하여 들었다.

이날 모택동은 기분이 아주 좋았다. 생각나는대로 이야기를 하다 보니 당나라의 유우석을 논하다가 삼국시기의 완적(阮籍)을 논하였고 또 갑자기 북주(北周)의 문학가 유신(庾信)에 대한 말도 꺼냈다. 노적이 묵묵히 앉아만 있는 걸 보고 모택동은 웃으며 말했다.

"이젠 선생이 말씀해야겠소. 유신의『고수부(枯樹賦)』를 말해보오."

이런 제목을 내어 놓았지만 노적은 아무 준비도 없었다. 그저 기억나는대로 원문을 차례로 외우면서 간단히 설명하는데도 모택동은 흥미진진하게 듣는 것이었다.

이날 모택동은 또 '강랑재진(江郎才盡)'의 주인공 강랑 즉 강엄(江淹)이 쓴『별부』에 대해서도 말했고『촉용이 조태후를 설득하다』에 대해서도 말했다. (사정의는 이 두 편의 고문을 언급하리라는 것을 미리 알고, 전번에 노적에게 그런 시험문제를 내었던 것이다.)

중국고전문학을 담론할 수 있는 상대를 오랜만에 만나서 그런지 모택동은 전에 없이 얼굴색이 좋았고 꽤 흥분하기까지 하였다. 그는 침대에서 내려서더니 방안을 천천히 거닐면서 낮은 소리로 시사(詩詞)를 외워보는 것이었다. 넓은 방안을 서너번 이렇게 왔다갔다 하였다. 노적은 이때 조용히 서있는 노송(老松)을 눈앞에 보는 것 같은 연상을 문득하였다.

10시 18분에 시작한 담화는 이렇게 자정 후 1시까지 계속되었다. 모택동의 건강을 생각하고 이제는 휴식해야 않겠는가 하고 의사는 권고하였다.

모택동은 한창 기분이 좋은 때라, 의사의 권고는 아랑곳하지 않고 두 시간 정도 담론을 더 계속했다. 의사가 참다못해 휴식을 명령해서야 모택동은 복종하게 됐다.

노적은 일어서서 작별인사를 하였다.

"다시 만납시다. 오늘 이렇게 서로 알게 됐으니 종종 만나 천천히 더 담론합시다."
　이렇게 모택동은 대답하는 것이었다.
　이것이 노적과 모택동의 제1차 담론이다.

모택동의 독서욕

　노적은 모택동이 숙소에서 멀지 않은 곳에서 숙식을 하게 되었다. 모택동의 말대로라면 노적은 청해온 손님이었다.
　노적은 같은 건물의 아랫층에 한칸을 배정받았다. 모택동의 병치료를 전담한 의사들도 아랫층에 여럿이 들어 있었다. 사정의는 2층에 들었었다.
　모택동이 주야가 전도된 생활을 하는 사람이기에 노적의 생활도 크게 변화하지 않으면 안되었다. 보통 오전에 잠을 잔다. 오후에는 두문불출하고 책을 보면서 강독할 준비를 한다. 심야부터 이튿날 새벽까지 모택동한테 가서 시문(詩文)을 강독한다. 집으로는 돌아가지 못하고 하루종일 중남해에 있어야 했다.
　노적은 당시의 심리상태를 이렇게 회상하였다.
　"나는 아주 평범한 사람이다. 우연한 기회로 중남해로 갔고 모택동의 신변에서 일하게 되었으니 마음은 항상 긴장하기만 했다. 당시 인민대중들은 모택동을 신(神)처럼 우러러 보았다. 나도 역시 마찬가지이다. 나는 그이를 지극히 존경했다. 그러나 나는 고대의 사서(史書)를 많이 보아서 그런지 일종의 중지(重地)·금지(禁地)에 처신한듯한 압박감을 시종 배제할 수 없었다. 실로 시경(詩經)의 소아(小雅)에 형용한 것 같은 전전긍긍하는 상태였으니 심연(深淵)에 임한 것 같고 박빙(薄冰)위을 걷는 것 같았다."
　모택동한테 갈 때면 언제나 사정의가 따라 나섰다. 모택동을 접근할 수 있는 그 어떤 기회도 사정의는 절대 놓치지 않았다. 최고 영수한테서 이러저러한 정치적인 정보를 알아 보자는 심산이 있었을 것이다.

모택동의 침실에 가면 노적은 두손으로 책을 받쳐 들고 침상 옆에 서서 읽었다. 모택동은 침대 옆에 있는 붉은 우단을 씌운 작은 의자에 손을 짚어 보이면서 앉으라고 자꾸 권하였다. 그제야 노적은 조심스레 한옆에 앉는다. 모택동은 의사와 비서한테도 앉아서 같이 들으라고 하였다. 한참 강독을 듣다가는
"자네들도 알아들었는가."
하고 묻기도 하였다.
　노적은 함부로 말하거나 웃지 않는 사람으로 변한 것 같았고 지정한 문장의 강독에만 전념했다. 너무 구속감을 느끼고 긴장하고 있기 때문에 사정의는 자주 노적을 일깨워 주었다. 모택동도 노적을 보고 너무 구속받을 거야 없지 않으냐고 여러번 타일렀다.
　그래서 노적도 점점 이런 환경에 적응하게 되었고 긴장감도 차차 해소되었다. 사실 모택동은 태연자약한 사람이고 누구와도 평이하게 접하는 사람이었기에 노적은 저도 모르게 긴장감이 풀렸던 것이다.
　미국학자 트리얼이 쓴 『모택동 전』이라는 책이 있다. 세계적인 지도자중에서 가장 독서를 즐기는 사람이 모택동과 드골이라고 이 책에 써 있다. 노적은 드골에 대해서는 잘 모르지만 모택동이 독서를 어떻게 대하는가는 자기 눈으로 보았으니 잘 안다. 모택동은 서치(書癡)라 할 정도로 독서에 집착하였다. 그를 신(神)으로 간주하면서도 노적은 진심으로 탄복했고 존경했다. 노적은 언제나 모택동은 닌(您, 상대방을 높여 부르는 말-역주)이라고 불렀다. 모택동은 그걸 좋아하지 않았다.
"닌이라 말고 니(你)라고 부르오."
　모택동은 공무도 또한 다망하였다. 병중이고 반신을 잘 운신 못하며 종일 누워있기는 하였어도 그냥 국정의 중요한 일들은 친히 돌보아야 했다. 자주 보고를 듣고 지시를 내려야 했다. 독서는 그런 근무의 시간 외에 잠시 시간을 내어서 하게 된다. 밤이면 노적은 자기 방에서 기다린다. 밤 11시에 불려갈 때도 있고 새벽 2시에 불려갈 때도 있다. 비서한테

서 전화만 오면 노적은 자전거를 타고 500미터 가량 되는 모택동의 숙소로 간다. 어찌도 급히 달려왔던지 실내에 들어서서도 한참 숨을 돌려쉬어야 했다. 그래서 후에는 아예 모택동의 서재에 책상을 놓고 거기에서 책을 보면서 대기하게 하였다. 서재에 있게 되니 모택동의 장서를 빌려 보기 편리하리라는 것도 감안하였을 것이다.

초기에는 시사(詩詞)의 강독이었으므로 일은 순조로왔다. 노적은 다년간 중국고대의 시사를 전문적으로 연구해왔기에 모택동의 지정한 시사를 그 자리에서 외우고 설명할 수 있었다.

시사가 아닌 고대산문(古代散文)을 지정해도 대체로 막히는 데는 없었다.

그러나 모택동의 독서 범위는 상당히 넓다. 어떤 때는 이십사사(二十四史)를 대독해야 하였는데, 이는 노적의 전공범위를 벗어난 내용이다. 생소한 것도 물론이지만, 보기드문 수두룩한 고자(古字)를 읽지 못해 애를 먹었다. 읽다가 어떤 곳에서 걸리면 "빨리 그 다음을 읽으라구"하며 모택동이 재촉한다. 노적은 이 글자는 어떻게 읽어야 할지 사전을 찾아봐야겠노라고 이실직고하였다. 모택동은 허허 웃고서 그 글자의 음훈을 알려 준다. 실로 놀라운 일이었다. 노적은 자신의 학식이 부족함을 통감하는 동시에 모택동의 학식의 해박함을 접하고 탄복하게 된다.

모택동은 노신전집(魯迅全集)에도 흥미가 있었다. 노적의 전공과는 동떨어진 현대문학의 범주에 속하는 것이었지만 읽으라니 읽을 수 밖에 없다. 노적은 노 신의 저작에 대해선 잘 알지 못한다. 그래서『노신전집』을 몽땅 빌려다 놓고 임시로 연구하기 시작했다. 노신의 한 말은 기억나는데 그 출처가 분명히 생각나지 않아, 노적이 보고 찾아봐 달라고 부탁하는 때도 있다. 그 한건의 출처를 확인하는 작업만 해도 노적에겐 쉬운 일이 아니었다. 한바탕『노신전집』을 들춰 보아야 하기 때문이다.

이를테면 모택동이 이렇게 제시한다―노신이 이런 말을 한 적이 있다. 즉, "썩은 사과는 그 썩은 부분만 잘라 버리고 먹으면 된다." 모택동은 노신의 이런 문학적 사상을 좋아하였던 것이다. 어느 문장에 이 말이 있는가 찾아봐 달라. 이 출처를 찾느라고 노적은 적지 않는 공력을 들여야 했다.

제일 어려운 건 『토양학』을 대독할 때였다. 문득 『토양학』에 흥미를 가진 모양이다. 자연과학은 노적에게 있어 전혀 생소한 범주이므로 도저히 순탄하게 읽을 수가 없었다.

모택동의 호남말은 알아듣기 힘든데가 많다. 병중이기도 해서 발음 자체가 불명확해서인지 처음에 노적은 말을 듣고도 이해 못하는 경우가 많았다. 이때에는 장옥봉이 "통역"을 섰다. 후에 노적은 필기장을 휴대했다. 모택동도 노적이 알아듣지 못하는 말을 자주 종이에 써 보였다. 이때부터 노적은 고전문학에 대한 모택동의 이러저러한 담화를, 듣는 쪽쪽 적어두었다. 또 모택동이 적어준 종이 쪽지도 필기장에 함께 끼워두었다. 이런 내용을 적은 노적의 필기장이 지금은 진귀한 역사문헌으로 남아 있다. 노적은 지금 자기의 필기와 모택동 친필의 글쪽지를 근거로 『여섯권의 소설에 대한 모택동의 담화(毛澤東談六部小說)』이라는 저작을 집필하고 있다. 중국의 고전명작으로 손꼽히는 『삼국연의』・『수호전』・『홍루몽』 등에 모택동은 아주 익숙했고 노적과 자주 이 소설을 담론하였었다.

노적의 경력

모택동과 점점 익숙해진 후의 어느 날이었다. 남조(南朝)의 작가 강엄(江淹)의 『별부』가 화제에 올랐는데 모택동이 문득 이런 문제를 지적하였다. "강엄의 『별부』에 '추로는 여주하고(秋露如珠)'라는 말이 있소. 그 중의 '규(珪)'자에 대한 선생의 주석(註釋)은 그다지 정확하지 못하오."

노적은 여간 놀라지 않았다. 자기가 선주(選註)작업에 가담한 바 있는 『역대문선(歷代文選)』이라는 책을 모택동이 보았구나 하고 비로소

깨닫게 되었다. 독서의 범위가 이렇게 광범할 줄은 몰랐으니 노적은 진심으로 탄복할 뿐이었다. 노적이 하회를 재촉하자 모택동은 '추로여주, 추월여규(秋月如珪)'에 대한 자신의 이해를 말하였다. 노적은 모택동의 견해가 일리 있다고 느꼈고 고문 수양이 고전문학을 전공하는 자기보다 훨씬 깊다고 생각하였다. 노적은 자기의 무지함을 자책하는 한편 그날그날의 강독 준비를 더 열심히 하였다.

한번은 항미원조(抗美援朝 : 한반도에서의 6·25전쟁시 중공의 개입)에 대해 말하다가 모택동이 갑자기 선생은 항미원조를 어떻게 생각했는가 하고 물었다. 노적은 자기의 경력을 모택동에게 말한 적은 없다. 항미원조에 갔다온 줄을 모택동이 어떻게 안단 말인가. 아, 그렇지, 강독할 선생을 물색할 때 나의 경력을 다 알아 보았겠구나 하고 노적은 속으로 자문자답하였다.

이런 이야기를 나누다 보니 중남해에 왔던 초기에 품었던 구속감, 긴장감은 자연히 풀리게 되었다.

노적은 원성(原姓)이 노(盧)요 이름은 소금(素琴)이다. 해방구에 들어올 때 노적으로 개명했다. 선조의 고향이 장사(長沙)이니 크게 잡아 모택동과 동향이라 할 수 있다. 그러나 부친의 대에 동북으로 이주하였고 노적은 요양(療養)에서 1931년에 태어났다. 부친은 청나라 말기의 선비였으나 과거가 폐지된 후여서 응시(應試)도 못한채 글방선생으로 있었다. 서예에 능하였고 오른손, 왼손으로 다 글을 쓸 수 있었으며 고문을 줄줄 외울 정도로 잘 알았다. 노적이 두살 되는 해에 부친은 사망했다. 노적의 위로 오빠가 다섯, 언니가 하나 있었다. 그들은 농촌의 삼간초옥에서 살았다. 집주변은 경치가 괜찮았고 꽃나무가 많았다. 그런 환경에서 노적은 유년기를 지냈다.

당년 30세였던 어머니는 성이 풍(馮)씨였다. 책을 읽을 줄 알고 예절이 밝은 어머니는 노적에게 자주 옛말을 들려 주었다. 희미한 등잔불 아래에서 어린 노적은 어머니가 말하는『삼국연의』·『수호전』·『봉신연의』(封神演義)를 들었다. 이렇게 그는 어려서부터 중국고전문학의 명저들을 익숙히 알게 되었다. 어머니는 일곱살 되는 노적에게 소동파(蘇東坡)의 시도 가만히 가르쳐 주었다. 일제 통치하의 동북에서는 금지된 시였다.

동북에서 공부할 때 노적은 어머니의 성을 따라 풍치교(馮稚喬)라는 이름을 썼다. 교(喬)는 차녀라는 뜻이고 치교라는 이름은 아버지가 지어준 것이었다. 대학교를 다닐 적에는 학교 전체가 북평으로 이동되는 바람에 노적도 북평에 오게 됐다. 그는 북경대학 중문학부에 전학하여 공부했다.

해방 후 노적은 항미원조에 참가하여 한때 조선에 가 있었고 1954년에 제대되어 돌아와서부터 중국인민대학에서 교편을 잡게 되었다.

'문화혁명' 시기에 중국인민대학이 한때 폐교당하는 바람에 노적은 강서성 여강현(余江縣)에 있는 5·7간부학교에 가서 벼농사를 지어야 했다. 이 여강현의 일을 두고 모택동이 『온역신을 보냄』(送瘟神)이라는 칠언율시를 지은 일이 있다. 모택동은 여강현의 근황은 어떻더냐고 노적에게 물었다.

아름답다고 하면 아름다운 곳이다. 노적이 북경대학 중문학부에 전근하라는 지령을 받은 날 1970년 12월 26일이다. 노적은 강서성에서 부랴부랴 북경으로 돌아왔다. 12월 26일은 모택동의 생일이다.

북경대학에 오기는 왔으나 당시가 노농병(勞農兵)출신의 대학생이 활개를 치면서 대학교를 관리한다. 대학교를 모택동사상으로 개조한다 하면서 부산을 떠는 때였으니 노적은 또다시 재교육의 대상으로 전락되었다. 워낙 몸이 허약한 데다가 심장병 위장까지 겹치다보니 이 재교육을 받기도 여간 힘들지 않았다.

마음이 이렇게 어수선한 때에 문득 이렇게 중남해에 불려 오리라고는 정말 꿈에도 생각지 못하였다.

노적이 중남해에 와 두달 남짓이 지났을 때 모택동이 안과수술을 받게 되었다. 어느날에 수술을 받았는가에 대해서 장옥봉은 8월 중순이었을 게라고 하였고 노적은 7월 29일이었다고 단정했다. 물론 노적의 기억이 더 정확할 것이다.

병중의 모택동은 외출하기가 여간 불편하지 않았다. 그러니 수술은 모택동의 침실과 객청 중간에 있는 방에서 하기로 하였다.

수술을 담당한 의사는 북경 광안문(廣安門)병원에 있는 중년(中年) 의사 당유지(唐由之)였다. 모택동은 그를 처음 만나는 자리에서 역시 노적을 대하던 때와 같이 시를 한 수 읊는 것이었다.

호기(豪氣)가 인전과 같지는 않으리니
꽃이야 피든지든 양유지(兩由之)하리로다
언제면 이 강남에 눈물비 뿌리며
백성 위해 또다시 이 건아(健兒)를 추모할까

이 시는 노신(魯迅)이 양전(楊銓)이 암살당했을 때에 쓴 『도 양전』(悼 楊銓)이라는 시이다. 양유지의 유지(由之)가 당 의사의 이름자와 같다. 모택동은 당의사에게 이렇게 말했다.

"선생의 부친은 선비였을 것이고 노신의 시도 읽었을 게요. 그러니까 '유지'라는 이름을 지어준 것 같소."

모택동의 박식함과 발군의 기억력에 대하여 사람들은 놀라움을 금치 못하였다.

수술은 예상한 대로 잘되었다. 한주일 후에 한쪽 눈은 시력이 꽤 회복되었다. 60여일간의 실명 상태나 다름없던 고통의 나날은 이로써 끝났다. 그러나 시력을 너무 소모해서는 안된다고 의사가 주의를 하였기에 노적은 그냥 남아 강독을 계속하게 되었다.

수호전 토론

하루는 모택동이 빙긋이 웃으면서 노적을 비평했다.

"선생은 평소에 학생들을 어떻게 가르치오? 그저 주입식으로 선생 혼자서만 말하고 아무 문제도 제기하지 않는가. 그래서야 안되지 강의는 계발(啓發)식으로 해야지 않겠는가."

노적은 이것이 자기에 대한 완곡한 충고임을 알았다. 사실 노적은 책을 그대로 읽는 정도의 강독만 하였지 모택동에게 감히 질문은 하지 못했다.

물론 노적 자신이 긴장해서 그러했겠지만 실지는 모택동이 모르는 다른 원인도 작용했기 때문이다. 노적이 중남해에 올 때 북경대학 당위(黨委)는 아래와 같은 규정을 엄수해야 한다고 명백히 지시한 바 있다.

물어보는 것만 대답할 것.
할 말만 하고 하지 말아야 할 말은 하지 말 것.
묻지 말아야 할 것은 묻지 말 것.
듣지 말아야 할 것은 듣지 말 것.
보지 말아야 할 것은 보지 말 것.

이 규정을 노적은 엄격히 지켰다. 묻지 말아야 할 것은 묻지 말라고 했으니까 아무것도 묻지 않기로 했다. 묻지 말아야 할 게 도대체 어떤 범주를 놓고 하는 말인지 속단할 수 없기 때문이다. 그러니까 노적은 곁눈을 파는 일 없이 책만 들고 주입식 강독만 하였던 것이다.

그런데 기왕 모택동이 문제를 제기하라고 한 이상 노적도 이 지시를 따르지 않으면 안되었다. 그러나 여전히 조심조심하면서, 모택동이 좋아하는 고전문학의 범주에 한해서만 학술적인 문제를 더러 제기했다.(지금은 물어보고 싶은 문제가 수두룩하지만 어찌할 도리가 없다. 왜 당시에 묻지 않았을까 하고 후회한들 무슨 소용이 있는가. 당시는 그저 신명을 대하듯 우러러만 보았지 인간이라는 관점에서는 너무도 그에 대한 이해가 부족하였다. 에드가 스노(Edgar Snow)의 『서행만기(西行漫記)』만 읽었어도 모택동의 사람됨을 이해하는 데 큰 도움이 되었을 것이다. 그러니 인걸의 지나감도 유수와 같다고 말하는 것일까.)

중남해에 와서 두달이 더 지난 후에는 별로 구애됨이 없이 모택동과 담화를 할 수 있었다. 유우머가 많은 모택동의 말을 듣고 웃음이 나오기도 하였으니 금방 중남해에 왔을 때와는 달랐다. 그러니까 노적도 기꺼이 회답하여 주었다. 이를테면 일부 역사인물에 대한 평가, 일부 고전작품에 대한 견해 등이 이에 속한다.

중남해에 온 초기의 노적은 식불감미(食不甘味)하였고 체중도 줄었었다. 그후에는 유쾌한 기분으로 모택동과 담론할 수 있었으니 여간 다행한 일이 아니라고 느꼈다. 이런 위인을 몸 가까이 섬기는 것을 노적은 인생의 행운으로 여겼다.

이러한 때에 전국에 큰 파문을 일으킨 예상치도 못했던 일이 생겼다.

1975년 8월 14일 새벽 2시였다. 모택동의 비서한테서 강독을 하러 오라는 전화를 받은 노적은 두말없이 모택동의 숙소로 갔다.

하루 공무를 보고난 모택동은 노적과 고전문학을 담론하기 시작하였다. 여느때와 같이 노적은 모택동의 이야기를 필기장에 적었다. 잘 알아듣지 못하는 것은 모택동이 종이에 몇 글자 써 주기도 하였다.

이날 노택동은 처음에는 이백(李白)을 논했고 유종원(柳宗元)도 논했다. 그 다음엔 『홍루몽』에 대하여 말하다가 『삼국연의』와 『수호전』으로 화제가 차례로 옮겨졌다. 완전히 즉흥적으로 말하는 것이니 중국고전에 대한 견해를 이것저것 생각나는대로 말했을 뿐이다. 노적의 필기책에 기록된 내용이 이를 증명할 수 있다.

화제가 『수호전』에 언급되었을 때 노적은 지나간 일을 한가지 문득 연상했다. 그것은 1974년에 있은 일이다. 하루는 북경일보사의 사(謝)아무개라는 책임자가 북경대학 중문학부를 찾아왔다. 용무는 『수호전』

을 평하는 논단을 한 편 써 달라는 것인데 어떠어떠하게 쓰라고 기조(基調)를 정하는 게 이상했다. 즉 『수호전』은 '탐관(貪官)만 반대하고 황제는 반대하지 않았다'고 비판하라는 것이다. 사 아무개가 소집한 좌담회에 노적도 참가하였다. 도무지 이해가 가지 않았다. 학술계에서는 재래로 『수호전』을 높이 평가하였고 이 책을 '농민봉기의 교과서', '농민운동을 묘사한 천고불후의 사시(史詩)'라고 칭찬하였다. 그 『수호전』을 왜 '탐관만 반대하고 황제를 반대하지 않았다'고 비판해야 하는가. 노적은 도저히 이런 식으로 『수호전』을 비판할 수는 없다고 생각했다. 그러나 이런 논단이 보통사람의 견해는 아닌 것 같다. 노적은 문제의 논단은 누가 결정을 내린 것이냐고 질문하였으나 사 아무개는 대답을 하지 않았다. 기왕 위에서 내려온 과제이니까 어떻게 쓸 것인가를 강좌 선생들은 토론을 하여야 했다. 그러나 종래의 기조로는 쓰기 곤란하다는 것이 일치한 의견이었다. 후에 마지못해 평론을 한 편 써서 『북경일보』에 보내기는 하였으나 신문사의 마음에 들지 않아서인지 결국은 무산되고 말았다.

노적이 후에 풍문에 들으니까 그 논단은 모택동이 어느 담화에서 한 말이라는 것이다. 그 소식을 먼저 알고 북경일보사는 북경대학 중문학부에 원고 집필을 의뢰하였다….

문제는 제기하라고 했으니까 노적이 이 문제를 확인하기로 하였다.

"주석께선 『수호전』을 평하시면서, 탐관만 반대하고 황제는 반대하지 않았다고 말씀하신 적이 있습니까?"

모택동은 머리를 끄덕였다.

"그건 정치국확대회에서 내가 한 말이요."

옆에 앉았던 장옥봉도 한마디 참견했다.

"작년에 무한에 갔을 때 제가 『수호전』을 읽는 걸 보고 주석께서 말씀하셨습니다, 송강(宋江)은 투항파라고."

이에 노적은 『수호전』에 대해서 좀 더 자세한 말씀을 들려 달라, 그리고 이 책을 어떻게 읽어야 하는가에 대해서도 말해 달라고 하였다.

이리하여 모택동과『수호전』에 대한 일장의 토론을 하게 됐다.

노적은 모택동의 말을 열심히 받아 적었다.

그날의 일을 노적은 다음과 같이 회고하였다.

주석은 흥미진진하게『수호전』을 논하였고 유우머도 곧잘 썼다. 그 책의 주도적인 정치적 경향성에 대해서는 예를 자주 들면서 자세한 분석을 가하였다…

주석은 노신(魯迅)을 아주 높이 평가했다. 담화할 때마다 노신을 언급하였다. 내가 우리 학부에서 지금 소설사고(小說史稿)를 수정하는 중이라고 하자, 주석은 노신의 소설평이 정확하다고 하면서 노신의 사상·관점을 따라 배워야 한다고 강조하였다. 특히『유맹의 변천』(流氓的 變遷)에 나오는『수호전』평론이 아주 훌륭했다고 칭찬하면서 김성탄(金聖嘆)에 대한 노신의 비판을 전적으로 긍정하였다.『수호전』연구에서 노신의 평론을 장기간 무시한 데 대하여 주석은 심히 불만스러워 하였으며, 김성탄의『수호전』만 대량 출판하고 있는 데 대해서도 심히 불만스럽게 생각하였다…

모택동은,『수호전』의 출판에 있어서 다른 여러 본(本)도 함께 출판하여 독자들로 하여금 고사(故事)의 전모(全貌)와 결말을 알게 해야 한다. 양산의 호걸들은 어떻게 궐기했고 나중에는 어떻게 실패의 말로를 걸었는가, 사실 그대로 독자에게 알려주야 한다. '보루는 내부로부터 쳐부수기가 가장 쉽다'는 이치를 알게 하여야 한다고 강조하였다.

노적은 부지런히 필기를 하였다. 모택동의 견해가 퍽이나 심각하다고는 느꼈지만 노적은 그것을 학술적인 견해라고만 받아들였다.

그런데도 장옥봉은 필경 비서인지라 이해하는 각도가 노적과는 달랐다. 장옥봉은 모택동의 이야기를 지시라고 여겼다. 여러가지 회본을 찍어야 한다고 하였으니 신속히 이 지시를 관철·집행해야겠다는 데서 장옥봉은 모택동에게 물었다.

"출판부문에 통지하여 『수호전』의 여러가지 회본을 찍게 해야 하지 않겠습니까."

"그러는 게 좋겠소."

하고 모택동은 대답하였다.

이어 장옥봉은 노적에게 말했다.

"선생님, 방금 주석께서 하신 말씀을 써주십시오."

노적은 모택동의 문건을 집필한 적은 없다. 그저 모택동의 의사에 쫓아 이렇게 적어 놓았다. 즉, "『수호전』은 그동안 출판되었던 중요한 몇가지 본을 다 출판해야 한다."라고 적었다.

모택동이 이때 한마디를 보충하는 것이었다.

"노신의 한말도 책을 찍을 때 앞머리에 써놓아야 하지 않을까?"

노적은 역시 모택동의 의사에 쫓아 '『유맹의 변천』에 쓴 노신의 평어를 권두에 써넣어야 한다.'고 가필하였다.

모택동은 이어

"나는 좀 쉬어야겠으니 오늘은 이만 합시다."

라고 하였다.

장옥봉이 방금 노적이 적은 글을 보이니 모택동은 보고나서 머리를 약간 끄덕였다.

노적은 인사를 올리고 작별을 고했다. 모택동은 손을 흔들면서 잘 가라고 하였다.

이때 장옥봉이

"선생님, 잠깐만 서재에 가 기다려주십시오."

라고 하는지라 노적은 그대로 모택동의 서재에 왔다. 거기에는 노적이 전용으로 쓰는 책상도 놓여 있다. 평소에도 강독이 끝나면 자주 여기에 와서 책을 한참 본다. 이 서재에만 하여도 만여권의 장서가 있다. 침실과 객청 어간에 있는 작은 칸에도 책이 많이 있다. 침실에도 큰 책꽂이가 두개 있다. 이렇듯 모택동의 생활은 책을 떠나서는 상상할 수 없다.

노적이 한참 책을 보는데 장옥봉이 들어왔다.

"선생님, 금방 주석께 물어봤습니다. 노신에 대한 평가를 각종 판본의 권두에 싣는 외에, 『수호전』에 대한 주석의 의견도 함께 정리해서 권두에 실으면 좋지 않겠느냐고 하였더니 주석께서 동의하십디다. 그러니 『수호전』에 대한 의견을 선생께서 곧 정리해 주셔야 겠습니다. 주석께선 또 노신의 평론도 인용해야 한다고 하셨습니다."

모택동은 이미 휴식에 들어갔다. 노적은 그대로 서재에 남아서 담론의 기록을 정리하였다. 이 기록이 미구에 중국대지를 들었다 놓았다 할 정도로 전국적인 일장 풍파를 일으키리라고는 꿈에도 생각지 못하였다.

요문원의 계교

노적은 『수호전』에 대한 모택동의 이야기를 필기장과 대조하면서 그 주요한 관점을 따라 몇 대목을 다음과 같이 정리하여 놓았다.

『수호전』이라는 책은 투항을 썼다는 것이 장점이라 하겠다. 투항파가 무엇인지 인민들이 알게 끔 하는 다른 면에서 교재로 삼을 수 있다.

『수호전』은 탐관만 반대하고 황제는 반대하지 않았다. 조개(晁盖)는 108명의 호걸에 들어있지 않다. 송강(宋江)은 투항을 하였고 수정주의를 실행하였다. 취의청(聚義廳)을 충의당(忠義堂)으로 고쳤으며 귀순의 길을 걸었다. 송강과 고구(高球)간의 투쟁은 지주계급 내부의 한 파(派)가 다른 한 파를 반대하는 투쟁에 불과하다. 송강은 투항한 후 방납(方臘)을 치러갔다.

이 농민봉기군의 대오는 좋은 대장을 가지지 못했다. 대장이 투항파였기 때문이다. 이규(李逵), 오용(吳用), 완소이, 완소오, 완소칠은 좋은 사람이다. 그들은 투항하기를 원하지 않았다.

노신(魯迅)은 『수호전』을 바르게 평하였다.

"『수호전』에는 똑똑히 씌여 있다 — 천자(天子)를 반대하지 않았기 때문에 대군(大軍)이 오자 귀순을 하였으며 그 후에는 나라를 위하여 다른 강도들 즉 체천행도(替天行道)하지 않는 강도들을 치러갔다. 결국은 그런 앞잡이 노릇을 하였을 뿐이다."(『삼한집(三閑集)·유맹의 변천』)

김성탄은 『수호전』의 뒷부분의 20여회(回)를 뭉텅 잘라 버렸다. 잘라 버렸으니 진실한 『수호전』이라 할 수 없다. 김성탄의 이 소행을 노신은 심히 부당하다고 인정하였으며, 김성탄을 전문 평가한 글 『김성탄에 대하여』를 썼다. (『남강북조집(南腔北調集)』을 보라.)

『수호전』은 그동안의 중요한 세가지 회본을 다 출판하되 노신의 상기 의견을 앞에 첨부해야 한다.

이렇게 정리는 끝났으나 모택동이 수면 중이라, 노적은 그냥 서재에서 기다리기로 하였다.

오후 2시쯤 돼서 장옥봉이 서재에 와서 노적이 정리한 것을 가지고 모택동의 침실로 갔다.

한참 있다가 장옥봉이 돌아와 하는 말이 모택동에게 보였더니 좋다고 하더라는 것이다. 장옥봉은 지금 이 원고대로 한벌만 정서해 줄 것을 노적에게 부탁했다.

노적은 바로 정서해 가지고 장옥봉과 같이 모택동의 침실로 갔다. 모택동은 여전히 침대에 누워 있었다.

노적이 정서한 원고를 드리자 모택동은 돋보기를 쓰고 한자한자 자세히 훑어 보았다. 노적과 장옥봉은 침상옆에 서서 기다렸다.

모택동은 다 보고나서 이 정도면 훌륭하다고 하였다. 노적은 다시 서재에 들어왔다.

노적을 놀라게 한 일은 두시간 후에 있었다. 장옥봉이 서재로 돌아왔다. 두손에 인쇄한 문건과 적잖은 봉투를 들고 왔다. 노적을 보고 문건의 교정을 봐달라고 하였다. 노적이 보니 그 문건이라는 게 방금 자기가 정리한, 『수호전』에 대한 모택동의 평가를 기록한 것이었다.

"이리 빨리 인쇄까지 됐네."

노적은 여간 놀라지 않을수 없었다.

장옥봉은 빙그레 웃어만 보였다. 모택동의 지시를 인쇄하는 것이니 그 속도는 물론 학교에서 교재를 찍는 것에 비하면 몇 배나 빠른 것이었다.

노적을 더욱 놀라게 한 것은 이것 뿐이 아니었다. 두시간 사이에 모택동의 담화가 인쇄되었을 뿐 아니라, 모택동의 지시를 관철한데 대하여 요문원이 모택동 앞으로 서한을 썼으며, 모택동이 그 서한을 보고 '동의'라고 써놓기까지 하였다.

『수호전』에 대한 모택동의 담화에는 세가지 판본을 다 출판해야 한다는 의견이 있다. 이 일은 선전출판을 책임진 부서에서 해야 하므로, 이 부분을 관장하는 요문원에게 먼저 알려야 한다.

담화기록을 받아본 요문원은 대단히 좋아했다. 그 자리에서 그는 모택동에게 서한을 보냈다. 『수호전』에 대한 모택동의 평론은 "현재 및 장래의 중국공산당인과 중국의 무산계급과 빈농·하층농민들이 본세기와 다음 세기에 마르크스주의를 견지하고 수정주의를 반대하며 모주석의 혁명노선을 견지하는 데 있어 중대하고 심각한 의의를 가진다. 『수호전』이라는 이 교재의 기능을 충분히 발휘시켜야 한다."

이를 위해 요문원은 다음과 같은 3항의 건의를 제출하였다.

모주석께서 제기하신 임무를 집행하기 위하여 다음과 같은 조치를 취하려고 한다.

1) 주석의 지시를 북경에 있는 정치국 성원들에게 인쇄 배포한다. 동시에 출판국·『인민일보』·『광명일보』와 북경비판조의 사정의 동지·상해시위(上海市委) 집필조에도 이 서한과 함께 보낸다.

2) 출판국과 인민문학출판사의 동지들을 불러 주석의 지시를 전하고 실행대책을 토론한다. 세가지 판본의 인쇄와 평론사업을 잘해야 한다.

나는 아동과 청년들을 독자 대상으로 하는『수호전』을 본 적도 있다. 청소년들에게 해독을 끼치지 않기 위해서 머릿말을 다시 써야 하며 노신의 평가도 덧붙여야 한다.

3)『홍기』잡지에『수호전』을 논한 노신의 평가를 게재하고 이와 관련되는 평론을 싣던지 혹은 전재하여야 한다.『인민일보』·『광명일보』도『수호전』평론을 게재할 계획을 작성해야 한다.

이상의 의견이 타당한지, 지시하기 바란다.

이렇게 되고보니『수호전』에 대한 모택동 개인의 의견 즉 세가지 판본을 다 출판해야 한다는 의견이(생각나는대로 한담식으로 언급한 의견이) 요문원에 의하여 대대적으로 확대·과장되었으며 전국적인 여론까지 동원해야 할 중대사로 발전되었다.

기왕 모택동이 요문원의 의견을 동의한 이상 비서인 장옥봉은 북경에 있는 정치국 성원들에게 담화기록을 인쇄배포해야 하였다. 봉투와 함께 북경에 있는 정치국 성원들의 명단을 노적에게 주면서 "선생님, 이 명단대로 겉봉을 하나하나 써주십시오."라고 말하였다.

노적은 이어 장옥봉을 도와 겉봉을 일일이 써준 다음 숙소에 돌아가 쉬고 있었다. 문건을 발송하는 일은 노적이 해야 할 일은 아니다. 노적은 모택동에게 고문을 강독하는 사람일 뿐이다. 장옥봉이 겉봉을 써 달라고 청하지 않았더라면 노적은 비서가 해야하는 이런 일에 절대 손을 대지 않았을것이다.

그 후 전국을 석권한『수호전』평론의 운동도 노적과는 아무런 상관도 없다. 그 최고지시는 물론 노적의 질문에 의하여 탄생된 것이고 또 노적의 정리를 거쳐 성문화한 것이다. 그러나 노적은 어디까지나 본분을 지키는 사람이고 고전문학 밖에 모르는 지식인이고 권모술수나 음모와는 무연한 사람이다.

모택동의 뜻을 왜곡 전달

1975년 제9호의『홍기』잡지는 "〈수호전〉평론을 중시하자"는 글을 발표하였다. 1975년 8월 31일 부『인민일보』는 이 글을 전재함과 동시에 장편문장 "〈수호전〉을 평함"을 게재하였다. 작자는 축방명(竺方明)이었다.

이어 9월 4일자『인민일보』는 "〈수호전〉평론을 전개하자"라는 사설을 발표하였다. 가장 새로운 최고 지시가 고딕체로 굵직하게 실렸다. 그것은 노적이 정리한, 모택동의 담화기록이었다.

이렇게 되니까 원말명초(元末明初)에 씌여진 고전소설『수호전』이 전국인민의 관심을 끄는 초점으로 일변하였다. 사람마다『수호전』을 평하기는 하지만 누구나 다 얼떨떨했다. 극소수의 음모가들만이『수호전』비판의 의도를 알고 있었다.

8월 하순, 강청은 문화부 부장 우회영(于會泳)등을 불러 놓고 회의를 하면서 그 비밀을 넌지시 알려 주었다.

"『수호전』에 대한 주석의 지시는 현실적 의의가 있다.『수호전』평론의 핵심을 조개(晁盖)에 대한 가공(架空)을 비판하는 데 있다. 지금 정치국에는 주석을 완전히 가공적(架空的)인 인물로 만들려는 사람들이 있다."

이 말은 주은래와 등소평을 두고 하는 말이다.

1975년 9월 중순, 농업에 관한 전국회의가 산서성 석양현(昔陽懸)에서 열렸다. 강청은 이 회의를 이용하여 대회(大會)·소회(小會) 할 것 없이『수호전』평론에 관한 연설을 여러번 하였으며 송강은 조개를 가공(架空)하였다느니 당내에도 송강과 같은 인물이 있다느니 하면서 떠들어댔다.

눈병이 나아진 모택동은 스스로 독서할 수 있었지만 그냥 노적을 중남해에 남아 있게 하였다. 물론 전에 비하여 노적의 강독임무는 많이 경감되었다.

제3차 전국체육대회를 하루 앞둔 9월 11일, 남편과 아이들에게 입장권을 주려고 잠시 집에 들렸던 노적은 긴급통지를 받았다. 모택동의 지시에 의하여 급히 산서성 대채(大寨)로 떠나야 한다는 내용이었다. 모택동은 얼마 전에 노적에게 이런 말을 하였었다-선생이라 해서 날마다 학교에만 있어서는 안된다. 노동자·농민들한테도 가보아야 한다. 노적은 이날 사정의를 따라 대채로 갔다.

　　노적이 대채에 와보니 강청이 여러날 앞서 거기에 와있었다. 강청은 여러번 연설하면서 『수호전』 비판을 고취하였다. 노적은 늦게 온 사람들과 같이 강청 연설의 녹음부터 들어야했다. 녹음을 들은 후 학습토론을 해야 한다는 것이다. 노적은 그 녹음을 듣고 입을 딱 벌렸다. 모택동 담화의 원래 의미와는 전혀 다르게 강청이 마음대로 활용하기 때문이다. 『수호전』에 대한 모택동의 평론은 노적과 한 말이다. 그 뜻을 제일 분명히 아는 사람이 당사자인 노적 본인이다. 그런데 강청은 당내의 송강(宋江)을 붙잡아 내야 한다. 이 송강은 키가 작달막하다라고 뇌까리면서 특정 인물을 노골적으로 암시하고 있었다. 토론할 때 노적은 한마디도 발언하지 않았다. 그가 무슨 말을 할 수 있겠는가.

　　원하는 바는 아니되 노적은 우연히 강청과 만나게 되었다. 노적을 본 강청은 오만한 말투로 말하였다.

　　"아-, 선생이 노적이요? 주석한테 가 있다는 말은 들었소…"
하고 말하였다.

　　모택동이 노적을 청해 온 일을 강청은 처음에는 몰랐다. 후에 북경대학 집필가가 쓴 한 문장에 『고수부』(枯樹賦)가 언급되면서 모택동의 의견을 인용한 바 있다. 그리고 모택동의 의견은 "노적 동지에게 말한 적이 있다"고 부언하였다. 북경대학 집필조의 문장은 언제나 사정의를 통하여 강청에게 올려가게 된다. 문장을 보고 강청은 노적이 누구냐고 따져 물었다. 그제야 강청은 노적이 모택동의 강독을 맡은 교원임을 알았다.

강청은 몰랐지만 주은래는 노적이 와 있는 줄을 알았다. 주은래가 하루는 모택동의 신변에서 일하는 사람들에게 초콜렛을 보내온 적이 있다. 한사람 앞에 하나씩이었는데 그중의 하나는 노적에게 주는 것이라고 부언하였다.

『수호전』에 대한 모택동의 담화기록이 문건으로 정리되어 배포된 후 강청은 물론 노적에 대해 더욱 주의를 돌리게 되었다. 당시 강청은 모택동을 한번 만난다는 일이 여간 어렵지 않았다. 그러나 노적은 자주 모택동과 고전문학을 담론한다. 한차례의 담화가 서너시간씩 계속되는 것이 보통이다. 강청은 대채에서 『수호전』을 평한다면서 장광설을 벌리면서 모택동의 최신최고지시(最新最高指示)를 풀이하고 있지만 이건 백성들을 놀라게 할 수는 있어도 노적을 속일 수는 없음을 물론 알고 있다.

강청은 변덕이 많았다. 우쭐대면서 노적을 거들떠 보지도 않는가 하면 입은 옷이 너무 낡았다고 하면서 노적의 흠을 잡기도 하였으며 또 아주 다정한체 하면서 노적과 같이 사진을 찍기도 하였다.

노적은 본색이 교원이고 서생(書生)이니 수완을 부릴 줄은 전혀 모르는 사람이다. 복잡하게 얽힌 정치에 대해서도 아무것도 모른다. 고전문학의 세계에만 파묻혀 있기를 원했을 뿐 달리 바라는 건 없었다. 남에게 아첨하거나 아양을 떨 줄은 모른다. 노적은 강청에게 호감을 가지지 않았다. 『수호전』에 대한 연설녹음을 들은 후에는 더욱 그러하였다. 장기간 중국고전문학의 영향을 받은 관계인지 노적은 담담한 마음을 가진 사람이었고 여세무섭(與世無涉)의 사람이었다. 바라는 것이라면 학문을 좀더 닦고 좀더 연구성과를 내자는 것 뿐이다. 그는 언제나 자기를 하나의 서생이라고만 간주했던 것이다.

대채에서 중남해로 돌아 왔지만 무슨 영문인지 노적은 모택동과 만날 기회를 가지지 못하였다.

그 후에 노적은 이런 통지를 접하였다. 즉 모택동의 생일인 12월 26일이 지나면 학교에 돌아가도 좋다는 것이었다.

그런데 그 날자가 돌연히 앞당겨지게 되었다. 역시 무슨 영문인지는 모르나 어쨌든 9월 26일에 중남해를 떠나야 했다. 모택동에게 작별인사는 해야지 않겠느냐고 소원을 말했지만 허락을 받지 못하였다. 중공중앙판공청의 한 책임자가 노적을 전송하면서 두리뭉실하게 이런 말을 하는 것이었다.

"선생은 참… 지식인이니까… 실제 훈련이 부족합니다."

이렇게만 말하고 훈련이 부족하다는 구체적인 의미는 일체 설명하지 않았다. 그것이 아마 노적을 중남해를 떠나게 한 원인이었을 것이다.

중남해를 떠나는 노적의 심경은 매우 혼란스러웠다.

한편으로 기분이 매우 가볍기도 했다. 중남해란 일개 서생이 적응할 수 있는 곳이 아니었다. 하루종일 정신은 긴장했고 편한 잠을 잔 적이 없다. 편안한 일반 국민의 생활을 하자는 것이 소원이었다.

다른 한편으로는 허전하기도 하였다. 모택동과 고전문학을 담론한다고는 하지만 실은 노적이 선생 구실을 한 것이 아니었다. 모택동이 노적을 가르쳤다고 해야 옳을 것이다. 정치가·사상가·시인·철학가·군사 전략가·서예가를 모두 겸한 모택동은 말을 해도 보통사람과는 달랐다. 정확하고 투철한 그의 견해는 노적에게 많은 계시를 주었다. 만년의 모택동은 닉슨이나 키신저와도 한 시간 정도나 회견했을 뿐이다. 그러나 노적은 밤마다 모택동과 많은 시간의 이야기를 하였다. 모택동에게 있어 노적은 대화의 상대자였다. 모택동과의 만남은 천재일우의 행운이라 하겠다.

노적은 가정에 돌아 왔고 학교에 돌아왔다. 여전히 그는 평범한 교원이었다. 신문에서는 매일 『수호전』비판을 거세게 전개하고 있지만 노적은 거들떠 보지도 않았다. 모든 것을 가슴 속에 깊이 파묻고 있었으며 중남해에 갔다 왔다는 말은 한마디도 입밖에 내지 않았다.

중남해에서 돌아온지 한달 쯤 되는 어느날이었다. 모택동 신변의 의사 한분이 노적이네 집을 문득 찾아왔다. 모택동의 명을 받고 한가지 물어 보러 온 것이다. 소동파(蘇東坡)의 말은 기억나는데 출처를 모른다기에 노적은 자기 소장(所藏)의 명나라 판본의 고서를 꺼내서 출처를 알려 주었다. 종잇장을 끼워 출처를 명시한 그 책을 가지고 의사는 돌아갔다. 그때까지도 모택동은 분명 노적을 잊지 않고 있었다.

유언비어의 난무

노적이 중남해를 떠나 1년도 되지 않은 때에 모택동은 서거하였다. 비보를 듣고 노적은 실성통곡했다. 병마와 싸우던 모택동의 모습이 뇌리에서 사라지지 않았다. 후에 노적이 모택동을 치료하던 의사한테서 들은 말이지만, 만년의 모택동에게 있어 가장 고통스러웠던 병증은 불면증이었다. 젊을 적에도 잠을 잘 이루지 못하였고 만년에 들어서면서는 그 증세가 더욱 심해만 갔다. 그래서 그는 철야 독서하는 때가 많았다. 후에 눈병을 앓게 되자 독서도 할 수 없었으니 그만큼 불면의 고통은 배가하였다. 하는 수 없이 그는 고문을 강독할 사람을 청해 오게 되었다. 적막감도 만년의 모택동을 여간 괴롭히지 않았다. 공개장소에도 나갈 기회가 적었고 회의에도 별로 나가지 않았으며 외빈과도 그리 만나지 않았다. 찾아 오는 친우도 없었고 강청과는 할말이 없었다. 노적의 강독을 들으면서 모택동은 중국고전문학에 대한 흥미를 또다시 느끼게 되었다. 워낙 이야기하기를 즐기는 사람이었으니 시간가는 줄도 모르고 매일밤 고전의 세계에서 즐거운 한때를 보내었다.

모택동이 서거한 후 오래되지 않아 중국에는 '시월혁명'이 일어났다. 나라를 망치고 인민을 괴롭히던 4인방 무리는 소탕되고 중국의 역사는 새로운 한 페이지를 열었다.

도행역시(倒行逆施)하던 4인방 무리의 죄상을 성토하면서 사람들은 이 음모가들의 모든 음모를 적발하고 비판하였다. 그 중에는『수호전』을 평한다는 구실을 대고 주은래, 등소평을 비판하려던 죄상도 포함돼 있다. 국외(局外)의 사람들은 이때에야『수호전』에 대한 최고지시가 노적이 정리한 것임을 알게 된다. 진상을 모르는 사람들은 노적을 밉게 보았다. 북경대학 학생들은 노적을 강청의 수레에 올라탄 사람이라고 대자보에 썼다. 사실 노적은 강청과는 아무런 연계도 없다. 그런데도 바깥에서는 노적이 강청에게 봉사한 사람이라고 와전됐다.

중앙의 전문안건(專案)심사조에서 노적을 찾아 조사를 하였고 노적이 모택동의 『수호전』담화의 경과에 대한 자료를 써 바친 것도 사실이다. 이 자료는 중공중앙에서 1977년 10월에 인쇄배포한 『왕홍문, 장춘교, 강청, 요문원 반당집단의 죄증(3)』에 수록돼 있다. 이 자료는 전국에 배포되었다. 그러니 삽시간에 더 많은 사람들이 노적에 대하여 의문을 가지게 되었다-노적이 어떻게 중남해에 들어갈 수 있었느냐, 모택동이 어떻게 돼서 노적이와 『수호전』을 말하게 되었느냐, 모택동의 한 말이 과연 노적이 정리한 그대로일까, 노적에게 다른 어떤 배경(背景)이 있는 건 아닌가, 노적은 "4인방 무리"의 선(線)에 선 사람이 아닌가 …중공중앙의 문건에는 노적의 자료를 인용할 때 명백히 '노적 동지'라고 설명을 하였다. '동지'라는 두 글자가 노적의 결백함을 의미하지만 노적을 둘러싸고 갖가지 유언비어가 나돌았다.

평소에도 노적은 소리없이 학문만하는 사람이다. 이때에도 노적은 아무 말도 하지 않았다. 각양각색의 사람이 자꾸 찾아와도 응대를 하지 않았다. 그는 지대한 정신적 압력을 받으면서도 한마디의 변명도 하지 않았으며 뜬소문이야 어떻게 돌든 관계치 않았다.

어느날 오전 9시였다. 여느때와 같이 집에서 강의준비를 하는데 탕탕탕 하고 문 두드리는 소리가 났다. 학생이 왔나보다 하고 문을 열어 보니 낯선 청년이 서 있었다. 한손에 술병을 들고 한 손에 빵을 든 이 청년은 다짜고짜 집안에 들어와서 책상 맞은편에 좌정하였다. 불청객은 노동자라고 자칭하면서 무한에서 왔다고 하였다. 술 한모금에 빵을 한입씩 먹으면서 살기등등하게 질문을 하는 것이었다.

"중앙문건에 있는 당신의 자료를 보니까 『수호전』담화는 모주석이 당신과 주고받은 거라면서? 그렇다면 요문원에게 무슨 잘못이 있는가!"
　이 불청객의 속마음을 알 바 없는 노적은 사실대로 설명할 수 밖에 없었다.
　"주석이 『수호전』에 대한 견해를 말씀한 것은 나하고 중국고전문학을 담론하다가 언급한 것입니다. 요문원은 완전히 다른 목적으로 해석하여 이용하면서 정치적인 음모 활동을 했습니다."
　청년은 노적의 설명을 전혀 무시하고 자꾸만 이것저것 따지고 들었다. 술도 그냥 마시면서 무슨 행패라도 부릴 것 같았으니 노적은 겁이 더럭 났다. 하지만 노적은 닭을 잡을 만한 힘도 없는 여성이니 문밖으로 내쫓을 수도 없었다.
　"여보십시오. 저는 강의준비를 해야 합니다. 무슨 의견이 있으면 북대 당위를 찾아가 말하십시오."
　그렇게 사정하는데도 불청객은 이날 오후 6시까지 앉아 버티었다. 퇴근하고 돌아온 이웃 사람들의 모습이 창문 밖에 보일 때에야 노적은 급히 문밖으로 나가 북경대학 보위부에 전화를 하였다. 결국은 보위부에서 파견해 온 사람이 이 불청객을 데리고 갔던 것이다.
　이 일로 하여 노적은 여간 놀라지 않았다. 노적은 관리원도 따로 없는 일반 숙소에서 산다. 길가던 사람이면 아무라도 문을 두드릴 수 있다.
　낯선 사람이 찾아 오는 게 싫었다. 특히 기자가 찾아오는 게 제일 싫었으니 노적은 될수록 피하였다. 당시 중공중앙 조직부 부장이던 호요방이 파견한 신화사기자가 사흘만에야 겨우 노적을 만나본 일도 있다.
　북경대학에도 더는 있을 수 없었다. 당중앙 조직에서는 노적을 다른 대학교에 전근시키기로 하였다. 그런데 그 학교는 노적을 받지 않겠노라고 퇴짜를 놓았다. 반년동안이나 노적은 일자리도 없고 일감도 없었다.
　막무가내로 노적은 호요방 앞으로 편지를 썼다. 호요방의 보낸 사람이 자기를 찾은 일도 있으니 자기의 참모습을 호요방은 이해하리라고 믿었기 때문이다. 편지에서 노적은 일자리를 배치해 줄 수 없겠느냐고 물었다. 자기가 중남해에서 한 일에 대하여는 당시 모택동 신변에 있는 어느 사람과 물어봐도 된다고 하였으며 자기가 요문원, 강청과는 정말 아무 관계도 없다고 강조하였다.

이런 편지를 보낸지 얼마 안돼서 그 학교에서 노적을 받겠다는 기별이 왔다. 노적은 그 학교에서 여전히 중국고전문학을 가르쳤다.

그러나 바깥 세계에서는 여전히 노적을 이해하여 주지 않았다. 중남해에서 지낸 일에 대해서 노적은 여전히 침묵을 지키기만 하였다. '문화혁명'의 역사를 논한다는 이러저러한 문장을 보고 화가 동한 일은 한두 번이 아니다.

영향력이 꽤 큰 어느 책에는 이런 서술이 있다.

"(1975년) 8월 14일, 노적은 자기가 정리한 모택동의 『수호전』 담화를 요문원에게 보냈다. 그날로 요문원은 모택동에게 편지를 썼다…"

노적은 필자에게 이렇게 말했다. 나는 당시에 모택동에게 강독만 하였을 뿐이다. 초청받아 간 손님에 불과한 내가 무슨 권력이 있어 담화기록을 요문원에게 보낼 수 있느냐 말이다. 사실 노적은 요문원과 아무런 내왕도 없었다.

어느 대학의 학술지는 심지어 모택동의 『수호전』 담화를 노적이 꾸며낸 것이라고 하였다. 노적이 어떻게 모택동의 담화를 꾸며낸단 말인가. 기록을 보면서 원의(原意) 그대로 정리했을 뿐이다. 노적이 정리하여 제출하면 모택동은 한자한자 자세히 심사하였던 것이 아닌가.

침묵을 깨뜨리고

노적의 한 친우에게 소개를 받고 필자는 북경에서 그를 만나볼 수 있게 되었다. 여러해 동안 노적은 기자나 작가를 외면하고 침묵만 지켜왔다. 그러나 필경 세월은 흘렀고 1975년의 일도 역사로만 남아 있게 되었다. 그때의 역사를 회고할 수 없겠느냐는 필자의 청을 노적은 들어 주었다.

노적의 서재는 말이 아니었다. 애완동물의 세계와도 같았기 때문이다. 십여 마리나 되는 고양이와 강아지가 책상, 차상, 서가, 소파 위에서 잠도 자고 놀기도 하였다. 흰놈 검은 놈도 있고 누런놈 잿빛나는 놈도 있다. 왜 이런 취미를 가지게 되었는지 필자는 도무지 이해할 수가 없었다.

서가에는 『십삼경주소(十三經注疏)』·『백자전서(百子全書)』·『삼희당법첩(三希堂法帖)』·『불학(佛學)대사전』·『역대직관표(歷代職官表)』·『사고전서총목(四庫全書總目)』 등이 보였다. 벽에는 어느 친구가 썼다는 주덕 원수(朱德元首)의 시가 걸려 있다.

말타고 태행산에 저무도록 서있으니
시월의 설경이 은세계를 이루도다
전사들은 지금도 홑옷을 입었건만
왜적 치는 고함소리 밤마다 들려 온다

노적이 다년간의 침묵을 타파한 것이 필자에게 있어서는 실로 다행한 일이다. 세월은 흘렀건만 당시의 모택동을 언급할 때는 노적은 지금도 존경의 정을 금치 못한다.

노적은 평생 다른 것을 바라지 않는다. 만년에 하려고 하는 일은 오랫동안 구상했던 몇 권의 책을 완성하여 세인에게 남기자는 것 뿐이다. 『중국시가사(中國詩歌史)』·『이백연구(李白研究)』는 이미 탈고하였고 『수당오대문학사(隋唐五代文學史)』도 초고는 되었다. 지금은 『모택동과 전통문화』·『모택동의 학습-역사·고전문학』을 한창 쓰고 있는 중이다. 전자는 무산계급의 걸출한 영수로서의 모택동이 중국의 전통문화를 어떻게 보고 있는가에 대하여 썼다. 후자는 저자가 소중히 보관하고 있는 담화기록을 정리한 것이다.

모택동은 생전에 『이십사사(二十四史)』를 읽으면서 책에다 직접 의견을 많이 써놓았다. 노적은 그 의견을 일일이 베껴 놓았다. 지금 집필 중의 두가지 저서는 중요한 역사적 가치가 있을 것이다. 그것은 모택동과의 사귐에서 얻은 가장 귀중한 결실이기도 하다.

노적은 필자에게 이런 이야기도 들려 주었다.

하루는 한담을 하다가 모택동이 물었다-『송사선(宋詞選)』은 왜 호운익(胡雲翼)의 선주본(選註本) 일종 밖에 없는가. 그 주석도 너무 간단한 것 같다. 선생네 학교에서는 시사(詩詞)라는 과정을 설치했는가.

노적은 한마디 여쭐까 하다 그만 두었다. '문화혁명' 기간에 있은 최고지시를 하나 연상했기 때문이다. 모택동은 '대학교는 그래도 있어야 한다. 내가 말하려는 것은 주로 이공과(理工科) 계통의 대학교는 금후에도 있어야 한다는 말이다.'라고 하였다. 이 말은 문과대학은 필요없다는 뜻과도 같다. 문과대학 자체가 이러한 처지인데 어찌 시사(詩詞) 과정을 운운할 수 있느냐 말이다.『송사선』같은 책도 다시 더 출판될 것 같지 않다. 교육계는 당시의 최고지시대로 해야하니까 지금같은 국면에 처하게 되지 않았습니까. 저보고 학교에 시사과정이 있느냐고 물으시니… 도대체 어찌된 영문입니까.

한쪽 옆에 앉아 있는 장옥봉은 노적의 심중을 알고 연신 눈짓으로 제지 시켰다.

모택동은 노적의 곤혹을 의식하지 못한채 자기의 생각하는 바를 계속하여 말했다.

"우리 같이『송사선』을 한 부 편찬할까?『시사곡선(詩詞曲選)도 한 부 편찬하고… 그런데 이런 책을 출판사에서 찍어줄까?』"

모택동은 완전히 일반 저작인의 입장에서 현실 가능성을 생각하는 것이었다.

노적은 여간 기쁘지 않았다.

"그야 더 말할 게 있습니까. 주석께서 친히 송사(宋詞)를 편찬하고 시사곡(詩詞曲)을 편찬한다면 학술계가 복을 받고 후세자손들이 복을 받습니다. 어느 출판사인들 감히 출판을 거절하겠습니까. 편목(篇目)을 선정하시고 한수 한수 비평하시면 제가 받아쓰고 정리해 드리겠습니다. 책은 꼭 훌륭히 편찬할 수 있습니다."

"좋소, 좋소." 모택동은 소리내어 크게 웃는 것이었다.

그러나 모택동은 너무도 다망한 사람이었다. 중병까지 거기에 겹쳤으니 통쾌하게 웃기는 하였지만 실지로 편찬에 손을 쓸 겨를이 없었다.

지금은 모택동이 타계한지도 오래다. 생전에 말한 바 있는 송사·시사곡은 편찬할 수 없게 되었다. 그러나 노적은 여러차례 있은 장시간의 담화를 통하여 모택동이 송사의 어느 작품을 좋아하였는가 시·사·곡은 어떤 것들을 좋아하였는가를 잘 알게 되었다. 이에 따라 별유(別有) 풍격의『송사선』, 남과는 다른 시야에서 고른『시사곡선』을 편찬할 수도 있지 않겠는가. 이건 모택동의 못다한 소원을 성취하는 것으로 된다.

노적은 자기를 '미력한 존재, 평범한 인간'이라고 한다. 자기의 소원하는 일만 해놓을 수 있다면 일생은 그것으로 족하다고 생각한다.

필자는 일이 순조롭게 진척될 것을 기원하며 노적의 새로운 저서가 하루속히 세상에 나오기를 바란다.

후기

이 책은 한꺼번에 다 써낸 것은 아니다.

이 책을 쓰기 전에 나는 진백달을 먼저 만났고 30여만자에 달하는 『진백달 전』을 썼다.

그 후 몇년 간의 취재와 연구를 하여 40여만 자에 달하는 『강청전』을 썼다.

또 전가영의 부인 동변을 방문하여 『전가영』이라는 책을 썼고 고지와 나광록을 취재하여 이 두 기요비서에 대한 방문기도 썼다.

얼마 전에는 호교목의 부인 곡우와 또 관련있는 분들을 모두 만나 『호교목』이라는 책을 썼다.

그리하여 모택동 주변에서 일한 중요한 인사들의 이야기를 모두 종합 정리하여 지금 보는 『모택동과 그의 비서들』을 내어놓게 되었다.

설명해야 할 것은 모택동의 기요비서였던 엽자룡에 대해서도 이 책에 응당 기술이 있어야 한다는 것이다. 그러나 내가 찾아갔을 때 이 분은 병중에 계셨다. 일후에 다시 보충하여 소개할 수 밖에 없다.

나는 이 예도 방문했지만 그때 다른 용무를 위해서 간 것이었다. 역시 다시 취재하지 않으면 안된다.

이 밖에도 나는 증벽기도 취재하였다. 그의 남편 고백은 모택동의 초기의 비서였다. 취재 내용에 아직 다소 미비한 점이 많기에 뒤에 다시 보충하려고 한다.

그러므로 이 책은 모택동의 비서들을 다 썼다고는 하지 못한다. 그리고 장요사와 노적은 모택동의 비서는 아니지만 모택동을 이해하는데 비서들 못지않게 도움이 될 것 같아서 수록하였다. 그들의 회상이 사료적 가치가 크기 때문이다.

호교목, 진백달, 강청에 대해서는 상기한 바와같이 각자의 전기를 썼다. 이 책에 수록된 것은 모택동의 비서라는 직무와 관련되는 중요한 사항들을 다시 정리하여 오늘의 중국을 이해하는데 기여코저 하였을 뿐이다.

섭영렬

1993. 2. 6. 초고완성

1994. 6. 6. 수정완료

모택동과 그의 비서들

1995년 10월 20일 초판 인쇄
1995년 10월 25일 초판 발행

저 자 / 섭 영 렬
역 자 / 최 재 우
발행인 / 허 만 일
발행처 / 화 산 문 화
인 쇄 / 삼영칼라인쇄

등 록 / 1994년 12월 19일 제2-1880호
주 소 / 서울시 성동구 마장동 791-1 동화빌딩 601
전 화 / 299-2466~8 FAX / 299-2469

ISBN 89-86277-04-2 03820   값 10,000원

• 잘못된 책은 바꿔드립니다.